소셜 미디어
2000년

파피루스에서
페이스북까지

소셜 미디어

Writing on the Wall
Social Media—The First 2000 Years

2000년

톰 스탠디지 지음 | 노승영 옮김

WRITING ON THE WALL
by Tom Standage

이 책은 실로 꿰매어 제본하는 정통적인 사철방식으로 만들어졌습니다.
사철방식으로 제본된 책은 오랫동안 보관해도 손상되지 않습니다.

마일스에게

차례

머리말: 키케로의 웹

> 과거에 무슨 일이 일어났는지 알지 못하는 것은 늘 어린아이로
> 지내는 것과 같다. 지나간 시대의 수고에서 아무런 효용도
> 얻지 못하면 세상은 늘 지식의 유아기에 머물러 있을 것이다.
>
> @ 마르쿠스 툴리우스 키케로

기원전 51년 7월에 로마의 정치가이자 웅변가 마르쿠스 툴리우스 키케로는 집정관(속주 총독)직을 수행하려고 시칠리아(지금의 터키 동남부)에 도착했다. 로마 정계에서 책략과 역공의 중심 인물이던 키케로는 소란스러운 로마를 떠나는 것이 영 내키지 않았다. 여건만 허락하면 당장 돌아올 생각이었다. 당시에 사람들이 가장 궁금해한 것은 서부 로마군 사령관 율리우스 카이사르가 로마로 입성하여 권력을 차지하려 할 것인가였다. 키케로는 카이사르를 위시하여 스스로를 위해 권력을 집중화하고 장악하려는 자들에게서 로마 공화정을 수호하고 권력을 신중하게 분할하고 개인에 대한 통제에 엄격한 제약을 두는 일에 일생을 바쳤다. 하지만 새로 제정된 반(反)부패법에 따르면 키케로를 비롯한 미더운 원로 정치가들이 속주 총독의 관직을 맡아야 했다. 다행히도 키케로는 머나먼 시칠리아에 있으면서도 로마에서 돌아가는 일을 알 수 있는 수단이 있었다. 로마 지배층이 정보를 유포하는 정교한 체계를 마련해 둔 덕분이었다.

당시에는 인쇄기도, 종이도 없었다. 정보는 편지와 문서의 형태로 유통되었다. 사람들은 파피루스 두루마리의 형태로 문서를 복사하고 댓글을 달고 공유했다. 키케로의 서간집에서 보듯—당시의 편지 중에서 보존 상태가 가장 좋은 축에 들었다—그는 다른 곳에 있는 친구들과 끊임없이 편지를 주고받으며, 정치 책략을 최근 것으로 갱신하고 흥미로운 정보를 전달하고 자신의 평가와 의견을 제시했다. 편지는 곧잘 다른 편지에 복사되고 공유되고 인용되었다. 어떤 편지는 여럿이 돌려 읽거나, 낭독하거나, 대중이 보도록 써 붙이기도 했다.

키케로나 다른 정치가는 중요한 연설을 하면 연설문 사본을 만들어서 가까운 지인들에게 유포했으며 지인들은 이것을 딴 사람들과 돌려 보았다. 그 덕에, 연설을 들은 사람보다 훨씬 많은 사람들이 연설을 읽었을 것이다. 책도 파피루스 두루마리가 손에서 손으로 전해지며 비슷한 방식으로 유통되었을 것이다. 연설이나 책의 사본을 간직하고 싶은 사람은 다음 사람에게 넘기기 전에 필경사에게 필사시켰다. 〈악타 디우르나*acta diurna*〉(일일 관보)도 사본이 유통되었다. 원본은 매일 로마 포룸(광장)의 게시판에 공지했는데, 정치 토론 요약, 법안, 출생과 사망 알림, 공휴일 등의 공식 정보가 담겨 있었다. 키케로는 시칠리아로 떠나면서 친구이자 피후견인 마르쿠스 카일리우스 루푸스에게 하루하루의 악타 사본을 편지와 함께 보내 달라고 부탁했다. 하지만 키케로의 정보원은 이것만이 아니었다. 키케로는 이렇게 썼다. 〈다른 이들은 편지를 쓰고 많은 이들이 내게 소식을 전할 것이며 소문으로 전해지는 것도 많을 것이다.〉

이 비공식 체계에서는 정보가 이 사람에게서 저 사람에게 순식간에 전달되기 때문에 가장 먼 속주에 있다 하더라도 몇 주면 소식을 알 수 있다. 로마의 소식이 서쪽으로 브리타니아에 도달하는 데는 5주가 걸렸고 동쪽으로 시리아에 도달하는 데는 7주가 걸렸다. 먼 지역의 상인, 군인, 관리는 공화국의 심장부에서 생산된 정보를 유통하는 저마다의 경로가 있었다. 이들은 편지, 연설, 일일 관보의 발췌문을 친구들과 공유하고 변방의 소식과 소문을 로마의 지인들에게 보내 주었다. 공식 우편 제도가 없었기 때문에, 편지는 심부름꾼에게 들려 보내거나, 같은 방향으로 가는 친구나 상인이나 여행객에게 부탁했다. 그 덕에 키케로는 다른 로마 지배층과 마찬가지로 거미줄 같은 연락망(자신과 같은 계층의 사람들)을 통해 정보를 입수했다. 이들은 서로를 위해 정보를 수집하고 편집하고 유포했다.

현대인이 보기에 이상할 만큼 낯익은 광경이다. 키케로는 (요즘 인터넷 용어로) 〈소셜 미디어〉 시스템에 속해 있었다. 소셜 미디어 시스템이란 사회적 연결망을 통해 정보가 이 사람에게서 저 사람에게 전달되어 분산된 논의나 커뮤니티를 형성하는 환경을 일컫는다. 로마인의 소셜 미디어가 파피루스 두루마리와 심부름꾼이었다면 오늘날 수많은 사람들은 페이스북, 트위터, 블로그, 그 밖의 인터넷 서비스를 이용하여 똑같은 일을 더 쉽고 빠르게 해낸다. 쓰이는 기술은 사뭇 다르지만, 두 소셜 미디어 형태는 2,000년의 격차에도 불구하고 기본 구조와 작동 방식이 많이 겹친다. 둘 다 쌍방향의 대화형 환경으로, 정보가 비(非)인격체적 중앙 통제부에서 수직적으로 하달되는 것이 아니라 소셜 네트워크를 따라 이 사람에게서 저 사람에게 수평적으로 전달된다.

오늘날 소셜 미디어의 전신(前身)은 키케로의 정보망 말고도 많이 있다. 몇 가지 중요한 예를 들자면, 초기 기독교 교회에서는 편지와 문서를 회람했고, 종교 개혁이 시작되던 16세기 독일에서는 인쇄된 유인물이 홍수처럼 쏟아져 나왔고, 튜더 왕조와 스튜어트 왕조의 궁정에서는 풍문으로 가득한 시를 돌려 보고 복사했고, 잉글랜드 내전 때는 왕당파와 의회파가 정치 유인물로 결투를 벌이면서 여론에 호소했고, 계몽주의 시대에는 커피하우스를 통해 소식지와 유인물이 전파되었고, 학술지와 통신 협회가 생긴 덕에 멀리 떨어진 과학자들이 서로의 연구를 논의하고 자료로 삼을 수 있었고, 유인물과 지역 신문은 미국 독립에 한몫했고, 혁명 이전 프랑스에서는 손으로 쓴 시와 소식지를 통해 파리의 풍문이 프랑스 방방곡곡에 퍼졌다. 이러한 소셜 미디어 시스템이 줄기차게 생겨난 이유는 인류 역사를 통틀어 소셜 네트워크야말로 새로운 아이디어와 정보를 말이나 글로 전파하는 대표적 수단이었기 때문이다. 이 소셜 미디어 시스템들은 권력, 파급력, 포용력이 꾸준히 증가했다.

하지만 19세기 중엽을 시점으로 모든 것이 달라졌다. 증기 동력 인쇄기가 도입되고 뒤이어 20세기에 라디오와 텔레비전이 등장하면서 이른바〈매스 미디어〉라는 것이 가능해졌다. 이 새로운 대량 유포 기술은 정보를 전례 없이 빠르고 효율적으로 수많은 사람들에게 직접 공급할 수 있었지만, 비용이 많이 들었기 때문에 정보 흐름이 선택된 소수의 손에 집중되었다. 집중화된 단방향의 방송 형태로 정보가 전달되면서 앞서 등장한 쌍방향이고 대화형이며 사회적인 유포의 전통은 그늘에 가렸다. 이 매스 미디어 기술은 거대 미디어 제국에 자양분을 공급했으며, 국가 정체성을 함양하고 독재 정부가 어느 때보다 수월하게 선전을 유포하는 데 일조했다.

하지만 지난 10년간 미디어의 사회적 성격이 스스로 급변했다. 인터넷이 등장하면서, 쓰기 쉬운 퍼블리싱 도구가 쏟아져 나왔으며 소셜 미디어는 방송 미디어와 경쟁하고 그 그늘에서 빠져나올 만큼 파급력과 범위가 전례 없이 커졌다. 페이스북, 트위터, 유튜브를 비롯한 소셜 플랫폼으로 가능해진 출판의 민주화는 매스 미디어 회사들에 큰 타격을 입혔는데, 더 중요한 사실은 폭넓은 사회적-정치적 영향을 미치기 시작했다는 것이다. 디지털 네트워크를 등에 업은 소셜 미디어의 재등장은 미디어 내에서뿐 아니라 전체 사회 내에서 일어나는 크나큰 변화를 대표한다.

그와 더불어 까다로운 질문이 숱하게 제기되었다. 새로운 형태의 소셜 미디어가 등장하면서 공론이 하찮아지고 조잡해졌을까? 지위가 높은 사람들은 소셜 미디어에서 비판을 받았을 때 어떻게 대처해야 할까? 소셜 미디어는 본질적으로 자유와 민주주의를 증진할까? 혁명이 촉발되는 과정에서 소셜 미디어의 역할은—만일 있다면—무엇일까? 소셜 미디어는 사람들이 생산적인 일을 못하도록 방해하는 시간 낭비일까? 온라인 연결이 현실의 상호 작용을 대체한다는 점에서 소셜social 미디어의 사용은 실제로 반(反)사회적antisocial일까? 소셜 미디어는 무시해도 좋은 한때의 유행에 불과한 것일까?

이 책에서는, 사뭇 다른 시간과 장소에서 생겨났으되 정보의 일대일 공유에 기반한다는 공통의 끈으로 연결된 일련의 소셜 미디어 시스템을 살펴보면서 이 질문들에 대한 답을 찾을 것이다. 이 초기 형태의 소셜 미디어들은 과거에 일어난 많은 위대한 혁명에서 중요한 역할을 했다. 공론이 희화화되리라는 우려, 새로운 형태의 미디어가 생산적인 일을 방해하리라는 통념은 수 세기 전에도 있었다. 소셜 미디어 시스템의 규제에 대한 논의, 소셜 미디어가 사회적-정치적 변화를 가져올 가능성에 대한 논의도 마찬가지다. 오늘날 디지털 소셜 미디어의 선배 격인 아날로그 소셜 미디어를 들여다보는 것은 역사를 이용하여 현대의 논쟁에 새로운 조명을 비추는 셈이다. 이와 동시에 우리는 소셜 미디어에 대한 현재의 경험을 통해 과거를 새로운 눈으로 볼 수 있다. 성 바울로, 마르틴 루터, 토머스 페인 같은 역사적 인물들이 오늘날까지 영향력을 미치는 것은 소셜 미디어 시스템을 남달리 능란하게 구사했기 때문이다.

오늘날의 소셜 미디어 환경이 전혀 새로운 것이라고 생각하던 현대의 인터넷 이용자들은 이 모든 이야기가 놀라울 것이다. 하지만 인터넷 시대에 접어든 지금도, 우리가 정보를 공유하고 소비하고 조작하는 많은 방법은 수 세기를 거슬러 올라가는 관습과 규약을 토대로 삼는다. 오늘날의 소셜 미디어 이용자는 놀랄 만큼 깊은 역사적 뿌리를 가진 풍부한 전통의 (본의 아닌) 계승자이다. 이 고대의 전신(前身)을 파헤치고 지난 2,000년간 소셜 미디어의 부상과 몰락, 부활을 복기하면 서구 미디어의 역사를 새로운 관점에서 바라볼 수 있다. 이를 통해 소셜 미디어가 오늘날 우리를 서로 연결하는 데 그치지 않고 우리를 과거와도 연결한다는 사실을 알 수 있을 것이다.

1장

과거에서 찾은 소셜 미디어의 토대:

인간은 왜 공유하는 습성을 타고났을까?

풍문이 없으면
사회도 없다.

@ 로빈 던바

이곳은 소셜 세상

　페이스북을 마지막으로 확인한 게 언제지? 아마도 그리 오래되지는 않았을 것이다. 페이스북은 전 세계에서 가장 인기 있는 소셜 네트워크 사이트로, 이용자가 10억 명을 넘으며 그중 절반은 매일 접속하고 4분의 1은 하루에 다섯 번 이상 확인한다. 소셜 네트워크 사이트에 접속하는 것은 전 세계에서 단연 가장 자주 벌어지는 온라인 활동이다. 인터넷 이용자 다섯 명 중 네 명, 그러니까 14억 명가량이 이런저런 소셜 사이트를 이용하여 상태 업데이트를 올리고 사진과 링크를 공유하고 댓글을 달고 토론에 참여한다. 이런 사이트에서 보내는 시간을 전부 합치면 전 세계적으로 온라인에서 보내는 시간의 4분의 1에 해당한다. 40퍼센트가 넘는 나라도 있다.

　현재 페이스북은 거대한 국제적 집단의 우두머리다. 페이스북처럼 미국에 본사를 둔 비슷한 기업으로는 트위터, 구글플러스, 텀블러, 링크트인

등이 있다. 중국의 큐큐쿵젠, 텅쉰 웨이보, 시나 웨이보, 한국의 카카오스토리와 네이버 밴드, 브라질의 오르컷, 러시아의 브이콘탁트, 오드노클라스니키, 스페인의 투엔티 등 이름은 낯설지만 이에 못지않게 잘나가는 기업들이 다른 나라에도 있다. 하지만 페이스북은 단독으로 전 세계 온라인 이용 시간 7분 중 1분을 차지할 만큼 압도적 점유율을 자랑한다. 사람들이 매달 페이스북에 쓰는 시간을 합치면 약 3000조 분(60만 년)이나 된다. 2004년에 설립되어 2006년에야 대학 바깥에도 문호를 개방한 웹 사이트 치고는 나쁘지 않은 성적이다.

앞서 업계를 호령하던 마이스페이스가 쇠락한 것을 보면 페이스북 천하도 결코 영원하지 않을 것이다. 하지만 누가 꼭대기에 있든, 소셜 네트워크 사이트가 수억 명의 일상생활에서 확고한 자리를 차지하고 거의 보편적인 인터넷 이용 행태가 된 것은 분명하다. 소셜 네트워크를 가장 빨리 받아들인 것은 젊은 층이었지만, 2010년 이후로 55세 이상도 만만치 않다. 영국과 미국에서는 인터넷 이용자의 98퍼센트가 이런저런 소셜 사이트를 이용하며, 다른 나라도 90퍼센트를 넘는 경우가 많다. 젊은 사람들은 주로 친구들과 어울리려고, 나이 든 사람들은 가족 친지와 연락을 주고받으려고 소셜 사이트를 이용한다.

소셜 사이트들은 저마다 작동 방식이 조금씩 다르다. 양쪽이 승인해야만 관계를 맺을 수 있는 사이트가 있는가 하면 그런 제약이 없는 사이트도 있다. 게시물이 기본적으로 공개되는 사이트가 있는가 하면 지정된 개인이나 단체에만 공유되는 사이트도 있다. 특정한 종류의 콘텐츠 공유에 특화된 사이트도 있다. 플리커Flickr는 사진, 사운드클라우드SoundCloud는 소리, 유튜브는 동영상을 공유한다. 하지만 이 모든 사이트의 공통점은 친구나 팔로워와의 소셜 네트워크를 따라 정보가 공유 또는 재공유되며 이렇게 공유된 정보에 대해 이야기를 나눌 수 있다는 것이다. 이런 사이트를 이용하는 사람들은 단순히 수동적으로 정보를 소비하는 것이 아니다. 창작하고 논평하고 공유하고 논의하고 심지어 변형하기까지 한다. 이를 통해, 분산된 집단 안에서 사회적 환경이 공유되고 소속감이 생긴다. 소셜 네트워크가 이토록 즐겁고 매력적이며 (따라서) 인기 있는 비결은 무엇일까?

그 대답에는 여러 측면이 있는데, 각각에는 깊은 행동적-역사적 뿌리가 있다. 가장 기본적인 첫 번째 측면은 인간이 영장류이기에 본질적으로 사회적 동물이라는 것이다. 영장류의 뇌는 사회적 정보를 처리하는 능력이 유난히 진화한 듯하다. 그래서 집단을 이루었을 때 더 큰 힘을 발휘할 수 있다. 둘째, 인간이 소셜 네트워크 안에서 자신의 위치를 평가하고 유지하는 주된 방법 중 하나는 다른 사람과—또한 다른 사람에 대한—정보(즉, 풍문)를 교환하는 것이다. 사람들은 풍문을 주고받으면서 자신의 집단 내 지위를 광고할 수 있고 전문성과 신뢰성, (동료나 배우잣감으로서의) 적합성을 과시할 수 있다. 한마디로 인간은 다른 사람과 네트워크를 형성하고 정보를 교환하도록 생겨 먹은 존재다. 세 번째 측면은 미디어 기술이다. 문자가 등장한 뒤로, 읽고 쓸 줄 아는 사람들은 지금 옆에 있지 않은 사람들과도 시공간을 뛰어넘어 정보를 주고받을 수 있다. 찰나에 세계를 연결하는 인터넷은 이 일에 유달리 효과적이어서, 이용자들이 어느 때보다 수월하게 정보를 공유할 수 있게 되었다. 하지만 인터넷은 결코 이런 소셜 미디어 환경을 뒷받침한 최초의 기술이 아니다. 유서 깊은 충동을 해소하기 위해 찾아낸 가장 최근의, 가장 효율적인 방법일 뿐이다.

그렇다면 소셜 미디어의 거부할 수 없는 매력은 (1) 원숭이를 비롯한 영장류가 지난 3500만 년 동안 사회적 뇌를 진화시킨 것, (2) 약 10만 년 전 인간 언어의 탄생 이후에 등장한 풍문 주고받기, (3) 약 5,000년 전 문자의 발명 등으로 거슬러 올라간다. 이것은 지난 2,000년에 걸쳐 미디어의 사회적 공유를 — 로마 시대 파피루스 두루마리를 이용해서든, 오늘날 인터넷을 이용해서든 — 떠받친 세 가지 오랜 토대다. 이제 세 가지 토대를 차례로 살펴보자.

사회적 뇌의 진화

(일반적으로) 영장류와 (특히) 인간에게는 무언가 유별난 것이 있다. 그것은 몸에 대한 뇌의 상대적 크기가 다른 동물에 비해 눈에 띄게 크다는 것이다. 게다가 커진 뇌 부피의 대부분은 유독 신피질이라는 부위에 집중되어 있다. 신피질은 공간 추리, 감각 지각, 의식적 생각 같은 고차원적 기능에 관여한다. 대부분의 포유류는 뇌 부피에서 신피질이 차지하는 비율이 30~40퍼센트이지만, 영장류는 대체로 65퍼센트 이상이며 인간은 80퍼센트나 된다. 이 커다란 신피질은 어디에 쓰는 것일까?

한 가지 가능성은 영장류가 뇌를 크게 진화시킨 덕에 더 복잡한 연장을 쓸 수 있게 되었거나, 먹이를 찾을 때 문제를 해결하는 능력이 — 이를테면 견과 껍데기를 깨거나 흰개미를 흰개미집에서 끄집어내는 것 — 개선되었다는 것이다. 이 이론의 문제는 신피질이 상대적으로 작은 영장류(이를테면 마다가스카르에 사는 여우원숭이의 일종인 마다가스카르손가락원숭이 *aye-aye*)가 〈먹이 끄집어내기〉 행동을 하는 반면에 신피질이 훨씬 큰 동물

(이를테면 짧은꼬리원숭이)은 그런 행동을 하지 않는다는 것이다. 까마귀처럼 영장류가 아니고 신피질이 훨씬 작은데도 복잡한 문제를 해결할 수 있는 동물도 많다. 따라서 첫 번째 가능성은 탈락이다.

또 다른 이론은 영장류가 커다란 신피질을 진화시킨 덕에 주변에 대한 머릿속 지도를 더 크게 만들 수 있어서 먹이를 찾는 능력이 향상되었다는 것이다. 하지만 신피질 부피는 영장류가 먹이 찾는 범위—또는 매일 이동하는 평균 거리— 와 아무런 상관관계가 없다. 게다가 열매 먹는 영장류는 먹이가 여기저기 흩어져 있고 금방 사라지기 때문에 끊임없이 위치를 추적해야 하지만, 잎 먹는 영장류보다 신피질이 크지 않다. 따라서 신피질은 물리적 환경의 지도를 작성하도록 진화한 것도 아니다.

신기한 사실은 연장을 쓰거나 복잡한 문제를 해결하는 영장류뿐 아니라 모든 영장류의 뇌가 이례적으로 크다는 것이다. 큰 뇌는 발달시키고 유지하는 데 품이 많이 든다. 성인 뇌의 평균 무게는 몸무게의 2퍼센트에 불과하지만 총 에너지 섭취량의 20퍼센트가량을 소비한다. 따라서 영장류는 정신적 처리 능력을 추가로 동원해야 할 만큼 중요한 무언가를 하고 있음에 틀림없다.

큰 뇌와 더불어 영장류의 또 다른 특징은 사회적 성격이다. 영장류는 집단을 이루어 살고 사회 체계가 유달리 복잡하다. 이를테면 동료와 연합을 형성할 수 있고 의도적 속임수를 쓸 수 있다(그러려면 상대방의 세계관에 대해 가설을 세울 수 있어야 한다). 집단을 이루어 살면 혼자 사는 것보다 안전한데, 이는 포식자를 감시할 눈과 경쟁자를 막아 낼 손이 더 많아지기 때문이다. 하지만 개별 구성원은 자신만 돌보면서 살 수 없으며, 스스로의 필요와 집단 전체의 필요 사이에 균형을 맞출 수 있어야 한다. 집단의 구성원은 서로 협력해야 한다. 상대방의 필요를 이해하고 예측하는 한편, 집단 내에서 끊임없이 변하는 합종연횡의 와중에서 자신의 위치를 확립하고 관리해야 한다.

영장류는 이러한 제휴 관계를 유지하기 위해 〈사회적 털 고르기social grooming〉라는 과정을 동원한다. 사회적 털 고르기는 짝을 지어 할 수도 있고 〈연합coalition〉이라는 작은 하위 집단을 이루어 할 수도 있다. 가장 단순한 차원에서 보자면, 털 고르기는 상대방의 털에서 벌레와 기생충, 흙을 골라내는 일이다. 하지만 영장류는, 순전히 위생적인 이유로 필요한 것보다 훨씬 많은 시간을 털 고르기에 할애한다. 종에 따라서는 깨어 있는 시간의 20퍼센트를 할애하기도 한다. 이렇게 하는 한 가지 이유는 털 고르기가 즐거운 활동이기 때문이다. 털 고르기를 받으면 뇌에서 생산되는 천연 아편인 베타엔도르핀이 분비되어 심장 박동 수가 느려지고 (긁기 같은) 신경질적 행동이 줄고 기분 좋게 긴장이 풀린다. 털 고르기를 받고 나면 털 고르기로 보답하는 게 상례이다. 영장류는 사회적 털 고르기를 통해 집단 구성원과 끈끈한 유대 관계를 형성한다. 어떤 상대를 고르는가, 얼마나 오래 털 고르기를 해주는가, 어떤 상대에게 관찰을 허락하는가를 가지고 사회적 신호를 보낼 수도 있다.

털 고르면서 보내는 시간이 가치 있는 투자인 이유는 털 고르기를 주고받은 연합 구성원이 나중에 여러모로 서로를 도와줄 것이기 때문이다. 이를테면 연합 구성원의 스트레스를 최소화하기 위해 집단 내에서 경쟁자와 맞붙지 않도록 막아 준다. 집단 내의 다른 구성원이 털 고르기 연합 구성원을 괴롭히면 나서서 도와준다. 막강한 동맹을 등에 업으면 적을 무릎

뚫릴 수 있다. 하지만 다른 개체와 연합을 맺는 것이 먹이나 배우잣감, 기타 자원을 차지하는 데 유리하겠다 싶으면 연합 상대를 바꾸기도 한다. 털고르기 연합의 끊임없는 상호 작용은 갈등을 해소하고 예방하는 데 도움이 되며 집단 전체를 결속하고 모든 구성원을 포식자에게서 안전하게 지켜 준다.

하지만 집단 내에서의 관계와 동맹 여부를 일일이 기억하고 갈등 상황에서 남을 도왔을 때 어떤 위험과 보상이 따르는지 판단하려면 상당한 지능이 필요하다. 특히 집단 구성원이 서로에 대해 어떻게 느끼는지, 그 결과 상대방이 어떤 욕망이나 의도를 품을지 추측할 수 있어야 한다. 집단이 클수록 관계망도 크기 때문에 이 관계들을 파악하는 데 필요한 정신적 처리 능력도 커진다. 〈사회적 뇌〉 이론에 따르면 영장류의 뇌가 점점 크게 진화한 것은 더 크고 (따라서) 더 안전한 집단을 꾸릴 수 있도록 사회적 네트워크 안에서 관계를 분석하기 위해서다.

이 이론을 뒷받침하는 근거는 다양한 영장류 종에서 신피질 크기(뇌의 전체 부피에 대한 비율)와 집단 크기가 놀랍도록 맞아떨어진다는 것이다. 이 사실은 영국의 인류학자로, 지금은 옥스퍼드 대학에 있는 로빈 던바가 1992년에 처음 밝혀냈다. 이를테면 고함원숭이 *howler monkey*는 집단의 평균 크기가 8마리이고 신피질이 전체 뇌 부피의 65퍼센트를 차지하는 데 반해 코주부원숭이 *proboscis monkey*는 14마리에 67퍼센트, 꼬리감는원숭이 *capuchin monkey*는 18마리에 70퍼센트, 짧은꼬리원숭이 *macaque*는 40마리에 72퍼센트, 개코원숭이 *baboon*는 51마리에 73퍼센트, 침팬지는 54마리에 76퍼센트이다. 집단 크기와 신피질 부피 사이에 밀접한 상관관계가 있다는 사실로 보건대 영장류의 뇌는 주로 사회적 기능을 수행하는 기관인

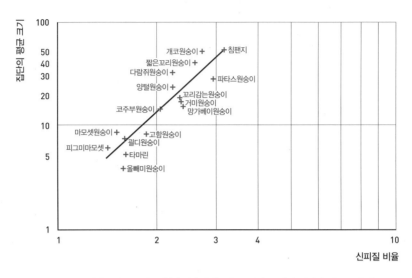

이 그래프는 영장류의 신피질 비율(나머지 뇌에 대한 상대적 크기)과 집단의 평균 크기 사이의 상관관계를 나타낸다. 이 상관관계를 처음 언급한 사람은 로빈 던바이다. Dunbar, "Neocortex Size as a Constraint on Group Size in Primates"(1992)의 데이터를 바탕으로 작성.

듯하다.

사회적 뇌 이론의 또 다른 증거는 영장류의 신피질 크기와 속임수 비율을 비교한 연구에서 찾아볼 수 있다. 이를테면 원숭이는 맛있는 먹이가 있는 곳을 찾아내면 집단 구성원을 따돌리려고 일부러 심드렁한 척한다. 어린 개코원숭이는 어미에게 혼나겠다 싶으면 펄쩍 뛰며 사방을 훑어보면서 경쟁 무리가 다가오고 있는 것처럼 속여 무리가 혼란에 빠진 틈을 타 처벌을 면한다. 속임수의 횟수도 신피질 부피와 밀접한 상관관계가 있는 것으로 드러났는데, 이는 영장류가 커다란 신피질 덕에 사회적 분석과 조작을 더 정교하게 해낼 수 있다는 주장을 뒷받침한다. 인간의 뇌는 집단 내에서 친구와 경쟁자의 시시각각 변하는 의도와 합종연횡을 분석하도록 진화한 사회적 뇌이다. 우리의 뇌는 그야말로 소셜 네트워크를 위해 태어났다.

인간은 공유의 동물

이 모든 사실이 현대인에게는 어떻게 적용될까? 우리는 여느 영장류와 달리 작은 집단을 이루고 떠돌아다니며 살지 않는다. 매일 친구의 머리카락에서 이를 잡으며 시간을 보내지도 않는다. 하지만 영장류 뇌를 진화시킨 사회적 집단과, 구성원을 하나로 묶어 주는 털 고르기 행동에 해당하는 것이 바로 우리 눈앞에 있다. 던바는 유인원의 뇌 크기와 집단 크기를 분석한 뒤에, 인간 신피질의 크기로 볼 때 인간 집단의 이상적인 평균 크기는 148명(150명으로 반올림했다)이라고 결론 내렸다. 〈던바의 수〉로 알려진 이 수는 실제로 인간 사회에서 흔히 나타나는 듯하다. 수렵-채집인 집단, 고대 근동(지금의 서아시아)의 첫 농경 정착민 집단, 둠즈데이 북(1086년에 잉글랜드에서 조사한 인구 통계)에 기록된 여러 마을 등의 평균 인구가 전부 던바의 수이다.

더 근본적인 차원에서 보자면, 던바는 집단의 모든 구성원이 나머지 모든 구성원을 알 수 있는 최대 크기가 바로 던바의 수라고 생각한다. 이 수를 넘으면 서로 남남인 구성원이 생긴다는 것이다. 따라서 던바의 수는 사람들이 호혜적 관계(유사시에 내가 상대방을 도와주고 상대방도 나를 도와줄 만큼 서로 잘 아는 관계)를 맺을 수 있는 최대 인원수이다. 농촌에서 집단 농장을 운영하는 기독교 공동체 후터파는 인원수가 150명을 넘으면 공동체를 분할하는 오랜 전통이 있는데, 이 또한 던바의 수로 설명된다. 후터파는 150명 이상으로 이루어진 집단에서 질서를 유지하려면 경찰력을 동원해야 하지만 150명 미만인 집단에서는 다들 서로를 알기 때문에 동조 압력 *peer pressure*만으로도 질서를 유지할 수 있다고 주장한다. 던바의 수는 군대에서 중대의 전형적 규모이기도 하다(대체로 120~180명으로 이루어진다). 중대원 모두가 서로를 알면 훨씬 효과적인 전투 부대가 될 수 있다.

페이스북 이용자의 절대다수는 친구가 120~130명이다. 물론 그보다 훨씬 많은 온라인 〈친구〉를 사귄 이용자도 있다. 하지만 이런 친구는 진짜 친구라기보다는 그냥 아는 사람일 가능성이 크다. 던바의 연구에서 밝혀진바 사람들은 현실에서 절친한 친구가 5명(털 고르기 연합의 구성원 수와 비슷하다)이고 친한 친구가 10명이며 이들이 어우러져 150명의 네트워크를 이룬다. 페이스북에서 댓글과 쪽지를 늘 주고받는 사이는 친밀한 핵심 집단과 비슷한 규모로, 남성은 평균 7명, 여성은 평균 10명이다. 이 핵심 집단은 털 고르기 연합의 디지털 버전이다.

하지만 인간에게서는 털 고르기가 더는 주된 신체 활동이 아니다. 선사 시대의 어느 시점에 인간은 신체적 형태의 털 고르기에서 벗어나 언어를 통해, 특히 사회적 집단의 다른 구성원에 대한 〈사회적 정보〉인 풍문을 주고받으며 결속력을 다지기 시작했다. 신체적 털 고르기와 마찬가지로, 누군가와 수다를 떨기 위해 시간을 할애하는 것은 사회적 유대 관계를 확립하거나 강화하는 방법이다. 또한 자신이 상대방과 유대 관계를 맺고 있음을 남들에게 과시하는 방법이기도 하다. 게다가 언어는 신체적 털 고르기에 비해 세 가지 커다란 이점이 있다. 첫째, 몇몇이 모여 담소를 나누면서 한 번에 여러 사람을 대접할 수 있다. 둘째, 먹거나 식량을 찾거나 쉬는 등 다른 활동을 하면서도 해줄 수 있다. 셋째, 풍문을 주고받으면 자신의 사회적 범위 안에서 일어나는 사건 중에서 자신이 직접 목격하지 않은 것에 대해서도 알 수 있다. 이렇게 하면 어떤 사람이 미더운지 아닌지 판단을 내리는 데 필요한 정보를 더 많이 얻을 수 있다. 게다가 정보를 선별적으로 전달하면 타인에 대한 상대방의 견해에 영향을 미칠 수 있다. 사람들은 상대방이 타인에 대해 전달하는 정보의 정확성을 잣대로 상대방의 신뢰성을 판단하기도 한다. 풍문은 말하는 사람에 대해서나 이야깃거리가 되는 사람에 대해서나 사회적 지능을 알 수 있는 훌륭한 근거이다. 우리 뇌는 이런 종류의 정보를 처리하도록 특화되었기 때문에, 풍문을 주고받으려는 충동을 억누르지 못한다.

이렇게 수다를 떨면 집단 구성원에게도, 집단 전체에도 이롭다. 개인은 집단 내의 합종연횡을 더 효과적으로 간파할 수 있으며, 정확하고 쓸모 있는 정보를 타인에게 전달함으로써 동맹으로서의 신뢰성이나 배우잣감으로서의 적합성을 확립할 수 있다. 집단 차원에서는 남을 이용해 먹거나 자원을 공유하지 않거나 집단의 규범을 위반하는 구성원을 찾아내기가 쉬워진다. 사회적 정보를 주고받으면 못된 행동을 직접 목격하지 않은 사람도 이내 그 사실을 알게 되어 조롱이나 따돌림으로 장본인을 응징할 수 있다. 현대의 수렵-채집인 사회는 이러한 풍문 교환을 통해 내부 경쟁을 억제하고 합의를 장려함으로써 유목 집단 내의 평등을 유지하는 듯하다. 남을 지배하려 들거나 식량 등의 자원을 독차지하려 드는 구성원은 분수 모르는 놈이라며 손가락질 받는다. 풍문은 털 고르기와 마찬가지로 집단에 꼭 필요한 사회적 접착제이다.

던바는 한발 더 나아가 식량 출처에 대한 정보를 전달하거나 사냥을 조율해야 하는 필요성보다는 사회적 정보의 교환이야말로 언어 발달의 원동력이었다고 주장했다. 언어를 사용하면 훨씬 효율적인 사회적 유대 관계와 (따라서) 더 크고 안전한 집단을 유지할 수 있기 때문이다. 던바는 이렇게 주장한다. 〈언어가 진화하게 된 출발점으로 가장 그럴듯한 것은 사회적 네트워크 내에서의 관계에 대한 사회적 정보를 교환하는 결합 장치였다는 것이다.〉 사회적 정보의 교환이 언어 발달의 원동력이었든 아니든, 언어의 주된 용도인 것은 분명해 보인다. 관찰 조사에 따르면 우리가 나누는 자발적 대화 중에서 3분의 2가량이 이런 용도라고 한다. 남 이야기 하는 것은 시간을 허비하고 거짓말이나 절반의 진실을 퍼뜨리는 저질스러운 행동으로 곧잘 치부된다. 하지만 사회적 네트워크 안에서 딴 사람과 정보를 공유하는 것은 (앞으로 살펴보겠지만) 인간으로 살아가는 데 핵심적인 요소이다.

공유된 미디어의 여명

현대 사회에서는 사회적 정보의 공유가 물리적으로 곁에 있는 사람에게 국한되지 않는다. 풍문이 털 고르기의 거리를 늘리듯, 다양한 형태의 미디어는 시공간을 뛰어넘어 정보를 전달함으로써 풍문의 거리를 늘린다. 우리는 전화로, 편지로, 온라인으로 친구와 사회적 정보를 주고받는다. 또한 신문, 잡지, 텔레비전, 디지털 미디어 덕분에 영화 스타, 정치인, 기업 총수 같은 유명 인사를 직접 만나지 않고서도 이들의 사회적 관계 변화를 시시콜콜 파악할 수 있다(적어도 파악한다는 환상을 품을 수는 있다). 이것은 (나와 상대방이 아는) 사람이 자원과 성적(性的) 활동, 동맹, 분쟁 등을 어떻게 통제하는가에 대한 정보를 상대방에게 전달하려는 욕망이 사회적 차원에서 작동하는 것에 불과하다. 이런 정보를 공유하려는 타고난 성향은 수단을 가리지 않는 듯하다. 하지만 언어의 여명기 이래 약 10만 년이라는 대부분의 기간 동안, 소식을 전하는 유일한 수단은 말(言)이었다. 다른 사람과 정보를 교환하는 새로운 방법인 문자는 5,000년 전에야 발명되었다.

문자의 발명을 주도한 것은 풍문도, 이야기꾼도, 시인도 아니었다. 바로 회계사였다. 최초의 문자 체계는 신석기 시대에서 뿌리를 찾을 수 있다. 이때 처음으로 인간은 수렵-채집의 유목 생활에서 벗어나 농업에 바탕을 둔 정주 생활로 전환하기 시작했다. 이 전환은 기원전 9500년경에 이른바 〈비옥한 초승달〉(지금의 이집트에서 터키 동남부까지 올라갔다가 다시 이란-이라크 국경으로 내려오는 지역)에서 시작되었다. 이 지역에서는 작은 진흙 물표(物標)를 이용하여 곡물, 양, 소 같은 농업 생산물의 거래를 나타냈는데 이 풍습에서 문자가 진화한 것으로 보인다. 최초의 문서는 메소포타미아의 도시 우루크에서 출토되었으며 기원전 3400년경으로 거슬러 올라간다. 빵과 맥주의 배급량, 세금 납부 등의 거래 내역이 작은 기호와 표시를 이용하여 점토판에 기록되었다.

이 초보적 형태의 문자는 융통성이 없어서 구어(口語)를 기록하기에는 알맞지 않았으며 회계 목적으로만 쓰였다. 가장 흔한 기호는 빵, 맥주, 양, 소, 직물을 나타내는 것이었다. 각 점토판은 하나의 문장이라기보다는 데이터베이스의 레코드와 더 비슷했다. 하지만 그 뒤로 500년이 지나면서 문자는 더 강력하고 표현력이 큰 미디어로 진화했다. 번거롭게 진흙을 긁어야 하는 그림 문자가 물러나고 추상적 기호인 표의 문자, 즉 철필로 쐐기 모양의 자국을 낸 설형 문자가 등장했다. 이 표의 문자는 원래 형태인 그림 문자나 물표와 별로 닮지 않았지만, 훨씬 빨리 쓸 수 있다는 장점이 있었다. 기원전 3100년경에 일어난 또 다른 혁신은 소리를 나타내는 표의 문자를 사용한 것이다. 그 이유는 사람의 이름을 적어야 했기 때문일 것이다. 그리하여 최초의 범용 문자 형태가 등장했다.

이즈음에 이집트에서도 문자가 생겼다. 이집트의 상형 문자 체계 또한 때로는 사물을 나타내며 때로는 소리를 나타낼 수도 있는 그림 문자를 토대로 삼았다. 하지만 메소포타미아에서는 물표에서 그림 문자를 거쳐 설형 문자로 점차 발전하는 과정을 뚜렷이 확인할 수 있는 반면에 이집트에서는 하룻밤 새 상형 문자가 등장했다. 이는 메소포타미아에서 아이디어가 수입되었음을 시사한다. 어쨌든 기원전 2600년에는 설형 문자와 상형 문자 둘 다 찬가, 경전, (지혜 문학으로 알려진) 잠언집 같은 추상적 개념을 기록할 만큼 융통성이 생겼다. 또한 역사상 처음으로, 인편으로 말을 전하는 것이 아니라 물리적 형태로 메시지를 전달함으로써 정보를 공유할 수 있게 되었다.

최초의 (알려진) 편지는 이 시기에 쓰였다. 이집트에서는 파피루스(파피루스 식물의 심으로 종이 비슷하게 만든 재료)나 오스트라콘(도기 파편)에 잉크로 편지를 썼다. 메소포타미아에서는 손바닥에 꼭 들어맞는 작은 점토판에 설형 문자로 편지를 썼다. 편지는 으레 점토판 하나에 맞춰 썼기 때문에 길이에 제약이 있었다. 기원전 3000~기원전 2000년의 편지 중에서 지금껏 보존된 것은 대부분 비공식적인 개인 서신이 아니라 왕과 관리가 주고받은 공식 서신이었다. 이 편지들은 현대적 의미에서의 편지, 즉 보내는 사람이 받는 사람 읽으라고 쓴 문서가 아니다. 고대의 편지는 보내는 사람의 〈말〉을 기록하여 받는 사람에게 전하는 수단이다. 필경사가 한쪽에서는 말을 문자로 받아 적고 다른 쪽에서는 문자를 상대방에게 말로 전했다. 이 시기의 메소포타미아 편지는 〈친애하는〉이나 〈~에게〉 같은 인사말로 시작하는 게 아니라 필경사에게 편지를 낭독하라는 지시(〈~에게 말하라〉)로 시작한다.

문자가 발명된 뒤로 1,500년 동안은 인구의 극소수만이 읽고 쓸 수 있었는데, 여기에는 여러 가지 이유가 있다. 읽고 쓰기를 배우려면 방대한 훈련을 받아야 했기 때문에 시간과 비용이 많이 들었다. 엘리트 중에서도 일부만이 이런 교육을 감당할 수 있었다. 이렇게 생겨난 필경사 계층은 정보의 사제라는 특권적 지위를 보호하고 싶어 했다. 읽고 쓰기를 쉽게 배울 수 있도록 하여 널리 보급하는 데는 전혀 관심이 없었다. 〈군인이나 사제나 제빵사가 되지 말라〉, 〈농부가 되지 말라〉, 〈전차병이 되지 말라〉 같은 제목이 붙은 이집트의 필경사 훈련 교재는 필경사가 다른 어떤 직업보다 우월하다고 강조했다. 〈전차병이 되지 말라〉는 이렇게 시작한다. 〈필경사가 되려는 마음을 품으라. 그대가 온 세상을 다스릴지니.〉 읽고 쓰기는 권력이었다. 혁신적인 알파벳 표기법—특정 소리를 나타내는 소수의 기호로 모든 단어를 표현하는 방법—이 수용되지 않은 것은 이 때문일 것이다. 알파벳은 설형 문자와 상형 문자를 쓰던 기원전 3000~기원전 2000년 초에도 이름과 외래어를 전사(轉寫)할 때 사용되었다. 이론상 필경사는 자신이 배워야 했던 수백 가지 특수 기호를 다 버리고 알파벳으로만 글을 쓸 수도 있었다. 하지만 그랬다가는 딴 사람들이 훨씬 쉽게 글을 배울 수 있게 되어 자신들의 특별한 지위가 위협받았을 것이다.

따라서 이집트 문명에서든 메소포타미아 문명에서든 읽고 쓰기는 필경사와 궁정 관리의 전유물이었다. 왕족은 읽고 쓰기 교육을 어느 정도 받았을 테지만, 전문 필경사와 개인 비서만큼 능수능란한 경우는 드물었다. 통치자들은 보내는 문서를 구술하고 받는 문서를 낭독시켰을 것이다. 하지만 고대의 읽고 쓰기 능력을 평가하기란 쉬운 일이 아니다. 우선, 읽고 쓰기의 정의가 명확하지 않다. 이를테면 이름만 쓸 줄 알면 될까, 아니면 짧은 문장을 쓸 수 있어야 할까? 오늘날의 컴퓨터 사용 능력과 마찬가지로, 문해와 문맹 사이에는 뚜렷한 경계가 없다. 사람들은 능력의 스펙트럼 위에 놓인다. 하지만 개인적 소통에 글을 이용하는 것은 대다수 사람들에게 비현실적이었으며, 이들이 메시지를 보내는 가장 쉬운 방법은 (친구 같은) 인편에 부탁하는 것이었다. 이집트 왕들의 계곡에 무덤을 건설한 노동자들의 마을 데이르 엘 메디나에서 발견된 편지와 문서는 기원전 16세기와 기원전 17세기 사이의 일상생활을 엿볼 수 있는 흔치 않은 기회다. 이곳에는 숙련 노동자가 모여 있었기 때문에 읽고 쓸 줄 아는 사람의 비율이 유달리 높았다. 이들은 파피루스나 돌 조각에 편지를 써서 친구, 자녀, (경우에 따라) 현지 경찰 편에 부쳐 가족 친지와 소식을 주고받았다. 하지만 이것은 매우 이례적인 경우이다. 읽고 쓰기는 대부분 지배 계급 내의 일부 계층에 국한되었으며 주된 용도는 기록과 행정이었다.

고대 그리스에서는 읽고 쓰기가 더 보편화되었는데, 기원전 8세기 초에 최초의 진정한 알파벳(자음과 모음을 둘 다 나타내는 기호)이 탄생했다. 순수한 알파벳 문자는 기원전 1800년경 레반트(동부 지중해 연안―옮긴이)의 상인들이 고안한 가나안 문자에서 비롯했다. 레반트 상인들은 설형 문자(이즈음 그 지역의 여러 언어에 채택되었다)와 이집트의 상형 문자를 접한 뒤에 자음으로만 이루어진 알파벳을 만들어 냈다. 알파벳을 전파한 사람들은 지중해 분지 동부와 남부를 따라 교역소와 독립 도시 국가를 건설한 해양 민족 페니키아인이었다. 그리스인은 이 알파벳에다 모음 기호 다섯 개를 덧붙였는데 그 덕에 읽고 쓰기를 배우기가 훨씬 쉬워졌다. 이를테면 그리스 용병들은 기원전 593년에 이집트 아부심벨에 낙서를 남겼는데, 이는 그리스 사회에 읽고 쓰기가 널리 퍼졌다는 증거이다. 이즈음에 동전과 흑화 자기(검은색으로 그림을 그린 도자기 — 옮긴이)에도 그리스어 문자가 등장한다. 이는 일반인이 상거래나 집안일에도 문자를 사용했음을 시사한다.

기원전 6세기 아테네 지배층이던 히파르코스는 아테네 밖으로 뻗은 도로를 따라 돌마다 〈이것은 히파르코스의 기념비다〉라고 새겼다. 그 아래에는 〈친구를 속이지 말라〉 같은 짧은 경구를 덧붙였다. 이러한 자기 홍보가 의미 있으려면 인구의 상당수가 읽을 줄 알아야 했다. 기원전 510년경에 도편 추방제가 아테네에 도입된 것도 (적어도 남성 시민 사이에서는) 읽고 쓰기가 매우 보편적이었음을 보여 준다. 도편 추방제를 일컫는 〈오스트라시즘ostracism〉은 사금파리를 일컫는 그리스어 〈오스트라콘óstrakov〉에서 유래했다. 도시에서 쫓아내고 싶은 사람이 있으면 여기에 이름을 적어 냈다. 사금파리 개수를 세어 정족수인 6,000명(남성 시민의 약 20퍼센트에 해당한다)에 도달하면 그자는 추방되어 10년 동안 돌아올 수 없었다. 이 제도의 목적은 정쟁의 한쪽 당사자를 추방하여 평화를 기하려는 것이었다.

그리스인은 담론 중심의 정치적-지적 문화와 이례적으로 높은 문해율 덕에 구전 정보가 아니라 문자 정보의 교환을 바탕으로 최초의 소셜 미디어 문화를 만들어 낼 기회를 잡았다. 아르키메데스와 페르게의 아폴로니오스가 쓴 수학책의 머리말에 따르면 두 사람은 그리스 곳곳의 수학자들에게 사본을 보냈다. 하지만 문서를 복제하고 공유하는 문화가 널리 퍼져 있었다는 증거는 전혀 없다. 그리스 문화는 문어에 대한 회의(懷疑)를 결코 떨쳐 버리지 않은 듯하다. 문어는 그리스 문화의 핵심인 구어의 우위에 대한 위협으로 간주되었다. 정치적-법적-철학적 논증은 대면 대화와 논쟁을 통해 벌어졌다. 필경사 체제는 전혀 필요없었다. 각 도시 국가는 자치체였으며 시민들이 모인 민회에서 나라의 큰일을 처리했기 때문이다. 실제로 아리스토텔레스는 이상적 도시를 정의하면서, 모든 시민이 연사의 목소리를 듣지 못할 만큼 인구가 많아서는 안 된다고 규정했다. 수사학(본디 〈웅변술〉, 즉 〈말하는 기술〉이라는 뜻이다)은 중요한 기술로 칭송받았다. 또한 그리스 시와 연극의 오랜 전통은 문어가 아니라 구어를 토대로 삼았다.

기원전 4세기에 플라톤이 쓴 『파이드로스』와 이른바 「일곱째 편지」에는 문자에 대한 그리스인의 반감이 요약되어 있다. 『파이드로스』는 플라톤의 스승 소크라테스와 파이드로스가 나누는 대화의 형식으로 되어 있다. 소크라테스는 글이 기억의 필요성을 훼손하고 정신을 약화시키며 〈배운 사람들의 혼에 망각을 제공한〉다고 불평한다. 그 이유는 〈글쓰기에 대한 신뢰로 인해 외부로부터 남의 것인 표시에 의해 기억을 떠올리지, 내부로부터 자신들에 의해 스스로 기억을 떠올리지 않기 때문〉이라는 것이다. 또한 글이 물음에 대응할 수 없으며(〈자네가 무언가를 묻는다면, 그것은 아주 격조 있게 침묵을 지킬 것이란 말일세〉) 오해나 왜곡의 여지가 있다고(〈그것이 잘못 연주되거나 부당하게 욕을 먹게 되면 아버지의 도움이 늘 필요하다네. 그것은 스스로 방어할 수도, 자신을 도울 수도 없기 때문이네〉) 지적한다. 소크라테스는 글이 〈망각의 노년에 이르러 (……) 비축해〉야 할 기념물로서 쓰임새가 있음을 인정하지만, 글의 한계를 훨씬 더 우려한다. 그가 두려워하는 것은 글에 의존하는 사람이 〈많이 듣되 하나도 배우지 못하며, 다 아는 것처럼 보이되 대개는 아무것도 모르〉리라는 것이다.

플라톤도 「일곱째 편지」에서 글이 구두 대화를 대신하지 못한다며 비슷한 주장을 제기했다. 〈누구든 진지한 사람이 진지한 실재들에 대해 글을 써 그것이 사람들 사이에서 질시받고 혼란에 빠지게 하는 일은 결코 없을 것입니다.〉 플라톤은 제자인 시라쿠사의 통치자 디오니시오스가 철학 논문을 글로 썼다고 비난하던 참이었다. 그러면서 철학적 진리를 이해하는 계기가 될 찰나적 통찰을 글로는 전달할 수 없다고 주장했다. 플라톤은 소크라테스와 마찬가지로 대화를 통해 진리에 이르는 변증술을 더 좋아했다. 〈호의를 품은 검토 과정에서 검토가 되고 질투심 없는 물음과 대답을 이용할 때, (……) 가까스로 분별력과 지성이 각각과 관련해서 빛을 발합니다.〉 플라톤의 제자 아리스토텔레스는 〈말소리에 담긴 것들은 머리 안에서 겪은 것들에 대한 상징물들이며, 글들은 말소리에 담긴 것들에 대한 상징물들이다〉라고 생각했다. 이 또한 말이 글보다 뛰어나다는 그리스인의 견해를 표현한 것이다.

이러한 반발은 글과 읽고 쓰기 능력의 확산에 따른 정신적–문화적 변화에 대한 그리스 사회의 불안을 반영하는 듯하다. 플라톤은 스스로, 또한 소크라테스의 입을 빌려 말하면서 글을 노골적으로 비난하지는 않았지만, 순수한 구술 문화를 저버린 탓에 지성적 삶에 지장이 생겼다는 우려를 나타냈다. 이는 디지털 미디어의 장단점을 놓고 요 몇 년간 표출된 비슷한 우려와 일맥상통한다. 한편으로는 신속한 정보 접근이 훨씬 수월해졌으나, 다른 한편으로는 구글에서 검색하면 다 나오는데 뭐하러 번거롭게 기억하겠는가? 두 경우 모두, 신기술은 게으름뱅이를 위한 불필요한 목발로 치부된다. 실제로 글과 디지털 미디어 둘 다 매사를 정확하게 기억해야 할 필요성을 없애고, 반쯤 기억한 항목을 문서화된 출처에서 필요 시에 끄집어낼 수 있도록 함으로써 인간 정신을 확장한다.

플라톤의 주장이 오늘날까지 살아남은 것은 문자로 기록되었기 때문이라는 사실이 이채롭다. 하지만 플라톤의 글은 구두 대화를 문자로 옮겼다는 점에서 과도기적 형식에 부합한다. 비슷한 맥락에서 플라톤 시대에 사람들은 연극을 관람하는 것 못지않게 희곡을 즐겨 읽었다. 이 경우에도 글은 말의 대용물로 쓰였다. 이러한 말과 글의 혼합 형태는 그리스 문화가 순수한 구술 문화에서 혼합형의 구술-문자 문화로 변화하는 과정에 걸쳐 있었음을 잘 보여 준다. 하지만 그리스 문화가 로마 문화에 가리고 흡수되었을 때는 글의 수용에 대한 우려가 잊힌 지 오래였다. 읽고 쓰기는 적잖이 보급되었으며, 로마의 식자층은 공식 석상에서나 비공식 석상에서 문어를 당당하게 구사했다. 최초의 소셜 미디어 생태계가 등장할 무대가 마련되었다.

2장

로마의 미디어:
최초의 소셜 미디어 생태계

그대는 나의 편지가
널리 유포되었다고 말하는군.
나는 개의치 않네.
사실 여러 사람에게 사본을 만들라고
나 자신이 허락했다네.

@ 마르쿠스 툴리우스 키케로, 「아티쿠스에게 보낸 편지」 8.9

인민 동력 네트워크

기원전 1세기 무렵 로마는 지중해 분지의 명실상부한 패자(霸者)였다. 남쪽으로 숙적 카르타고를 물리치고 동쪽으로 그리스 정복을 완수한 뒤에는 오늘날의 스페인, 프랑스, 터키 대부분과 아프리카 북부 해안의 넓은 지역까지 영토를 넓혔다. 하지만 영향력이 커짐에 따라 정치 체제의 부담도 커졌다. 로마의 통치 체제는 작은 도시 국가일 때와 기본적으로 같아서, 정치적 엘리트 계층을 이루는 소수 혼맥 가문의 손에 권력이 집중되었다. 지배층 내에서 또는 지배층과 인민 사이에 갈등이 생기면서 모략, 반란, 내전이 잇따랐으며 정치 개혁도 간간이 시도되었다. 이 격변의 시기 동안 로마의 드넓은 영토는 로마 엘리트 집단의 개인적 인맥에 지나치게 의존했다. 사회적 풍문과 정치적 뉴스가 뒤섞였다. 끝없는 합종연횡과 음모의 외중에 폭넓은 인맥을 유지하며 최근 현황을 파악하고 끊임없는 권모

술수의 옳은 편에 서는 것은 생사를 가르는 문제였다.

로마 시 안에서는 이런 정보를 대부분 포룸(정치적–상업적 활동의 중심지)과 (로마인이 매우 좋아하는) 만찬, 즉 콘비비아*convivia*에서 개인적으로 주고받았다. 하지만 시 바깥에 사는 사람들도 — 먼 속주로 파견되었든, 시골 별장에서 쉬고 있든 — 편지를 주고받으며 정보 교환에 참여할 수 있었다. 로마에 있는 사람들의 운명은 종종 로마 제국 변방의 교역과 전쟁에 달려 있었으며, 변방에 사는 사람들은 수도에서 벌어지는 권력 투쟁의 최근 현황을 꿰고 있어야 했다. 로마 지배층에게 서면 교신은 정보를 유포하는 중요한 수단이자 남과의 관계를 규정하고 유지하는 방법이었다. 로마 엘리트는 교육 수준이 높고 읽고 쓰기에 능했다. 교통망은 (적어도 고대의 기준으로는) 빠르고 안정적이었으며, 필경사와 전서인(傳書人)을 쉽게 구할 수 있어서 — 이 중 상당수는 노예였다 — 메시지를 쉽고 저렴하게 — 적어도 엘리트에게는 — 필사하고 전달할 수 있었다. 로마의 책을 연구한 역사가 렉스 윈즈버리는 노예제를 〈로마 문학을 가능하게 한 토대〉라고 불렀으나, 노예야말로 로마의 광대역 통신망이었다고 말해도 무방할 것이다. 역사상 처음으로 뉴스와 풍문이 — 개인적인 것이든 정치적인 것이든 — 서면의 형태로 대량 유통되기 시작했다.

이렇게 주고받는 메시지는 형식을 갖춘 경우도 있었으나, 친근한 대화체의 어조로 쓰기도 했으며 구어, 내부자 농담, 말장난, 약어도 곧잘 구사했다. 로마의 편지에서 흔히 쓰던 약어로 〈SPD〉가 있는데, 이는 〈안부 전합니다〉를 뜻하는 〈살루템 플루리맘 디키트*salutem plurimam dicit*〉를 줄인 말이다. 편지 첫머리에서 인사말로 쓰였으며 〈Marcus Sexto SPD〉(마르쿠스가 섹스투스에게 안부 전합니다)처럼 발신인과 수신인을 표시하는 역할을 했다. 〈SVBEEV〉라는 약어도 자주 썼다. 〈시 발레스, 베네 에스트, 에고 발레오*si vales, bene est, ego valeo*〉, 즉 〈별고 없으시다면 다행입니다. 저는 별고 없습니다〉를 줄인 말이다. 오늘날 인터넷 게시물이나 문자 메시지에서 〈BTW〉(*by the way*, 그건 그렇고), 〈AFAIK〉(*and for all I know*, 내가 알기로), 〈IANAL〉(*I am not a lawyer*, 법적인 조언은 아니지만) 같은 약어를 쓰는 것과 마찬가지로, 이런 약어를 쓰면 시간과 공간을 절약할 수 있었다.

로마 시대의 편지에 담긴 다양한 어조는 900통 가까이 남아 있는 마르쿠스 툴리우스 키케로의 편지에서 확인할 수 있다. 이 시대의 편지 중에서 이만큼 잘 보존된 것은 없다. 키케로의 편지 중에서 어떤 것은 여행 중에 썼고, 어떤 것은 식사 중에 썼으며, 또 어떤 것은 필경사의 도움을 받아 정식으로 썼다. 키케로는 친한 친구에게 보내는 편지에는 곧잘 그리스어를 썼는데, 이는 그리스 문화에 대한 존경심을 나타내는 동시에 엘리트 식자층의 동류의식을 불러일으키기 위해서였다. 키케로의 인맥을 형성한 동시대인들은 하루 온종일 전서인을 보내고 맞이하며 편지로 정보를 교환하는 데 이골이 나 있어서 편지를 구두 대화의 연장(延長)으로 여길 정도였다. 키케로는 한 편지에 이렇게 썼다. 〈우리는 편지의 이점을 활용할 수 있다네. 그러면 함께 있으나 떨어져 있으나 다를 게 없지.〉 이와 마찬가지로, 키케로의 동시대인이자 호적수 율리우스 카이사르는 〈친구들과 편지로 일종의 대화〉를 나누었다고 한다. 카이사르는 〈긴급한 사안이 발생했을 때 친구들을 직접 만나기를 기다릴 여유가 없었다. 임무가 벅차고 로마 시가 여간 크지 않기 때문〉이었다.

부유한 로마인은 보내는 편지를 필경사에게 구술하고 받은 편지를 낭독시켰기 때문에 편지 쓰기와 대화의 구별이 애매했다. 솜씨 좋고 믿음직한 필경사는 주가가 높았다. 하루에 보낼 수 있는 정보의 양이 부쩍 늘기 때문이다. 율리우스 카이사르는 둘 이상의 편지를 서로 다른 필경사에게 동시에 구술할 수 있었다고 한다. 키케로는 평생 똑같은 비서를 두었는데, 노예 티로는 해방된 뒤에도 여전히 키케로를 위해 일했다. 티로가 유달리 뛰어난 능률을 발휘한 것은 일종의 속기를 고안했기 때문이라고 한다. 그 덕에 키케로는 편지와 연설문을 빠르게 구술할 수 있었고 훨씬 많은 편지를 처리할 수 있었다.

신속한 답장을 요하는 근거리 메시지는 납판(널빤지의 중앙부를 직사각형으로 도려내고 밀랍을 발라 만든 판—옮긴이)에 철필로 썼다. 납판은 나무 액자에 들어 있어서 책처럼 반으로 접을 수 있었다. 평평한 표면을 나무 액자로 둘러싼 모양은 현대인이 보기에 영락없는 태블릿 컴퓨터이다. 수신인은 같은 납판에 답장을 써서 같은 전서인 편에 곧장 발신인에게 보낼 수 있었다. 철필의 납작한 부분으로 납판을 문지르면 내용을 지우고 새로 쓸 수 있었다. 로마 시 안에서는 누군가에게 재빨리 질문하고 한두 시간 안에 답장을 받을 수 있는 간편한 방법이었다(키케로는 법률의 요점을 묻는 친구 렙타에게 보낸 편지에서, 확실한 답을 얻으려고 또 다른 친구에게 비슷한 메시지를 속달로 보냈다고 말한다). 먼 거리를 보내는 편지는 파피루스에 썼다. 값은 비쌌지만 가벼워서 운반하기 좋았기 때문이다. 파피루스 한 장은 가로가 약 15센티미터, 세로가 약 25센티미터였으며, 짧은 편지에는 충분했다. 하지만 필요하다면 파피루스를 이어 붙여 지면을 늘릴 수 있었다. 갈대 펜을 잉크에 적셔 글씨를 썼는데 잉크는 오징어에서 추출하거나 검댕, 고무, 물을 혼합하여 제조했다. 5~10센티미터 너비로 단을 나누어 단어를 배열했으며 파피루스 너비에 맞추어 왼쪽에서 오른쪽으로 단을 배치

로마 납판 사진. 아이패드를 빼닮았다.
자료 제공: 로마-게르만 박물관(쾰른)

했다. 파피루스는 두 면 중에서 한 면만 썼다. 완성된 문서는 말아서 끈으로 묶고 밀랍 봉인을 찍었다.

키케로 시대에 부유한 가정과 공직자는 타벨라리우스*tabellarius*라는 전서인에게 편지 심부름을 시켰다. 키케로는 친구 카시우스에게 이렇게 불평했다. 〈자네의 편지 심부름꾼은 상식이 없는 사람일세. 여행용 모자를 쓰고 와서는 자기네 동행이 성문에서 기다린다며 재촉하지 뭔가.〉 타벨라리우스는 주인을 위해 늘 같은 길을 오가며 편지를 취합하고 전달했을 것이다. 하지만 일반인에게는 덜 사치스럽게 편지를 보내는 방법이 있었다. 여행하는 친구에게 편지를 전해 달라고 부탁하는 것은 일상적인 방법이었다. 수신인에게 직접 전해 주지 않더라도, 같은 방향으로 가기만 하면 목

남편과 아내가 글쓰기 용품을 들고 있는 모습을 그린 폼페이 프레스코 화. 남편은 두루마리를 들었고 아내는 접는 납판과 철필을 들었다. 이 그림이 전하는 메시지는 〈우리는 읽고 쓸 줄 아는 것이 자랑스럽다〉이다.
자료 제공: 월터 롤링스/메리 에번스 사진 라이브러리

적지에서 다른 친구에게 전달하여 점점 최종 목적지에 가까이 갈 수 있었다. 키케로는 로마의 외국 속주에서 세금을 거두는 금융 기관의 책임자들과 친했으며 법률적으로 이들을 대리했다. 이들의 전서인은 주인의 편지를 나르면서 이따금 키케로의 편지도 함께 전해 주었다. 친구나 친구의 친구를 위해 편지를 전달하는 비공식 배달 체계는 타벨라리우스에게 시키는 것만큼 빠르고 안전하지는 않았지만 훨씬 저렴했다. 훗날 아우구스투스 황제 때 공식 우편 제도가 마련되어 역마, 마차, 역참 등의 조직적 체계를 갖추었지만 이 제도는 공식 용도에 국한되었다. 대디수 로마인은 사회적 관계망을 통해 편지를 보내는 비공식적 방법에 의존했다.

적어도 부유한 엘리트끼리는 편지를 쉽고 빠르게 전달할 수 있었던 덕에 키케로는 지인(이를테면 친구 아티쿠스)들과 매일 연락을 주고받을 수 있었다. 키케로의 편지를 보면 그가 여러 번에 걸쳐 (시골 별장에 머물면서) 로마에 있는 아티쿠스에게 매일같이 편지를 썼으며 할 말이 별로 없더라도 답장을 보내라고 간청했음을 알 수 있다. 키케로는 사회적 접촉을 좋아했으며 수도의 소식에 목말라했다. 매일 편지를 보냈다는 말은 키케로의 전서인이 아티쿠스에게서 답장을 받아 올 수 있었다는 뜻이다. 한번은 키케로가 아티쿠스에게 이렇게 썼다. 〈여전히 그대에게서 편지를 받고 싶으니 매일 쓰지 않을 도리가 없네.〉 이렇게 애원하기도 했다. 〈소식이 있든 없든 뭐라도 써주게. 나는 매일같이 자네에게 편지를 쓸 걸세. 내게 알려주어야겠다 싶은 것이 있는데 편지를 들려 보낼 전서인이 없으면 안 되니 일 없어도 자네에게 편지를 보내고 싶은 거라네.〉 키케로는 논의에서 소외되는 것을 견디지 못했다.

키케로의 반대쪽 극단에는 세네카가 있었다. 세네카는 기원후 1세기의 정치가이자 철학자로, 로마인이 멀리서 오는 편지를 손꼽아 기다리는 것을 조롱했다. 친구 루킬리우스에게 보낸 편지에서는 우편선을 맞이하려고 항구로 쇄도하는 사람들을 묘사했다. 〈모두가 소란스럽게 부둣가로 달려가는 동안 나는 게으름의 크나큰 쾌감을 느꼈네. 곧 친구에게서 편지를 받을 테지만 내 문제가 외국에서 어떻게 처리되고 있는지, 편지에 어떤 소식이 담겨 있는지 알고 싶어 안달하지 않았으니 말일세.〉 로마 시대에도 오늘날처럼 편지(이메일)를 남달리 강박적으로 확인하는 사람이 있었나 보다.

편지가 도착하면 수신인은 내용을 읽은 뒤에 가족 친지에게 읽어 주거나 업무 동료에게 알려 주기도 했다. 로마에서는 편지를 준(準)공문서로 취급하여 수신인뿐 아니라 많은 사람을 염두에 두고 썼다. 여기에는 편지를 무사히 배달하기가 현실적으로 무척 힘들었던 탓도 있다. 여러 편지에서 키케로는 정치적으로 위험한 발언을 하지 않으려고 자기 검열을 한 것이 분명하다. 편지 내용이 누구의 귀에 들어갈지 장담할 수 없었기 때문이다. 편지를 남에게 읽어 주지 말라고 명시적으로 요구한 적도 있었지만 이것은 규칙이라기보다는 예외였다. 편지를 사람들과 공유할지 말지는 수신인의 재량이었다. 한 가지 판단 기준은 편지를 발신인이나 전속 필경사의 손으로 썼는가였다. 특별히 민감하거나 친밀한 구절은 발신인이 직접 썼을 것이다. 이렇게 민감한 메시지는 믿을 만한 전서인에게만 맡겼다.

키케로의 편지들을 보면 편지와 문서가 으레 필사되고 남들에게 전달되었음을 알 수 있다. 키케로는 친구 아티쿠스에게 이렇게 썼다. 〈3월 24일에, 발부스가 내게 보낸 편지의 사본과 카이사르가 발부스에게 보낸 편지의 사본을 자네에게 보냈네. 바로 그날 카푸아에서 나는 퀸투스 페디우스가 보낸 편지를 받았는데 카이사르가 14일에 다음과 같이 썼다더군.〉 다른 편지에는 이렇게 쓰기도 했다. 〈카이사르가 내게 보낸 짧은 편지의 사본을 동봉하네.〉〈안토니우스가 카이사르에게서 받은 편지의 사본을 내게 보냈다네.〉〈자네가 떠난 뒤에 라미아와 함께 있었는데, 카이사르가 자신에게 보낸 편지를 내게 가져왔네.〉〈자네가 집정관 렌툴루스에게 보낸 편지의 사본을 받았네.〉 사례는 이 밖에도 많다. 로마인은 편지를 쓸 때 경우에 따라 사본을 다른 친구들에게 보내어 널리 유포하기도 했다. 키케로를 비롯한 로마 정치가들도 중요한 연설의 사본을 이런 식으로 배포하여, 연설을 직접 듣지 못한 사람도 연설문을 읽거나 사본을 구할 수 있도록 했다. 율리우스 카이사르를 요란하게 공격하던 정적(政敵) 소(小) 카토가 자살한 뒤에 키케로 등은 그에게 바치는 추도문을 써서 서면으로 유통했다. 이에 대응하여 카이사르는 『안티카토』라는 에세이를 배포했다. 문서의 필사와 공유는 편지, 연설문, 에세이가 로마 엘리트 사이에 금세 퍼져 나가 널리 읽히고 논의를 촉발할 수 있었음을 뜻한다.

로마의 저술가들은 독자에 따라 다른 문체를 썼다. 널리 유통될 문서에서는 형식적 어조를 구사했고 사적인 편지에서는 격의 없는 문체를 썼다. 키케로는 이렇게 말했다. 〈수신인만 읽을 편지와 많은 사람이 읽을 편지는 문체를 다르게 쓴다.〉 기원전 49년 봄에 키케로는 자신의 편지가 널리 유포되어 만족스럽다고 말했다. 〈내 편지가 널리 유포되었다고? 흠, 아무렴 어떤가. 실은 내가 여러 사람에게 사본을 가져도 된다고 허락했다네.〉 이렇게 편지를 필사할 수 있었던 것은 키케로가 자신이 보내는 편지의 사본을 만들어서 필요할 때 사람들에게 돌려 읽히거나 필사했기 때문이다. 당시에 로마 공화국은 카이사르 편과 정적 폼페이우스 편으로 나뉘어 내전으로 치닫고 있었는데, 키케로가 편지를 널리 공유하려 한 이유는 〈평화를 유지하고픈 심정을 기록으로 남기고 싶〉었기 때문이다. 키케로는 편지의 사본을 사람들에게 주면 이 사람들이 저마다 자기네 집단에서 편지를 다시 공유할 것임을 알았다.

소식 공유하기

〈나는 그대가 도시의 대소사에 대한 관보를 틀림없이 전달받고 있다고 생각한다네. 안 그랬다면 내가 직접 써서 보냈을 테니까.〉 키케로는 기원전 44년에 아프리카 속주의 총독인 친구 퀸투스 코르니피키우스에게 이렇게 썼다. 〈악타*acta*〉라는 이름의 이 관보는 로마의 신문 격이었다. 하지만 신문 치고는 별난 신문이었다. 매일 발행되기는 했지만, 각 호의 공식 사본은 한 부만 제작되었다. 정부는 악타의 첫 발행분을 포룸에 게시하는 일만 담당했지 이것을 필사하거나 유포하려는 시도는 전혀 하지 않았다. 이것은 악타 독자들의 몫이었다. 신문의 첫 조상이 폭넓은 독자를 만날 수 있었던 것은 소셜 네트워크를 통한 비공식 유포 덕분이었다.

이 선구적 간행물을 창안한 사람은 바로 율리우스 카이사르였다. 기원전 59년에 카이사르는 로마 공화국의 최고위직인 집정관에 선출되었다. 로마에서는 해마다 두 사람을 선출하여 격월로 집정관 임무를 맡도록 했다. 집정관은 상대방에 대해 거부권을 행사할 수 있었는데, 이는 (적어도 이론상으로는) 권력 남용을 방지하기 위한 조치였다. 기실 카이사르는 막강한 정치적 인맥을 동원하여 공동 집정관 마르쿠스 칼푸르니우스 비불루스를 초장부터 열외로 내몰고는 남은 임기에 전권을 휘둘렀다. 카이사르는 그 뒤로도 세 번 더 집정관을 지냈다. 로마의 역사가 수에토니우스에 따르면 카이사르가 집정관으로 선출되고 맨 처음 취한 조치는 〈원로원과 인민을 위해 회의록을 매일 취합하여 발표하〉라는 명령이었다. 이렇게 시작된 관보의 정식 명칭은 〈악타 디우르나 포풀리 로마니*acta diurna populi Romani*〉(로마 인민의 일일 활동)이었으나 곧잘 〈악타 디우르나〉 또는 간단히 〈악타〉로 줄여 불렀다. 악타는 기원후 3세기까지 존속했다. 〈디우르나〉라는 단어는 〈매일〉이라는 뜻으로, 영어 단어 〈저널*journal*〉과 〈저널리즘*journalism*〉의 어원이다.

악타 디우르나를 창간한 것은 정치적 조치였다. 카이사르는 인민주의자였으며, 원로원 귀족들이 지나치게 많은 권력을 손에 쥐고 있다고 생각했다. 카이사르는 국유지를 인민에게 재분배하겠다는 공약으로 당선되었는데, 귀족들은 이 정책을 격렬히 반대했다. 로마의 통치 체제에서 인민은 포럼에서 공개적으로 회합을 열었지만, 원로원은 닫힌 문 뒤에서 모였으며 논쟁, 연설, 투표의 세부 사항은 자기네가 원할 때만 공개했다. 따라서 회의 진행 상황을 요약하여 매일 발표하도록 의무화한 것은 원로원 귀족이 카이사르의 인민주의적 정책에 반대하고 있음을 부각하고 원로원의 신비주의와 권위를 교묘하게 깎아내리기에 손쉬운 방법이었다. 카이사르의 목표는 로마 정치를 공개적이고 민주적으로 바꾸는 것이 아니라 원로원을 공격하고 로마의 절대 군주가 되려는 야심을 실현하는 것이었다. 카이사르는 권위를 한 사람의 손에 집중시켜야만 혼란스러운 로마 정치판을 길들일 수 있다고 믿었다. 이 때문에 카이사르는 원로원의 권력을 지키려는 귀족과, 또한 야심찬 독재자에게서 공화국의 제도와 전통을 수호하는 것을 자신의 임무로 여긴 키케로와 갈등을 빚었다.

악타에 실리는 내용은 다양한 출처에서 취합했다. 법안 사본, 중요한 연설, 민회의 성명 등은 원하는 사람이면 누구나 참조하고 필사할 수 있도록 포럼에 게시하는 것이 관례였다. 더 공식적인 기록인 원로원 회의록도 공개되었다. 이 모든 내용이 악타 디우르나에 요약 삽입되었다. 덕분에 카이사르가 말한 대로 인민과 원로원의 회의 진행 상황을 공개할 수 있었다. 또 다른 정보 출처는 〈알붐album〉이라는 흰색 게시판이었다. 알붐은 포럼의 동쪽 끝, 즉 로마 국교(國敎)의 최고 사제 폰티펙스 막시무스Pontifex Maximus의 사제관 근처에 세웠다. 카이사르는 기원전 63년에 이 중요한 지위에 자신이 당선되도록 손을 썼는데, 이로써 사원(寺院)을 축성하고 절기를 정하고 귀족의 결혼을 감독하고 유언과 입양을 판결하고 풍속을 단속하는 등의 책임을 맡았다. 알붐은 매해의 현직 집정관과 국가 관리의 이름, 명절과 종교 축일과 일월식의 날짜, 중요한 출생, 사망, 결혼, 이혼의 선언 등을 공표하는 공식 게시판이었다. 이제는 악타에도 이 모든 정보를 표시할 수 있었다.

이렇게 작성한 관보는 포룸에 있는 목판에 매일 게시했다. 처음에 악타는 정부 업무에 치중하여, 연설에 대한 설명과 원로원에서 법안을 지지한 사람과 반대한 사람의 이름 등을 게시했다. 이것은 카이사르의 목적에 부합했지만, 카이사르는 악타를 더 직접적인 정치적 용도로 쓰기도 했다. 기원전 44년 권력의 정점에 올라선 카이사르는 (이를테면) 왕의 칭호를 거부하는 회대의 쇼를 벌이면서 자신의 겸손한 행동이 악타에 기록되도록 했다. (이즈음 카이사르는 〈종신 독재관〉으로 임명된 상태였기에, 칭호만 없다 뿐이지 사실상 왕이나 마찬가지였다.) 악타는 생긴 지 몇 해 지나지 않아 증여와 상속, 장례, 이례적이고 중요한 사건 같은 비정치적 사항까지 포괄하도록 범위가 커졌다. 이렇듯 겉보기에는 하찮아 보이는 일들도 정치적 의미를 띨 수 있었다. 이를테면 이혼은 로마 정계에서 초미의 관심사였다. 결혼은 으레 정치적 동맹을 강화하거나 정치 경력에 필요한 부를 얻는 수단이었기에 이혼은 정치적 기회를 뜻했다. 세네카는 이렇게 비꼬기도 했다. 〈이혼이 없으면 악타도 없다.〉

악타는 거창한 제목과 선정주의적 본문을 내세우지 않았다. 악타는 현대의 통신사처럼 간결한 문체로 사건을 전달했다. 기원후 1세기에 극작가 페트로니우스는 소설 『사티리콘』에서 악타를 패러디했다. 소설의 한 장면에서 전직 노예로 엄청난 부자가 된 트리말키오가 호화롭지만 천박한 연회를 연다. 회계원이 나타나 좌중에 트리말키오의 어마어마한 재산이 얼마나 불었는지 이야기한다. 장부는 관보 양식으로 쓰여 있다. 〈7월 26일 / 쿠마이 영지의 출산 현황: 남아 30명, 여아 40명 / 밀 수확 및 저장 량: 50만 펙 / 길들인 황소: 500두 / 같은 날 / 우리 주인님 가이우스의 수호신을 모욕한 대가로 노예 미트리다테스를 십자가형에 처함 / 같은 날 / 투자 계획 없는 돈 1000만 세스데르디오를 금고실에 보관함 / 같은 날 / 폼페이 영지에서 화재 발생. 영지 관리인 나스타의 집에서 시작됨.〉

정치 활동 보고와 공식 통계 및 성명과 더불어 자질구레한 사항도 기재되었다. 기원후 1세기에 살았던 로마의 박물학자이자 정치가 대(大) 플리니우스는 보관된 악타 사본에서 수집한 기이한 자연 현상을 세계 최초의 백과사전 『박물지Naturalis Historia』에 실었다. 이를테면 기원전 50년에 밀로가 연설하는 도중에 포룸에 돌덩이가 우수수 떨어진 사건, 홍군 전차 기수의 팬이 비탄에 잠겨 기수의 화장(火葬)용 장작더미에 몸을 던진 사건, 한 남자가 자녀 여덟 명, 손자 스물여덟 명, 손녀 여덟 명, 증손자녀 열아홉 명을 데리고 로마의 주피터 사전에 제사드리러 찾아온 사건, 불사조를 로마에 가져와 포룸에 전시한 사건(〈누구도 이 불사조가 진짜라고 믿지 않겠지만, 기록으로 확증된 사실〉) 등이다. 플리니우스가 인용한 또 다른 보고에서는 충성심이 남다른 개가 처형당한 주인의 주검을 떠나지 않았다고 한다. 〈주검을 티베르 강에 던지자 개는 주인을 향해 헤엄쳐 주검이 가라앉지 않도록 떠받쳤다. 충성스러운 개의 모습을 보려고 군중이 몰려들었다.〉

이런 내용이 들어 있었음에도—또는 들어 있었기에—악타는 로마와 로마 제국 전역에서 열성 독자를 거느렸다. 기원후 1세기에 활동한 역사가 타키투스는 악타에서 발표된 소식이 〈속주와 군대에 속속들이〉 알려졌다고 말한다. 편지에서 키케로는 멀리 떨어진 속주에 있는 친구들이 악타를 읽고 있으리라 가정하며 여행 중에도 자신이 사본을 받아 본다고 말한다(〈3월 15일치까지의 도시 관보가 있네〉, 〈데살로니카에서 8월 1일 관보를 기다리고 있네〉). 이 사본은 모두 손으로 쓰고 배포했다. 로마인에게는 활판 인쇄에 필요한 기술이 있었다. 키케로는 철학 논문에서 낱자로 단어를 만들 가능성을 (지나가는 말로) 언급하기까지 했다(〈금으로든 어떤 재료로든 무수한 글자 형태를 마구잡이로 던지면 이 글자들로 엔니우스의 연대기를 땅에 인쇄할 수 있지 않겠는가?〉). 하지만 노예제 덕분에 인간 필사원을 싸게 쓸 수 있었기에, 굳이 인쇄기를 발명할 이유가 없었다.

로마 시내에서는 부자들이 필경사에게 철필과 납판을 들려 포룸에 보내어 악타에 쓰인 흥미로운 내용과 포룸에서 얻은 흥미로운 문서와 풍문을 받아 적게 했다. 악타의 내용을 전부 읽고 싶으면 필경사에게 고스란히 베끼도록 했다. 하지만 사업가 기질이 있는 일부 로마인은 매일 악타의 내용을 받아 적은 뒤에 필경사를 시켜 사본을 많이 만들어서 도시 내의 유료 고객에게 배달하면 돈이 되겠다는 사실을 깨달았다. 유베날리스는 『풍자시Saturae』에서 귀부인이 집에서 화장을 받고 노예를 괴롭히면서 〈긴 저널〉(아마도 악타의 사본일 것이다)을 읽는 장면을 묘사했다. 이 사본은 가내(家內) 필경사에게 베껴 쓰도록 하여 도시 밖의 친구들에게 보낼 수도 있었다. 키케로의 편지를 보면 키케로와 그의 동시대인들은 친구들이 입수하여 편지에 동봉한 악타의 사본이나 발췌본을 읽은 덕에, 로마에 있지 않아도 로마에서 돌아가는 일을 파악할 수 있었다. 150년 뒤에도 소(小) 플리니우스는 토스카나의 영지를 방문하면서 이런 식으로 소식을 전해 들었다. 플리니우스는 로마에 있는 친구 폼페이우스 팔코에게 이렇게 썼다. 〈내가 낙향해 있더라도 도시 관보 보내 주는 일을 중단하지 말게.〉

친구를 통해 소식을 전해 들을 때의 한 가지 장점은 친구가 관심 분야를 강조하여 표시하고 자신의 논평이나 배경 정보를 (악타 사본에 동봉한) 편지에 부기(附記)할 수 있었다는 것이다. 개인적 편지와 비개인적 소식의 조합은 서로에 대한 맥락을 제시하기에, 따로일 때보다 더 가치가 있었다. 예나 지금이나 친구가 중요하게 언급하거나 의견을 제시하는 문제에 훨씬 관심이 가게 마련이다. 그래서 키케로는 로마의 외진 속주 실리시아 총독이 되었을 때 친구이자 피후견인 마르쿠스 카일리우스 루푸스에게 로마의 사정을 전해 달라고 부탁했다. 카일리우스는 연줄이 좋은 젊은이였기에, 키케로는 카일리우스가 정계 소식에 값진 논평을 달고 악타의 앙상한 보고에 살을 붙여 주기를 바랐다. 하지만 카일리우스는 요청을 잘못 이해하여, 키케로가 로마의 정보를 있는 그대로 최대한 많이 알고 싶어 하는 줄 알았다. 카일리우스는 이렇게 썼다.

그대가 떠나실 때 저는 도시에서 일어나는 모든 일을 매우 꼼꼼히 또한 소상히 적어 보내겠노라 약속했습니다. 돌아가는 사정을 자세히 알려 줄 사람을 찾느라 애를 좀 먹었습니다. 하도 시시콜콜 적어서 그대가 그의 노고를 한갓 수다로 치부할까 저어됩니다. (……) 하지만 제가 동봉한 자료를 보시면 저의 수고를 짐작하실 수 있을 겁니다. 이 분량을 적는 것은 고사하고 눈으로 훑는 데만 해도 시간이 얼마나 걸릴지 모르겠습니다. 원로원 권고, 칙령, 풍문, 소문 등을 모두 담았습니다. 이 견본이 과히 흡족하지 않으시면 알려 주십시오. 그대의 인내심과 저의 지갑이 닳는 것은 바라지 않습니다.

카일리우스는 크레스투스라는 필경사를 고용하여 매일 악타를 베껴 쓰고 포럼에서 흘러 나오는 발표, 성명, 풍문을 수집하도록 했다. 우리는 키케로가 카일리우스에게서 받은 소식 두루마리 하나를 펼쳐 내려놓고 읽다가 실망감에 눈살을 찌푸리는 장면을 머릿속에 그릴 수 있다. 키케로는 카일리우스에게 답장을 보냈다. 〈이게 뭔가? 검투사 2인조, 재판의 연기, 크레스투스가 취합한 자료, 거기다 내가 로마에 있을 때조차 누구도 감히 내 앞에서 주절거리지 못한 잡담 따위를 보내 달라고 내가 부탁한 줄 아는가?〉 키케로는 자신이 카일리우스에게 정말로 바란 것은 판단력을 구사하여 소식을 거르고 논평을 달아서, 검투사 경기 결과가 아니라 정치적 사건에 대해 통찰력 있는 분석을 해달라는 것이라고 설명했다. 〈내가 그대에게 과거나 현재의 일을 전혀 묻지 않고 (미래를 멀리 내다보는 사람에게 하듯) 어떤 일이 일어날지를 묻는 것은 이 때문일세.〉 꾸중을 들은 카일리우스는 정보를 마구잡이로 보낸 경위를 해명하는 답장을 키케로에게 보냈다. 〈경기와 장례식의 상세한 내용과 온갖 잡담 등 그대가 건너뛰어야 할 것이 많습니다. 하지만 대부분은 쓸모가 있습니다. 저는 꼭 필요한 정보를 빼먹는 실수를 저지르기보다는 그대가 알고 싶어 하지 않는 것까지 알려 드리는 실수를 저지르는 편이 낫다고 생각했습니다.〉

역사가들이야 땅을 칠 노릇이겠지만, 악타는 단 한 부도 보존되지 않았다. 그래서 우리는 공화국에서 제국으로 넘어가는, 로마 역사상 가장 혼란스러운 시기에 일어난 사건들이 어떻게 보도되었는지 알 길이 없다. 기원전 44년 3월에 원로원에서 카이사르가 정적들에게 암살당한 사건, 키케로가 카이사르 동조자들 손에 살해당한 사건, 뒤이은 내전의 결과 카이사르의 양자 옥타비아누스가 로마의 초대 황제 아우구스투스가 된 사건 등은 모두 악타에 기록되었을 것이다. 하지만 고대의 필사원들은 키케로와 카이사르를 비롯한 동시대인들의 편지와 책과 달리 악타에 대해서는 보존 필요성을 느끼지 않았으며, 그래서 전부 소실되었다.

로마의 작가 베르길리우스는 소문의 여신 파마를 날개가 커다랗고 깃털마다 귀와 눈, 입이 달린 무시무시한 괴물로 묘사했다. 〈낮에는 모든 것을 볼 수 있는 가장 높은 건물 꼭대기에 자리 잡고 밤에는 창공을 노닐며 모든 것을 숙고한다. 파마는 결코 쉬지 않으며 진실을 전파하는 일 못지않게 거짓을 퍼뜨리는 일에도 열심이다.〉 로마인은 멀리 떨어진 곳에서 소식을 듣는 일에 친숙했음이 틀림없다. 하지만 방방곡곡에 소식을 전파한 것은 창공을 노니는 여신이 아니었다. 그것은 납판과 파피루스 두루마리를 지니고 다니며 이 친구에게서 저 친구에게 메시지를 필사하여 전하던 필사원, 전서인, 여행자였다.

회자되어야 한다

로마 시대에 소셜 네트워크를 따라 공유되면서 전파된 것은 소식과 풍문만이 아니다. 책도 이렇게 전파되었다. 로마의 식자층에게는 출판사도, 저작권도 없었으며 서적상도 찾아보기 힘들었다. 책은 추천과 필사를 통해 독자에게서 독자에게로 전해졌다. 저술가들은 책으로는 돈을 한 푼도 벌지 못했으며 그저 자신의 책이 최대한 많은 사람들에게 필사되기를 바랐다. 가장 좋은 방법은 영향력 있는 지식인의 서재에 사본이 꽂히도록 하는 것이었다. 구색을 갖춘 서재는 사람들이 뻔질나게 드나들며 책을 읽고 필사했기 때문에 독자층을 넓히는 데 유리했다. 가장 인기 있는 책들은 수요가 많아서 서적상들이 사본을 제작하여 비치해 두었다. 경우에 따라 친구의 책을 빌려 필경사에게 필사시키는 것보다 사는 게 더 빠르고 간편할 때도 있었다. 책이 성공을 거두려면 저자는 인맥을 활용하고 영향력 있는 취향 선도자에게 인정받고 적절한 집단에서 회자되어야 했다.

로마의 책은 편지와 마찬가지로 파피루스에 썼으나, 권자본(卷子本, book-roll)이라는 더 긴 두루마리 형태였다. 권자본을 완전히 펴면 길이가 10미터에 이르렀다. 두루마리 양 끝에는 나무 막대기를 붙여 놓았는데, 막대기 끝에 달린 손잡이로 두루마리를 말거나 펼 수 있었다. 책을 읽으려면 손잡이를 돌려 오른쪽 막대기에 말린 파피루스를 왼쪽 막대기로 옮겨야 했다. 편지와 마찬가지로 본문은 몇 센티미터 너비의 단으로 나누었으되, 책의 공식 사본은 단의 좌우를 반듯하게 정렬했다. 대체로 두루마리의 시작 부분과 끝 부분에 표제지(標題紙)를 두었으며, 선반이나 서함(書函)에 쌓아 두었을 때 구분할 수 있도록 나무 막대기 중 하나에 이름표를 붙였다. 고급스러운 책은 두루마리를 보호하기 위해 원기둥 모양 서통(書筒)에 넣었다.

저술가가 책을 다 쓰면—〈쓴다〉는 알맞은 단어가 아닌데, 필경사에게 구술한 뒤에 수정하고 편집하기를 여러 번 하는 것이 예사였기 때문이다—〈리브라리우스librarius〉라는 전문 필경사가 단정한 사본으로 베껴 썼다. 저자는 대체로 이 사본을 몇몇 친구들에게 보여 주며 논평을 청했다. 키케로는 친구 아티쿠스의 조언에 많이 의지했다. 아티쿠스는 부유하고, 연줄이 많았으며, 널찍한 서재가 있었을 뿐 아니라, 책을 받아 적고 필사하고 편집할 필경사 군단을 거느렸다. 아티쿠스는 고쳐야 할 구절에 빨간색 밀랍으로 표시하여 원고 수정을 돕는 것과 더불어, 자신의 필경사와 필사원을 키케로에게 내어 주었으며 식자층 친구들에게 키케로의 책을 추천하여 홍보에도 한몫했다. 하지만 이러한 초고 단계의 사본을 배포하는 것은 달갑지 않은 처사였다. 저자는 미완성 원고가 돌아다니는 것을 바라지 않았다. 한번은 키케로가 『최고선악론*De Finibus*』이라는 철학 책을 쓰고 있었는데 아티쿠스가 다른 두 사람에게 내용의 일부를 필사하도록 허락하여 키케로가 불만을 토로하기도 했다.

> 솔직히 말해 주게. 각설하고 나의 지시 없이 내용을 공개하는 것이 온당하다고 생각하나? (……) 게다가 자네의 조언에 따른 피헌정인 브루투스가 읽기 전에 딴 사람에게 보여 주는 것이 온당하다고 생각하나? 발부스는 자네가 『최고선악론』 5부의 필사를 허락했다더군. 하지만 (많지는 않지만) 몇 가지 수정을 했단 말일세. 발부스가 미수정 원고를 손에 넣지 않도록 나머지 책은 단단히 간수해 주길 당부하네.

하지만 발부스가 재력과 영향력을 갖춘 인물이며 카이사르의 지인이어서 책을 카이사르에게 소개할 수도 있다는 사실을 알게 되자 키케로의 분노가 가라앉았다. 이렇게 책을 맛보기로 제공하면 많은 사람에게 흥미를 불러일으킬 수 있었다. 하지만 키케로는 (아티쿠스의 조언에 따라 책을 헌정하기로 한) 마르쿠스 브루투스가 완성본을 받기 전에 책이 유출될까 봐 걱정스러웠다. 피헌정인은 새 책의 첫 완성본을 받는 것이 관례였으며, 피헌정인을 누구로 선택하느냐에 따라 책의 운명이 좌우되기도 했다. 키케로는 또 다른 철학 책 『아카데미카*Academica*』를 문학 학자이자 다작가인 마르쿠스 테렌티우스 바로에게 헌정했다. 바로의 커다란 개인 서재는 다른 학자들이 들러서 책을 필사하는 장소였으므로, 바로에게 책을 헌정하면 그의 책꽂이에 꽂혀 방문객의 눈에 들 가능성이 있었다. 책을 헌정하는 것은 후원을 얻고 정치적 지원을 받고 거물과의 사회적 관계를 과시하거나 다지는 수단이기도 했다. 책의 사본은 소셜 네트워크를 따라 돌아다녔으며 네트워크의 결속력을 다지는 데에도 일조했다. 역사가 렉스 윈즈버리의 말을 빌리자면 이런 식으로 시와 산문을 공유하는 것은 〈상류층을 묶어 주는 사회적 접착제〉였다.

키케로 시대에 새 작품에 대한 흥미를 유발하는 일반적인 방법은 연회를 열고 〈렉토르*lector*〉라는 숙련된 노예에게 발췌문을 낭독시키는 것이었다. 당시의 책에는 구두점이 없고 띄어쓰기도 하지 않았기 때문에 낭독하기 쉽지 않았다. 그래서 악보를 보고 연주하는 법을 익히듯, 구절을 알맞게 띄우기 위해 책마다 읽기 연습을 해야 했다. 아티쿠스는 연회에서 키케로의 작품을 여러 차례 홍보했는데, 그중 첫 번째는 「프로 리가리오Pro Ligario」(리가리우스를 위하여)였다. 이 작품은 본디 키케로가 했던 연설로, 키케로는 이 원고를 책으로 만들고 싶어 했다. 키케로는 연회가 끝난 뒤에 ─ 자신은 연회에 참석하지 않았다 ─ 아티쿠스에게 이렇게 썼다. 〈리가리우스를 위한 연설을 대대적으로 소개해 주었더군. 앞으로는 어떤 글을 쓰든 자네에게 홍보를 부탁하겠네.〉 뒤이은 편지에서 키케로는 아티쿠스를 다시 칭찬하면서(〈청중이 훌륭하더군!〉) 홍보 연회 덕에 원고가 하도 널리 유포되어서 더는 수정할 수 없게 되었다고 말했다. 이에 반해 소수의 수중에만 들어 있는 원고는 여전히 고칠 수 있었다. 이런 까닭에 시인 호라티우스는 작가들에게 작품에 대해 완전히 만족하고 싶다면 완성한 뒤에 9년을 기다렸다가 발표하라고 충고했다. 〈그대의 글이 세상에 선보이면 다시는 되돌릴 수 없다.〉

거물에게 개인적으로 칭찬받는 것도 책의 팔자가 피는 계기가 될 수 있었다. 키케로가 동료 퀸투스 코르니피키우스에게 자기 책의 사본을 보내면서 다소 아양 떠는 편지를 쓴 것은 이 때문이다. 〈책이 마음에 든다고 말하여 힘을 실어 주었으면 좋겠네. 진심으로라면 좋겠지만 우정으로라도 말일세.〉 코르니피키우스는 당시 외국에 있었기 때문에, 키케로는 사본을 직접 보내지 않고 로마에 있는 가내 필경사에게 책을 보내어 필사하도록 했다. 〈책을 필사하여 자네에게 보내도 좋다고 자네 필경사들에게 말해 두겠네.〉 키케로는 코르니피키우스가 책을 읽고 남들에게 추천해 주기를 바랐다.

기원전 1세기 말이 되자, 연회가 끝나고 문학 작품을 읽는 전통적 홍보 수단과 더불어 더 형식적인 〈레키타티오*recitatio*〉가 신간을 발표하고 홍보하는 수단으로 자리 잡았다. 레키타티오는 출간 기념회로, 초대받은 청중에게 저자나 렉토르가 책(또는 책의 발췌문)을 낭독했다. 렉토르가 낭독하는 경우에도 저자는 참석했다. 레키타티오는 로마에서 문학적 삶의 관례가 되었다. 기원후 1세기 후반에 소(小) 플리니우스는 4월 한 달간 하루도 거르지 않고 레키타티오가 열렸다고 언급했다. 낭독이 끝나면 피헌정인에게 헌정본을 바쳤으며 저자의 친구와 지인에게도 증정본을 주었다. 그러면 저자가 책을 공식적으로 발표하여 독자들이 읽고 필사하고 유통할 수 있도록 했다는 점에서 책이 출간된 것으로 간주되었다. 이 시점에서 책은 운명의 기로에 놓인다. 화제를 불러일으키는 데 성공하면 전파될 것이고 그러지 못하면 잊힐 것이다. 성공작의 한 가지 징표는 서적상이 일반에 판매하려고 사본을 제작하는가였다. 서적상은 수요가 확실할 때에만 사본을 만들었기 때문이다. 로마의 저자들은 최대한 많은 사람들이 자신의 책을 필사하고 (이상적으로는) 사본이 판매되기를 바랐다. 하지만 책이 팔려도 저자에게 돌아가는 금전적 혜택은 전혀 없었다.

하지만 책이 널리 유통되는 것이 저자에게 불만인 경우도 있었다. 한 가지 우려는 책을 엉망으로 베껴 읽지 못할 지경이 되거나 한번 생긴 오타가 이후의 모든 사본에서 반복될 수 있다는 것이었다. (세네카는 〈깨알 같은 글씨로 쓴 책은 던져 버리게 되고 오타가 가득한 책은 찢어 버리게 된〉다고 말했다.) 한편 일부 저자에게는 자신이 출판을 승인하지 않은 작품이 돌아다니는 것이 더 골칫거리였다. 1세기의 저술가 퀸틸리아누스는 수사학에 대한 저서 두 권이 〈내가 발행하지도 않았고 출간을 염두에 두고 쓰지도 않았는데 내 이름으로 이미 돌아다니고 있〉다고 불평했다. 이와 마찬가지로, 기원후 2세기에 살았던 의사이자 다작의 의학 저술가 갈레노스는 자신의 연설을 받아 적어 승인 없이 유통한 속기사와 자신의 글을 허락 없이 유포한 제자들에 대해 불만을 토로했다. 설상가상으로 자신의 정본이 개작되어 딴 사람 작품으로 둔갑하거나 딴 저자의 의학 논문이 자신의 이름으로 돌아다니기도 했다. 어느 날 갈레노스는 로마의 한 서적상 가판대 앞에서 두 사람이 자신의 이름으로 출간된 책이 진짜 갈레노스 작품인지 아닌지 이야기하는 소리를 우연히 듣기도 했다. 급기야 갈레노스는 자신의 진짜 작품 목록을 담은 「나 자신의 책에 대하여De Libris Propriis」를 발표했다. 갈레노스는 금전적 손해를 볼까 봐 우려한 것이 아니었다. 어차피 로마 저술가들은 책으로 돈을 벌지 못했으니까. 수준이 낮은 책이나 위서가 자기 이름으로 돌아다니면 로마 제국 최고의 의사라는 명성에 금이 갈까 봐서였다. 하지만 책이 일단 일반에 유통되기 시작하면 저사는 어떤 통제권도 행사할 수 없었다. 독자 입장에서 보자면, 공유와 반복된 필사를 통해 책이 배포된다는 것은 (저자에게 직접 책을 받지 않은 이상) 이 책이 정말 저자의 작품인지, 텍스트가 정확한지, 정본인지 확인할 도리가 없다는 뜻이다.

그나이우스 알레이우스가 벽에 쓰다

편지를 구술하여 주고받고 소식을 서면으로 공유하고 신간을 읽으려면 전문 노예를 소유해야 했으며, 따라서 귀족, 장군, 법률가, 공직자, 사업가 등의 로마 엘리트만이 이 혜택을 누릴 수 있었다. 하지만 일반인은 누구나 참여할 수 있는 또 다른 형태의 미디어를 매일 접할 수 있었다. 바로 낙서였다. 로마 시내의 벽은 온갖 종류의 광고, 정치 구호, 개인적 문구 등으로 덮여 있었다. 사람들은 메시지를 전하기 위해 로마 건물의 회벽을 긁거나 칠하거나 숯으로 썼다(이따금 그림을 곁들이기도 했다). 전통적으로 로마 가옥은 안쪽을 향하도록 지어져 방들이 안뜰을 바라보고 있다. 길거리를 바라보는 쪽은 맨 벽이어서 낙서할 공간이 얼마든지 있었다. 이런 벽은 커다란 공공 게시판 역할을 했다.

로마의 유적 중에서 오랜 세월 풍파를 이기고 현대까지 살아남은 회벽은 거의 없다. 기원후 79년에 베수비오 산이 분화한 뒤로 수백 년 동안 묻혀 있던 로마의 도시 폼페이와 헤르쿨라네움은 기적 같은 예외다. 이곳은 로마의 일상생활을 속속들이 보여 주는 일종의 타임캡슐이다. 회벽과 낙서도 보존되었다. 인구 1만~2만 명의 도시 폼페이의 벽에는 1만 1,000개 이상의 낙서가 그려져 있다. 양은 적지만 헤르쿨라네움을 비롯한 로마 전역에서도 낙서가 보존되었다. 폼페이에 있는 낙서의 양이 이례적이라고 생각할 까닭은 전혀 없다. 어느 로마 도시나 전부 비슷했을 것이다. 폼페이의 낙서는 대부분 길거리를 바라보는 바깥쪽에 그려져 있지만, 술집과 유곽, (놀랍게도) 주택 안쪽에도 있었다. 낙서는 지금과 달리 경관 훼손으로 치부되지 않았으며, 사람들은 주로 자기 집이나 친구 집의 벽에 낙서를 했다.

처음에 역사가들은 대부분의 낙서를 무가치하다고 여겨 거의 관심을 보이지 않았다. 1899년에 한 고고학자는 이렇게 말했다. 〈폼페이의 삶에 대해 낙서로 알 수 있는 것은 예상보다 적다. 우리가 가장 열렬히 접하고 싶어 해야 마땅한 사람들, 즉 고대 도시의 식자층은 회벽에 이름을 새기거나 벽 표면에 자신의 생각과 경험을 털어놓는 데 익숙하지 않았다.〉 하지만 후대 연구자들은 계층을 막론한 로마인의 일상생활과 사회적 교류를 이해하는 데 낙서가 중요한 실마리임을 알아차렸다.

큰 글자로 쓰여 가장 눈에 띄는 메시지는 도시를 관리하는 조영관*ae-dilis* 입후보자를 지지하는 정치 구호였다. 구호는 유명 인사의 개인적 지지 선언(〈베소니우스 프리무스는 공직에 걸맞은 인물인 그나이우스 헬비우스를 조영관으로 선출할 것을 촉구한다〉)이거나 집단적 지지 선언(〈금세공인은 가이우스 쿠스피우스 판사를 조영관으로 선출할 것을 만장일치로 촉구한다〉)이었다. 폼페이의 낙서 중에는 바티아라는 인물이 패배자들에게나 지지받는 하찮은 후보임을 암시하며 비꼬는 것도 있다. 〈좀도둑들은 바티아의 조영관 선출을 요구한다.〉 〈술고래 일동은 바티아를 지지한다.〉 〈잠꾸러기 일동은 바티아를 지지한다.〉 또 다른 공적 낙서로는 발표(〈집정관 그나이우스 알레이우스 니기디우스 마이우스가 제공한 검투사 서른 쌍과 예비 검투사가 11월 24일, 25일, 26일에 폼페이에서 싸울 것이다. 사냥도 열릴 것이냐〉)나 광고(〈아르니우스 폴리오 구역에 있는 그나이우스 알레이우스 니기디우스 마이우스 소유의 가게로, 다층 건물이고 위층에 고급스러운 방들이 있고 주택이 딸린 점포들을 다음 7월 1일부터 세놓음. 임차 희망자는 그나이우스의 노예 프리무스에게 의뢰할 것〉) 등이 있었다.

이 모든 낙서에서 폼페이의 삶을 엿볼 수 있기는 하지만, 낙서의 뛰어난 장점은 그나이우스 알레이우스 같은 집정관이 아니더라도 한마디 거들 수 있었다는 것이다. 벽은 모두에게 열려 있었으니 말이다. 물론 요즘 공중변소 낙서에서 흔히 볼 수 있는 성적 허세와 지저분한 농담도 폼페이에서 찾아볼 수 있다(〈여기서 여자 여럿 따먹었지〉, 〈트라케 출신 검투사 켈라두스를 보면 모든 여자들이 한숨을 내쉰다네〉, 〈세쿤두스가 이곳에 똥을 싸다〉). 하지만 더 흥미로운 것은 그저 사람들이 무슨 생각을 하는지 알려 주고 일상적 활동을 엿보게 해주는 낙서다. 이런 낙서는 현대 소셜 네트워크의 상태 업데이트와 비슷하다.

누케리아에서 도박으로 8,552데나리우스를 땄다. 정정당당하게!

4월 19일에 빵을 구웠다.

4월 20일에 망토 세탁을 시켰다. 5월 7일은 머리띠, 5월 8일은 튜닉 두 벌을 맡겼다.

나와 식사 중인 남자, 야만인이야.

아티메투스가 나를 임신시켰어.

재담과 경구도 인기 있는 낙서 소재였다(〈사랑한 적 없는 자는 용기를 내지 못한다〉, 〈작은 문제도 무시하면 커진다〉). 베르길리우스의 『아이네이스』 첫 문장 〈무구(武具)들과 한 남자를 나는 노래하노라〉는 폼페이 곳곳에서 열일곱 번 등장하는데, 한 세탁소 바깥벽에는 이런 언어유희가 나붙었다. 〈무구들과 한 남자가 아니라 세탁부와 그들의 올빼미를 노래하노라.〉 (세탁부는 죽음의 징조인 올빼미를 두려워한다고 한다. 곡하는 사람은 검은 옷을 입기 때문에 자주 빨래할 필요가 없기 때문이다.) 더 실용적인 것으로는 여행객에게 조언해 주는 여인숙 근처의 낙서가 있다. 〈가비니우스의 호텔은 한번 가보면 계속 찾게 된다.〉 〈여인숙 주인, 네놈 수작에 대가를 치를 줄 알아라. 우리한테는 물을 팔고 좋은 포도주는 네가 챙기는구나.〉 구체적으로 대상을 지목한 낙서는 더 현실적이었다.

사미우스가 코르넬리우스에게 고하노니, 나가 죽어라!
비르굴라가 친구 테르테우스에게. 너 보면 토할 것 같아!
사라, 야속하게도 나를 홀로 버려두는구료.
나 루키우스 이스타키디우스는 나를 저녁 식사에 초대하지 않는 자는 전부 남남으로 여긴다.
가이우스 사비누스가 스타티우스에게 다정한 인사를 건넨다. 여행자들이여, 빵은 폼페이에서 먹되 술은 누케리아에서 마시라. 누케리아 술이 더 나으니.

낙서에 댓글이 붙어서 대화가 이어지기도 했다. 형제지간인 오네시무스와 세쿤두스는 파비우스 루푸스의 집 안벽에서 낙서로 대화를 주고받았다. 〈오네시무스가 형제 세쿤두스에게 안부 전하노라.〉 〈세쿤두스가 오네시무스에게 안부를 아주 많이 오랫동안 진하노라.〉 〈세쿤두스에게 사랑의 인사를 전하고 또 전하노라.〉 이 메시지가 오간 장소는 두 형제가 함께 아는 친구의 집인 듯하다. 연인이 주고받은 대화도 있었는데, 이번에는 바깥벽이었다. 〈세쿤두스가 그의 프리마에게 — 어디에 있든 — 안부 전하노라. 여인이여, 나를 사랑해 주오.〉 옆에는 승낙으로 보이는 대답이 쓰여 있다. 〈프리마가 세쿤두스에게 마음을 담아 안부 전합니다.〉 (〈프리마〉와 〈세쿤두스〉는 각각 첫딸과 둘째 아들을 일컫는 흔한 이름이었다. 이런 식으로 이름을 짓는 것은 로마에서 일반적인 관습이었다.) 어느 술집 벽에는 짝사랑하다 퇴짜 맞은 남자를 놀리는 낙서가 쓰여 있다. 낙서는 이렇게 시작한다. 〈방직공 수케수스가 여인숙의 노예 처녀 이리스를 사랑하네. 하지만 이리스는 수케수스를 사랑하지 않는다네. 그래도 수케수스는 자신을 불쌍히 여겨 달라 애원하지. 그의 연적(戀敵)이 이렇게 썼다네. 패배자여, 잘 가게!〉 그러자 아래에 이런 댓글이 달렸다. 〈시샘하는 자여, 왜 끼어드는가? 부당한 대우를 받고 있는 미남에게 양보하시지.〉 또 댓글이 달렸다. 〈내가 말했잖나. 내가 할 말은 위에 다 썼다네. 자네는 이리스를 사랑하지만 이리스는 자네를 사랑하지 않아. 수케수스에게 말하노니 위를 보게. 세베루스로부터.〉

구색을 잘 갖춘 마이우스 카스트리키우스의 4층짜리 주택 계단통 벽에서는 더 열띤 대화가 오갔다. 여러 사람이 짧은 시구를 적었는데, 경우에 따라 다른 낙서의 인기 구절을 인용하되 나름대로 비틀거나 개선하기도 했다. 한 낙서는 시인 루크레티우스를 인용했는데(〈넓은 바다 위가 상쾌하도다〉) 아마도 근사한 바다 전망을 가리키는 듯하다. 옆에는 보석에 대한 시가 있다. 〈한 시간만이라도 [인장 반지 위의] 보석이고 싶어라. 그대가 편지에 인장을 찍을 때마다 그대에게 입 맞출 수 있을 테니.〉 이 메시지는 집에 들어오는 손님이 모두 볼 수 있도록 눈에 잘 띄는 곳에 쓰여 있다. 이렇게 공개적으로 농담을 주고받으면서 주인과 손님은 서로 재치를 겨루었던 듯하다. 마치 오늘날 블로그 게시물 아래나 페이스북 담벼락에서 댓글을 주고받듯 말이다.

저택 거주자에서 검투사, 술집과 유곽 손님에 이르는 온갖 계층의 사람들이 온갖 종류의 메시지를 남긴 것에서 보듯 읽고 쓰기는 꽤 보편적이었다. 기원후 1세기 로마 제국의 문해율을 10퍼센트까지 잡기도 하는데, 심지어 반문맹인 사람도 〈아우피디우스가 여기에 있었다〉나 〈마르쿠스가 스펜두사를 사랑한다〉 같은 문장을 쓸 수 있었다. 아예 까막눈인 사람도 남에게 대신 글을 써 달라고 부탁할 수 있었다. 포럼 옆 공공 건물 바실리카*basilica*의 문구 〈알키무스가 피루스에게 안부 전하더라고 사마나라가 쓰다〉는 이렇게 쓰였을 것이다. 낙서는 근사한 파피루스 두루마리와 독서회 같은 엘리트 미디어 시스템과는 천양지차였다. 벽에 쓰인 대부분의 낙서는 아무도 관심을 가지지 않았다. 폼페이에서 네 번 쓰인 한 낙서는 이렇게 지적한다. 〈벽이여, 그 많은 사람들의 지루한 괴발개발을 짊어지고도 무너지지 않다니 용하도다.〉 하지만 낙서는 모두가 이용할 수 있는 활기찬 공유 미디어 환경이었다. 폼페이의 낙서 수천 개 중에는 이런 구절도 있다. 〈스크립시트 퀴 월루이트*SCRIPSIT QUI VOLUIT*.〉 〈원하는 자는 모두 썼노라〉라는 뜻이다.

기독교와 소셜 미디어

로마의 소셜 미디어 시스템을 가장 효과적으로 이용한 사람들은 1세기 초에 카리스마를 발휘했던 한 유대교 설교자의 추종자들이었다. 그들은 설교자의 가르침을 바탕으로 새로운 세계 종교를 확립하는 핵심 수단으로 미디어 공유를 이용했다. 그 종교는 바로 기독교다. 그리스-로마의 여느 종교와 달리 초기 기독교는 가르침을 전하고 추종자를 교육하고 논쟁을 벌이고 분쟁을 해결하는 데 설교와 더불어 문서에 많이 의존했다. 1세기 중엽부터 지중해 연안 일대의 기독교 교회들 사이에서 편지와 문서가 오가기 시작했다. 신약 성경 스물일곱 권 중에서 스물한 권이 편지(서신서)이며 나머지 여섯 권 중 두 권에는 편지가 실려 있다. 고대에 기독교인이 쓴 편지 중에서 도합 9,000통가량이 보존되었다. 기독교인을 이따금 〈책의 사람들*people of the book*〉이라고 부르기도 하지만, 초기 교회는 편지 돌려 읽는 사람들의 공동체라고 부르는 게 더 정확할 것이다.

이 편지들 중에서 가장 유명한 것은 초기 교회의 주요 지도자인 타르수스(다소)의 바울로가 쓴 서신서다. 바울로는 그리스와 소아시아에서 기독교 공동체를 확립하기 위해 일련의 선교 여행을 떠났으며 자신이 세웠거나 방문할 교회와 편지로 연락을 주고받았다. 신약 성경의 서신서 스물한 권 중에서 열네 권을 바울로가 썼다고 한다(그중 일곱 권은 과연 바울로가 썼는지가 현대 학자들 사이에서 논란거리이다). 바울로의 편지는 특정한 교회를 대상으로 쓴 것이지만—이를테면 로마인들에게 보낸 편지는 로마에 있는 교회에, 고린토인들에게 보낸 편지는 고린토에 있는 교회에 보낸 편지다—널리 배포될 것을 분명히 염두에 두었다. 최초의 공유는 편지를 교인들에게 낭독하는 것이었다. 바울로는 데살로니카 사람들에게 보낸 편지에서 이렇게 당부했다. 〈나는 주님의 이름으로 여러분에게 부탁합니다. 이 편지를 꼭 모든 교우에게 읽어 주십시오〉(데살로니카인들에게 보낸 편지 5장 27절). 이뿐 아니라 편지를 필사하여 근처 교회에 전해 주기를 바랐다. 고린토 사람들에게 보낸 두 번째 편지는 〈고린토에 있는 하느님의 교회와 온 아카이아에 있는 모든 성도들에게〉(고린토인들에게 보낸 둘째 편지 1장 1절) 썼고, 갈라디아 사람들에게 보낸 편지는 〈갈라디아의 여러 교회들에〉(갈라디아인들에게 보낸 편지 1장 2절) 썼으며, 골로사이 사람들에게 보낸 편지에서는 〈여러분이 이 편지를 읽고 나서는 라오디게이아 교회도 읽게 해주시고, 또 라오디게이아 교회를 거쳐서 가는 내 편지도 꼭 읽어 주십시오〉라고 지시했다. 바울로의 편지를 읽는 것은 기독교 예배의 일부가 되었으며 바울로의 편지는 초기 교회에서 경전으로 간주되다 신약 성경에 포함되었다.

기독교 편지가 유통된 바탕은 그리스-로마 시대의 기존 관습이었다. 이 최초의 기독교 문서를 쓴 필경사들은 초기 교회의 식자층이거나 부유한 초기 개종자의 집안에서 일하는 노예였다. 바울로는 일반적인 로마식으로 편지를 구술했다. 이를테면 로마인에게 보낸 편지를 받아 적은 사람은 데르디오라는 필경사였다. (편지 말미에서 데르디오는 로마의 친구들에게 안부를 전하며 자신의 신앙을 고백한다. 〈이 편지를 받아쓰는 나 데르디오도 주님의 이름으로 여러분에게 문안드립니다〉[로마인들에게 보내는 편지 16장 22절].) 편지는 한 교회에서 다른 교회로 가는 사람 편에 보내거나 전문 전서인에게 들려 보냈다. 1세기 중엽에, 로마 제국은 육로와 해로가 훌륭하게 갖춰진 덕에 더 빠르고 안전하게 여행할 수 있게 되었으며 고대의 어느 지역보다 사통팔달로 연결되었다. 그러자 사업 목적으로든, 종교 행사나 운동 경기에 참석하기 위해서든, 외국의 친구와 가족을 만나기 위해서든, 여행하는 사람들이 더욱 많아졌다. 바울로는 선교 여행을 하고 있지 않을 때에는 고린토나 에페소 같은 교통의 요지에 자리를 잡았기에 편지를 쉽게 보내고 받을 수 있었다.

　바울로는 편지를 활용하여 교회 네트워크를 관리하고 기독교 공동체에 대한 각 교회의 소속감을 키웠다. 바울로는 서신서에서 대상 교회를 다른 교회와 (더 폭넓게는) 기독교 운동의 관점에서 여러 차례 바라본다. 이를테면 데살로니카 사람들에게 보낸 첫 편지에서는 다른 그리스인들에게 박해받는 데살로니카 교인의 고난을 (마찬가지로 박해받는) 유대 기독교인의 고난에 비유한다. 〈그들이 유대인들에게 고난을 받음과 같이 너희도 너희 동족에게서 동일한 고난을 받았느니라〉(데살로니카인들에게 보낸 첫째 편지 2장 14절). 또한 바울로는 고린토 사람들에게 자신이 갈라디아 교회들에 예루살렘의 기독교 공동체를 지원할 자금을 모금하도록 지시했으며 고린토 교회도 그렇게 하라고 말한다. 그러고는 자신의 네트워크 밖에 있는 교회들(이를테면 사도 베드로가 세운 교회와 야고보가 이끄는 예루살렘 교회)과 자신의 교회들이 친척 관계임을 강조한다. 기독교가 위태롭던 초창기에 교회들은 자신이 광범위한 운동의 일부라고 느낌으로써 자신감을 얻을 수 있었다. 교회들은 다른 교회가 어떻게 해나가는지, 그들을 위한 기도가 응답받았는지 듣고 싶어 했다.

　바울로의 편지만 돌려 읽은 것은 아니다. 이를테면 신약 성경에 실린 베드로의 첫 번째 편지는 박해받는 소아시아 기독교인(〈본도와 갈라디아와 가빠도기아와 아시아와 비티니아에 흩어져서 나그네〉(베드로의 첫째 편지 1장 1절))에게 쓴 것이다. 1세기 말에 쓴 클레멘스의 첫 번째 편지는 로마 교회의 수장이 제직의 해임을 둘러싼 논란을 해소하려고 고린토 교회에 보낸 것이다. 이 편지에서 바울로의 서신서를 언급했다는 것은 로마와 고린토 두 곳 모두에 바울로의 서신서의 사본이 보관되어 있었음을 시사한다. 이즈음이면 바울로의 서신서가 이미 취합되어 표준적 기독교 문헌으로 확립되었을 것이다. 클레멘스의 서신서를 보면 편지가 어떻게 교회 원로들의 권위를 확립했는지, 또한 교리와 전례에 대한 초기 교회 구성원 간의 의견 대립을 해소하는 데 이용되었는지 알 수 있다. 바울로 이래로 교회 원로들이 쓴 편지는 특정한 신학적 논증을 뒷받침하는 근거로 쓰였다. 그중에는 알렉산드리아의 디오니시우스가 쓴 서신서와―그는 지중해 전역의 교회들에 편지를 썼다―안티오크의 이그나티우스가 쓴 서신서 등이 있다.

1세기 후반 안티오크 주교이던 이그나티우스의 편지가 유포된 과정을 보면 기독교의 미디어 공유 소셜 미디어가 어떻게 작동했는지 알 수 있다. 이그나티우스는 로마의 산발적인 기독교인 박해 때 체포되었다(로마는 신흥 종교 기독교를 의심의 눈초리로 바라보았거나 노골적으로 증오했다). 이그나티우스는 기독교 신앙을 저버리라는 요구를 거부한 죄로 로마에 압송되어 처벌받으라는 판결을 받았으며, 콜로세움에서 사자 밥이 될 운명이었다. 병사 열 명에게 연결된 족쇄를 찬 채 안티오크에서 로마로 향하던 이그나티우스는 소아시아의 여러 도시에서 보낸 기독교 대표에게 영접을 받았다. 안티오크는 에페소스, 마그네시아, 트랄레스의 기독교 공동체에 편지를 보내어 후의에 감사하고는 신앙을 굳게 지키고 이단을 배격하고 주교에게 복종하라고 권면했다. 또한 로마의 친구들에게 자신의 도착을 준비하라고 편지를 보냈다.

에게 해의 트로아스 항구에서 배를 기다리던 이그나티우스는 안티오크의 모교회에서 분쟁이 해결되었다는 소식을 받았다. 이그나티우스는 이 소식에 들떠 필라델피아(지금의 알라세히르)와 스미르나(지금의 이즈미르)에 있는 인근 교회들에 편지를 써서 안티오크에 축하 편지를 보내 달라고 부탁했다. 또한 스미르나의 주교 폴리카르프에게 편지를 보내어 소아시아의 모든 교회에 이 사실을 알리고 각 교회가 안티오크에 편지를 보내도록 요청하라고 부탁했다. 그리스 도시 필리피를 지날 때는 그곳 교회에도 안티오크에 편지를 보내 달라고 말했다. 필리피 사람들은 스미르나의 폴리카르프에게 편지를 보냈으며 폴리카르프는 이 편지를 소아시아 교회들이 보낸 다른 편지들과 함께 안티오크에 보냈다. 필리피 사람들이 폴리카르프에 보낸 편지에는 이그나티우스의 편지 사본을 ─ 입수할 수 있는 것이면 무엇이든 ─ 보내 달라는 요청이 들어 있었다. 폴리카르프는 답장에서 이렇게 말했다. 〈요청한 대로 이그나티우스가 우리에게 보낸 편지들과 우리가 보관하고 있는 편지들을 보내노라. 이 편지에 동봉하니, 읽고 큰 은혜 받길 간구하노라.〉 여기서 보듯 이그나티우스의 편지들은 작성된 지 몇 주 안에 이 교회에서 저 교회로 유통되었다. 한 연구자는 이러한 문서 공유 시스템을 〈성(聖) 인터넷〉이라고 불렀다.

경우에 따라서는 이 문서를 쓰고 필사하고 재필사한 필경사의 이름까지 알 수 있다. 본문에 이름이 들어 있거나 간기(刊記)에 이름을 써 넣었기 때문이다. 폴리카르프가 체포되어 처형되었을 때 안티오크 인근의 필로멜리움 교회는 스미르나 교회에 그의 삶과 죽음에 대한 일대기를 보내 달라고 요청했다. 가이우스가 폴리카르프의 추종자 이레나이우스의 글을 바탕으로 일대기를 취합했고 에우라이스투스라는 필경사가 이를 글로 옮겼다. 필로멜리움에 보낸 편지에는 ─ 〈폴리카르프의 순교〉라는 이름으로 알려져 있다 ─ 다음과 같은 지시가 담겨 있었다. 〈이 일에 대해 들었거든 형제들에게 편지를 보내어 주께 영광을 돌리도록 하라.〉 이후 사본의 간기에서는 편지가 실제로 지시대로 필사되어 유통되었음을 알 수 있다. 〈이 일대기는 가이우스가 폴리카르프의 제자 이레나이우스의 글에서 필사했다. 가이우스는 이레나이우스와 함께 살기도 했다. 이소크라테스는 고린토에서 가이우스의 사본을 필사했다. 모든 이에게 은총이 함께하길. 나 피오니우스는 거룩하신 폴리카르프의 계시에 순종하여 세월의 흔적으로 닳고 닳은 그 사본을 찾아 취합하여 다시 필사했다.〉 마찬가지로, 1945년 이집트에서 단지 안에 들어 있다 발견된 4세기 문서들 중 하나인 〈나그함마디 코덱스 VI〉라는 기독교 문헌 모음집의 간기에서도 필사와 유통의 관습을 확인할 수 있다. 〈나는 이 설교 하나만을 필사했다. (……) 매우 많은 글이 내게 왔다. 그 글들을 필사하지 않은 것은 그대에게 온 것이라 여겼기 때문이다. 그대를 위해 필사하기를 주저한 것은 그대 또한 이미 받았을 것이기 때문이다.〉

나그함마디 문서는 2세기 이후의 거의 모든 기독교 문서와 마찬가지로 그리스-로마식 두루마리가 아니라 코덱스(요즘 책처럼 파피루스나 양피지의 낱장들을 묶은 것) 형식으로 쓰였다. 기독교 저술가들이 코덱스 형식을 애용하기는 했지만 이들이 발명한 것은 아니다. 로마인과 이집트인은 코덱스 형식으로 된 작은 필기장을 이용했는데, 두루마리보다 작고 휴대하기 간편했기 때문이다. 로마의 납판도 코덱스 형식으로 제본하는 경우가 많았다. 하지만 이런 필기장과 납판은 메모를 하거나 임시로 정보를 기록하는 데 주로 썼다. 공식 문서는 13세기 중엽까지 선호된 형식인 파피루스 두루마리로 작성했다. 기원후 1세기 후반에 활동한 로마의 시인 마르티알리스는 코덱스 형식의 책이 한 손에 들 수 있고 가지고 다니기 편하다는 이유로 독자에게 코덱스를 추천했다. 하지만 새로운 형식에 대한 그의 열광은 공유되지 않았다. 눈에 띄는 예외는 갓 탄생한 기독교 공동체뿐이었다. 2세기 초가 되자 사실상 모든 기독교 문서가 코덱스 형식이었다. 이에 반해 비(非)기독교 문서의 코덱스 비율은 5퍼센트 미만이었다.

기독교인이 두루마리보다 코덱스를 더 좋아한 이유는 분명하지 않다. 한 가지 가능성은 중요한 초기 기독교 문서(아마도 마르코의 복음서나 바울로의 서신서)가 코덱스 형식으로 제작되어 이것이 문서를 필사하고 유통하는 경향으로 자리 잡았으리라는 것이다. 또 다른 가능성은 초기 기독교 저술가와 필사원이 전문 필경사가 아닌 일반 식자층이었기에 그리스-로마 엘리트 식자층의 규칙을 따를 필요성을 느끼지 않았으리라는 것이다. 따라서 코덱스는 필기장에만 쓰고 진짜 문서는 두루마리에 써야 한다는 통념에서 자유로울 수 있었다. 기독교 문서의 형식이 처음부터 독특했다는 사실도 이 견해를 뒷받침한다. 그리스-로마 문서는 구두점, 문단 부호, 띄어쓰기가 없는 〈텍스트의 강〉이었으나 기독교 문서는 큰 글자로 문단의 시작을 나타냈다. 단어를 구분하는 부호, 구두점, 절 부호, 쪽 번호 등도 있었다. 이 덕에 기독교 문서는 전문 렉토르가 아닌 일반인도 훨씬 수월하게 낭독할 수 있었다. 그리스-로마 글쓰기 전통으로부터의 탈피는 두루마리에서 코덱스로의 전환만이 아니었다. 기원후 4세기 초에 기독교가 로마 제국의 국교(國敎)로 정해지자 코덱스는 두루마리에 대해 확실한 우위를 점했다. 이집트에서 발견된 모든 그리스 문서 중에서—이집트는 기후가 건조하여 파피루스가 보존되는 데 유리했다—두루마리의 비율은 2세기의 98퍼센트에서 3세기에는 81퍼센트로, 4세기에는 26퍼센트로, 5세기에는 11퍼센트로 낮아졌다. (컴퓨터에서 텍스트를 스크롤하는 것은 두루마리와 비슷한 방식이지만, 로마인이 오른쪽에서 왼쪽으로 스크롤한 데 반해 우리는 위에서 아래로 스크롤한다.)

두루마리에서 코덱스로의 전환은 기독교가 정착하는 데 한몫했을 뿐 아니라 초기 교회의 독특한 미디어 사용법과 관련하여 또 다른 오랜 유산이기도 했다. 당시의 소셜 미디어 시스템을 능수능란하게 활용한 바울로는 키케로조차 무색케 한, 고대의 가장 영향력 있는 편지 작가였다. 기독교 초창기에는 그리스도의 가르침이 무슨 뜻인지, 가르침의 대상이 누구인지를 놓고 분파마다 견해가 제각각이었다. 바울로는 소셜 미디어를 이용하여 자신의 견해를 퍼뜨렸으며 기독교 교회를 유대인뿐 아니라 누구나 믿을 수 있는 종교로 확고하게 자리 잡도록 했다. 바울로의 영향력이 어찌나 컸던지 그의 편지는 오늘날까지도 전 세계 기독교 교회에서 낭독되고 있다. 이는 소셜 네트워크를 통해 복제되고 유포되는 문서의 힘을 보여 주는 놀라운 증거다.

3장

루터와 바이럴 효과:
혁명에서 소셜 미디어의 역할 (1)

교황은 인쇄술을 몰아내거나,
자신이 다스릴 신세계를 찾아야 한다.
그러지 않으면
이 세계에서 인쇄술이
교황을 반드시 몰아내고야 말 것이다.

@ 존 폭스, 『행적과 유적』(1583)

구텐 탁, 구텐베르크

로마 제국이 무너진 뒤에 서유럽에서는 문서의 유통이 급감했다. 6세기부터 12세기까지의 이른바 암흑 시대에 기독교 교회는 읽고 쓰기와 배움의 불꽃이 꺼지지 않도록 안간힘을 써야 했다. 심지어 지배층의 문해율도 뚝 떨어졌다. 교회에서 쓰는 글은 계속 필사되었지만, 필사 작업에는 종교적 성격이 있었다. 책의 원고는 정교하게 채색되었으며 놀라우리만치 아름답고 복잡했다. 책 한 권을 만드는 데는 여러 사람이 몇 달이나 몇 해를 매달려야 했다. 더는 중동에서 파피루스를 조달할 수 없었기에, 말린 동물 가죽(양피지)으로 책을 만들었다. 수도원에 필사 전용 방이 있었는데 이를 스크립토리움*scriptorium*이라 한다. 수도사는 책을 필사하면서 낭독했다. 일종의 기도나 명상인 셈이었는데, 이러면서 책의 지혜를 흡수할 수 있었다. 그러면 또 다른 수도사가 유색 잉크와 금박으로 정교한 삽화를 그려 넣었다. 하지만 소나 양 한 마리의 가죽으로 만든 양피지는 커다란 책 2~4쪽 분량에 불과했기 때문에, 책에 따라서는 가축 떼 전체의 가죽을 써야 할 때도 있었다. 이런 이유로 책값이 무척 비쌌던 탓에 수도원 말고는 귀족이나 왕족만이 책을 손에 넣을 수 있었다. 책의 가치가 어찌나 컸던지, 1074년에 바이에른의 베네딕트보이에른이라는 도시에서는 채색된 예배서(미사 경본*missal*)를 사제가 포도밭과 교환했으며 1120년에 바움베르크 수도원은 미사 경본을 팔아서 넓은 땅을 사들였다. 글로 된 지식을 접하는 것은 대체로 성직자만 누릴 수 있는 특권이었다.

그러다 11세기 후반에 대학이 발전하고 유럽이 고대의 지식을 재발견하고—고대의 지식을 보전하고 확대한 이슬람 세계와의 교류가 여기에 한몫했다—교역이 확대되고 문해율이 높아지면서 사정이 달라졌다. 책 수요가 증가하기 시작했다. 중국에서 발명되어 12세기에 아랍을 거쳐 유럽에 도입된 종이는 양피지보다 값싸고 편리한 대용품이 되었다. 스크립토리움의 느리고 고된 작업 방식으로는, 교회에 필요한 소수의 책은 만들어 낼 수 있었지만 증가하는 비(非)종교 서적 수요를 감당할 수는 없었다. 그래서 대학이 수도원의 뒤를 이어 책 생산과 필사의 중심지로 떠올랐다. 하지만 필사는 힘들고 돈이 많이 들었기 때문에, 유럽의 대학 도서관들은 책을 많이 구비할 수 없었다. 이를테면 1424년에 영국 케임브리지 대학 도서관의 장서 수는 122권에 불과했다. 교수 혼자서 책의 사본을 읽으며 설명을 곁들이면 학생들은 듣기만 했다. 참고할 사본이 없으니 자신의 필기나, 손에서 손으로 전해진 선배들의 필기에 의존하는 수밖에 없었다.

13세기에 발전한 〈페키아*pecia*〉 체계는 책의 필사 규모를 확대하려는 시도였다. 책의 사본을 몇 쪽 분량의 부분(페키아이*peciae*)으로 나눈 뒤에 학생이나 필경사에게 빌려주어 다시 필사하도록 하고서는 페키아이를 취합하여 완성하는 방식이다. 이런 식으로 책 한 권을 여러 부분으로 나누어 여러 사람이 동시에 필사하는 것은 책 한 권을 한 사람에게 필사하도록 하는 것보다 훨씬 효율적이었다. 학생들이 스스로 필사한 페키아이를 자기네끼리 빌려주어 다시 필사할 경우는 더더욱 효율적이었다. (현대의 P2P 파일 전송 시스템도 구조가 같은데, 여러 명의 이용자가 똑같은 대용량 파일을 내려받으면서 파일의 일부를 서로 주고받는다.) 종이와 더불어 12세기에 중국에서 아랍을 거쳐 유럽에 들어온 또 다른 혁신적 기술은 이미지와 소량의 글자를 나무에 새겨 책을 제작하는 목판 인쇄술이다. 하지만 목판에 글자를 거꾸로 새기는 작업은 힘들고 시간도 오래 걸렸기 때문에 책 한 권을 통째로 복제하기에는 알맞지 않았다.

더 효율적인 방법을 찾기 시작한 여러 사람 중 한 명은 요하네스 겐스플라이슈 추르 라덴 춤 구텐베르크(요하네스 구텐베르크라는 이름으로 더 유명하다)였다. 1440년경에 구텐베르크는 오랜 비밀 실험 끝에 긴 글을 체계적으로 복제하는 데 필요한 모든 요소를 결합해 냈다. 첫 번째 요소는 활자였다. 활자는 금속으로 만든 낱자로, 이를 조합하여 단어, 행, 쪽을 만들 수 있다. 금세공인 집안 출신인 구텐베르크는 납과 주석의 특수 합금과 글자 너비를 조정할 수 있는 거푸집을 이용하여 각각의 글자를 실수 없이 정확하게 대량으로 만들어 내는 법을 알아냈다. 두 번째 요소는 공들여 배합한 유성 잉크였다. 유성 잉크는 수성 잉크와 달리 점성이 커서 금속 활자에서 쉽게 떨어지지 않았다. 세 번째 요소는 구텐베르크 발명품의 이름이 되었다. 잉크 묻힌 활자를 일정한 압력으로 종이에 누르기 위해 구텐베르크는 로마 시대에 발명되어 모국 독일에서 포도주 양조에 쓰던 나사식

압착기를 개조했다. 접이식 틀을 이용하여 종이나 양피지(인쇄술 초기에도 일부 책은 여전히 양피지를 썼다) 낱장을 잉크 묻힌 활자와 조심스럽게 맞붙인 뒤에 압착기에 밀어 넣고 누르면 잉크가 활자에서 종이로 옮아갔다.

구텐베르크의 시스템은 한 면에 해당하는 활자를 활판에 식자하기만 하면 하루에 수백 장을 인쇄할 수 있었다. 손으로 필사하는 것보다 100배 이상 빠른 속도였다. 이탈리아의 주교가 1470년에 남긴 글에 따르면, 세 사람이 인쇄기 한 대로 석 달 동안 작업하여 책 한 권을 300부 찍어낸 데 반해 같은 양의 사본을 필사하려면 필경사 세 명이 평생을 바쳐야 했다. 구텐베르크 인쇄기에서 본격적으로 제작한 첫 책은 라틴어 성경이었다. 1455년에 180부를 찍었는데 주문이 밀려 출간도 하기 전에 매진되었다. 한 미디어 형태가 다른 형태를 대체할 때 으레 그렇듯, 첫 인쇄본에는 필사본의 특징이 일부 남아 있었다. 활자는 손글씨를 바탕으로 제작했고, 단락 첫 글자 자리를 비워 두었다가 대문자 머리글자를 손으로 써 넣었고, 그 밖의 삽화도 손으로 그려 넣었다. 하지만 인쇄술이 보급되면서 인쇄본은 점차 나름의 정체성을 찾았으며 새로운 조판 관행이 등장했다. 인쇄기를 개발한 사람은 구텐베르크가 아니라 금세공인이자 법률가인 동업자 요한 푸스트와, 사업가 기질이 있는 전직 필경사 페터 쇠퍼다. 쇠퍼는 인쇄기로 상업적 성공을 거두었다. 두 사람은 1455년에 법적 분쟁 끝에 구텐베르크와 결별하고 성경, 시편, 키케로 등의 고전 작품을 출판했다.

마인츠에서 탄생한 인쇄술은 독일 전역으로 퍼져 나갔다. 1492년에 마인츠에서 대주교 사이의 분쟁으로 약탈이 벌어지면서 인쇄술을 가진 많은 사람들이 도시에서 달아난 것도 한몫했다. 1471년이 되자 쾰른, 바젤, 로마, 베네치아, 파리, 뉘른베르크, 위트레흐트, 밀라노, 나폴리, 피렌체 등

독일의 몇몇 도시와 유럽 전역의 대도시에 인쇄소가 들어섰다. 전부 학술적–상업적 중심지여서 인쇄본 수요가 많은 곳이었다. 인쇄술이 영국에 도입된 것은 1476년이다. 윌리엄 캑스턴이 웨스트민스터 대수도원의 스크립토리움 옆에 영국 최초의 인쇄기를 들여 놓았다. 인쇄기의 수는 가파르게 증가하여, 1500년경이 되자 유럽의 도시 250곳에서 1,000대가량의 인쇄기가 돌아가고 있었으며 이때까지 인쇄된 책이 도합 1000만 부에 달하는 것으로 추정된다. 구텐베르크 인쇄기 덕에 역사상 어느 때보다 빨리 아이디어를 복제하고 유포할 수 있게 되었다. 독일의 또 다른 미디어 선구자 마르틴 루터가 이를 입증한다.

루터 님이 새 게시물을 올렸습니다

루터는 가톨릭 사제이자 비텐베르크 대학의 신학자였다. 1517년에 요한 테첼이라는 수도사가 루터 교구의 신자들에게 면벌부를 팔았는데, 루터는 이 사실을 알고 대경실색했다. 면벌부는 교회에서 판매하는 문서로, 교리에 따르면 면벌부를 산 사람은 죄에 대한 이른바 〈잠시의 벌〉을 면하며 죽은 뒤에 연옥에서 벌을 받지 않고 곧장 천국에 갈 수 있다고 했다. 교회는 면벌부로 벌어들인 막대한 자금으로 군사 원정을 벌이고 근사한 성당을 지었다. 테첼은 마인츠와 마그데부르크의 대주교인 마인츠의 알브레히트에게서 면벌부 판매권을 얻었는데, 이 판매권은 알브레히트가 교황 레오 10세에게서 얻은 것이었다.

루터는 면벌부 판매가 〈신앙인에 대한 종교적 사기〉라고 생각하여 전적으로 반대했다. 하지만 루터가 더더욱 반대한 것은 테첼이 면벌부 판매량을 늘리려고 교리를 멋대로 해석한 것이었다. 테첼은 면벌부가 미래의 죄에 대한 벌까지 면제해 준다고 주장했는데 이는 (이를테면) 간통을 계획하는 사람에게 매우 유용했다. 게다가 세상을 떠난 친척을 위해 면벌부를 사면 친척이 연옥의 고통에서 즉시 해방된다고 말했다. 테첼은 조상을 연옥의 고통에서 해방시키기 위해 전 재산을 내놓지 않는 것은 잔혹한 처사라고 넌지시 말했다. 격분한 루터는 알브레히트 대주교에게 테첼을 규탄하는 편지를 썼다. 이 편지에서 루터는 〈동전이 헌금함에 땡그랑 하고 떨어지자마자 영혼이 연옥에서 튕겨 나온다〉라는 테첼의 단순 명료한 구호에 반대했을 뿐 아니라 대사(고해 성사를 통하여 죄가 사면된 후에 남아 있는 벌을 교황이나 주교가 면제하여 줌 — 옮긴이) 교리를 테첼이 뻔뻔하게 왜곡했다고 주장했다. 알브레히트가 면벌부 판매 수익의 절반으로는 자기 빚을 갚고 나머지는 성 베드로 대성전 건축 자금으로 로마에 보내고 있다는 사실을 루터는 알지 못했다.

루터는 편지에 〈면벌부의 능력과 효력에 대한 논쟁〉이라는 제목의 95개 논제를 첨부했다. 루터는 라틴어로 쓴 이 글이 당시의 학술 관행에 따라 대학에서 공개리에 논의되기를 바랐다. 이를테면 27번 논제에서는 헌금과 동시에 죄인이 연옥에서 풀려난다는 테첼의 구호가 신학적으로 옳으냐고 물었다. 82번에서는 교황이 지금 당장 연옥을 비울 권한이 있다면 왜 그렇게 하지 않느냐고, 86번에서는 교황이 가난한 사람들에게 면벌부를 팔아서 번 돈으로 로마에 호화스러운 교회를 짓는 것이 온당하냐고 물었다. 알브레히트는 「95개 논제」를 훑어보고는 루터를 이단으로 판단하여 로마의 교황에게 사본을 보냈다. 한편 루터는 면벌부에 대한 토론을 통상적인 방식으로 제안했다. 1517년 10월 31일에, 토론할 논제 목록을 (비텐베르크 대학의 게시판 격인) 비텐베르크 성(城) 교회 출입문에 붙인 것이다. 이때 이례적인 사건이 일어났다.

「95개 논제」는 라틴어로 쓰였음에도 즉각 논란을 불러일으켰다. 처음에는 비텐베르크 학계 안에서, 그 다음에는 학계 바깥까지 파문이 확산되었다. 필사본이 유통되기 시작했으며 1517년 12월에는 소책자*pamphlet*와 전단*broadsheet* 형식의 인쇄본이 라이프치히, 뉘른베르크, 바젤에서 일제히 등장했다. 비용은 루터의 친구들이 댔다. 인쇄본의 유포에 루터가 얼마나 관여했는지는 확실치 않다. 수완 좋은 인쇄업자가 금세 독일어 번역본을 내놓은 덕에, 라틴어를 구사하는 학자와 성직자뿐 아니라 일반 대중도 「논제」를 읽을 수 있게 되었다. 여러 도시에서 인쇄업자들이 「95개 논제」를 복제하여 재출간하면서 「논제」는 엄청난 속도로 독일어권 곳곳에 퍼져 나갔다. 루터의 친구 프리드리히 미코니우스는 훗날 이렇게 썼다. 〈루터의 논제들은 열나흘이 채 지나기도 전에 독일 전역에 알려졌으며 4주 안에 거의 모든 기독교 세계가 논제에 친숙해졌다. 마치 천사가 전령이 되어 뭇사람의 눈앞에 가져다 놓은 듯했다. 논제는 상상할 수 없을 만큼 많은 사람들의 입에 오르내렸다.〉

인쇄물이 대중적 수요에 대응하여 이토록 빠르고 자발적으로 배포된 것은 완전히 새로운 현상이었다. 「95개 논제」가 전례 없는 성공을 거두자 루터는 사람들이 자신의 견해에 매우 큰 매력을 느낀다는 사실을 알아차렸으며 인쇄된 소책자가 이 사람에게서 저 사람에게 전달되면서 금세 많은 사람들과 만날 수 있음을 간파했다. 1518년 3월에 루터는 논제의 독일어 번역본을 출판한 뉘른베르크의 인쇄업자에게 〈제 예상을 훌쩍 뛰어넘어 인쇄되고 유포되고 있습니다〉라고 썼다. 그러고는 〈어떤 상황이 전개

될지 알았다면 사뭇 다르게, 더 뚜렷하게 말했을 것입니다〉라고 덧붙였다. 루터는, 교회의 타락상을 일반 대중에게 고발하겠다면 학계의 언어인 라틴어로 쓴 글을 다른 사람이 독일어로 번역하는 것은 최선의 방법이 아님을 깨달았다. 이에 따라 루터는 그달에 출간한 「면벌부와 은총에 대한 설교」에서는 단순하고 단도직입적인 독일어를 사용했으며 라인란트에서 작센까지 모든 사람이 알아들을 수 있도록 사투리를 쓰지 않고 표준어를 구사했다. 소책자는 선풍적인 인기를 끌어 1518년에만 열여덟 번 재인쇄해야 했는데 각 판마다 1,000부 넘게 찍었다. 이로부터 우리는 루터가 당시의 미디어 환경을 얼마나 능수능란하게 활용했는지 알 수 있다. 기독교 교회의 분열은 루터의 애초 의도가 아니었으되 그가 시작한 운동의 궁극적 결과였으며 저작물의 사회적 공유가 핵심적 역할을 했다.

좋아요, 추천, 공유

루터는 분산된 일대일 미디어 시스템의 위력을 자기도 모르게 입증했다. 이 시스템의 참여자들은 배포에 관여하면서, 어떤 메시지를 퍼뜨릴 것인지를 공유, 추천, 복제를 통해 집단적으로 결정했다. 이것은 여러 면에서 로마의 미디어 시스템과 닮았지만, 인쇄기가 등장한 덕에 훨씬 큰 규모의 복제가 가능해졌다. 루터가 새 소책자의 문구를 친한 인쇄업자에게 넘기면─돈은 한 푼도 오가지 않았다─독일 전역의 인쇄망을 통해 인쇄본이 퍼져 나갔다. 초판은 (닭 한 마리 가격에 해당하는) 몇 페니히에 팔렸는데, 소책자가 인쇄된 도시 인에서 루터의 농조자들이 친구들에게 추천하면서 곳곳에 퍼졌다. 이따금 출간되는 소책자를 구입하는 것은 장인이나 상인에게는 전혀 부담스럽지 않았다. 소책자는 8~32쪽으로 책보다 훨씬 쌌기에, 일반인이 살 수 있는 최초의 인쇄물이 되었다. 소책자를 입수하여 친구와 내용을 공유하는 것은 읽고 쓰기 능력의 표시이자 저자의 주장을 지지한 다는 표시였다. 심지어 문맹이거나 반문맹인 사람도 루터의 견해에 지지 의사를 표현하려고 소책자를 샀다. 당국에서 금지하더라도 숨기면 그만이 었다.

그러면 순력(巡歷) 상인, 장사꾼, 설교자가 사본을 다른 도시에 전했 다. 사람들이 충분히 관심을 보인다 싶으면, 일확천금을 노리는 현지 인쇄 업자가 사본을 복제하여 자기네 활판으로 1,000부씩 찍어 유통했다. 로마 시대와 마찬가지로, 책이 전파되느냐 마느냐를 좌우하는 것은 소셜 네트 워크로 연결된 개인들의 집단적 결정이었다. 하지만 로마 시대와 달리 일 부 개인 — 인쇄업자 — 은 막강한 영향력을 행사했는데, 이는 대량의 사 본을 신속하게 제작할 수 있었기 때문이다. (오늘날의 인터넷 용어로는 네트 워크의 〈슈퍼노드supernode〉라고 할 수 있을 것이다.) 하지만 인쇄업자가 책을 재인쇄하는 경우는 팔리리라는 확신이 있을 때뿐이었다. 인쇄업자나 서적 상이 재고가 없는 소책자에 대한 판매 요구를 계속 받는다는 것은 충족되 지 않은 수요가 있다는 뚜렷한 신호였다. 그 결과, 인기 있는 소책자는 저 자가 관여하지 않고서도 공유, 추천, 재인쇄의 비공식 시스템을 통해 신속 히 전파되었다.

현대의 소셜 미디어 시스템에서는 좋아요, 리트윗, 담기, +1, 조회수 등으로 콘텐츠의 인기를 짐작할 수 있지만, 루터의 시대에 인기의 판단 기 준은 소책자의 판(版) 수, 즉 몇 번이나 재인쇄되었는가였다. 1520년부터 1526년까지 독일어권에서 출간된 소책자 7,500종 중에서 약 2,000종은

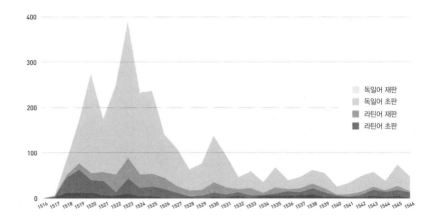

400

300

200

100

0

1516 1517 1518 1519 1520 1521 1522 1523 1524 1525 1526 1527 1528 1529 1530 1531 1532 1533 1534 1535 1536 1537 1538 1539 1540 1541 1542 1543 1544 1545 1546

독일어 재판
독일어 초판
라틴어 재판
라틴어 초판

마르틴 루터의 트래픽 통계: 해마다 독일어와 라틴어로 인쇄된 소책자의 판 수.
자료 제공: 마크 에드워즈, 『인쇄, 선전, 마르틴 루터Printing, Propaganda, and Martin Lu-
ther』(1994)

루터가 쓴 소책자 몇십 종의 판들이었다. 루터의 소책자는 가장 많은 사람
이 찾는 콘텐츠였다. 한 동시대인은 사람들이 루터의 소책자를 놓고 쟁탈
전을 벌였다고 말했다. 인기가 최고조에 이른 1523년에는 루터의 소책자
가 400판 가까이 출간되었다. 루터의 소책자 중에서 3분의 1에 해당하는
약 600만 부가 오늘날 〈종교 개혁〉이라고 알려진 격동기의 첫 10년 동안
인쇄되었다.

　　루터는 가장 다작(多作)하고 가장 인기 있는 저자였지만, 다작과 인기
면에서 그에 못지 않은 사람들이 있었다. 면벌부 장사를 한 테첼은 루터와
지면 논쟁을 벌인 최초의 인물로 손꼽히는데, 자신도 논제를 출간하여 맞
불을 놓았다. (루터를 지지하든 반대하든) 루터의 논증 방식이 지닌 장점에
편승하려고 새로운 소책자 형식을 받아들인 사람들도 있었다. 이탈리아의

신학자 실베스터 마촐리니는 「마르틴 루터의 주제넘은 논제를 반박하는 대화」에서 교황을 옹호하고 루터를 공격했다. 마촐리니는 루터를 〈뇌가 놋쇠이고 코가 쇠인 문둥이〉로 불렀으며 교황 무류성을 내세워 루터의 논증을 물리쳤다. 도전을 결코 넘어가는 법이 없는 루터는 단 이틀 만에 반박 소책자를 내놓아, 당한 만큼 갚아 주었다. 루터는 이렇게 썼다. 〈테첼을 얕잡아 본 것을 유감스럽게 생각한다. 그는 비록 우스꽝스럽기는 했지만 그대보다는 예리했다. 그대는 성경을 하나도 인용하지 않는다. 논거도 들지 않는다.〉 독일의 신학자 요한 에크는 루터를 비판하는 편지를 써서 친구들에게 돌렸다. 그러자 루터 편의 안드레아스 카를슈타트가 스스로 논제 379개를 작성했다(뒤이어 405개로 늘렸다). 에크가 더 많은 논제를 제시하며 반격하자 카를슈타트도 똑같이 맞받아쳤다.

소책자와 편지로 공방을 벌이면서 루터의 견해가 한층 탄탄해졌다. 루터는 바울로가 로마에 보낸 서신서에 대한 자신의 해석을 바탕으로, 믿음만 있으면 신에게 용서받기에 충분하며 교회의 온갖 번거로운 절차(고해 성사, 면벌부 등)가 죄다 쓸모없다는 결론에 도달했다. 루터는 가톨릭 교회의 정당성에 의문을 제기했으며 성례(聖禮)의 효력을 비롯한 중심 교리에 도전했다. 열정적이고 활달한 성품의 소유자 루터는 박학한 신학 논쟁을 벌이다가도 순식간에 외설적이고 원색적인 욕설을 퍼부을 수 있었다. (루터는 적수를 공격하는 것에 대해 이렇게 썼다. 〈기독교 세계와 소명을 지킬 때보다 적을 상대할 때 더 매섭고 격렬했음을 고백한다.〉) 1520년에 레오 10세가 루터를 파문하겠다고 협박하는 교황 칙서를 발표하자 루터는 칙서 사본을 공개적으로 불태우며 교황을 적그리스도로 몰아세우고는 소책자를 더 많이 쏟아냈다.

예전에는 닫힌 문 뒤에서 벌어졌을 신학 논쟁이 이제 지면을 통해 공개적으로 벌어졌다. 루터, 루터의 동맹, 루터의 적 사이에 오가는 논쟁을 관전하고 논평하면서 독일 전역의 일반 국민은 거대하고 분산된 논쟁에 참여하고 있다는, 전례 없는 황홀감을 느꼈다. 루터의 견해를 놓고 논쟁을 벌이는 각 집단은 자신들이 구두상으로, 지면상으로 벌어지는 훨씬 광범위한 담론에 참여한다고 생각했다. 많은 소책자에서는 독자에게 〈다른 사람들과 내용에 대해 논의하고 글을 못 읽는 사람에게 큰 소리로 읽어 줄 것〉을 요청했다. 루터를 비롯한 종교 개혁 소책자 저술가들은 이따금 이를 염두에 두고서 서술체보다는 간결한 대화체로 논증을 제시했다. 이를테면 루터를 지지하는 한 소책자에서는 농민이 등장하여 루터와 적수 사이에 벌어지는 신학 논쟁에서 판결을 내려 달라는 요청을 받는다. 양측의 견해는 뚜렷이 구별할 수 있었으며 — 누가 승자인지 판단하기는 식은 죽 먹기였다 — 형식 면에서도 일반인이 논쟁을 평가하고 나름의 결론을 내릴 수 있도록 썼음을 강조했다. 루터의 소책자는 그 존재만으로도 모두가 교회 개혁 논쟁에 참여하는 것이 허용되어야 한다는 자신의 신념을 구현했다.

사람들은 집에서 가족과 함께, 친구끼리 모여서, 여인숙과 술집에서 소책자를 읽고 토론했다. 루터의 동시대인은 훗날 이렇게 평가했다. 〈놀랍고 새롭고 미묘한 기술인 인쇄술 덕에 모든 사람이 예전의 무지에 놀라움을 느끼고 지식을 갈구하게 되었다.〉 작센에서는 베를 짜면서, 티롤에서는 빵을 구우면서 루터의 소책자를 낭독했다. 경우에 따라서는 도시의 방직공이나 무두장이 길드 전체가 종교 개혁에 대해 지지를 선언하기도 했는데, 이로부터 루터의 사상이 작업장에서 전파되었음을 알 수 있다. 1523년에 어떤 사람은 교회보다 울름의 여인숙에서 더 훌륭한 설교를 들을 수 있다고 말했으며 1524년에 바젤에서는 단행본과 소책자를 읽고서 술집에서 설교하는 사람들에 대한 불만의 목소리가 들렸다.

한편 인쇄업자와 서적상은 종교 개혁의 이념이 독일을 넘어 유럽 전역에 퍼지는 데 일조했다. 바젤의 출판업자 요한 프뢰벤은 라이프치히의 인쇄업자에게 루터의 소책자를 받았다며 루터에게 편지를 보냈다. 〈모든 식자(識者)가 선생님의 소책자에 동조하기에 즉시 재인쇄했습니다. 600부를 프랑스와 스페인에 보냈습니다.〉프뢰벤은 또 다른 서적상이 루터의 저작을 〈모든 도시에 배포하〉려고 이탈리아에 보냈다고 말하고는 〈소책자가 열 부만 남기고 매진되었습니다. 이렇게 빨리 팔린 책은 본 기억이 없습니다〉라고 덧붙였다. 루터가 불붙인 논쟁에 참여한 인사 중에서 잉글랜드 왕 헨리 8세는 루터를 공격하는 논문으로 — 대부분은 토머스 모어가 썼을 것이다 — 교황에게서 〈신앙의 수호자〉라는 감사의 칭호를 받았으며 뉘른베르크 출신의 구두장이 한스 작스는 루터를 지지하는 노래를 지어서 대단한 인기를 끌었다.

멀티미디어 캠페인

종교 개혁 시대에 소셜 네트워크를 따라 전파된 것은 글만이 아니었다. 음악과 이미지도 함께 퍼져 나갔다. 뉴스 발라드는 소책자처럼 비교적 새로운 미디어 형식이었다. 당대의 사건을 시적으로 (종종) 과장되게 묘사했으며 쉽게 배우고 부르고 남들에게 가르칠 수 있도록 친숙한 가락을 붙였다. 뉴스 발라드는 종교적 가락을 세속적이거나 (심지어) 신성 모독적인 노랫말과 고의적으로 매시업 한 이른바 〈노가바*contrafacta*〉(노래 가사 바꿔

부르기)인 경우가 많았다. 인쇄된 노랫말은 전단의 형태로 배포되었으며, 어떤 가락에 맞춰 불러야 하는지 표시되어 있었다. 일단 노래를 익히면, 문맹자도 함께 연습하면서 배울 수 있었다.

종교 개혁가와 가톨릭 모두 이 새로운 형식을 이용하여 정보를 전파하고 적을 공격했다. 뉴스 발라드 장르 중에서 루터의 처녀작인 「우리가 부르는 새 노래Ein Newes Lied Wir Heben An」는 루터파 신앙을 버리라는 요구를 거부하고 1523년에 브뤼셀에서 처형당한 두 수도사 이야기였다. 루터의 적들은 루터를 적그리스도라고 비난하는 노래를 퍼뜨렸으며 루터의 지지자들은 교황에 대해 똑같이 반격하고 가톨릭 신학자들을 모욕했다(어떤 사람은 〈염소야, 그만 좀 울어라〉라고 질책했다). 「이제 겨울을 몰아내노라」라는 민요를 패러디한 「이제 교황을 몰아내노라」는 루터의 작품으로 알려져 있다.

이제 교황을 몰아내노라.
그리스도의 교회와 하나님의 집에서.
교황은 죽음의 통치자.
숱한 영혼을 유혹했지.

이제 꺼져라. 빌어먹을 자식아.
바빌론의 창녀야.
너는 가증스러운 적그리스도로다.
거짓과 죽음과 교활함으로 가득하구나.

목판화도 효과적인 선전 형식이었다. 대담한 그림에다 글을 곁들여 인쇄한 전단은 문맹이나 반(半)문맹에게 메시지를 전했으며 설교자의 시각 자료로 활용되었다. 루터는 이렇게 말했다. 〈이미지가 없으면 우리는 아무것도 생각하거나 이해하지 못한다.〉 루터의 친구 루카스 크라나흐의 작품이 가장 좋은 예다. 크라나흐의 이미지 중 어떤 것들은 놀랄 만큼 생생했다. 「교황의 탄생The Origins of the Pope」은 여자 악마가 교황과 추기경들을 낳는 장면을 그렸으며 「수도사의 탄생The Origin of the Monks」에서도 악마 셋이 수도사를 똥처럼 싸는 장면을 표현했다. 종교적 목판화 중에는 이보다 더 정교하여 복잡한 은유와 식자층만 이해할 수 있는 겹겹의 의미가 담겨 있는 것도 있다. 이를테면 「그리스도의 행적과 적그리스도의 행적 Passional Christi und Antichristi」 연작은 그리스도의 경건함을 교황의 타락 및 부패와 대조한다. 하지만 누구나 이해할 수 있는 소박한 그림들도 있었다. 루터의 적들도 목판화로 응수했다. 「루터의 이단 놀이Luther's Game of Heresy」에서는 루터가 악마 세 명의 도움을 받아 죽을 끓이는데 솥단지에서 모락모락 올라오는 김에는 〈거짓〉, 〈자만〉, 〈질투〉, 〈이단〉이라고 쓰여 있다.

소책자, 발라드, 목판화로 공방이 벌어지는 와중에 여론은 분명히 루터 쪽으로 기울고 있었다. 가톨릭 교회로서는 낭패였다. 한 주교는 〈잡담과 부적절한 책〉 때문에 사람들이 타락하고 있다고 불평했다. 1521년, 독일에 파견된 교황 대사 알레안드로는 이렇게 탄식했다. 〈독일어와 라틴어로 된 루터의 소책자가 그야말로 쏟아져 나온다. (……) 여기서는 루터의 소책자 말고는 아무것도 안 팔린다.〉

새로운 미디어 기술을 이용하여 사상이 빠르고 널리 전파되면서 교회는 깊은 딜레마에 빠졌다. 교회 지도자들은 루터의 견해가 반박 없이 돌아다니는 것을 바라지 않았다. 하지만 루터의 주장을 직접 반박하는 공식 문서를 대중에게 유포하는 것은 주저했다. 루터와 논쟁을 벌이는 것은 신학적 문제가 논쟁의 대상일 수 있으며 대중에게 두 관점을 평가하고 스스로 판단할 권리가 있음을 인정하는 셈이었다. 어느 쪽이든 교회의 권위가 손상될 터였다. 게다가 루터의 견해가 오류이자 이단으로 판정받은 이상—루터는 1521년에 공식 파문되었다—이 평결을 또 정당화했다가는 논란의 여지가 있음을 시사하는 꼴이 되어 효력이 약해질 우려가 있었다. 일부 성직자는 루터에게 대응하면 그의 급진적 견해를 더 널리 퍼뜨리는 결과가 되지 않을지 걱정했다. 가톨릭 교회로서는 루터에게 대응해도 문제요, 안 해도 문제였다. 현대에 소셜 미디어에서 비난의 대상이 되는 기업도 비슷한 난관에 부딪힌다. 경영진은 온라인의 비판을 일축하고 무시하려는 유혹에 빠진다. 비판에 대응하면 오히려 정당성을 부여하고 관심을 집중시키는 셈이 되기 때문이다. 하지만 비판적 주장을 논박하지 못하면 남들 눈에 무언의 긍정으로 비쳐 사태가 악화될 수도 있다.

설상가상으로 교황 무류성 교리 때문에 직접 대응하기가 더 난감했다. 그래서 교회는 테첼이나 마촐리니 같은 이들이 대신 대응하도록 내버려 두기로 결정했다. 문제는 교황을 옹호하겠다고 나선 60명가량의 저술가 대부분이 (독일어가 아니라) 전통적 신학 언어인 학술적이고 난해한 라틴어로 글을 썼다는 것이다. 루터의 작품이 들불처럼 번지는 데 반해 그들의 소책자는 감질나게 전파되었다. 루터 혼자서 적수들의 다섯 배나 되는 소책자를 팔아 치웠다. 비판자 중 한 명인 토마스 무르너는 루터의 신학 논증을 공격하겠다며 루디의 라틴어 소책자를 독일어로 번역하기까지 했다. 하지만 사람들이 무르너의 비판이 아니라 루터의 글을 읽으려고 무르너의 소책자를 사는 바람에 역효과만 내고 말았다. 검열 시도도 수포로 돌아갔다. 라이프치히에서는 인쇄업자가 루터나 동맹 세력의 글을 출판하거나 판매하는 것이 완전히 금지되었지만, 다른 곳에서 인쇄된 책자가 여전히 도시로 흘러들어 온 탓에 효과가 없었다. 결국 시의회에서는 인쇄업자를 대변하여 〈기꺼이 판매할 의향이 있고 수요도 있는 소책자를 보유하거나 판매하지 못해〉는 바람에 인쇄업자들이 〈집과 가정을 잃고 생계가 막막해질〉 지경이라며 작센 공에게 불만을 제기했다. 가톨릭 소책자는 잔뜩 있었지만 〈넘치게 가지고 있어 봐야 아무도 원하지 않고 공짜로 줘도 안 가져간〉다는 것이었다. 수용자가 유포에 참여하는 소셜 미디어 시스템에서는 호응을 얻지 못하는 콘텐츠를 관리하기가 힘들며 수요가 없는 콘텐츠를 억지로 퍼뜨릴 수 없다.

루터의 적들은 그의 사상이 전파되는 것을 질병에 비유했다. 루터를 파문하겠다고 협박한 교황 칙서는 〈이 암적인 돌림병이 더는 퍼지지 못하도록 차단하〉는 것을 목표로 내세웠다. 비슷한 맥락에서 1521년 루터의 파문 뒤에 공포된 보름스 칙령에서는 루터의 메시지가 전파되지 못하도록 막지 않으면 〈게르만 국가 전체와 (훗날에는) 모든 나라가 이 질병에 감염될 것〉이라고 경고했다. 하지만 이미 늦었다. 독일을 넘어 많은 나라가 이미 전염되었으니 말이다. 요즘 용어를 쓰자면, 루터는 바이럴의 효과를 톡톡히 보았다.

소셜 미디어와 혁명

보름스 칙령에서는 루터를 파문하고 그의 저작을 금지하고 이단자이니 체포하라고 명령했다. 루터에게 음식이나 잠자리를 제공하는 것도 범법 행위로 간주되었다. 하지만 루터가 폭넓은 지지를 받고 있었기에 세속 정권은 교회의 판결을 집행하기를 망설였다. 그 지방의 통치자인 작센 선제후 프리드리히 3세는 루터를 빼돌려 바르트부르크 성에 숨겨 주었다. 루터는 그곳에서 몇 달을 숨어 지내면서 편지와 소책자를 더 많이 쏟아냈다. 결국 망신살이 뻗친 알브레히트 대주교는 자신의 교구에서 면벌부 판매를 중단했다. 또한 이 기간에 루터는 일반인이 성직자의 해석에 기대지 않고 성경을 읽을 수 있도록 신약 성경을 독일어로 번역했다. 1522년 9월에 초판 4,000부가량을 출간했는데 순식간에 매진되었다.

면벌부에 반대하거나 교회가 재물에 눈이 어두워 본연의 가치를 저버렸다고 불평한 사람은 루터가 처음이 아니다. 14세기에 살았던 영국 철학자 존 위클리프, (위클리프의 사상을 전파한) 보헤미아의 사제 얀 후스도 비슷한 견해를 내세웠다. 위클리프와 후스는 둘 다 교회로부터 유죄 선고를 받았으며 후스는 이단으로 몰려 1415년에 화형당했다. 하지만 위클리프와 후스가 원고 필사라는 방법으로 자신들의 견해를 전파할 수밖에 없었던 데 반해 루터는 인쇄술 덕에 많은 사람을 매우 빨리 접할 수 있었다. 루터의 글이 일으킨 소란은 그의 견해가 폭넓은 지지를 얻고 있음을 자신에게, 또한 일반 대중에게 보여 주었다. 루터는 인쇄술이 신의 선물이며 그 덕에 한 세기 전에 후스가 실패한 곳에서 성공을 거둘 수 있었다고 생각했다.

종교 개혁 초기에, 설교를 하거나 소책자를 낭독하거나 교황을 겨냥한 뉴스 발라드를 노래하여 루터의 견해에 대해 지지를 표명하는 것은 위험한 행동이었다. 교회는 고립된 반대 소요를 신속히 진압함으로써 적들이 목소리를 높이고 손잡지 못하도록 했다. 하지만 소책자의 인기가 치솟은 것은—그중 절대다수가 종교 개혁을 지지했다—집단적 의사 표현의 메커니즘 역할을 했다. 세인트앤드루스 대학의 역사학자 앤드루 페티그리는 이렇게 말했다. 〈어마어마한 물결, 멈출 수 없는 여론 운동의 인상을 만들어 낸 것은 엄청나게 쏟아져 나오는 책자들의 과잉이었다. (……) 소책자와 이를 구입하는 사람들이 결합하여 저항할 수 없는 위력의 인상을 만들어 냈다.〉 소책자를 사러 갔다가 다 팔렸다는 말을 들은 사람들은 소책자의 인기를 남들에게 전할 수 있었다. 이들은 루터의 견해에 대한 지지가 폭넓게 공유되고 있음을 알고서 더 공공연히 자신의 견해를 표출했을 것이다. 튀니지와 이집트 등의 현대 혁명 운동에서 소셜 미디어가 어떻게 쓰였는지 연구한 사람들은 이 현상을 〈의견의 동기화synchronization of opinion〉라고 불렀다. 소셜 미디어 덕분에 사람들이 (표현하기를 꺼리던) 현 상태에 대한 불만을 남들도 공유하고 있음을 깨달았다는 것이다. 「95개 논제」가 뜻밖의 성공을 거둔 뒤에 루터는 친구에게 보낸 편지에서 이렇게 말했다. 〈논제가 급속히 전파된 것으로 보건대 대다수 국민이 면벌부에 대해 어떻게 생각하는지 알 수 있었다네.〉

  루터는 유럽 사회의 표면 아래에서 부글거리던, 교회에 대한 반발에 목소리를 부여했다. 하지만 루터의 운동은 분산적 성격을 띠었기에 종교 개혁 운동 내부에서 금세 분열이 일어났다. 혁명가들은 무엇을 타파할 것인가에 대해서는 쉽게 의견이 일치하지만 무엇으로 대신할 것인가에 대해서는 선뜻 합의하지 못하는 법이다. 이를테면 개혁가들은 성직자의 권위보다 성경의 권위가 더 높다는 데는 의견이 일치했지만 성경을 어떻게 해석할 것인가에 대해서는 이견이 분분했다. 당시에 유럽에서 손꼽히는 지성인이던 로테르담의 에라스뮈스는 개혁가들이 너무 앞서 나갔다고 생각하여 루터에게 경멸적 어조로 편지를 보냈다. 〈그대는 우리가 성경 말고는 무엇도 요구하거나 받아들이지 말아야 한다고 말하지만, 실은 우리가 그대를 성경의 유일한 해석자로 받아들이고 나머지를 모두 버려야 한다고 요구하는군요.〉 한편 루터의 친구 안드레아스 카를슈타트는 교회에서 음악과 성상(聖像)을 없애 버리고 싶어 했으며, 이로 인해 교회의 성상을 파괴하는 폭동이 빈발했다. 그보다 더 급진적인 신학적 입장을 취한 설교자들도 있어서 불안이 한층 가중되었다. 또 다른 독일 신학자 토마스 뮌처는 종교 개혁과 더불어 농민에게 더 많은 권리를 부여하는 정치 개혁을 시행해야 한다며 가장 극단적인 주장을 폈다. 루터는 소동을 가라앉히기 위해 〈모든 기독교인이 봉기와 반란을 경계하도록 촉구하는 마르틴 루터의 진심 어린 훈계A Sincere Admonition by Martin Luther to All Christians to Guard Against Insurrection and Rebellion〉라는 제목의 소책자를 펴내고 비텐베르크에서 일련의 설교를 진행했다. 「작센 제후들에게 보내는 편지Letter to the Saxon Princes」에서는 카를슈타트와 뮌처가 자신의 종교 개혁에서 영감을 얻기는 했지만 위험한 혁명 분자라고 생각한다는 사실을 분명히 밝혔다. 〈농민 전쟁〉으로 알려진 봉기가 발발했을 때 카를슈타트는 폭력에 반대했지만 뮌처는 1525년 5월에 귀족을 위해 싸우는 용병에 대항하여 농민군을 이끌고 참전했다. 패배한 뮌처는 고문 끝에 목이 잘렸다.

인쇄술이 루터의 성공에 얼마나 영향을 미쳤는가를 놓고 최근 수십 년간 많은 논쟁이 벌어졌다. 어떤 역사가들은 인쇄술이 종교 개혁의 주원인이라는 견해를 옹호했다. 이는 이따금 〈인쇄술이 없었으면 종교 개혁도 없었다〉라는 구호로 대변되기도 했다. 또 어떤 역사가들은 회의적 입장에 서서, 당시 독일의 낮은 문해율로 보건대 인쇄술의 영향이 제한적이었을 수밖에 없으며 설교가 루터의 메시지를 전파하는 데 더 중요한 역할을 했다고 주장했다. 앞선 개혁가가 실패한 자리에서 루터가 성공을 거두었다는 사실은 인쇄술이 영향을 미쳤음을 시사하지만, 인쇄술 사용은 맥락 안에서 고려해야 한다. 소책자는 루터의 견해를 널리 유포하는 미디어가 되었지만, 많은 독일인이 종교 개혁을 받아들인 것은 루터의 사상이 말과 인쇄물의 형태로 전파되었고 세속 정권이 교회에 휘둘리기를 꺼리는 등—다른 유럽 나라에서는 사정이 달라서 종교 개혁이 효과적으로 진압 당했다—여러 요인이 어우러진 결과다. 혁명의 궁극적 원인은 탄압, 정치적 불만, 부패에 대한 분노 같은 근원적 불만이었다. 새로운 형태의 미디어가 혼자서 혁명을 촉발하지는 않지만, 잠재적 혁명가가 행동을 조율하고 의견을 일치시키고 남들을 대의에 이끄는 데 이바지할 수는 있다. 루터의 소책자 활동은 선구적 사례다.

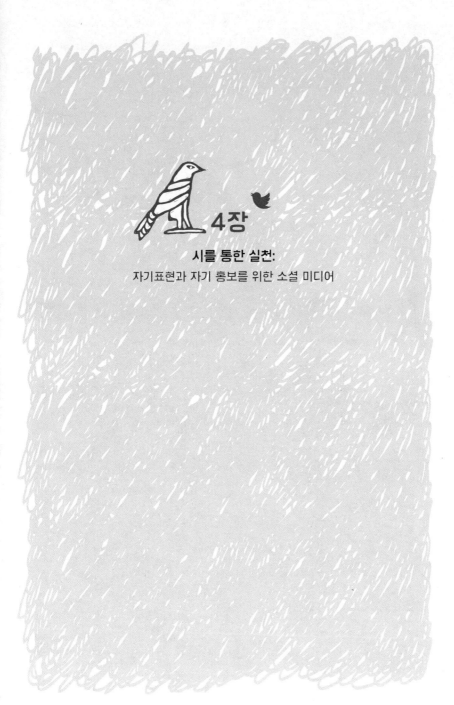

4장

시를 통한 실천:

자기표현과 자기 홍보를 위한 소셜 미디어

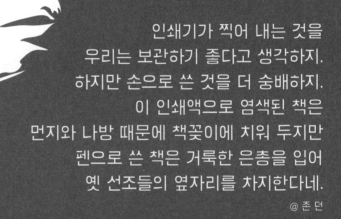

인쇄기가 찍어 내는 것을
우리는 보관하기 좋다고 생각하지.
하지만 손으로 쓴 것을 더 숭배하지.
이 인쇄액으로 염색된 책은
먼지와 나방 때문에 책꽂이에 치워 두지만
펜으로 쓴 책은 거룩한 은총을 입어
옛 선조들의 옆자리를 차지한다네.

@ 존 던

튜더 궁정의 페이스북

1535년에 잉글랜드 왕 헨리 8세의 조카이자 왕비 앤 불린의 시녀 마거릿 더글러스는 튜더 궁정의 또 다른 젊은 일원 토머스 하워드와 남몰래 약혼했다. 궁정에서는 귀족 가문의 청춘 남녀가 (부모의 감시를 벗어나) 수행원이나 가정 교사로 지척에서 일했기에 분위기가 싱숭생숭하여 연애 사건이 자주 일어났다. 하지만 당시에 각각 스무 살과 스물네 살이던 레이디 마거릿과 토머스 경의 비밀 혼약은 예삿일이 아니었다. 앤 불린이 1536년 1월에 유산하자 헨리 8세는 왕비가 남성 상속자를 생산하지 못할 것이라 판단하고는 새 정부(情婦) 제인 시모어를 새 왕비로 앉히려는 계획에 착수했다. 왕비는 남동생을 비롯한 여러 남성과의 간통 혐의로 고발되어 5월에 재판을 받았다. 앤과 다섯 명의 (이른바) 애인은 유죄 선고를 받고 모두 처형되었다. 헨리 8세는 앤과의 사이에서 낳은 딸 엘리자베스를 사생아로 공표했다. 첫 결혼에서 얻은 딸 메리와 같은 수법이었다. 그 바람에 레이디 마거릿이 뜻하지 않게 잉글랜드 왕위 계승 서열 1위가 되었다. 1536년 7월에 마거릿의 비밀 약혼 사실을 알게 된 헨리 8세는 토머스 경이 왕위를 노리고 일을 꾸몄다고 생각하여 격분했다. 그래서 두 사람을 체포하여 런던 탑에 감금했다.

레이디 마거릿은 병에 걸려 시온 수도회로 옮겨졌으나 여전히 연금 상태였다. 투옥 중이던 레이디 마거릿과 토머스 경은 튜더 왕조의 귀족들이 감옥에 갇혔을 때 늘 하던 일을 했다. 그들은 시를 썼다. 특히 서로에게 보내는 일련의 연애시를 썼다. 이 시들이 살아남은 것은 데번셔 사본Devonshire Manuscript으로 알려진 특이한 책에 기록되었기 때문이다. 레이디 마거릿과 토머스 경을 비롯한 젊은 궁정인들은 시와 쪽지, 암호 메시지를 주고받는 수단으로 이 책을 돌려 보았다. 필적으로 보건대 적어도 열아홉 명이 이 책을 남몰래 공유했다. 주로 글을 쓴 사람은 레이디 마거릿과 그녀의 친한 친구 메리 셸턴, 토머스 경과 그의 조카 메리 피츠로이였지만 이름이 알려지지 않은 많은 사람들이 책 속 대화에 참여했다. 이 책은 여러 해 동안 이 집단 안에서 유통되었던 것으로 보이지만, 가장 활발히 공유된 것은 1534년부터 1539년까지였다.

이 책에 실린 194편의 글 중에서 대부분은 시나 시구로, 책 주인들이 쓴 시, 제프리 초서가 쓴 14세기 시의 발췌문, 튜더 궁정에서 가장 저명한 시인들이 쓴 (유통되는 사본에서 베껴 쓴) 당대의 작품 등이었다. 특히 당대의 으뜸가는 시인 토머스 와이엇 경의 여러 시를 비롯하여 에드먼드 나이벳, 리처드 햇필드, 앤서니 리 경, 서리 백작 헨리 하워드 등의 작품이 있었다. 책 이용자들은 여백에 의견을 적고, 온갖 말장난을 하고, 자신의 상황

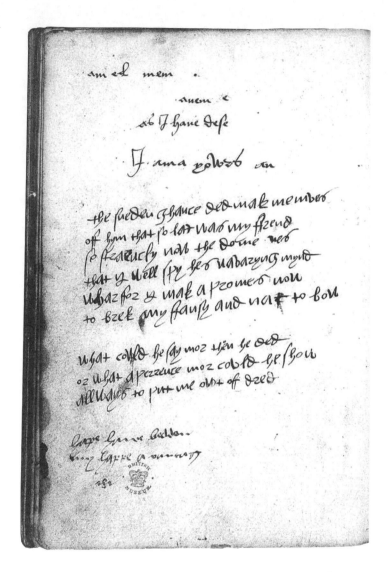

데번셔 사본의 한 페이지에는 어구전철(한 단어나 어구에 있는 단어 철자들의 순서를 바꾸어 원래의 의미와 논리적으로 연관이 있는 다른 단어 또는 어구를 만드는 일―옮긴이) 암호와, 다른 필체로 쓴 시가 실려 있다(토머스 하워드와 마거릿 더글러스의 필체로 생각된다). 〈나는 그대의 것이오, 앤I am yowrs an〉이라는 구절은 앤 불린을 일컫는 듯하다.

자료 제공: 영국 도서관 위원회 ADD MS 17492 f.67v/Adam Matthew Digital

에 맞게 시를 개작하고, 전혀 새로운 시를 짓는 등 이 시들을 통해 서로 소통했다. 이 소박하게 생긴 책에서 우리는 이용자들의 소셜 네트워크를 엿보고 튜더 궁정에서 어떤 계층이 시를 향유했는지 알 수 있다. 요즘 십 대는 소셜 네트워크와 인터넷 게시판에서, 또는 휴대폰을 이용하여 비밀 메시지를 주고받는다. 이와 마찬가지로 데번셔 사본은 젊은 궁정인들이 바깥 세상의 눈길을 피해 서로 메시지를 주고받는 그들만의 소셜 공간이었다.

와이엇의 작품으로 생각되는 「얻고자 하기에 슬픔을 겪는도다Suffryng in sorow in hope to attayn」에서 저자는 사랑하는 여인의 이름을 시에 숨겨 두었다. 일곱 연의 첫 글자를 조합하면 〈셸턴SHELTUN〉이 된다. 이 시는 틀림없이 메리 셸턴의 구혼자가 썼거나 그의 의뢰로 쓰였을 것이다. 셸턴은 와이엇, 토머스 클레어, 헨리 하워드, 심지어 헨리 8세 등 여러 남자와 염문을 뿌렸다. 셸턴은 이 시를 책에 필사하여 친구들과 공유했는데, 그중 한 사람(아마도 레이디 마거릿일 것이다)이 여백에 〈잊어버려fforget thys〉라고 쓰자 셸턴은 〈해 볼 만해yt ys worthy〉라고 댓글을 달았다. 하지만 셸턴은 시가 마음에 들었음에도 구혼자에게 퇴짜를 놓은 것으로 보인다. 셸턴은 시 아래에 〈바라지 않은 슬픔에는 / 귀가 필요없지 / 메리 셸턴ondesyard sarwes / reqwer no hyar / Mary Shelton〉이라고 덧붙였다.

책의 여러 군데에서 마거릿 더글러스와 메리 셸턴은 역경에 굴하지 않고 연인에게 사랑을 고백하거나 자신의 속마음을 숨기는 것에 대한 어려움을 토로하거나 이미 지나가 버린 행복했던 시절을 아쉬워하는 등의 비슷한 주제에 대해 나란히 시를 적으면서 서로에게 힘이 되어 준 듯하다. 어떤 페이지에서는 남들 때문에 만나지 못하는 연인에 대한 시 아래에 누군가 〈아멘〉이라고 덧붙였다. 아마도 레이디 마거릿과 토머스 경의 안타

까운 사연을 가리키는 것이었으리라. 또 다른 페이지에는 사랑, 배신, 불운을 노래한 와이엇의 시를 레이디 마거릿이 베껴 썼고 그 위에 〈하나님의 이름으로 아멘〉이라는 댓글이 달려 있다.

마주 보는 두 페이지에는 〈1번 *first*〉과 〈2번 *second*〉이라고 표시된 익명의 시 두 편 아래에 각각 알아볼 수 없는 서명이 달려 있다. 첫 번째 시 「조마조마한 소망이 내게서 달아났네 My ferefull hope from me ys fledd」에서 화자는 사랑하는 여인이 자신의 애정을 받아 줄 것인가라는 〈조마조마한 소망 *ferefull hope*〉이 그녀가 자신을 받아들이리라는 〈확고한 믿음 *faythefull trust*〉으로 바뀌었다고 설명한다. 두 번째 시에서는 구혼자에게 〈보지 못하는 것을 믿지 말라〉라고 충고한다. 첫 번째 시에는 〈끝, 아무도 아니 말했다 *fynys qd nobodyy*〉라는, 두 번째 시에는 〈끝, 누군가가 말했다 *fynys qd somebody*〉라는 알쏭달쏭한 서명이 달려 있었다. 아마도 이 책의 이용자들은 이 시가 궁정이나 자기들 가운데 누구의 연애를 가리키는지 알았을 것이다. 책의 한 가지 쓰임새는 이용자끼리 풍문과 추파를 주고받는 은밀한 수단이었다. 또 하나 궁금한 것은 〈qd 5813〉이라고 서명된 시다. 이 서명은 〈와이엇 Wiat〉을 일컫는 암호인지도 모른다. 한 페이지의 네 줄짜리 수수께끼는 〈나는 그대의 것이오, 앤〉으로 끝나기 때문에 앤 불린이 와이엇에게 보낸 어구전철로 종종 여겨진다. 하지만 데번서 사본의 많은 글에서와 마찬가지로 500년 가까이 흐른 지금 구체적 맥락을 모르는 채 각각의 글과 메모가 무슨 뜻인지 알기란 힘든 일이다.

이 책에 기록된 대화 중에서 분량이 가장 많은 것은 레이디 마거릿과 토머스 경이 감금 중에 주고받은 시다. 이 시를 메리 셸턴이 베껴 쓴 듯한데, 그녀는 연인 사이에서 사랑의 메신저 역할을 했을 것이다. 아버지가 근위병이었고 남동생이 런던 탑의 문지기로 근무했기 때문이다. 두 사람이 체포되기 전의 위태로운 상황은 이 집단의 다른 사람들도 알고 있었을 것이다. 둘이 시를 주고받은 책이 널리 공유되면서 이들의 불운과 사랑은 친구들에게도 알려졌다. 감금 초기에만 해도 두 연인은 (궁정시에서 묘사하는) 비운의 연인이라는— 운명의 장난으로 헤어져 시로 역경을 한탄하는— 고전적 역할을 현실에서 경험하게 되어 심지어 신났을지도 모른다.

토머스 경은 연작시의 첫머리에서 〈아아, 저 높고 단단한 감옥이 / 두 연인을 갈라 놓으나 / 우리의 몸이 고통받아도 / 우리의 가슴은 하나이리라〉라고 노래한다. 이어지는 시에서 토머스 경은 〈사랑스러운 아내*swete wyfe*〉를 향한 변함없는 사랑과, 감금이 금방 끝나 자신을 더 강하게 하리라는 낙관을 표현한다. 그는 자신을 〈우리에서 달아나는 매*a hawke that getes owt off hys mue*〉에 비유한다. 레이디 마거릿은 토머스 경이 〈고금을 통틀어 가장 충실한 연인*the faythfullyst louer that ever was born*〉이라고 화답한다. 〈나를 위해 밤낮으로 / 큰 고통을 겪으시니.〉 레이디 마거릿은 그를 향한 자신의 사랑이 〈삭지 않을*wyll not decay*〉 것이라 단언한다.

하지만 이어지는 시들에서는 분위기가 금세 어두워진다. 토머스 경은 레이디 마거릿에 대한 사랑을 포기해야만 풀어 주겠다는 말을 듣고도 거부했다. 이는 둘의 약혼이 왕위를 노린 것이 아니라 순수한 사랑 때문이었음을 시사한다. 토머스 경은 반역죄로 사형 선고를 받았으며 왕가의 구성원이 왕의 허락 없이 결혼하는 것을 불법으로 규정하는 새 법률이 서둘러 통과되었다. 토머스 경은 우울한 시에서 〈나의 사랑하는 아내여 안녕히. T. H.로부터*adieu my none swete wyfe from T. H.*〉라며 작별을 고한다. 이름의 머리글자를 나중에 다른 사람이 쓴 것으로 보건대 이 시가 원래 쓰였을 때는 이 부분이 공백으로 남아 있었을 것이다. 일련의 시를 마무리하면서 토머스 경은 초서의 『트로일루스와 크리세이드』의 한 구절을 인용한다. 마찬가지로 비운의 연인을 노래하는 이 시에서 실의에 빠진 트로일루스는 영혼만이라도 사랑하는 이의 곁에 있도록 죽고 싶다는 소망을 표현한다. 이번에도 토머스 경은 두 군데에서 크리세이드의 이름을 빼고 공백으로 남겨 두었다. 시의 리듬으로 보건대 독자가 〈마거릿〉이라는 이름을 대신 써넣기를 기대한 듯하다. 시의 마지막 행들은 『트로일루스와 크리세이드』의 또 다른 인용문으로 이루어졌는데, 여기에서 트로일루스는 사랑하는 행운을 누리는 사람들에게 자신의 무덤을 지날 때 자신을 기억해 달라고 부탁한다. 〈하지만 당신들이 내 무덤의 곁을 지나갈 때는 / 당신들의 동료 하나가 거기에 잠들고 있음을 기억하시오. / 왜냐하면 나같이 하찮은 사람도 사랑을 했으니까.〉 토머스 경은 이 구절을 자신의 묘비명으로 삼고 싶었음에 틀림없다. 결국 토머스 경은 처형을 면했지만 두 연인은 다시는 재회하지 못했다. 토머스 경은 1537년 10월 31일에 런던 탑에서 병사했다. 레이디 마거릿이 풀려난 지 이틀 뒤였다.

시의 쓰임새

데번셔 사본의 젊은 이용자들은 시를 사랑한다는 점에서 결코 특별하지 않았다. 튜더 궁정의 구성원들에게 시는 말할 수 없는 것을 암호화된 형태로 표현하는 소통 수단이었다. 필사본 형태로 시를 돌려 보는 것은 궁정 생활의 표면적 형식주의와 엄격한 규칙 뒤에서 풍문을 전하는 뒷구멍이었으며 애매한 표현으로 정치적 의견을 제시하는 간편한 수단이었다.

시는 〈시간 때우기pastimes〉로 알려진 작은 모임에서 낭송했는데, 편지에 싸서 남몰래 호주머니에 선물로 넣어 주거나 눈에 띄는 곳에 놓아 두었다. 시는 이렇게 손에서 손으로 전해지면서 필사되고 공유되어 나중에 참고할 수 있도록 (데번셔 사본 같은) 필기장에 기록되었다. 시는 한 편 한 편이 보편적 정서 — 버림받은 사랑의 고통, 변덕스러운 운명의 장난 — 를 묘사하는 것처럼 보일 수도 있지만, 그때그때 일어나는 구체적 사건에 대응하여 쓰는 경우가 많았으며 이 숨겨진 의미를 찾는 것이 시의 묘미였다. 의미를 교묘하게 숨길수록 더 좋은 시로 평가받았다.

찬사를 보내고 연애를 진전시키고 슬픔이나 불행을 표현하고 남을 놀림감으로 삼는 것 모두 시를 통해 할 수 있었다. 시는 궁정의 〈사랑 놀이 game of love〉 — 즉, 레이디와 그녀를 따르는 남성이 특정한 역할을 수행하는 정교한 실내 유희 — 에서 없어서는 안 될 요소였다. 레이디는 손에 넣을 수 없는 순결한 욕망 대상이었고 남성은 자신의 가치를 입증하여 사랑을 쟁취하려는 — 퇴짜 맞을 것임을 알면서도 — 구혼자였다. 이런 놀이가 이따금 진짜 애정을 위장하는 데 활용되었다는 사실은 놀이의 즐거움을 더할 뿐이었다. 연인의 탄식은 친숙한 시적 형식을 따르는 것에 불과했을까, 아니면 진짜 감정을 표현한 것이었을까? 특정한 상황을 묘사하는 시를 낭송할 때 누가 얼굴을 붉혔을까? 누가 누구와 눈길을 주고받았을까? 시를 읽고 쓰는 능력은 궁정인에게 꼭 필요한 기술이었다. 이 능력이 없으면 최근 사건들에 대해 남들이 어떻게 생각하는지 알지 못하고 절망적 어둠 속에서 따돌림당할 각오를 해야 했다. 1530년대 초 헨리 8세가 앤 불린을 왕비로 삼으려고 아리곤의 캐서린과 이혼하려던 고통의 시기에 궁정에서 회자되던 아래 시를 읽어 보라.

누가 투덜거리든 이것이 내 운명이리니.

그것만 아니면 바랄 것 없으리.

그대 눈에 보이듯 내가 젊으니

모든 것이 잘 어울리니.

믿음이든, 용모든, 한 치도

내 보기엔 부족할 것 없으리.

그것만 아니면.

이 시는 어떤 걸림돌 때문에 사랑하는 남자 곁에 있지 못하는 여인의 탄식이다. 걸림돌의 정체는 끝내 밝혀지지 않는다. 하지만 〈누가 투덜거리든 이것이 내 운명이리니〉라는 시구에서 그 의미가 드러난다. 이것은 앤 불린의 프랑스어 신조 〈Ainsi sera, groigne qui groigne〉를 번역한 것으로, 헨리 8세가 아라곤의 캐서린과 결혼한 것이 걸림돌임을 나타낸다. 시인은 마지막 몇 행에서 독자에게 윙크를 보낸다. 〈여기서 끝맺나니 / 현명한 이에게는 긴 말이 필요없으니〉라는 시구는 내막을 아는 사람이라면 숨겨진 의미를 이해할 것임을 암시한다. 앤 불린이 이 시를 의뢰했는지, 심지어 직접 쓰거나 낭송했는지는 알려지지 않았지만, 사실로 인정한 것은 분명하다.

마찬가지로 와이엇의 시 「쓰러진 기둥에 나 기대노라The pillar perish'd is whereto I leant」는 겉으로는 사랑하는 이의 죽음에 대한 괴로움을 표현하고 있지만, 많은 사람들은 이 시가 친구 토머스 크롬웰의 처형을 은밀히 비난한 것이라고 생각했다. 크롬웰은 헨리 8세가 가장 신뢰하던 조언자였으나 1540년에 영광의 자리에서 몰락했다. 와이엇은 시이기에 가능한 해석의 자유와 중의성을 활용하여 정치적 이견을 표현하는 데 능했다. 와이엇은 헨리 8세의 궁정에서 외교관을 지내면서 여러 사건에서 국왕의 총애를 잃었으며 1536년에 잠시 런던 탑에 수감되기도 했다. 아마도 앤 불린과의 염문설 때문이었을 것이다. 와이엇은 앤 불린의 처형을 감옥에서 지켜보았다. 하지만 많은 동시대인과 달리 와이엇은 튜더의 궁정 생활에서 일상적이던 갑작스럽고도 극적인 운명의 역전을 이기고 살아남았으며, 처형당하지 않고 병으로 죽었다. 이 때문에 와이엇은 궁정의 딜레마에 대해 잘 알고 있었다. 권좌에 가까이 갈수록 자신의 의견을 억눌러야 하며 가면을 벗으면 위험해진다는 사실 말이다. 궁정 생활을 풍자한 시 「나의 존 포인츠여, 그대가 알고 싶다기에Mine own John Poyntz since ye delight to know」는 헨리 8세의 궁정에서 살아남은 사본 중에서 가장 많이 필사되었는데, 이는 많은 사람들이 시의 숨은 의미를 알았다는 뜻이다. 이 시는 권력자의 비위를 맞추는 일에 신물이 나 궁정 생활에서 물러난 잔뼈 굵은 궁정인의 충고라는 형식으로 되어 있다.

이 시는 와이엇이 대사(大使)로서 방문한 유럽의 궁정에 대한 이야기를 표방하고 있으나 헨리 8세의 궁정에 대한 묘사로도 해석할 수 있다. 이 시에서는 궁정 생활을 황금 족쇄 차고 감금된 상태에 비유하며(〈누가 그런 삶을 즐기리오 / 황금 족쇄를 차고 감금된 삶을〉) 권력이 자의적으로 행사되고 있음을 암시한다(〈운명의 여신에게서 우리에게 처분을 내리고 매질할 권리를 받은 자들의 권력〉). 이 시는 궁정의 부도덕과 부패를 비난하지만, 주로 공격하는 것은 자신의 입지를 다지려고 궁정과 결탁한 궁정인의 부정(不正)이다. 〈밤낮으로 다른 사람의 욕망에 전전긍긍해〉야 하는 궁정인의 굴욕은 헨리 8세의 측근에게는 지극히 친숙했을 것이다.

와이엇의 시는 같은 시기 이탈리아 풍자시를 본보기로 삼았으며 로마 시인 유베날리스가 친구에게 로마에서 해야 할 일을 조언한—더불어 로마에서 벌어지는 일을 비꼰—풍자시 제3권도 참고했다. 기존의 시를 번역하는 경우에는, 구체적 테마를 재활용하는 것(와이엇이 유베날리스를 재활용했듯)과 전체 작품의 충실한 번역을 제시하는 것 사이의 넓은 회색지대를 무대 삼아 미묘한 메시지를 전할 수 있었다. 우선 어떤 시를 번역할지 선택하는 것부터 의미가 있었다. 시인은 자신이 전하고자 하는 정서에 걸맞은 작품을 고를 수 있었다. 다음은 자신의 주장을 내세우기 위해 번역을 교묘하게 조작할 수 있었다. 원작에 친숙한 독자만이 이러한 조작을 알아차릴 것이므로, 내막을 아는 사람만 알 수 있도록 메시지를 숨길 수 있었다. 누가 시비를 걸면 원작자를 비난하면 그만이었다.

와이엇이 개작한 시편에서는 이러한 수작이 분명히 드러난다. 겉보기에는 종교적 시 같지만, 그 밑에는 뚜렷한 정치적 행간이 있다. 시의 무대는 성경에 나오는 다윗 왕의 궁전이다. 다윗은 욕정에 눈이 먼 폭군이었다. 그는 밧세바를 차지하려고 그녀의 남편이자 충성스러운 신하인 우리아를 사지(死地)에 몰아넣는다. 또 다른 신하가 이 사태를 만인에게 폭로하자 다윗 왕은 어쩔 수 없이 잘못을 인정하고 사죄한다. 이 시들은 1530년대에 쓰였는데, 아마도 와이엇이 런던 탑에 갇혀 있던 시기였을 것이다. 시들은 와이엇의 여느 시처럼 필사본 형태로 유통되었으며, 인쇄물 형태로 등장한 것은 와이엇과 헨리 8세가 죽은 뒤였다. 또 다른 귀족 시인인 서리 백작 헨리 하워드가 와이엇의 작품에 붙여 함께 유통된 서론 격의 소네트에서는 시와 현실의 유사성을 강조했다. 서리는 〈통치자들이 그릇된 욕정의 쓰디쓴 열매를 거울에서 뚜렷이 보〉고 〈죄로 가득한 잠에서 깨어나〉기를 바라는 희망을 표현했다.

비슷한 맥락에서 서리 자신도 1530년대에 베르길리우스의 『아이네이스』 제2권과 제4권을 영어 무운시로 번역했다. 이미 영어로 읽을 수 있는 작품에서 두 권만 골랐다는 점에서 겉보기에는 의아한 선택이었지만 이 덕분에 서리는 〈헬레네를 납치한 것에 대한 보복으로 그리스가 트로이아를 파괴하고 아이네이스가 카르타고의 여왕 디도를 버리자 그녀가 자살한 사건〉에 빗대어 욕정의 개인적-정치적 결과를 마음껏 묘사할 수 있었다. 하지만 사람들이여, 이것은 번역일 뿐임을 명심하시라! 이런 작품을 궁정에서 돌려 보고 공유하고 의미심장한 구절을 선택적으로 인용함으로써 궁정인들은 왕의 행동에 대한 거북함과 자신들의 곤경에 대한 불만을 흥미진진하고 비공식적으로 표현할 수 있었다. 표면상으로는 친구들과 시를 주고받는 것에 불과했지만, 시를 일대일로 교환하면서 미묘한 메시지를 보내고 받을 수 있었다.

인쇄술 시대의 필사본 네트워크

시의 유통은 궁정에서 끼리끼리 돌려 보는 것에 그치지 않았다. 16세기 중엽에는 시를 비롯한 필사본을 친구와 가족끼리 교환하고 수집하는 것이 관행으로 널리 퍼졌다. 인쇄기가 등장한 지 한 세기가 지났지만, 필사본 형태로 문서를 복제하고 공유하는 관습이 한물가기는커녕 필사본이 더 중요해지고 더 널리 보급되었다. 인쇄술로 인해 유럽 전역에서 종이 수요가 증가하여, 종이 생산이 활발해졌으며 가격이 저렴해지고 ─ 15세기에 40퍼센트나 낮아졌다 ─ 더 많은 사람들이 이용할 수 있게 되었다. 인쇄본은 읽고 쓰기 능력을 증진했으며, 쓰기 교본도 대량으로 생산될 수 있었다. 튜더 왕조 잉글랜드에서는 편지 쓰는 법을 가르쳐 주는 책이 인기를 끌었는데, 이는 편지 쓰기가 많은 사람들에게 새로운 기술이었으며 배우고 싶어 하는 사람이 많았음을 보여 준다. 읽고 쓰기를 배우는 사람이 늘면서 종류를 막론하고 필사본의 유통량도 부쩍 늘었다. 양피지 시대에는 사본을 손으로 필사하고 재필사하는 것이 비현실적이었지만 역설적으로 인쇄술 시대에 이르러 필사가 널리 퍼졌다. 한번 필사된 사본은 다른 사람과 공유하거나 이 사람에게서 저 사람에게로 전달할 수 있었다. 이렇게 만들어진 필사본 유통망은 자기 계발(교육 목적이나 동기 부여 목적의 필사본을 수집한다), 자기표현(남에게 무엇을 전달하는가에는 자신의 성격과 관심사가 반영되었다), 자기 홍보(시와 그 밖의 글은 후원자와 피후원자 사이에 일종의 사회적 통화 노릇을 했다) 등의 수단으로 활용할 수 있었다.

필사본 공유의 중심에는 문집*miscellany*, 선집*anthology*, 비망록*commonplace book* 등으로 불린 커다란 필기장이 있었다. 사람들은 인상적인 문구를 고스란히 또는 일부만 베껴 적어 소중히 간직했다. 이런 책은 주로 개인 소유였으나, 데번셔 사본의 경우처럼 가족이나 친구가 공유하기도 했다. 문집은 새로운 문구를 아무 빈자리에나 두서없이 적은 반면에 비망록은 나중에 찾아보기 쉽도록 제목을 달아 체계적으로 정리했다. 1512년에 로테르담의 에라스뮈스는 비망록을 어떻게 관리할 것인가에 대한 상세한 지침을 제안했는데, 내용이나 구조나 양식에 따라 제목을 달리하고 그 아래에 인상적인 인용문을 정리하라고 조언했다. (당시의 여느 학자와 마찬가지로, 에라스뮈스도 비망록을 작성하는 것이 정보 과부하를 이겨 내는 효과적인 해독제라고 생각했다. 유럽 전역의 인쇄기에서 소책자와 단행본이 수천 부씩 쏟아져 나오고 있었기 때문이다.) 흥미로운 사실이나 멋진 구절을 이런 식으로 보관하면 스스로 시나 편지, 연설문을 작성할 때 쉽게 참고할 수 있었다. 비망록이나 문집은 소장자의 관심사가 시간에 따라 어떻게 달라졌는지 보여 주는 기록이기도 하다. 이런 식으로 비망록을 쓰는 관습은 성직자가 〈플로릴레기아florilegia〉(본디 〈꽃을 모은 것〉이라는 뜻)를 취합하던 옛 전통에서 비롯했다. 플로릴레기아는 성직자가 설교를 준비하면서 기독교 및 고전 문헌을 발췌하여 모아 둔 것을 일컫는다.

튜더 시대로부터 지금까지 살아남은 문집과 비망록에는 편지, 시, 처방전, 산문, 농담, 암호, 수수께끼, 인용구, 그림 등 다채로운 텍스트가 실려 있다. 소네트, 발라드, 경구epigram가 있는가 하면 일기, 요리법, 선박 명단, 케임브리지 칼리지 명단, 연설 녹취록 등도 보인다. 필요할 때 쉽게 찾을 수 있도록, 또한 복습하면서 새로운 아이디어를 떠올리고 연상 작용을 일으킬 수 있도록 유용한 정보 조각을 모아 두는 것 말고도 비망록에는 여러 가지 겹치는 역할들이 있었다. 시, 인용구, 그 밖의 정보를 책에 베껴 쓰면 해당 텍스트를 암기하는 데 도움이 되었다. 에라스뮈스는 이렇게 말했다. 〈이 방법을 쓰면 읽은 것을 머릿속에 더 깊이 새기고 풍성하게 활용하는 데 익숙해질 수 있다.〉

이와 동시에, 문집과 비망록을 작성하고 남들과 글을 주고받는 관습은 일종의 자기 규정 역할을 했다. 어떤 시나 금언을 골라서 책에 필사하거나 지인에게 전하는지 여부를 보면 그 사람에 대해 많은 것을 알 수 있었으며, 책은 전반적으로 소유자의 인품과 성격을 드러냈다. 사람들은 이따금 비망록이나 문집을 친구들에게 빌려주었는데, 친구들은 내용을 훑어보면서 흥미로운 구절을 자기 책에 베껴 쓰기도 했다. 블로그나 소셜 미

17세기에 공유된 비망록의 한 페이지로, 여러 사람이 쓴 여러 저자의 시가 실려 있다.
자료 제공: 예일 대학, 베이넥 희귀본 및 희귀 사본 도서관, 제임스 마셜 마리루이즈 오스봄 수장고

디어에서 처음으로 프로필(자기 소개)을 작성하는 인터넷 이용자처럼, 비망록과 문집을 작성하는 사람들은 자신의 특정한 이미지를 집단에 투사할—또한 읽고 쓰기 능력 덕분에 얻은—기회를 반겼을 것이다. 사람들 사이에서 돌아다니는 텍스트 중에서 창작물은 극히 일부에 지나지 않았다. 대부분은 다른 출처에서 인용한 것이었다. 현대의 소셜 미디어 시스템도 마찬가지다. 다른 데서 발견한 링크와 부분 인용을 올리는 것은 블로그, 페이스북, 트위터의 일반적인 사용법이다. 핀터레스트와 텀블러 같은 일부 플랫폼에서는 공유되는 항목의 80퍼센트 이상이 다른 이용자가 앞

서 올린 항목의 〈리핀repin〉이나 〈리블로그reblog〉이다. 당시 사람들도 지금 처럼 남들이 만든 콘텐츠를 선택적으로 수집하고 재공유함으로써 관심사를 표현하고 자신을 정의할 수 있었다. 말하자면 단순히 무언가를 공유하는 것도 일종의 자기표현일 수 있다.

비망록과 문집에는 텍스트 교환 과정에서 이용자들을 연결한 공유 및 복제 시스템의 흔적이 남아 있다. 시는 낱장으로 돌려 읽었는데 그중 일부는 문집 속에 남아 있지만, 시가 적힌 종이를 책에 제본하거나 붙이기보다는 베껴 적은 뒤에 원본은 주인에게 돌려주거나 딴 사람에게 전달하는 것이 상례였다. 긴 산문이나 시 모음은 첩quire(종이 여러 장을 접어 꿰매어 작은 책으로 만든 것)의 형태로 돌려 보았을 것이다. 필립 시드니 경의 『아르카디아Arcadia』와 월터 롤리 경의 「임시 섭정과 치안 판사의 대화A Dialogue Between a Counsellor of State and a Justice of the Peace」처럼 분량이 꽤 많은 산문도 이런 형태의 필사본으로 유통되었는데, 이는 독자들이 긴 글을 기꺼이 베껴 적었음을 의미한다.

경우에 따라서는 다음과 같은 여백의 메모를 통해 글의 출처가 어디인지 알려주고, 어떻게 손에 넣었는지 설명하고, 빌리는 사람에게 당부하기도 했다. 〈토머스 스콧 씨가 존 화이트 박사 편에 월터 롤리 경에게 이 글을 보냈다.〉 〈욕망에 보내는 작별 인사. J. T.가 주다.〉 〈형제 베시 맷 베이컨은 그대가 이 글을 다 읽었거나 베껴 적었으면 어머니에게 돌려주길 바라노라.〉 〈도드리지 판사의 필사본을 읽으면 자세한 내용을 알 수 있을 것이다.〉 하지만 출처는 언급되지 않거나 심지어 불명인 경우가 일반적이었다. 영국도서관 소장 필사본에 실린 음탕한 시의 뒷면에는 〈이 노래가 누구에게서 왔는지 아무에게도 발설하지 않길 주께 기도한다. 이것을 소장함은 부끄러운 일이니〉라고 쓰여 있다. 옥스퍼드 대학에서 수집한 여러 필사본 모음이 서로 비슷하거나 겹치는 것을 보면 학생과 교사가 낱글이나 문집 전체를 널리 공유했음을 알 수 있다. 대학들, 런던 법학원(법학 교육 기관), 궁정은 필사본 교환이 가장 활발히 이루어지는 중심으로, 각각 학생, 법률가, 궁정인 사이에서 글이 뻔질나게 오갔다. 가문, 정치적 파벌, 종교 집단과 연계된 소셜 네트워크를 통해 필사본이 멀리까지 이동하는 경우도 있었다.

야심찬 젊은이들은 이런 필사본 교환 네트워크에 참여한다는 평계로 후원자와 정기적으로 접촉하면서 자기 홍보와 지위 상승을 꾀할 수 있었다. 시와 그 밖의 글은 요긴한 인맥을 다지고 유지하는 데 쓸 수 있는 일종의 사회적 통화 역할을 했다. 시를 잘 쓰는 사람은 영향력 있는 후원자에게 작품을 헌정함으로써 그의 총애를 얻고 또 다른 거물들에게 자신의 작품을 선보일 수 있었다. 필사본 유통 시스템은 매우 효율적이었기에, 후원자와 동료 궁정인을 독자로 삼는 영국 시인들은 필사본 전달만으로 충분했다. 인쇄에 의존할 필요가 전혀 없었다. 토머스 와이엇, 필립 시드니, 월터 롤리, 존 던을 비롯하여 당대에 가장 영향력 있는 시인의 상당수는 오로지 필사본 형태로만 작품을 유통했다. 어떤 사람들은 이것이 인쇄본을 하찮고 상업적으로 오염된 매체로 치부하는 엘리트주의적 경멸감을 나타낸다고 생각한다. 하지만 분명한 사실은 이들의 시가 특정한 독자 집단을 주 대상으로 삼고 있었으며 필사본 전달만으로도 얼마든지 독자와 만날 수 있었다는 것이다. 상황에 따라 알맞은 매체도 달라지는 법이다.

물론 시인의 작품이 원래 독자층이던 작은 집단을 넘어서거나 심지어 인쇄되는 일도 있었다. 필립 시드니는 자신의 작품을 하나도 인쇄하지 않앉으며 여동생에게 자신이 『아르카디아』를 〈오직 너를 위해, 오직 너에게〉 썼다고 말했다(『아르카디아』는 필사본 형태로 널리 유통되었다). 하지만 시드니가 세상을 떠난 1586년에 이르러서는 튜더 궁정의 문서 네트워크 어디에서나 그의 서정시를 쉽게 구할 수 있었다. 그의 작품은 필사본 형태였지만 어떤 영국 시인보다 널리 공유되었다. 마찬가지로 윌리엄 셰익스피어는 1590년대에 〈달콤한 소네트를 개인적 친구들에게〉 배포했지만 소네트는 금세 주변으로 퍼져 나갔다. 1598년에 출간된 책에서 셰익스피어 소네트가 언급되었으며 1599년에 출간된 인쇄본 선집 『열정의 순례자*The Passionate Pilgrim*』에도 두 편이 실렸다. 존 던은 자신의 시 중 일부가 〈나도 모르게 세상으로 기어 나갔〉다고 말했다. 그를 비롯한 동시대인 대부분은 대중을 상대하는 일에 흥미가 없었다. 그들에게 시는 친구를 즐겁게 하고 후원자의 총애를 얻고 출세하는 수단이었다.

@SAUCYGODSON의 트윗

헨리 8세의 딸 엘리자베스 1세의 궁정에서도 시는 여전히 중요했다. 엘리자베스 1세는 아버지처럼 재치 있는 시적 농담을 즐겼으며 직접 시를 썼다(그중 몇 편은 어릴 적에 갇혀 있으면서 썼다). 엘리자베스 1세의 궁정에서는 야심찬 젊은 궁정인이 시에 재능이 있으면 이름을 떨치고 출세할 수 있었다. 오늘날에도 블로그나 트위터에서 글솜씨를 발휘하여 명성을 얻거나 짭짤한 일자리를 얻거나 책을 내는 경우가 있는 것과 마찬가지로 엘리자베스 1세 시대에도 시를 쓰고 경구를 짓고 남의 말을 재치 있게 받아치는 것은 젊은이가 폭넓은 지식과 빠른 재치를 과시하고 이를 징검다리 삼아 공직에 진출하는 수단이었다. 존 해링턴 경의 인생 역정이 이를 잘 보여준다.

해링턴의 아버지는 — 그도 이름이 존이었다 — 헨리 8세의 궁정에서 엘리자베스의 (공주 시절에) 수행원으로 일했으며, 아들 해링턴은 자식이 없는 엘리자베스 여왕의 대자녀 102명 중 하나가 되었다. 총명한 학생이던 해링턴은 시에 대한 애정을 아버지에게서 물려받았으며 — 아버지는 와이엇과 서리의 시를 많이 수집했다 — 이튼 칼리지에 다닐 적부터 라틴어 경구를 잘 썼다. 케임브리지 대학에서 석사 학위를 마치고 런던 대학에서 법학을 공부한 뒤에 1581년에 스물한 살의 나이로 처음 궁정에 진출했으며, 재기 발랄한 경구로 — 이때는 영어로 썼다 — 금세 명성을 얻었다. 경구는 풍자적이고 대담했으나, 주목적은 자신의 근사한 지성을 과시하는 것이었다. 해링턴은 어떤 상황에서든 재치 넘치는 반격을 내놓을 수 있었는데, 그의 반격에는 종종 도발적인 의미가 숨어 있었다. 엘리자베스 1세는 해링턴을 격려했다. 그의 외설적 유머를 즐겼다는 사실은 궁정인이 보기에 엘리자베스 1세가 아버지보다 더 관용적인 통치자임을 시사했다. 1590년대 초에 그린 초상화를 보면 해링턴은 흰색 주름 깃을 두르고 턱수염과 콧수염을 뾰족하게 다듬었으며 입술에 장난기 어린 미소를 띄고 있다. 해링턴은 다음과 같은 재담을 구사하며 금세 여왕의 〈천방지축 대자 (代子)saucy godson〉로 알려졌다.

반역은 결코 성공하지 못한다. 왜 그럴까?
성공하면 누구도 감히 반역이라 부르지 못하기 때문이다.

진지하기 그지없는 문제를 근사한 농담으로 덮는 것이야말로 해링턴의 장기였다. 그의 아버지는 몇 차례 런턴 탑에 수감되었으며, 아들 해링턴은 궁정인의 삶이 얼마나 아슬아슬한지 잘 알았다. 해링턴의 대응책은 엘리자베스 1세의 궁정 언저리에서 익살을 부리는 똑똑한 바보를 연기하는 것이었다. 해링턴은 겉보기에 무해한 재치로 도덕적-정치적 가시를 덮었기에, 웃음이 잦아든 뒤에야 참뜻이 드러났다. 해링턴은 당시 궁정 예절의 지침서로 인기 있던 『궁정인의 책Il libro del Cortegiano』의 저자 카스틸리오네의 충고를 받아들였다. 카스틸리오네는 〈가면을 쓰면 어느 정도 자유와 자격을 누릴 수 있〉으며 그래야만 재치 있는 궁정인이 〈행간에 숨은 거창한 의미를 뒤늦게 발견한〉 사람들을 놀라게 할 수 있다고 말했다. 해링턴은 여왕의 총애를 받는 자신의 지위를 이용하여 관리와 성직자의 부패를 은밀히 공격했다. 심지어 엘리자베스 1세의 아버지 헨리 8세에게 아내의 목을 베는 악취미가 있었다고 비난하기까지 했다. 해링턴의 경구 중 하나에서는 숙녀가 헨리 8세로부터 청혼을 받지만 아래와 같이 거절한다.

…… 그대의 주인인 국왕께 깊이 감사해요.
그러고 싶어요(그분의 명성이 제 마음속에 사랑을 심었으니까요).
그런데 몸은 승낙하고 싶지만 머리가 거부하네요.

궁정인들은 이런 재담을 열심히 귓속말로 퍼 날랐으며, 해링턴의 재담은 궁정 안팎에서 문서 형태로 유통되었다. 해링턴 본인도 자신의 경구를 모은 필사본을 가까운 친구와 가족에게 주었다. 시는 궁정에서 자리를 얻는 데 활용되었을 뿐 아니라, 그 뒤에는 승진을 요청하거나 총애를 회복하거나 잘못을 사죄할 때에도 동원할 수 있었다. 해링턴이 여왕을 위해 써서 〈어전(御前)에서 물러날 때 여왕의 쿠션 뒤에〉 놓아둔 시는 정치적 출세를 위해 시가 이용되었음을 똑똑히 보여 준다. 해링턴은 여왕이 자신의 시를 꼼꼼히 읽어 훌륭히 개선해 주었다고 아첨하고는 자신의 개인적 상황에 대해서도 똑같이 해달라고 — 꼼꼼히 살펴보고 개선해 달라고 — 요청한다. 우스갯소리로 〈저의 글자를 읽으시듯 저의 팔자를 읽어 주소서〉라고 부탁한 뒤에 〈전하의 천방지축 대자로부터〉라고 서명했다.

해링턴은 몇 가지 사소한 공직을 맡았으나, 전도 양양하게 출발한 뒤에는 분수를 모르고 이탈리아 서사시 「광란의 오를란도Orlando Furioso」를 영어로 번역하여 궁정에 유포했다. 해링턴이 번역한 부분은 시에서 가장 야한 장면으로 사랑, 섹스, 불륜, 그리고 난쟁이와 섹스하는 왕비에 대한 외설적인 극중극이었다. 레이디들이 이 상스러운 이야기의 필사본을 돌려 보려고 줄 서 있는 것을 여왕이 알아차리자 해링턴은 곤경에 빠졌다. 하지만 엘리자베스 1세는 해링턴을 궁정에서 쫓아내지 않고 그에게 알맞은 처벌을 고안했다. 대서사시 「광란의 오를란도」를 전부 번역하기 전에는 궁정에 돌아오지 말라고 명령한 것이다. 하지만 해링턴은 예상을 깨뜨리고 시를 온전히 번역하고는 궁정에 돌아와 여왕에게 시를 바치고 총애를 회복했다.

하지만 해링턴은 머지않아 또 말썽에 휘말렸다. 1596년에 〈아약스의 변신The Metamorphosis of Ajax〉이라는 제목의 흥미롭고 저속한 작품을 발표했는데, 이 책은 가정 위생이라는 예사롭지 않은 주제를 토대로 정교한 정치적 알레고리를 구사했다. 제목의 〈아약스ajax〉는 화장실을 뜻하는 엘리자베스 시대 속어 〈제이크스jakes〉에 빗댄 말장난이며, 해링턴이 뜻하는바

〈옥외 화장실 개조담metamorphosis of a jakes〉은 자신의 발명품인 수세식 화장실을 일컫는다. (영어 단어 〈존john〉이 화장실을 일컫는 것이 존 해링턴 때문이라고 말하는 사람도 있다.) 해링턴은 변기의 작동 원리를 설명한 뒤에, 폭넓은 의미에서 〈불쾌한 장소가 얼마나 향기롭게 바뀔 수 있〉는지 논한다. 해링턴은 자신의 발명품 덕에 질병이 사라진 깨끗한 집과, 이와 비슷하게 청결을 요하는 정치판을 대조하는 비유를 이끌어 낸다. 해링턴은 〈스테르쿠스stercus〉, 곧 똥이 사회를 중독시킨다고 비난하는데, 이는 무엇보다 당시에 자기 외삼촌을 향한 정치적 공격을 겨냥한 것이었다. 이런 정치적 언급 때문에 해링턴은 다시 한번 여왕의 눈 밖에 났으며 〈정신 차릴 때까지〉 궁정에서 추방되었다. 하지만 여왕은 리치먼드에 있는 궁전에 해링턴의 〈수세식 화장실〉을 설치하도록 허락했다. 훗날 해링턴은 기사 작위를 받았는데, (실패로 끝난) 아일랜드에 대한 군사 작전 와중에 에식스 백작에게서 수여받았다. 이 때문에 또다시 여왕의 노여움을 샀다. 하지만 여느 때처럼 재치가 그를 구했으며 해링턴은 1603년에 여왕이 세상을 떠날 때까지 여전히 총애를 받았다.

해링턴이 대담하게 재치를 발휘한 시로 주목받은 것을 보고서, 야심에 찬 — 하지만 가문의 인맥은 없는 — 젊은이들이 그를 본받고 싶어 했다. 해링턴보다 아홉 살 젊은 존 데이비스 경은 더 날카로운 경구로 유명을 떨치고 여왕의 눈에 들었으며 법조계와 정계에서 탄탄대로를 걸었다. (데이비스는 몇 편의 시에 〈엘리사베타 레기나Elisabetha Regina〉(엘리자베스 여왕)를 아크로스틱[각 시행의 첫번째 글자를 계속 맞춰 보면 단어나 어구가 되도록 짜인 짧은 시 — 옮긴이]으로 숨겨 놓았다.) 엘리자베스 1세가 서거하자, 데이비스는 스코틀랜드의 제임스 6세를 런던으로 데려와 새로운 왕으로 옹립하기 위해 다른 사람들과 함께 파견되었다. 제임스 6세가 잉글랜드 및 아일랜드의 제임스 1세로 통치하는 동안 데이비스는 시를 이용하여 정치적으로 더욱 출세했다. 존 던도 해링턴의 전철을 밟았다. 경구에서 출발한 시 덕에 국새상서 토머스 에저턴 경의 비서가 된 것이다. 하지만 던이 에저턴의 승낙 없이 에저턴의 처조카와 결혼하면서 정치 경력이 파탄 났다. 던은 정치적 후원자를 끌어들이기 위해 여전히 시를 활용했으나—그의 시는 궁정에서 회자되었다—결코 성공을 거두지 못했다. 결국 던은 사제 서품을 받았으며 시뿐 아니라 설교로도 유명해졌다.

하지만 해링턴도, 데이비스도, 던도 애초에 시인으로 기억될 생각은 없었다. 그들에게 시는 목적을 이루기 위한 수단이었다. 던은 1609년에 친구에게 보낸 편지에서, 더 번듯한 자리*graver course*를 찾는다며 〈소네트 한 편도 못 쓰는 자는 바보이지만 소네트를 두 편 쓰는 자는 미치광이다〉라는 스페인 속담을 인용했다. 하지만 젊은이들은, 오늘날 소셜 미디어를 약삭빠르게 이용하듯 재치 있는 시를 유통함으로써 기반을 다지고 이를 징검다리 삼아 기회를 잡을 수 있었다. 소셜 미디어를 자기표현과 자기 홍보에 쓰는 것은 전혀 새로운 현상이 아니며 적어도 16세기 튜더 왕조의 궁정까지 거슬러 올라간다.

5장

참과 거짓이 싸우게 하라:

소셜 미디어 규제의 과제

나에게 어떤 자유보다
양심에 따라
자유롭게 알고 말하고 주장할 수 있는
자유를 달라.

@ 존 밀턴, 『아레오파지티카』

존 스터브스의 손이 쪽지를 썼으니

1579년 11월 3일에 존 스터브스는 형벌을 받기 위해서 웨스트민스터 장터에 설치된 처형대로 걸어 올라갔다. 스터브스는 청교도적 성향의 잉글랜드 법률가로, 〈프랑스와의 또 다른 결혼 때문에 잉글랜드가 집어삼켜질 커다란 구렁의 발견The Discoverie of a Gaping Gulf Whereinto England is Like to Be Swallowed by Another French Marriage〉이라는 제목의 소책자를 썼다. 소책자에서는 프랑스 국왕의 동생 알랑송 공작과 엘리자베스 여왕 사이의 결혼 계획을 격렬히 비난했다. 스터브스는 알랑송 공작을 〈인간의 탈을 쓴〉 악마라고 불렀다. 엘리자베스 여왕이 〈개구리〉라는 다정한 별명으로 부르던 알랑송 공작과 진심으로 결혼을 생각했는지는 확실치 않지만, 잉글랜드와 프랑스의 관계를 다져 스페인의 세력에 대항하고 싶어 한 것은 분명하다. 여왕과 가톨릭 교도의 결혼설은 스터브스를 비롯한 잉글랜드 프로테스탄트를 경악시켰다. 그들은 여왕이 가톨릭을 잉글랜드 국교로 복원할 계획을 가지고 있을까 봐 우려했다. 스터브스는 조국을 수호하는 애국자를 자처했으며, 많은 잉글랜드 사람들은 공작을 공격하는 그의 소책자(비밀리에 인쇄되어 잉글랜드 전역에 뿌려졌다)에 공감했다. 엘리자베스 자신의 궁정은 말할 것도 없었다. 결국 엘리자베스 여왕은 결혼 계획을 포기했다.

여왕은 스터브스가 자신의 사생활뿐 아니라 프랑스와의 세심한 협상을 뻔뻔스럽게 망쳐 버린 것에 분통을 터뜨렸으며, 스터브스의 〈최근에 경솔하게 작성되고 비밀리에 인쇄되어 잉글랜드 방방곡곡에 뿌려진 외설적이고 선동적인 책〉을 비난하는 성명서를 인쇄하여 맞불을 놓았다. 여왕의 성명서는 스터브스의 소책자에 〈거짓 진술〉과 〈명백한 거짓말〉이 담겨 있다고 비난했으며, 현명한 독자라면 물론 이를 한눈에 알아차릴 테지만 〈순박한 자들과 대중〉이 현혹될 우려가 있다고 주장했다. 성명서는 결혼이 성사되더라도 잉글랜드의 법률이나 종교에는 아무 변화가 없을 것이라고 단언하고는 〈여왕 폐하께서는 앞서 언급한 책이나 중상의 글, 또는 그 비슷한 것이 어디에서 발견되든 관리의 입회하에 폐기되기를 바라시며 이를 단호하게 명하신다〉라고 결론 내렸다. 성명서가 발표된 지 며칠 지나지 않아 스터브스는 체포되어 재판받고는 〈선동적 글의 작성과 유포를 금하〉는 법률에 대해 유죄를 선고받았다. 스터브스에게는 문제의 소책자를 쓴 오른손을 칼로 자르는 형벌이 언도되었다.

처형대에 선 스터브스는 침울한 표정의 군중을 향해 짧은 연설을 했다. 자신에게는 여왕의 심기를 거스르려는 의도가 없었다고 주장하며 여왕이 자기보다 큰 죄를 저지른 자를 용서하면서도 자신의 사면 요청은 거부했다고 항의했다. 그러고는 무릎을 꿇고 손을 대(臺)에 올리고는 섬뜩

한 말장난을 내뱉었다. 〈나를 위해 기도해 주시게. 재앙이 손에 있으니(〈at hand〉는 〈가깝다〉를 뜻하는 관용어다 — 옮긴이).〉 나무망치로 칼을 세 번 내려치자 손이 떨어져 나갔다. 스터브스는 여왕에 대한 충성심을 똑똑히 보여 주기 위해 왼손으로 모자를 벗고는 간신히 〈여왕 폐하 만세 *God save the queen*〉라고 외친 뒤에 까무러쳤다. 상처에는 붕대를 감았다. 스터브스는 열두 해를 더 살며 법률가이자 공복(公僕)으로 우여곡절을 겪은 끝에 노환으로 죽었다.

존 스터브스의 손 이야기에서 보듯, 마르틴 루터의 소책자 선전과 가톨릭 교회의 서툰 초기 대응을 목격한 유럽의 통치자들은 권위에 대한 공격이 인쇄물 형태로 나타나 폭넓은 관심을 끌라치면 재빨리 맞불을 놓아야 한다는 사실을 깨달았다. 하지만 이상적인 것은 이러한 대응이 전혀 필요하지 않도록 하는 것이었다. 통치자들은 위험한 종교적-정치적 글이 애초에 등장하지 못하도록 인쇄를 엄격히 통제하기 시작했다. 스터브스가 비밀리에 소책자를 인쇄한 것에서 보듯 누군가 통제를 벗어나면, 이따금 가혹하게 본때를 보임으로써 딴 사람들이 행여나 같은 생각을 품지 않도록 분명한 경고 메시지를 보내야 했다. 인쇄술을 규제한다는 것은 어떤 의미에서는 (이미 엄격한 규정의 적용을 받는) 제빵이나 직조(織造) 등과 같은 취급을 하겠다는 것에 불과했다. 에라스뮈스는 1525년에 이렇게 썼다. 〈누구나 제빵사가 되는 것이 허용되지 않는 데 반해, 인쇄해서 돈을 버는 것은 누구에게도 금지되지 않는다.〉

이에 따라 무엇을 인쇄할 수 있으며 누가 인쇄할 수 있는가에 대한 통제가 16세기 내내 유럽 전역에서 점차 엄격해졌다. 통치자들이 즐겨 쓴 방법은 사전 허가제였다. 출판업자가 종교 당국이나 세속 당국, 또는 두 곳

다에 원고를 보내어 승인받도록 하는 것이었다. 승인되는 원고가 있는가 하면 아예 퇴짜 맞는 원고가 있었고, 경우에 따라서는 내용을 수정하는 조건으로 승인해 주기도 했다. 이론상, 승인받지 않은 원고는 인쇄할 수 없었다. 이와 더불어 은밀한 인쇄를 불법화하고 금서의 판매를 금지하고 외부에서 인쇄한 책의 수입을 억제하려는 시도가 이루어졌다. 인쇄업자들은 강제로 길드에 가입해야 했다. 그래야 쉽게 감시할 수 있었기 때문이다. 길드에 소속되지 않으면 인쇄기를 압수당하거나 파손당했다. 프랑스에는 〈은밀한 장소에서 비밀리에 인쇄해서는 안 된다〉라는 규정이 있었으며 베네치아 인쇄업자들은 모든 글을 종교 재판관과 인쇄업자 길드에 제출하여 허가받아야 했다. 작센 주에서는 비텐베르크, 라이프치히, 드레스덴을 제외한 모든 지역에서 인쇄기 가동을 중단하라는 명령이 내려졌으며 인쇄업자들은 당국에 등록하고 작센 공에게 충성을 맹세해야 했다. 잉글랜드에서는 주교가 인쇄물 허가를 담당했으며, 인쇄 독점권을 부여받은 서적출판업조합*Worshipful Company of Stationers*은 선동적 책을 찾아내고 미등록 인쇄기를 부수는 무지막지한 권한이 날로 커졌다. 조합은 〈모든 사람이 인쇄하고 이를 유포하면 인쇄는 이단, 반역, 선동적 중상이 퍼지는 수단이 될 것이나, 오직 등록된 사람만 인쇄하면 이런 애로 사항을 피할 수 있다〉라고 주장했다. 엄격히 통제되는 미디어 환경을 조합원들이 지지한 이유는 무허가 인쇄업자와 경쟁할 필요가 없어 가격을 높게 매길 수 있었기 때문이다. 하지만 조합은 이런 상황이 자기네에게 유리하다는 사실을 숨기고 사회 전체에 최선의 이익인 것처럼 포장했다.

　하지만 수완 좋은 인쇄업자들은 곧 규정을 회피하는 방법을 찾아냈다. 베네치아 인쇄업자들은 허가받지 않은 저작에도 〈콘 리켄티아*con licen-*

tia〉라고 적거나 다른 데서 인쇄한 것처럼 표시하여 ─ 그러면 현지 규정의 적용을 받지 않았다 ─ 규정을 피해 갔다. 다른 지역의 인쇄업자들도 논란이 될 만한 저작의 간기면에 엉뚱한 이름과 주소를 적거나 허가받지 않은 저작을 허가받은 것처럼 표시하는 등 같은 수법을 썼다. 비밀 인쇄도 계속 이루어졌으며, 적발을 피하려고 수시로 장소를 바꾸기도 했다. 당국은 이에 맞서 더 엄격한 법률을 통과시켰다. 1571년에 작센 공은 승인되지 않은 저작을 인쇄하거나 유포하는 자는 〈가차 없이 처벌받〉을 것이라고 공표했다. 허가받지 않은 가톨릭 소책자가 쏟아져 나오자 1581년에 잉글랜드 의회는 〈여왕 폐하를 중상모략하거나, 또는 봉기나 반란을 부추기거나 자극하거나 유도하는, 거짓되고 선동적이고 비방적인 내용이 담긴〉 여하한 글을 작성하거나 인쇄하거나 유포하는 자는 누구든 사형에 처하기로 결정했다. 1588년 왕실 포고령에서는 잉글랜드의 국가 관리에게 〈그러한 모든 교서, 구술, 비방 문서, 단행본, 소책자와, 이를 입수하거나 출판하거나 배포하거나 언급하는 자를 심문하고 색출할〉 임무를 부여했다. 인쇄업자와 서적상은 규정을 어겼다는 의심을 받으면 단속, 체포, 벌금, 학대에 시달려야 했다. 빈틈이 많지만 종종 잔인무도한 법률은 내키는 대로 아무렇게나 집행되었기에 더욱 효과적이었다. 문제가 생길지 안 생길지 결코 확신할 수 없었기에 인쇄업자들은 도박을 하기보다는 안전한 길을 선택했다.

규정이 꾸준히 빡빡해졌음을 가장 확실히 알 수 있는 나라는 잉글랜드였다. 알려진 인쇄물(정부 포고령 같은 공식 문서는 제외) 중에서 출판 전에 공식 허가를 받은 인쇄물의 비율을 알 수 있기 때문이다. 이 수치는 1560년대의 3퍼센트에서 허가제가 처음 도입된 1570년대에는 7퍼센트로, 1580년대에는 42퍼센트로 늘었다. 주교의 권위를 공격하는 청교도 소책자가 쏟아져 나와 단속이 벌어진 1589~1590년에는 무려 87퍼센트까지 치솟았다. 이 소책자들은 마틴 마프렐릿Martin Marprelate이라는 필명으로 쓰였으며 잉글랜드 중부 곳곳을 이동하는 순회 인쇄기로 인쇄되었다. (한 잉글랜드 귀족의 아내는 인쇄기를 자수 기계라고 속여 자신의 거실에 들여놓기도 했다.) 엘리자베스 여왕의 뒤를 이은 제임스 1세와 찰스 1세 치하이던 17세기의 첫 30년 동안 인쇄물의 약 3분의 2가 허가받은 인쇄물이었다. 수치는 1630년대에 75퍼센트 이상으로 치솟았는데, 잉글랜드에서 가장 나이 많은 주교인 캔터베리 대주교 윌리엄 로드가 허가를 감독하는 임무를 맡아 검열을 강화한 탓이었다. 로드는 잉글랜드 교회에 남아 있는 가톨릭의 흔적을 일소해야 한다고 주장하는 청교도 저술가들에 대해 특히 강경한 태도를 취했다.

로드의 희생자 중에서 가장 유명한 사람은 청교도 소책자 저술가 윌리엄 프린이다. 프린은 국왕 찰스 1세의 아내이자 가톨릭인 프랑스의 헨리에타 마리아를 공격한 (것으로 여겨지는) 글을 썼다는 이유로 1634년에 귀 끄트머리를 잘렸다. 1637년에는 교회를 공격하는 무허가 저서를 썼다는 이유로 두 명의 청교도 저술가 존 배스트윅과 헨리 버턴과 함께 두 번째로 유죄 판결을 받았다. (주교를 공격한 배스트윅의 책은 네덜란드에서 인쇄되어 잉글랜드로 밀수되었으며, 버턴은 로드를 직접 공격한 설교의 무허가 소책자를 출판했다.) 배스트윅과 버턴은 형틀을 쓴 채 귀를 잘렸으며 프린은 귀의 나머지 부분마저 잃었다. 게다가 로드의 제안에 따라 프린의 뺨에는 〈새빨갛게 달군 인두〉로 〈SL〉이라는 글자를 찍었다. 그에게 부여된 죄목인 〈선동적 명예 훼손seditious libel〉의 머리글자였다. 같은 해에 국왕의 비밀스럽고 책임을 질 필요도 없는 고등 재판소인 성실법정Star Chamber에서는 인쇄된 책에 〈기독교 신앙 및 잉글랜드 교회의 교리와 규율에 어긋나거나 국가나 정부에 반대하거나 작품의 성격과 주제가 선한 삶이나 착한 행실 등에 반하〉는 내용이 조금도 들어가서는 안 된다는 칙령을 통과시켰다. 이로써 로드는 막강한 검열권을 손에 넣었다. 하지만 여기까지가 한계였다. 분산된 미디어 시스템은 속속들이 감시하기가 매우 힘들었다. 얼마 안가서 허가제가 무너졌으며 잉글랜드는 출판의 자유라는 뜻밖의 역사적 실험을 시작했으며 그 영향은 오늘날까지 미치고 있다.

뉴스 욕구

잉글랜드에서 인쇄물에 대한 통제를 강화한 것은 왕실과 의회 사이에 정치적 긴장이 커진 탓도 있었다. 여느 유럽 나라에서처럼, 출판이 종교적 동요를 자극하는 데 동원되리라는 애초의 우려는 출판의 정치적 용도를 둘러싼 포괄적 우려로 확대되었다. 잉글랜드에서는 허가제로 인해 정치 뉴스의 인쇄가 금지되었기 때문에, 비공식적 소식통에 대한 욕구 증가에 발맞추어 기존의 필사본 교환 네트워크를 통해 뉴스가 대량으로 유통되기 시작했다.

의회 회의록을 어떤 형태로든 의사당 바깥에 보도하는 것은 공식적으로 불법이었다. 심지어 의원 본인도 의회와 산하 위원회에서 말고는 정치를 논의할 수 없었다. 대중의 정치 논의는 무조건 금지되었으며 일반인에게 정치적 정보를 알려 주는 것은 터무니없는 짓으로 치부되었다. 하지만 실제로는 정치인들이 연설 원고의 사본을 예사로 친구와 지인에게 돌렸으며 의회 회의록 요약본을 필기하여 유포하는 경우도 흔했다. 이러한 의회

보고서는 엘리자베스 시대 이후로 급속히 퍼졌으며 정치적 긴장이 고조된 17세기 초에는 그 수가 훨씬 늘었다. 왕실은 편지를 열어 보고 검열할 권한이 있었지만, (왕에게 자문하는 추밀원Privy Council 위원들을 비롯한) 정치 엘리트들이 정치 상황을 파악하고 있는 편이 나았기 때문에 검열은 거의 시행되지 않았다. 정치 뉴스가 유포되는 것을 알면서도 모르는 체한 것이다. 필사본은 인쇄본과 달리 공표된 문서로 간주되지 않았으며, 정치적 정보를 입수해도 무방한 엘리트의 전유물로 취급되었다.

시와 마찬가지로, 연설과 의회 보고서의 필사본은 〈분책(分冊)〉이나 〈포켓판 필사본〉으로 유통되었다. 이것은 완결된 책으로, 이 사람에게서 저 사람에게로 전달되고 필사되었다. 필사본 교환은 궁정 내 집단, 성직자, 학계, 종교 분파, 정치 파벌 내의 기존 소셜 네트워크를 따라 이루어졌다. 이따금 정치적 분책이 대량으로 생산되기도 했다. 일부 문서의 경우 지금까지 남아 있는 사본이 50개에 이르는 것을 보면, 대량의 사본을 제작하기 위해 서기나 대서인을 고용했음을 알 수 있다. 지금껏 남아 있는 17세기 초의 연설문 중 상당수는 대폭 윤색된 것으로 보건대 연설을 그대로 받아 적은 것일 리 없다. 아마도 연설자 본인이 유통시켰을 이 필사본들은 실제 연설과—실제로 연설을 했다면—전혀 비슷하지 않을 수도 있었다. 필사본 형태로 연설을 유포하는 것은 로마 시대와 마찬가지로 자기 홍보와 정치 행위의 수단이었다.

1600년이 되자 정계 소식을 받아 보는 또 다른 방법인 〈뉴스레터〉가 등장했다. 이것은 정기 소식지의 형태로, 런던에 있는 정치 소식통이 정보를 취합하여 잉글랜드 구독자에게 보내주는 방식이었다. 이 형식을 개척한 사람은 존 체임벌린이다. 그는 인맥이 화려하고 불로 소득이 두둑한 신사였으며, 친구들을 위해 런던의 뉴스와 풍문을 수집한 뒤에 최근 소식을 자세히 설명하는 뉴스레터를 보내 주었다. 체임벌린의 편지는 상당수가 남아 있는데, 제임스 1세 치하의 런던을 예리하고 객관적으로 묘사했다는 평을 듣는다. 아버지에게 재산을 물려받은 덕에 일할 필요가 없어서 급여를 바라지 않고 재미 삼아 글을 썼다. 하지만 모든 사람이 이렇게 훌륭한 소식통을 둘 수는 없었기에, 존 포리나 에드먼드 로싱엄 같은 뉴스레터 작가가 연회비 5~20파운드를 내는 유료 고객에게 주간(週刊) 뉴스레터 서비스를 제공하기 시작했다. 오늘날로 치면 600~2,400파운드(약 100만~400만 원)에 해당하는 거액이었다. 뉴스레터 작가는 구독자가 수십 명만 있으면 괜찮은 수입을 올릴 수 있었다.

당시에 정보 수집의 중심지는 옛 세인트 폴 성당이었다. 사람들은 매일같이 이곳에 모여 뉴스와 풍문을 주고받았다. 1629년에 출간된 책에서는 이 같은 〈바울로의 통로 걷기〉(세인트 폴 성당의 본당 통로를 거닐며 정치 소식을 주고받은 것에서 유래한 표현—옮긴이)를 이렇게 묘사했다. 〈그곳에서는 벌들이 웅웅거리는 듯 묘한 소리가 난다. 고요한 포효 같기도 하고 우렁찬 속삭임 같기도 하다. 이곳은 온갖 담론을 주고받는 거대한 교환소다. 이곳을 거치지 않고서는 어떤 사건도 시작되거나 전개될 수 없다.〉 성당을 이런 식으로 이용하는 게 이상해 보일 수도 있겠지만, 세인트 폴 성당은 1561년에 화재로 첨탑을 잃고 파손되었으며 교회뿐 아니라 시장이자 회합 장소로 취급되었다. 교회 당국은 성당을 종교 이외의 목적으로 쓰지 못하도록 하려고 거듭 시도했으나 번번이 실패했다. 세인트 폴 성당은 런던 도서 거래의 중심지이기도 했다. 주변 들판에 있는 많은 책 노점과 인근 책방에서는 뉴스레터 작가들이 뉴스 발라드, 단행본, 소책자를 읽고 점원이나 고객과 풍문을 주고받으며 정보를 수집했다. 의회 주변으로 가면 런던의 상업 중심지인 런던 증권 거래소에서, (현대의 택시 운전수에 해당하는) 템스 강 뱃사공에게서, 선술집에서, 고위층 친구에게서 더 많은 풍문을 주워들을 수 있었다. 경우에 따라서는 연설자 본인에게서 연설문 사본을 입수할 수도 있었고, 회의실에서 받아 적었거나 구두 보고에서 취합한 의회 회의록을 손에 넣을 수도 있었다.

이 모든 정보를 뉴스레터에 담았는데, 〈~라고 한다〉, 〈그들이 말했다〉, 〈내가 듣기로〉, 〈~라고 들었다〉 같은 표현이 종종 첫머리에 등장하여 이것이 구전(口傳) 정보임을 강조했다. 뉴스레터 작가들은 대체로 구독자의 필요와 관심사에 따라 내용을 조금씩 달리했다. 뉴스레터를 전부 쓰지 않고, 모든 레터에 공통되는 본문은 대서인에게 필사하도록 한 뒤에 논평과 장식을 덧붙이기도 했다. 당시의 어떤 기록에 따르면, 뉴스레터 작가 한 사람에게 대서인 다섯 명이 고용되어 100명 넘는 구독자의 다양한 수요에 부응하기 위해 매주 화요일마다 열여섯 통, 목요일마다 열세 통, 토요일마다 열다섯 통씩 뉴스레터를 필사했다고 한다. 뉴스레터의 대부분은 대서인이 필사한 것이었지만, 이것이 상업적 거래가 아니라 두 신사 간의 사적 교신이라는 점잖은 허울은 유지되었다.

뉴스레터 구독료를 감안하면 이를 통제하려는 시도가 전혀 없었던 이유를 짐작할 수 있다. 뉴스레터는 부유층 사이에서 소규모로 또한 제한적으로 유통되는 것으로 간주되었기 때문이다. 하지만 실제로는 이 소규모 집단보다는 더 널리 유통되었다. 일부 구독자는 이웃과 뉴스레터를 함께 보면서 구독료를 분담하기도 했다. 런던에서는 서적상에게서 필사본 뉴스레터를 직접 구입할 수도 있었다. 뉴스레터는 원본이나 친구에게 보낸 사본에서 잇따라 필사되는 경우가 많았다. 1620년대에 의원을 지낸 스커더 모어 자작은 친구들이 보낸 뉴스레터 사본을 수집했으며 그 대가로 자신이 구독하는 존 포리의 뉴스레터 사본을 친구들에게 보냈다. 뉴스레터 작가들은 뉴스레터를 보내고 유포하는 데 구독자의 사회적 연줄을 활용하기도 했다. 잉글랜드의 정치인 시먼즈 듀스 경은 친구 윌리엄 스프링 경을 위해 런던에서 뉴스레터를 작성했으나, 그에게 직접 보내지 않고 케임브리지의 조지프 미드에게 먼저 전달했다. 그러면 미드가 뉴스레터를 읽고서 (케임브리지 동쪽의 서픽 주 달럼에 사는) 친구이자 후원자 마틴 스투트빌에게 전달했고, 스투트빌이 (더 동쪽의 패커넘에 사는) 친구 스프링에게 전달했다. 미드는 포리의 뉴스레터도 구독하고 있었는데, 정기적으로 이 뉴스레터와 그 밖의 정보를 요약하여 마치 카일리우스가 키케로에게 정보를 제공하듯 오랜 후원자 스투트빌에게 최신 뉴스를 공급했다. 이들은 모두 자신이 받는 뉴스레터나 발췌본을 서로 공유했다.

허가제가 시행되고 있었기에, 일부 형태의 뉴스는 국내 정치와 종교라는 민감한 주제를 건드리지 않는다는 조건하에서 인쇄물로 유통되었다. 그중에서도 기적, 재난, 살인, 기형아 출산 등의 기사가 인기를 끌었다. 잉글랜드에서는 이런 기사가 1560년대에 한 장짜리 뉴스 발라드로 처음 등장했는데, 1580년대가 되자 여러 장짜리 소책자가 발라드를 대신했다. 이런 간행물은 종종 목판화를 곁들였으며, 도덕적 타락이나 사회적 불안에 대한 우려를 표현하거나 이것이 더 심층적인 정치적-종교적 문제의 표면적 현상임을 암시하는 은밀한 기회였다. 외국 뉴스의 인쇄도 허용되었다. 1618년에 이른바 〈30년 전쟁〉이 발발하자 외국 뉴스에 대한 수요가 급증했다. 30년 전쟁은 프로테스탄트와 가톨릭 사이의 종교 전쟁으로 시작하

여 급기야 유럽 대부분을 집어삼켰다. 잉글랜드 프로테스탄트는 외국의
프로테스탄트들이 어떻게 대처하고 있는지 알고 싶어 했다. 대륙에서 가
톨릭이 승리하면 잉글랜드 침공으로 이어질까 봐 두려웠기 때문이었다.

전쟁 뉴스를 알고 싶은 욕구로부터 〈코란토*coranto*〉라는 새로운 간행
물 형식이 탄생했다. 코란토는 전투와 주요 사건에 대한 편지와 목격담을
취합하여 양면 인쇄한 한 장짜리 신문으로, 〈11월 5일 프라하에서〉처럼
장소와 날짜를 제목으로 달았다. 코란토는 〈쿠런트*courant, corrant*〉라고도
하는데, 최초의 코란토는 1618년에 네덜란드에서 등장했으며 이내 잉글
랜드에서 재인쇄되어 런던으로 보내졌다. 하지만 당국의 심기를 거스르지
않기 위해 잉글랜드에 대한 기사는 삭제했다. 런던의 서적상 너새니얼 버
터는 여기에서 영감을 얻어 스스로 코란토를 창간했다. 한 장짜리가 아니
라 소책자 형식을 채택했으며 기본 자료는 독일어와 네덜란드어 간행물의
번역이었다. 인쇄물인 코란토의 가격은 한 부당 2펜스로, 필사본 뉴스레
터보다 훨씬 저렴했다(주간 필사본 뉴스레터의 구독료는 이보다 6~24배 비쌌
다). 코란토는 일반적으로 매 호당 필사본 뉴스레터보다 많은—훨씬 많
지는 않지만—수백 부를 발행했다.

코란토는 익명으로 발행되었기에, 직접 들은 뉴스를 손으로 쓴 뉴스
레터보다 신뢰성이 낮다고 간주되었다. 1621년에 뉴스레터 작가 존 체임
벌린은 〈코란토가 온갖 방식의 뉴스를 다루고 암스테르담발 뉴스 같은 이
상한 소식까지 다룬〉다고 불평했다. 하지만 두 매체는 경쟁 관계라기보다
는 상보적 관계였다. 코란토는 필사본 뉴스레터에 동봉할 수 있었으므로,
구독자는 손으로 쓴 국내 뉴스와 인쇄된 외국 뉴스를 함께 받아 볼 수 있
었다. 이 시기의 뉴스레터는 동봉된 인쇄물을 언급하는 경우가 많았다. 미

드가 스투트빌에게 보낸 뉴스레터에는 코란토의 발췌문, 코란토의 전체 필사본, (경우에 따라서는) 인쇄된 코란토 자체가 실려 있다. 코란토는 본디 필사본 문서이던 것을 취합하여 인쇄한 것이며 여기에 실린 정보는 필사본 뉴스 네트워크에서 재활용되었다. 인쇄본과 필사본의 재생산이 함께 이루어지면서 정보 공유가 가속화되었다.

새롭고 신뢰할 수 없는 뉴스 공급원의 확산을 모두가 반긴 것은 아니었다. 1625년에 초연된 벤 존슨의 희곡 「뉴스 장터The Staple of News」에서는 뉴스레터 작가, 코란토 발행인, (이들의 고객인) 뉴스광을 풍자했는데, 〈버터〉라는 이름에 빗댄 말장난이 여러 번 등장한다. 존슨은 어수룩한 고객이 듣고 싶어 한다 싶으면 버터를 비롯한 뉴스 업자들이 아무 뉴스나 마구잡이로 공급한다고 암시했다. 많은 동시대인과 마찬가지로 존슨은 일반인이 뉴스를 더 많이 접하는 것이 위험하다고 생각했다. 소문과 거짓이 인쇄 덕분에 더 빨리 퍼지면 사회적-정치적 불안이 야기되리라는 까닭에서였다. 게다가 찰스 1세가 30년 전쟁에 관여하지 않으려고 안간힘을 쓰던 1630년대 초 잉글랜드에서는 코란토의 존재 자체가 정치적으로 의미가 있었다. 찰스 1세는 의회와 사이가 틀어져 있었는데, 의회가 세금을 인상해 주지 않아 분쟁에 끼어들 여력이 없었기에 프랑스와 스페인과 평화를 유지했다. 코란토의 인기에서 보듯 잉글랜드는 프로테스탄트 세력이 대륙에서 겪고 있는 곤경에 지대한 관심을 보였으며, 이는 찰스 1세가 프로테스탄트를 위해 참전하지 않고 가톨릭 국가 스페인과 우호적으로 지내는 것을 암묵적으로 비판하는 셈이었다. 전세가 역전되어 가톨릭 세력이 수세에 몰린 사실이 1632년 10월에 잉글랜드 코란토에 보도되자 이번에는 런던 주재 스페인 대사가 불만을 제기했다. 이에 따라 찰스 1세는 성실법정에 코란토를 전면 금지하라고 요청했으며 심지어 외국 뉴스조차도 〈대중의 견해와 담론에 걸맞지 않〉다고 단언했다. 버터는 금지 조치가 영구적일 것이라 생각하지 않았으며 친구 포리에게 〈머지않아 코란토가 복간될 것이라 기대한〉다고 말했다. 하지만 금지 조치는 몇 년 동안 유지되었으며 필사본 교환이 다시금 전국적 뉴스 유통의 지배적 수단이 되었다. 하지만 포리 또한 뉴스 간행물의 인쇄 금지 조치가 지속될 수 없으리라 생각했으며, 친구에게 보낸 편지에서 〈조만간 코란토가 봇물 터지듯 쏟아져 나오〉리라고 말했다. 뉴스 간행물은 화려하게 복귀할 터였다.

1641년의 폭발

찰스 1세는 1629년부터 1640년까지 의회 없이 통치했다. 지지자들은 이 시기를 〈개인 통치기Personal Rule〉라고 불렀고 적들은 〈11년 독재 Eleven Years' Tyranny〉라고 불렀다. 찰스 1세는 의회에 손을 벌리지 않고 자금을 마련하기 위해 갖가지 묘책을 고안했다. 이를테면 부유한 지주들이 왕의 대관식에 참석해야 한다는 (오래전에 사문화된) 법률을 되살려, 불참한 모든 지주들에게 4년 뒤에 벌금을 물렸다. 이런 과세 조치는 인기가 없었지만, 찰스 1세는 비용이 많이 드는 전쟁을 치르려 들지 않는 한 의회 없이도 버틸 수 있었다. 하지만 1637년에 찰스 1세와 (만인이 증오하는) 로드 대주교는 잉글랜드 교회의 기도집을 스코틀랜드에 강요하는 실책을 저질렀다. 스코틀랜드에서 이에 반발하는 운동이 벌어졌다. 찰스 1세는 마지못해 1640년에 의회를 재소집했으나, 스코틀랜드 군대가 잉글랜드 북부를 점령했는데도 의회는 군사 행동을 위한 자금의 조달을 거부했다. 찰스 1세를 최측근에서 자문하던 스트래퍼드 백작과 로드 대주교를 의회가 탄핵하여 투옥하면서 찰스 1세의 권력이 약해졌음이 만천하에 드러났다. 1641년 7월에 찰스 1세는 성실법정을 폐지하는 법안을 마지못해 승인해야 했으며, 이로써 이빨 빠진 호랑이 신세가 되었다. 로드가 런던 탑에 감금되고 성실법정이 폐지되면서, 언론 규제의 메커니즘이 갑자기 증발했다. 때마침 정치적 위기가 커지면서 뉴스 수요가 엄청나게 증가했다. 그 결과는 뉴스의 폭발이었다.

런던의 인쇄소에서 정치 소책자와 풍자 소책자가 쏟아져 나오기 시작했다. 사상 최초로 인쇄업자들이 필사본 형태로만 유통되던 정치 연설을 대담하게 발간했다. 11월 중순이 되자 의회에서는 〈인쇄물의 방종을 억제할 수단〉을 찾아야겠다는 우려가 표명되었다. 의회가 성실법정을 폐지한 목적은 다만 왕의 권력을 제한하는 것이었으나, 이는 언론에 대한 통제가 사라지는 뜻밖의 부작용을 낳았다. 왕과 의회의 불화가 심해지면서 의원들은 자기네 불만에 대해 대중이 많이 알수록 유리하겠다고 결론 내렸다. 의회는 찰스 1세의 통치에 대한 불만을 204가지로 요약한 「대간의서Grand Remonstrance」를 필사본으로 유포하는 데 동의했으며 나중에는 인쇄물로 유포하는 것도 허용했다. 이와 동시에 의사(議事) 진행 상황을 손으로 상세하게 적은 「의회의 일일 의사록 또는 표제Diurnal Occurrences or Heads of the Proceedings in Parliament」도 — 1640년 후반 이후로 매주 취합되어 유포되고 있었다 — 의회의 비공식 지도자 존 핌의 암묵적 승인을 얻어 인쇄되기 시작했다. 일주일의 의사 진행 상황을 요약하여 다음 주 월요일에 발행하는 이 주간 인쇄물이 처음 등장한 것은 11월 말엽이다. 〈뉴스북newsbook〉이라는 이름의 이 간행물은 국내 정치 뉴스를 전한 최초의 인쇄물이었다. (수십 년간 금지되었던) 정치 행위와 정치 논의의 공개가 일순간에 현실이 되어 버렸다.

이 현상이 가장 똑똑히 드러난 것은 1642년 초에 국왕과 의회가 소책자 형태로 주고받은 편지에서다. 양측은 여론에 호소했는데, 이는 여론의 중요성을 인식했고 여론의 권력이 커지고 있음을 깨달았기 때문이다. 「대간의서」가 인쇄되자 국왕은 이에 맞서 〈국왕 폐하가 청원에 응답하시다 His Majesties Answer to the Petition〉라는 제목의 소책자를 발간했다(당시에 국왕은 런던을 떠나 북쪽으로 피신한 뒤였다). 이 소책자에서 찰스 1세는 「대간의서」가 〈이미 인쇄본으로 널리 퍼진〉 것에 놀라움을 표하고 답변을 내놓았다. 양측은 여러 달 동안 공방을 벌였다. 의회의 성명서는 런던에서 인쇄되었고 국왕의 성명서는 요크에서 인쇄되었으며, 그 뒤에 둘 다 다른 곳에서 재인쇄되었다. 국왕의 발간물 중 하나의 제목인 〈상하원 양원에 대한 국왕 폐하의 선언; (또한 폐하께서는 모든 사랑하는 신민이 이 선언을 일독하기를 권하신다) 1642년 3월 9일에 뉴마킷에서 폐하께 올린 질문에 답하노라〉에서 똑똑히 알 수 있듯, 이것은 대중 앞에서 주고받는 대화였다. 하지만 국왕은 자신이 공개리에 대화하는 것이 내키지 않음을 분명히 밝혔다. 〈모든 언론이 (자기네가 보기에) 백성에게 말하는 것이 합당하다고 생각되는—하지만 과거의 관습에서는 보장되지 않던—것을 무엇이든 버젓이 쏟아 내는 이 때에 우리가 그에 대한 정당하고 필수적인 대답을 공표할 모든 합법적 수단을 이용해서는 안 된다고 한다면 이것은 틀림없이 매우 사소하고 어리석은 예외로 보일 것이다.〉 말하자면 찰스 1세가 이런 식으로 언론을 이용한 것은 남들이 다 그렇게 하고 있기 때문이라는 것이었다. 17세기 들머리에 정치적 문서를 엄격하게 통제하던 것에 비하면 눈에

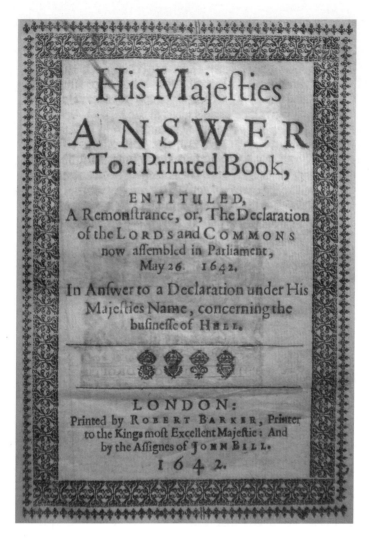

잉글랜드 내전이 발발한 1642년의 한 소책자에서 찰스 1세가 의회의 소책자에 응답한다.
자료 제공: 런던도서관

띄는 변화였다. 논쟁이 공론적 성격을 띤다는 말은 다른 사람이 끼어들 수 있다는 뜻이었다. 의회를 지지하는 변호사 헨리 파커는 「국왕 폐하의 최근 대답과 표현 중 일부에 대한 논평Observations upon some of His Majesties late answers and expresses」(1642)을 비롯하여 국왕의 대답을 논평하는 여러 영향력 있는 소책자를 썼다. 다른 사람들이 답변을 내놓으면 다시 반박글을 썼다. 공방이 절정에 이른 1642년 6월에 의회는 「19개 제안Nineteen Propositions」을 통해 의회와 국왕 사이에 새로운─의회의 역할이 훨씬 큰─권력 분점을 제안했다. 찰스 1세는 제안을 거부했고 잉글랜드는 내전에 휩싸였다.

전투는 전쟁터뿐 아니라 미디어에서도 벌어졌다. 1660년대에 리처드 앳킨스라는 연대기 작가는 언론 통제가 무너지면서 인쇄업자들이 〈왕국을 숱한 책으로 채우고 국민의 뇌를 숱한 모순으로 채웠으니 이 종이 조각Paper-pellet들이 총알Bullet만큼 위험해졌〉다고 한탄했다. 국왕 지지자들과 의회 지지자들은 검열받지 않는 미디어 환경의 자유를 틈타 자신의 행동을 정당화하고 적을 공격하고 여론에 호소했다. 1642년에 런던에서는 주간(週刊) 뉴스북이 줄 지어 발간되었으며 1643에는 왕실의 공식 뉴스북 『메르쿠리우스 아울리쿠스Mercurius Aulicus』가 찰스 1세의 본거지 옥스퍼드에서 창간되었다. 의회에서는 『메르쿠리우스 브리탄니쿠스Mercurius Britannicus』로 맞불을 놓았다. 이런 뉴스북과 더불어 선언문, 소책자, 단행본, 발라드, 전단이 전례 없이 쏟아져 나와 선전, 뉴스, 조작, 분석, 논평을 토해 냈다.

1630년대에는 잉글랜드에서 연평균 624종의 인쇄물이 출간되었으나, 1641년에는 그 수가 2,000종 이상으로 급증했으며 1642년에는 4,000종을 넘겼다. 1640년부터 1660년까지 도합 4만 종 가량이 출간되었다. 종마다 평균 1,000부씩 찍는다고 가정하면 전체 부수는 4000만 부에 달한다. 당시 잉글랜드 인구는 약 500만 명이었다. 이 같은 인쇄물의 급증은 루터의 활약마저 무색케 했다. 루터의 시대 이후에도 유럽에서 위기가 벌어지면 소책자가 쏟아져 나왔지만 규모는 그에 못 미쳤다. 이를테면 1566년부터 1584년까지의 네덜란드 반란기에는 600종가량의 정치 소책자가 등장했으며 프랑스에서는 1614년부터 1617년까지의 정치적 격동기에 1,200종가량이 출간되었다. 런던의 서적상 조지 토머슨은 잉글랜드에서 중대한 전환이 벌어지고 있음을 뚜렷이 알아차리고는 1641년에 인쇄물을 수집하기 시작했다. 토머슨은 1662년까지 2만 2,000종 이상을 모아들였는데, 앞선 20년 동안 출간된 (알려진) 간행물의 절반을 넘는 분량이었다. 현재 런던의 영국도서관에 소장된 그의 수집품은 1640년대 미디어 폭발을 보여 주는 귀중한 기록이다.

언론 자유가 시행되면서 인쇄물의 수량과 다양성이 함께 늘었다. 인쇄물의 새로운 양식, 표현, 쓰임새가 지난 60년의 혁신을 토대로 다채롭게 생겨났다. 돌이켜 보면 이 혁신은 1580년대 마프렐릿의 소책자에 담긴 양식적-문체적 수법에서 출발했다고 볼 수 있다. 뒤이은 수십 년 동안 형식적이고 키케로적인 산문 양식이 더 대화적이고 토착적인 양식에 점차 자리를 내주었다. 뉴스, 역사, 견해가 자유롭게 어우러지고 다양한 형식으로 제시되었다. 소책자 저자들은 익명의 독자를 상대하는 법을 연구했으며 자신의 논증에 대한 반대 의견을 예상하고 사전에 대응하기 위해 머리를 싸맸다. 무엇보다 놀라운 사실은 1640년대 소책자들이 오늘날의 블로그처럼 끊임없이 서로 참조하고 인용하고 대화하는 상호 연결의 그물망을 이루었다는 것이다. 소책자들은 다른 소책자에 대응하거나 부언하거나 비판하거나 찬양하려고 쓰는 경우가 많았다. 이를테면 1646년에 출간된 한 소책자의 제목은 〈국왕의 인신 처분에 대한 12개 결의안: 의회에 대한 지지를 표방한 숄너 씨의 연설(《야외 연설》로 불렸으며 《논리 없는 변호》라는 평을 받았음)을 옹호하기 위해 출간된 소책자 세 편에 대한 답변을 다시 조목조목 반박함〉이었다. 이 소책자는 어떤 연설을 비판하는 소책자 세 편에 대한 응답에 대한 대답이므로, 원래 텍스트에서 세 단계를 건넌 셈이었다. 소책자 표지에는 이처럼 기다란 제목이 붙어 있었기에, 사람들은 서점에서 제목을 훑어보며 다양한 저자들이 벌이는 논의의 흐름을 따라갈 수 있었으며 앞서 읽은 텍스트들과의 관계 속에서 새로운 텍스트를 자리매김할 수 있었다.

소책자가 서로 연관되거나 언급되는 방식은 여러 가지가 있었다. 어떤 소책자는 편지 형식으로 쓰였다. 이는 필경사에게 구술하던 형태가 논리적으로 진화한 것이며, 목격 증언이나 논증을 제시하는 효과적인 방법이었다(특정 수신인이나 가상의 수신인을 지정할 수도 있었다). 이런 편지 소책자에는 〈현지에 거주하는 한 신사가 런던에 있는 친구에게 보낸 편지에서 밝혀진 군(軍)의 의도〉나 〈도시에 사는 신사가 시골에 사는 친구에게 보낸 편지〉 같은 제목이 달렸다. 이런 소책자는 (실제로는 존재하지 않는) 앞선 편지에 대한 답장인 것마냥 글을 시작하는 경우가 많았다. 편지 소책자가 출간되면 이에 대응하여 같은 형식의 소책자가 나오기도 했다. 더 노골적인 공격 방법은 상대방의 글을 이탤릭체나 따옴표로 인용한 뒤에 조목조목 반박하는 것이었다(이 방법은 현대의 블로그에서 되살아났다). 인용문에 대한 논평을 여백에 더 적어 넣기도 했다. 이를테면 로드 대주교가 1645년에 처형되자 『메르쿠리우스 브리탄니쿠스』는 로드의 최후 진술을 다시 싣고 분석했는데, 진술을 다룬 많은 기사가 별도로 출간되었다. 이런 식으로 선택적으로 글을 인용하면 특정한 해석을 유도할 수 있었으며, 독자들이 원래 소책자를 살 필요가 없으므로 경쟁 소책자에 상업적 타격을 입힐 수도 있었다. 하지만 이 접근법은 상대방의 논증을 더 널리 퍼뜨려—특히 논박을 제대로 하지 못했을 경우—본의 아니게 홍보하는 역효과도 있었다.

상대방의 글에 대응하는 또 다른 방법은 전체를 재수록한 뒤에 답변을 다는 것이었다. 이탤릭체로 표시한 본문 속에 비판을 삽입하여 재수록할 수도 있었고—마치 상대방의 연설을 끊임없이 방해하듯—상대방의 글을 그가 쓴 다른 글과 구절구절 병치하여 모순점을 강조할 수도 있었고, 연설이나 소책자의 발췌문을 인쇄한 뒤에 실제 인물이나 가상 인물 사이의 가상 대화를 곁들이거나—이를테면 평화 씨와 진실 씨가 글의 장단점을 논의한다—기다란 연설을 별도로 붙일 수도 있었다. 1641년에 반역죄로 처형된 토머스 벤스테드의 (막대기에 달린) 머리는 그해에 효수와 관련된 또 다른 정치적 상황을 논하는 소책자에 삽화로 실렸다. 이런 〈조롱 소책자play pamphlet〉는 뉴스와 풍자를 결합했으며 쓰임새가 다양했다.

새로운 표현과 형식이 걷잡을 수 없이 쏟아져 나오는 바람에, 돌아가는 상황을 파악하기가 여간 힘들지 않았다. 1641년 11월에 어떤 이는 이렇게 썼다. 〈종종 진실보다 훨씬 많은 것이 인쇄된다.〉 또 다른 저술가는 1642년에 이렇게 불평했다. 〈선동적 소책자가 매일같이 목격된다. 이런 소책자는 거짓 불빛으로 우리를 현혹하여 겁주거나, 번지르르한 언설로 우리를 위험한 안식처에 안주하도록 하여 자질구레한 사항들에 파묻힌 채 진실의 적(敵) 편파성 없이는 사태를 판단하지 못하게 한다.〉 이렇게 되면 당시 사람들뿐 아니라 후대의 독자도 혼란을 겪는다. 성직자이자 역사가 토머스 풀러는 소책자가 〈무고한 사람들의 얼굴에 먹칠을 한다. 시간이 지나면 말라 버려 씻어 낼 수도 없다. (······) 이 시대의 소책자가 다음 시대에 기록으로 둔갑할 수도 있고 — 정부의 통제를 받지 않으니 — 우리가 비웃는 것을 우리 자식들은 믿을 수도 있〉다고 불평했다. 언론의 오보에 대한 해독제로서 1659년에 내전의 역사를 기록한 존 러시워스는 이렇게 말했다. 〈사람들의 상상은 손보다 분주하게 움직여, 통과되지도 않은 성명을 인쇄하고 벌이지도 않은 전투를 묘사하고 얻지도 못한 승리를 찬미하고 쓰지도 않은 편지를 유포했다. (······) 감시받지 않고 인쇄기를 통과한 이 시대의 소책자를 후대의 누군가가 진실한 역사로 착각하지 못하게 해야겠다는 (······) 기억이 생생할 때 진실과 거짓을 가려내야겠다는 생각이 들었다.〉

인쇄된 〈소문이 거짓과 또한 추문과 뒤섞인, 천박하고 허황한 소책자〉에 대한 불만이 곳곳에서 터져 나오자 의회는 1643년에 허가제를 다시 도입했다. 특권을 회복하고, 인쇄업을 규제하는 역할을 되찾고 싶었던 서적출판업조합이 집요하게 로비를 벌인 터였다. 의회는 〈수많은 사람들이 잡다한 인쇄기를 들여 놓고서 단행본, 소책자, 전단을 인쇄하고 판매하고 발표하고 유포하는 일에 뛰어들었〉다고 불평하며 법령을 통과시켰다. 다만, 모든 신간은 주교에게 승인을 얻어야 하는 것이 아니라 의회에서 임명한 공무원에게 승인을 얻은 뒤에야 서적출판업조합의 등록부에 기재하여 인쇄할 수 있었다. 무허가 인쇄는 불법으로 규정되었다. 하지만 내전의 혼란스러운 정국에서 새 법규는 효과를 발휘하지 못했다. 잉글랜드의 많은 지역이 의회의 통제 범위 밖에 있었으며 출판 검열보다 군사적 문제가 더 시급했기 때문이다. 마구잡이 출판에 대한 불만은 사그라들지 않았으며 고삐 풀린 미디어 환경의 아수라장이 10년 가까이 지속되었다.

존 밀턴과 『아레오파지티카』

　언론 규제의 붕괴를 모두가 나쁘게 생각한 것은 아니었다. 1643년에 허가제를 제도입하려는 시도가 벌어지자 존 밀턴은 『아레오파지티카』를 써서 표현의 자유 원칙을 누구보다 먼저 또한 훌륭하게 옹호했다.

　밀턴은 명민한 학자였으며, 케임브리지 대학을 졸업한 뒤에 오랫동안 공부하고 여행하고 가르치고 시인으로서 명성을 확립했다. 1639년에 정치적 위기가 터져 나오자 밀턴은 시인에서 소책자 작가로 변신하여 영국 교회 주교의 부패와 (비정통적 종교관에 대한) 불관용을 공격하는 소책자 다섯 편을 썼다. 그 다음 소책자에서는 이혼 합법화를 주장했는데 이 때문에 곤경에 빠졌다. 밀턴은 열일곱 살 어린 여인과 엉겁결에 결혼했는데 그녀가 몇 주 있다가 자기를 버리고 친정에 돌아간 뒤에 이 소책자를 썼다. 밀턴은 결혼에는 정신적 결합이라는 의미가 있으므로 성격 차이를 이혼 사유로 인정해야 한다고 주장했다. 밀턴은 1643년에 도입된 새 법규에 따라 이혼 소책자에 대한 허가를 받으려 했으나 거부당했다. 그가 출판을 강행하자 의회는 밀턴이 일부다처제를 옹호하는 위험한 급진파라고 비난했다. 격분한 밀턴은 1644년 11월에 『아레오파지티카: 허가받지 않은 출판의 자유를 위한 존 밀턴 씨의 연설*Areopagitica: A Speech of Mr. John Milton for the Liberty of Unlicenc'd Printing*』이라는 또 다른 소책자를 출간하여 허가제 자체를 공격했다.

　『아레오파지티카』가 중요한 이유는 어떤 글의 인쇄를 허용해야 하고 누가 판단해야 하는가에 대한 기존 주장들을 단칼에 깨뜨렸기 때문이다. 밀턴은 인간이 누구나 실수를 저지를 수 있기 때문에 어떤 글의 인쇄를 허용해야 하는가를 완벽히 공정하게 판단할 수 있는 사람은 아무도 없다고 주장했다. 그러고는 누구나 출판할 수 있도록 허용하고 독자를 다양한 의견에 노출시켜 스스로 판단하도록 하는 편이 훨씬 낫다고 역설했다. 〈모든 신조의 바람들이 자유로이 땅 위를 노닐도록 풀어 놓아 진실이 그중에 있도록 했으나, 우리는 진실의 힘을 믿지 못하고 허가와 금지를 통해 해악을 끼친다. 진실과 거짓이 드잡이하도록 하라. 자유롭고 공개적인 대결에서 진실이 패배한 적이 있던가?〉〈진실은 스스로 드러난다〉라는 이런 사고방식이 순진하다고 여길 수도 있겠지만, 밀턴의 주장은 이성적 검열관 노릇을 할 수 있는 사람이 있다고 가정하는 쪽이 훨씬 순진하다는 것이었다. 밀턴은 허가권자들에게 인간적 오류나 치우친 편견의 우려가 있으며 〈무지하고 오만하고 태만하거나 돈에 눈이 어두운〉 자들만이 〈선택받지 못한 단행본과 소책자를 계속 읽〉고 싶어 할 것이라고 주장했다. 누군가 부적절한 글을 출판하더라도, 명예 훼손이든 반역이든 중상이든 신성 모독이든 차후에 법으로 단죄할 수 있다는 것이었다.

물론 언론 자유 때문에 나쁘거나 그릇된 저작이 출판될 수도 있다. 하지만 밀턴은 이것이 실제로는 좋은 일이라고 주장했다. 출판 덕분에 나쁜 사상을 접하는 독자가 많아지면 그런 사상이 더 빠르고 손쉽게 반박될 수 있으리라는 이유에서였다. 밀턴은 진실을 전사에 비유했다. 안전한 곳에 틀어박힌 전사가 아니라 적과의 끊임없는 전투로 단련된 전사 말이다. 이것은 청교도적 사상이었다. 선은 오로지 악과 싸우고 악을 거부함으로써만 나타날 수 있다는 이런 사상을 밀턴은 〈악으로 선을 안다〉라고 표현했다. 밀턴은 틀린 견해를 〈먼지와 재〉에 비유했으며 〈오히려 진실의 무기를 연마하여 반짝거리게 하는 역할을 할 수도 있〉다고 말했다. 〈거룩한 경전을 손에 쥔 바보보다 무가치한 소책자를 든 슬기로운 사람이 자신의 책을 더 요긴하게 활용할 것이다.〉 게다가 나쁜 사상은 출판하지 않아도 어쨌든 퍼질 터였다. 감시의 손길이 미치지 않은 인쇄기가 얼마든지 있으니 검열은 결코 온전히 효과를 거두지 못할 것이었다. 인쇄술이 널리 보급된 탓에 사전 검열은 현실성을 잃었다. 이를테면 의회는 왕실에서 매주 발행하는 『메르쿠리우스 아울리쿠스』를 억누를 수 없었다. 왕실 지지자들 사이에서 재판매되고 심지어 런던에서 재인쇄되기까지 했기 때문이다(〈허가제로 아무리 막아도, 종이의 잉크 자국이 채 마르지 않은 것에서 보듯 [이곳 런던에서] 인쇄되고 유포되었〉). 반대 견해를 억압한다는 것이 오히려 띄워주는 셈이 되어 역풍을 맞을 수도 있었다. 따라서 무엇이든 출판하도록 허락하고는 대립하는 견해끼리 사상의 전쟁터에서 경쟁하도록 내버려 두는 편이 최선이었다.

『아레오파지티카』는 대 의회 연설의 형식으로 쓰였으나 이것은 문학적 장치에 불과했다. 밀턴은 결코 이 글을 실제로 연설하지 않았다. 밀턴은 대상 독자를 설득하기 위해 여러 수법을 동원했다. 이를테면 검열의 역사를 간단하게 설명하면서 맨 먼저 고대 아테네의 관용을 언급했는데, 연설을 듣고 있는 (것으로 간주된) 잉글랜드 의회와 비교하며 짐짓 비위를 맞췄다. (〈아레오파지티카〉라는 이름은 아레오파고스, 곧 아테네 최고 법정이 있는 아레스 돌 언덕을 일컫는다.) 밀턴은 가톨릭 교회가 처음에는 이단을 탄압하기 위해, 나중에는 아무 이유 없이 책의 금지와 언론 통제를 점차 확대한 과정을 설명했다. 그러면서 언론 통제라는 발상을 가톨릭과 연결 지었다. 반(反)가톨릭이 대부분인 독자들에게 언론 자유가 본질적으로 프로테스탄트적 입장임을 암시한 것이다. 서적출판업조합은 1643년 법령을 위해 로비를 벌이면서 심지어 가톨릭이 검열에 더 능하다고 언급하기까지 했다. 〈우리는 가톨릭 신자에게 공을 돌려야 마땅하다. 종교 재판이 성행하는 곳은 프로테스탄트가 우세한 곳보다 규제가 훨씬 엄격하기 때문이다.〉밀턴의 말은 잉글랜드가 로마에서 벗어났으니 언론 통제도 벗어 버려야 한다는 뜻이었다. (밀턴은 단 한 가지 예외를 들었는데, 현대인의 눈에는 지독히 반[反]자유주의적으로 보이겠지만 대상 독자의 반[反]가톨릭적 관점에는 매력적으로 보였을 것이다. 밀턴은 가톨릭 저작을 탄압하는 데 찬성했는데, 그가 내세운 이유는 가톨릭 교리가 사상의 전쟁터에서 참패했으므로 진실을 추구하는 여정에서 아무 쓸모가 없기 때문이라는 것이었다.)

밀턴은 허가제의 단점과, 허가제가 학습, 정치, 종교에 악영향을 미친다는 사실을 강조하면서 논증을 마무리했다. 밀턴은 활발한 논쟁이 사람들에게나 나라 전체에나 유익하다고 말했다. 그는 런던을 〈이성과 확신의 힘에 찬성하여 새로운 관념과 사상을 숙고하면서 모든 것을 읽고 시험하는 펜과 머리〉로 가득한 〈자유의 저택〉으로 불렀다. 그가 염두에 둔 것은 새로운 종교적, 철학적, 심지어 과학적 사상이었으며 그의 취지는 이 모든 사상이 논증을 통해 검증받을 수 있도록 허용해야 한다는 것이었다. 이에 반해 허가제는 (옳건 그르건) 새로운 사상의 출현을 ─ 그중에는 귀중한 사상도 있을 텐데 ─ 억압할 터였다. 밀턴은 정부가 국민을 얕잡아 보고 〈잉글랜드의 소책자를 읽어도 된다고 믿〉지 못하는 것이 주제넘은 처사라고 주장했다. 무엇이 옳은지를 정부에 물어보아야 한다면 사람들이 스스로 생각하는 능력을 잃어버리리라는 것이었다. 밀턴은 활기차고 건강한 사회를 위해서는 활발하고 자유분방한 토론이 단순히 용인되는 것에 그치지 않고 장려되어야 한다고 결론 내렸다.

밀턴은 허가제에 대한 반대 입장을 분명히 나타내기 위해 자신의 연설을 허가받지 않은 소책자로 발표했다. 소책자의 형식은 밀턴의 주장을 또 다른 방식으로 강조했는데, 의회에서 직접 연설할 수 있는 사람은 소수에 불과하지만 대(對) 의회(또는 여하한 가상 청중) 연설의 형식을 빌린 소책자를 출판하는 것은 이론상 누구나 할 수 있기 때문이었다. 『아레오파지티카』는 자유 언론이 논쟁과 토론을 위한 공론장을 의회에 국한시키지 않고 훌쩍 넓히고 개방한다는 장점이 있음을 형식과 논증 둘 다로 보여 주었다.

밀턴이 이러한 견해를 표방했다는 사실이 오늘날은 잘 알려져 있지 않지만, 그 말고도 여러 사람이 같은 주장을 폈다. 언론 자유 사상은 당시를 풍미하고 있었으며, 특히 종교적 관용을 지지하는 사람들에게 인기가 많았다. 왕실의 규제라는 무거운 굴레에서 벗어난 소책자 작가들은 의회의 규제도 그에 못지않게 나쁘다는 사실을 깨달았으며 사전 규제를 아예 하지 않는 편이 더 낫다고 주장했다. 상인이자 작가로, 밀턴처럼 종교적 관용을 옹호한 헨리 로빈슨도 사전 심사 없이 모든 저작의 출판을 허용하는 것이야말로 진실을 발견하고 전파하는 최선의 방법이라고 주장했다. 『아레오파지티카』가 출간되기 직전인 1644년에 발표된 『양심의 자유: 또는 평화의 유일한 수단Liberty of Conscience: Or the Sole Means to Peace』에서 로빈슨은 〈온당한 진실 하나가 강제로 압살당하거나 고의로 숨겨지는 것보다는 많은 거짓 신조가 —특히 좋은 의도를 가지고 연약한 가운데서— 발표되는 것이 나았으며, 잘못되고 부당한 신조에 동반되는 모순과 부조리를 통해 진실이 더욱 영광스럽게 나타나고 사람들이 진실을 사랑하게 된다〉라고 주장했다. 밀턴이 진실과 거짓을 드잡이시키자고 한 것과 마찬가지로 로빈슨은 〈오류가 진실을 격파하리라고 의심하는가?〉라고 물었다. 로빈슨은 밀턴보다 한 발 더 나아가 모든 형태의 미디어에 ─ 심지어 아직 발명되지 않은 것까지 ─ 표현의 자유를 부여해야 한다고 주장했다. 로빈슨은 진실과 거짓의 싸움이 〈공정한 경기장에서 동등한 조건으로 이루어져야 하며 연설, 저술, 출판 등 무엇에서도 한쪽이 다른 쪽보다 더 큰 자유를 기대해서는 안 된〉다고 단언했다.

단기적으로 보자면, 1643년 허가제가 유명무실해졌다는 점에서 표현의 자유 운동은 목표를 달성했다. 1653년에 잉글랜드 공화국의 호국경이 된 올리버 크롬웰은 찰스 1세가 패배하여 처형당한 뒤에야 효과적 언론 통제를 재확립했다. 하지만 그 뒤로 수십 년 동안 정치 상황이 불안정해지고 언론 통제가 약해질 때마다, 허가받지 않은 출판물과 공론이 터져 나왔다. 크롬웰이 1658년에 사망하자 그 뒤의 혼란스러운 정국을 틈타 찬반 소책자와 뉴스북이 갑자기 쏟아져 나왔다(1659년에는 에드워드 니컬러스가 크롬웰을 일컬어 〈모든 소책자 작가들이 이제는 그 괴물을 이해한다〉라고 썼다). 1660년에 새 국왕 찰스 2세가 즉위하여 왕정복고가 이루어진 지 2년 뒤에 다시 한번 통제가 확립되었다. 찰스 2세 치하에서 언론 통제를 맡은 인물은 왕당파 소책자 작가 로저 러스트레인지였다. 그는 뉴스 소책자의 유통을 제한하지 않으면 〈군중이 윗사람들의 행동과 논의에 지나치게 친숙해져〉 위험이 닥칠 것이라고 믿었다. 러스트레인지는 비밀 인쇄소와 무허가 저작의 냄새를 맡는 솜씨 덕에 〈언론의 블러드하운드〉(블러드하운드는 개 중에서 후각이 가장 뛰어난 품종이다 ─ 옮긴이)라는 별명을 얻었다. 러스트레인지는 저자, 인쇄업자, 출판업자, 〈마부, 짐꾼, 배꾼〉 할 것 없이 글의 전파에 관여하는 사람은 누구나 내용에 책임을 져야 한다고 생각했다. 그래서 사전 허가뿐 아니라 출판의 각 단계별 검사를 제안했으며 불경한 소책자를 교정보았다는 이유만으로 편집자를 반역죄로 처형하기까지 했다.

1662년 법령이 소멸한 1679년에 러스트레인지는 자리에서 물러났다. 그 뒤로 〈교황의 음모〉를 둘러싼 논쟁과 관련하여 무허가 인쇄물이 쏟아져 나왔다. 이것은 찰스 2세의 동생이며 가톨릭 교인인 제임스에게 망신을 주어 다음 왕이 되지 못하게 하려는 〈날조된〉 음모였다. 수백 편의 소책자가 주장과 반박을 내놓았으며 언론 통제를 둘러싼 논쟁이 다시 벌어졌다. 많은 소책자 작가들은 밀턴의 발언을 다시 끄집어내어 재활용했다. 많은 사람들에게는 1640년대의 자유가 돌아온 듯한 분위기였다. 하지만 제임스는 1685년에 결국 왕위에 올랐으며 허가제를 재도입했다. 1688년 명예혁명으로 제임스 2세가 쫓겨나고 그의 딸이자 프로테스탄트인 메리와 사위 윌리엄이 공동으로 왕위에 오르자 또다시 인쇄물이 쏟아져 나왔으나, 얼마 안 가서 다시 엄격한 통제가 시행되었다. 그러다 1690년대 초에 언론 규제 법령을 개정하는 문제를 둘러싸고 실랑이가 벌어졌다. 법안의 사소한 문구를 놓고 수많은 반론이 제기되는 통에 의회는 시기를 놓쳤으며 기존 법률은 1695년에 만료되었다. 마침내 사전 허가제가 막을 내렸다. 의도적이 아니라 우연한 결말이었다. 이제 사람들은 무엇이든 원하는 대로 인쇄할 수 있게 되었다(물론 출판 이후에 저자와 출판업자가 반역, 신성 모독, 명예 훼손으로 처벌받을 가능성은 여전했다). (효과는 제각각이었지만) 한 세기 반의 통제가 물러나고 자유 언론의 시대가 열렸다.

17세기 잉글랜드에서 벌어진 언론 자유 투쟁과 이를 옹호하는 철학 논증은 18세기에 프랑스와 미국의 혁명 사상에 불을 당겼다. 프랑스에서는 미라보 백작이 『아레오파지티카』를 번역하고 책의 주제가 〈모든 시대와 모든 나라에 적합하〉다고 단언했다. 급기야 프랑스 혁명의 지도자 중한 명인 자크 피에르 브리소는 밀턴을 〈프랑스 혁명의 창시자〉로 명명했다. 미국에서는 벤저민 프랭클린의 『인쇄업자를 옹호함Apology for Printers』(1731)에 밀턴의 영향이 뚜렷이 드러난다. 〈인쇄업자는 사람들의 의견이다를 때 양측이 대중에게 호소할 수 있는 기회를 동등하게 부여받아야 하며 진실과 오류가 공정하게 경쟁할 때 전자가 항상 후자에게 이긴다는 믿음의 소유자이다.〉 밀턴은 미국 수정 헌법 제1조의 지적 토대를 놓았으며 『아레오파지티카』는 미국 대법원 판결에서 표현이나 출판의 자유에 대한 광범위한 보호를 뒷받침하는 취지로 여러 차례 인용되었다. 이를테면 『아레오파지티카』는 출판된 지 300년이 더 지난 뒤에 피임 정보의 제한에 반대하는 논거에서 인용되었다.

1640년대의 정신은 오늘날 생생하게 살아 있는 듯하다. 역사상 처음으로 정치가 공적 대화, 즉 미디어 공유가 주도하는 토론이 되었다. 언론이 더 자유로워지면서 정치 사상을 더 빠르고 쉽게 퍼뜨릴 수 있게 되었을 뿐아니라 정치 담론 참여자들이 여론에 호소하고 영향을 미치려고 노력하면서 정치 담론의 성격도 달라졌다. 대립하는 소책자 작가들 사이의 논쟁, 대립하는 관점에서 쓰인 글들을 비교하는 능력 등을 보면서 사람들은 정치과정을 거대한 국가 토론으로 여기기 시작했다. 이로 인한 한 가지 결과는 언론 자유의 현대적 관념이고 또 다른 결과는 국내 정치를 제약 없이 다루는 간행물이 처음으로 출현한 것이다. 이는 최초의 현대적 신문으로 이어졌다(하지만 이 형태로 진화하는 데는 수십 년이 걸렸다).

현대인의 시각에서 보자면 1640년대의 혼란스럽고 대립적인 미디어 환경은 인터넷의 블로그 문화와 공통점이 많다. 블로그 세계는 잉글랜드 내전 시기의 소책자와 마찬가지로 서로 언급하고 논쟁하는 문서의 상호 연결된 거미줄이다. 저자는 익명일 수도 있고, 때로는 신뢰할 수 없는 인물일 수도 있고, 종종 한쪽에 치우친 사람일 수도 있다. 하지만 이들은 무엇이든 자유롭게 발표할 수 있으며 다양한 형식을 취할 수 있다. 이런 유사성을 인식한 일부 현대 블로거들은 심지어 17세기풍 필명을 쓰기도 한다. 블로거에게 이보다 더 어울리는 필명이 있을까? 오늘날 우리는 클릭 몇 번으로 온라인에 글을 올리는 것과, 날 것 그대로의 상충하는 의견들을 두루 읽는 것을 당연하게 받아들인다. 하지만 이러한 자유의 뿌리는 거의 400년 전 잉글랜드에서 소셜 미디어를 꽃피운 풍요의 10년에서 비롯했다.

6장

커피하우스도 그랬다지:
소셜 미디어는 어떻게 혁신을 증진하는가

젊은 신사나 가게 주인이
커피하우스보다 더 건전하고 생산적으로
저녁에 한두 시간을 보낼 수 있는 곳이 있을까?
그들은 이곳에서 말동무를 만나는데,
커피하우스의 관례상 이곳 사람들은
딴 곳처럼 냉소적이거나 소심하지 않으며
자유롭고 개방적이다.

– 『커피하우스 옹호론』(1675)

커피와 소셜 네트워크

17세기 중엽에 아랍의 혁신적 변화 하나가 서유럽에서 정보의 공유와 유포를 탈바꿈시켰다. 사람들이 출신 배경과 상관없이 자신과 비슷한 관심사를 가진 사람을 찾을 수 있고 화기애애한 분위기에서 다양한 미디어를 읽고 토론할 수 있는 새로운 환경이 등장한 것이다. 이 새로운 소셜 공론장에서 허락되는 표현의 자유를 모두가 반긴 것은 아니었다. 혹자는 솔깃하고 정보로 가득하며 자질구레한 사건, 풍문, 거짓을 끊임없이 쏟아내어 중독시키는 환경 때문에 사람들이 더 생산적인 일에 써야 할 시간을 빼앗긴다고 우려했다. 하지만 다른 사람들은 이 새롭고도 평등한 지적 공간인 커피하우스를 쌍수 들어 환영했으며 커피하우스를 〈건강의 안식처요, 절제의 양성소요, 검약의 기쁨이요, 예의의 전당이요, 재치의 학교〉에 비유했다.

커피는 15세기 후반에 아랍에서 인기를 얻었으며 1600년경에 카페인 음료 중 처음으로 유럽에 당도했다. 처음에는 유럽의 약초 연구자와 의사 사이에서 인기를 끌었으나, 정신을 자극하는 효과가 알려지면서 금세 널리 퍼졌다. 아랍에서 중요한 모임 장소이자 뉴스 출처이던 커피하우스도 커피콩과 더불어 보급되었다. 잉글랜드의 여행가 윌리엄 비덜프는 1609년에 이렇게 말했다. 〈아랍의 커피하우스는 잉글랜드의 에일하우스보다 흔하다. (……) 그곳에 가면 새로운 소식을 들을 수 있다.〉 1640년대에 베네치아에서, 1650년대에 영국에서, 1660년대에 네덜란드에서 유럽 최초의 커피하우스들이 문을 열었다. 유럽, 특히 청교도 잉글랜드에서는 커피하우스를 선술집보다 바람직한 대안이라고 여겨 받아들였다. 선술집에서 마시는 술은 정신을 무디게 하지만 커피하우스에서 마시는 커피는 정신을 날카롭게 했기 때문이다. 어두침침한 선술집과 달리 커피하우스는 조명을 환하게 켰으며 책꽂이, 거울, 금박 액자에 넣은 그림, 훌륭한 가구로 장식했다. 커피를 마시는 것은 자신이 세련된 사람이며 새로운 사상에 개방적임을 나타내는 표시였다. 1672년에 한 소책자 작가는 커피가 어찌나 〈인기를 끌었던지 커피를 안 마시면 신사가 아니〉라고 말했다. 커피는 금세 과학자, 지성인, 상인, 사무원이 즐겨 마시는 음료가 되었으며 커피하우스는 최신 소책자, 전단, 공보, 뉴스레터를 읽고 토론할 수 있는 정보 중심지로 자리 잡았다. 1667년에는 「커피하우스에서 나오는 뉴스News from the Coffee-House」라는 노래가 발표되어 인기를 끌기도 했다.

그대는 재치와 웃음을 즐거워하고 그런 소식을 듣고 싶어 하지.
네덜란드, 덴마크, 터키, 유대, 세계 방방곡곡에서 전해지는 소식을.

그대를 좋은 곳에 데려가리. 한창 뜨는 곳이니.

커피하우스에서 들으면 틀림이 없지. (……)

군주에서 쥐에 이르기까지 온 세상에서 일어나는 일은

밤이나 낮이나 커피하우스에 전해지니까.

유럽의 모든 도시 중에서 커피하우스를 가장 빠르고 열렬하게 받아들인 곳은 런던이었다. 런던 최초의 커피하우스는 1652년에 문을 열었다. 설립자 파스카 로제는 잉글랜드 상인의 아르메니아인 하인으로, 중동을 여행하면서 커피 맛을 배웠다. 로제의 커피하우스는 선풍적 인기를 끌었으며 런던의 선술집 주인들은 로제가 런던 시의 자유민이 아니기 때문에 자기네와 경쟁하는 업체를 설립할 권리가 없다고 시장에게 항의했다. 로제는 결국 잉글랜드에서 추방당했으나, 커피하우스는 사람들의 뇌리에 단단히 박혔다. 1663년에 런던의 커피하우스는 83곳에 이르렀다. 1666년 런던 대화재 때 그중 상당수가 소실되었으나 같은 자리에 더 많은 커피하우스가 들어섰으며, 17세기 말에는 런던에서만 약 550곳이 성업 중이었다. 한 소책자 작가는 토성이 태양 궤도를 도는 데 29년이 걸린다는 사실에 착안하여 1675년에 〈커피하우스가 우리에게 처음 알려진 뒤로 토성이 궤도를 아직 일주하지도 않았는데, 우리 수도뿐 아니라 대학과 대다수 시, 또한 전국의 주요 타운에 수많은 커피하우스가 들어섰으니 놀라울 따름이다〉라고 썼다. 프랑스에서도 사정은 비슷했다. 1686년에 파리 최초의 커피하우스 〈카페 프로코프Café Procope〉가 문을 연 뒤로 커피하우스가 우후죽순처럼 생겨나 1720년에는 380곳, 1750년에는 600곳, 1800년에는 800곳에 이르렀다.

대도시의 커피하우스는 인근에서 주로 어떤 활동을 하는가에 따라 특정 주제에 대한 토론이 전문적으로 벌어지는 경우가 많았다. 런던의 경우 세인트 제임스와 웨스트민스터 근방의 커피하우스는 정치인이 주로 드나들었고 세인트 폴 성당 근처의 커피하우스는 성직자와 신학자가 자주 찾았다. 한편 문단 인사들은 코벤트 가든에 있는 윌스 커피하우스에 모였다. 시인 존 드라이든과 그의 문파는 30년 동안 이곳에서 최신의 시와 희곡을 평론하고 논의했다. 런던 증권 거래소 근처에서는 기업인들이 정해진 시각에 정해진 커피하우스에 들렀다. 동료들이 자신을 쉽게 찾을 수 있도록 하기 위해서였다. 커피하우스는 이들의 사무실이자 회의실이자 거래 장소였다. 런던 증권 거래소 길에 있는 조너선 커피하우스에서는 손님들이 증권과 상품을 사고팔았으며 벽에는 증권과 상품의 가격이 붙어 있었다. 로이드 커피하우스에서는 상인과 선주가 만났다. 법원가Chancery Lane의 맨 커피하우스에서는 책을 팔았고 런던 커피하우스에서는 경매가 열렸으며 의사는 배스턴 커피하우스를, 과학자는 그리스 커피하우스Grecian를, 변호사는 조지 커피하우스를 찾았다. 마찬가지로 파리에서는 카페 프로코프와 카페 파르나스에는 시인이, 카페 부레트에는 식자층이, 카페 앙글레에는 배우가, 카페 알렉상드르에는 음악가가, 카페 데 자름 데스파뉴에는 장교가 드나들었다. 카페 데 자뵈글은 매음굴을 겸했다.

어떤 사람들은 관심사에 따라 여러 커피하우스를 전전했다. 이를테면 상인은 오전에는 금융가 커피하우스에 들렀다가 오후에는 발트 해, 서인도, 동인도 운송을 전문으로 하는 커피하우스에 들르기도 했다. 잉글랜드 과학자 로버트 훅의 관심사가 얼마나 다양했는지 보여 주는 한 가지 사례는 (그의 일기에 따르면) 1670년대에 런던의 커피하우스 60곳가량을 드나

들었다는 사실이다. 커피하우스 중에는 특정 주제와 얼마나 긴밀하게 연계되어 있었던지, 1709년에 런던에서 창간된 잡지 『태틀러*Tatler*』는 커피하우스 이름을 소제목으로 삼았다. 창간호에서는 이렇게 선언했다.

무공, 유희, 오락에 관한 기사는 모두 화이트 초콜릿 하우스라는 제목으로, 시는 윌 커피하우스라는 제목으로, 교양은 그리스 커피하우스라는 제목으로, 국내외 뉴스는 세인트 제임스 커피하우스라는 제목으로 다룰 것이다.

주제가 무엇이든 커피하우스의 본분은 뉴스와 여론을 말, 글, 인쇄물의 형태로 공유하고 토론하는 것이었다. 손님들은 커피와 담배뿐 아니라 정보를 만끽하고 싶어 했다. 커피하우스에 들어서면 자욱한 담배 연기와 〈무슨 소식 있소?〉라는 인사가 손님을 반긴다. 그는 온갖 종이 더미로 가득한 커다란 탁자 옆에 빈자리가 없나 둘러본다. 1682년에 한 작가는 커피하우스를 일컬어 〈널따란 탁자 위에 담배 파이프와 소책자 말고는 아무것도 없〉다고 묘사했다. 커피하우스는 정기 간행물을 구독하고 온갖 자료를 받아 보았다. 외국 잡지와 공보를 받거나 필사본 뉴스레터를 구독하는 곳도 있었다. 1707년에 어떤 이는 이렇게 기록했다. 〈특히 커피하우스는 자유로운 대화를 나누고 온갖 뉴스, 의회의 투표 결과, 그 밖에 매주나 부정기적으로 나오는 인쇄물을 편안하게 읽기에 제격이다.〉

자리를 잡고 1페니를 내면 얇은 컵이나 접시에 담긴 커피 한 잔이 나오는데, 그러면 최신 뉴스와 소책자를 읽고 다른 손님들과 토론하면서 원하는 만큼 앉아 있을 수 있었다. 한 사람이 글을 낭독하면서 중간중간에 설명하고 토론하는 경우도 있었다. 낯선 사람과의 대화가 장려되었으며 계급과 지위의 구별은 문밖에 두고 들어왔다. 한 커피하우스의 규칙에 따르면 〈어떤 신분이든 자기보다 높은 사람에게 자리를 양보할 필요가 없〉었으며 17세기의 노래에서는 〈이곳에서는 신사, 상인 누구나 환영받으며 함께 앉아도 모욕을 느끼지 않네〉라고 설명했다. 풍자가 새뮤얼 버틀러는 커피하우스 주인이 〈사람을 결코 차별하지 않으며 신사, 직공, 지주, 불한당이 똑같이 어울린〉다고 썼다. 적어도 이론상으로는, 커피하우스는 순수한 정보 교환의 장이었다. 사상은 그 자체로 검토받고 결합되고 폐기되었으며 사람들은 자신의 생각을 마음껏 표현할 수 있었다.

커피하우스가 대단한 인기를 누리고 표현의 자유가 관례로 확립되자 찰스 2세는 이곳이 선동 모의의 중심이 될까 두려워서 1675년에 커피하우스를 폐쇄하려 시도했다. 왕실 포고령에서는 커피하우스가 〈매우 사악하고 위험한 영향을 미치며 이런 커피하우스에서는 거짓되고 악의적이고 추잡한 기사가 작성되고 유포되어 국왕 폐하의 정부를 중상하고 왕국의 평화와 안녕을 훼방한〉다고 선포했다. 그러자 즉각 항의가 빗발쳤다. 커피하우스는 이미 런던의 상업적-정치적 중심이 되어 있었기 때문이다. 토머스 개러웨이를 필두로 한 커피하우스 영업주들은 항의 청원을 조직했다. 재무장관도 이들 편에 서서, 커피하우스의 커피, 차, 초콜릿 판매가 귀중한 세원(稅源)임을 국왕에게 상기시켰다. 국왕의 자문들도 금지 조치의 적법성에 의문을 제기했다. 국왕은 잽싸게 꼬리를 내렸다. 포고령은 1675년 12월 29일에 공포되었다가 1676년 1월 8일에 철회되었다. 그 대신 커피 판매자는 500파운드를 납부하고 충성을 맹세하며 〈정부나 장관을 비난하는 소책자, 단행본, 문서의 반입, 낭독, 정독, 누설을 모두 방지하〉는 조건으로 6개월 동안 영업이 허용되었다. 하지만 수수료와 기간 제한은 금세 없어졌으며 영업주가 자신의 매장에서 공유되는 내용을 감시해야 한다는 비현실적 요건도 사라졌다. 다들 예전으로 돌아갔다. 커피하우스는 규제를 물리쳤으며, 자유로운 표현과 자유로운 사상 교환의 장이라는 귀중한 지위를 지켜 냈다.

카페인을 매개로 한 모임 장소가 생기면서 정보가 사회에 스며드는 속도와 효율이 커졌다. 커피하우스는 정보를 주제에 따라 분류하고 특정 정보를 찾고 사람들이 논의하는 것을 훨씬 수월하게 함으로써 당대의 혼란스러운 미디어 환경에 질서를 부여했다. 소책자와 사람 둘 다 지금 말로 하자면 〈발견성이 컸discoverable〉다. 커피하우스는 정보가 지니는 무형의 소셜 네트워크에 물리적 형태를 부여함으로써 연결성을 부쩍 끌어올렸다. 이를테면 런던의 과학자들이 무슨 얘기를 하는지 궁금하고 이들과 의견을 주고받고 싶으면 그리스 커피하우스에 걸어 들어가기만 하면 그만이었다. 커피하우스에서 일어나는 소셜 믹싱 덕에 사상이 잉글랜드의 계급 울타리를 뛰어넘어 퍼질 수 있었다. 작가 존 오브리는 〈커피하우스가 등장하기 전에는 사람들이 자신의 지인이나 사교 모임과 말고는 서로 사귀는 법을 몰랐〉다며 〈커피하우스의 현대적 유익함〉을 찬미했다. 시나 소책자를 새로 발표하려는 사람은 자신의 작품을 기꺼이 읽어 줄 독자가 있을 만한 커피하우스에 사본을 놓아 두었다. 온갖 종류의 소책자 작가, 그중에서도 조너선 스위프트와 대니얼 디포가 날카로운 위트로 가득한 풍자의 소재를 찾은 것은 커피하우스 토론에서였다. 새로운 작품을 읽기 위해서뿐 아니라 쓰기 위해서도 커피하우스를 찾는 것이 상례가 되었다. 1695년 언론 규제가 수포로 돌아간 뒤에 네드 워드의 『런던 스파이』, 디포의 『리뷰』, 스위프트의 『이그재미너』, 리처드 스틸의 『태틀러』, 스틸과

런던에 있는 커피하우스의 내부. 이곳에서 사람들은 소책자를 읽고 토론하고 (이따금) 썼다.
자료 제공: 메리 에번스 사진 라이브러리

조지프 애디슨의 『스펙테이터』 등 숱한 정기 간행물이 창간되었다. 심지어 어떤 커피하우스는 손님을 위해 직접 전문 뉴스레터를 발행하기 시작했다.

1680년에 런던 페니 포스트(1페니로 편지를 보내는 우체국—옮긴이)가 설립된 뒤에 커피하우스가 우편물 받는 주소로 널리 활용되면서 정보의 흐름이 부쩍 활발해졌다. 거리 번호 제도가 아직 도입되지 않았기에, (이미 정보 히브로 자리 잡은) 커피하우스는 우편물을 보내고 받는 장소로 제격이었다. 18세기 초에 누군가 이런 기록을 남겼다. 〈도시와 시골의 500곳 가까운 가게와 커피하우스에서 편지와 소포를 보내고 받을 수 있다. 배달부마다 담당 거리가 정해져 있으며 우편물을 수거하여 해당 우체국에 배달한다. 런던과 웨스트민스터의 대다수 지역에서는 한 시간마다, 변두리 지역에서는 두 시간마다 우편물을 수거한다. 런던과 가까운 타운에서는 하루에 두 번, 외딴 지역에서는 하루에 한 번밖에 배달하지 않는다.〉 단골들은 하루에 한두 번 커피하우스를 찾아 커피를 한잔 마시고 최근 뉴스를 듣고는 새로 온 편지가 없는지 확인했다. 끊임없이 새로운 뉴스, 메시지, 풍문이 쏟아져 들어오는 커피하우스는 정보 공유에 매력적인 소셜 플랫폼이었다.

커피하우스 때문에 사람들이 바보가 된다고?

커피하우스라는 새로운 환경이 어찌나 유혹적이었던지—사람들은 다음번 방문에서 무슨 얘기를 들을지, 어떤 사람을 만날지 전혀 알 수 없었다—커피하우스 애호가들은 몇 시간이고 앉아서 읽고 토론하느라 시간

가는 줄 몰랐다. 잉글랜드의 공직자 새뮤얼 피프스의 유명한 일기에는 〈그때부터 줄곧 커피하우스에 있었는데〉라는 구절이 심심치 않게 등장한다. 1664년 1월 1일 일기에서는 당시의 커피하우스를 풍미하던 국제주의적이고 우연적인 분위기를 엿볼 수 있다. 이곳에서는 자질구레한 문제와 심오한 문제가 두루 논의되었다.

> 그때부터 줄곧 커피하우스에 있었는데, W. 페티 경과 그랜트 장군이 찾아왔고 우리는 음악, 보편주의적 성격, 기억술 등에 대해 이야기를 나누었다 (힐 씨라는 젊은 신사도 한 명 있었다. 이곳을 방문한 상인으로 보였으며 음악을 비롯한 여러 주제에 정통했다). 오랫동안 이처럼 훌륭한 말동무를 만난 적이 없었기에, 매우 만족스럽고 훌륭한 대화였다. 힐 씨와 안면을 익힐 시간이 있었으면 좋았을 텐데. (……) 타운에서 요즘 회자되는 것은 커널 터너의 절도 행각 이야기다. 내 생각에 교수형에 처해질 듯하다.

하지만 모두가 커피하우스에 열광한 것은 아니었다. 사태를 우려스럽게 여긴 사람들도 있었다. 그들은 기독교인이 잉글랜드의 전통 음료인 맥주를 마시지 않고 이슬람교도의 음료를 마신다고 투덜거렸으며 선술집 주인들의 생계가 위협받을지도 모른다고 걱정했다. 하지만 오늘날 소셜 미디어를 비판하는 사람들과 마찬가지로 그들이 무엇보다 한탄한 것은 커피하우스 때문에 사람들이 딴생각을 하게 되고, 유용한 일을 해야 할 때에 친구들과 노닥거리느라 시간을 허비하게 된다는 것이었다.

커피가 옥스퍼드 대학에서 인기를 끌고 커피하우스가 들어서기 시작하자 대학 당국은 학생들이 게을러지고 학업을 등한시할까 봐 커피하우스에 반대했다. 옥스퍼드 대학 고물 수집가 앤서니 우드는 커피하우스라는 새로운 시설에 대한 열광을 맹렬히 비난했다. 〈대학에서 건전하고 진지한 학업이 쇠퇴하고 학업을 하려는 사람도 드물거나 아예 사라진 이유는 무엇인가? 바로 커피하우스 때문이다. 온종일 커피하우스에 죽치고 앉아 있기 때문이다.〉 케임브리지 대학에서도 비슷한 우려가 제기되었다. 〈예배를 드린 뒤에 이런저런 커피하우스에 가서—커피하우스에 여러 종류가 있으므로—수다를 떨고 런던에서 쏟아져 나오는 신문을 읽느라 시간을 허비하는 것이 관례가 되었다. 학자들은 뉴스에 걸신이 들려서—자신의 본분도 아닌데—학생들의 행동을 눈감아 준다. 기도가 끝나고 커피하우스에 출석하지 않고서 자기 방으로 곧장 돌아가는 학생은 거의 없다. 이들은 새로운 소식을 탐하느라 어마어마한 시간을 낭비한다. 머릿속이 커피하우스의 소음으로 꽉 찬 채 수업에 몰두할 수 있는 사람이 어디 있겠는가?〉

커피하우스 반대론은 당연히 소책자로도 표명되었다. 「잉글랜드의 지대한 우려를 설명하다The Grand Concern of England Explained」(1673)의 저자는 이렇게 불평했다.

[커피하우스는] 나라에 큰 해를 끼쳤으며 국왕의 많은 신민을 망쳤다. 커피하우스는 근면과 성실의 철천지원수로, 진지하고 유망한 젊은 신사와 상인을 엉망으로 버려 놓았다. 이들은 커피하우스에 들락거리기 전에만 해도 성실한 학생이요, 상점 주인이요, 시간과 돈을 절약하는 습관이 몸에 밴 사람들이었으나 커피하우스가 들어선 뒤에는 비용이 한 번에 1~2펜스밖에 들지 않는다는 핑계로 커피하우스에 들어가 친구를 만나고 서너 시간 잡담

을 나누다 새로운 사람이 잇따라 나타나면 주제를 바꿔 이야기를 계속하다 대여섯 시간을 보내기 일쑤다. 공부하고 장사할 시간을 모조리 날려 버린 것이다.

커피하우스 수다쟁이, 안다니 정치 평론가, 헛소문 퍼뜨리는 사업가 등은 당시의 풍자에 으레 등장하는 인물이었다. 또 다른 소책자 「커피하우스의 인간 군상The Character of a Coffeehouse」(1673)에서는 커피하우스를 이렇게 조롱한다.

자질구레한 정치 평론가들이 모여 서로 헐뜯고 대중이 뜬금없는 이야기와 얼척 없는 관념을 주고받는 곳, 일없는 소책자와, 이것을 읽는 더 일없는 사람들이 만나는 곳. (……) 실내의 담배 냄새는 유황 지옥보다 지독하고, 담배 연기가 자욱한 것이 사람들 머릿속과 매한가지이다.

이에 반해 『스펙테이터』를 창간한 조지프 애디슨 같은 커피하우스 지지자들은 커피하우스에서 젊은이들이 자신을 계발하고 세상을 알고 예의 범절과 취향을 배울 수 있다고 생각했다. 『스펙테이터』는 예전에 발행된 『태틀러』와 마찬가지로 커피하우스 토론에 대해 논평하고 일조했다. 런던 바깥의 독자들에게 요긴한 정보를 요약하여 제공하는 것과 더불어 사실상 이상화된 하나의 커피하우스 노릇을 했다. 애디슨은 독자들에게 〈건전하고 유익한 정서〉를 불어넣고자 애썼다. 『스펙테이터』 1711년 3월 12일자에서 애디슨은 이렇게 말했다. 〈소크라테스가 철학을 하늘에서 끌어내려 사람들 사이에 머물게 했다고들 한다. 나는 철학을 골방과 도서관, 학

교, 대학에서 끌어내어 클럽과 회합, 다과회와 커피하우스에 머물게 했다
는 말을 듣고 싶다.〉「커피하우스 옹호론」이라는 소책자의 저자는 인품을
고양하는 커피하우스의 덕을 찬양했다. 〈간단히 말해서 이곳에 있는 것은
가장 예의 바를 뿐 아니라 일반적으로 가장 지적인 회합임을 부인할 수 없
다. 이들의 대화에 귀 기울이고 말과 행동거지를 관찰하다 보면 예절이 길
러지고 아는 것이 많아지고 언어가 다듬어지고 너그러운 자신감과 훌륭한
표현법이 학습되고 《푸도르 수브루스티쿠스 *pudor subrusticus*》(툴리가 이따
금 이 표현을 쓴 것으로 기억한다) ─ 즉, 본성이 더없이 훌륭한 사람들이 남
들과 함께 있을 때 꼴사나운 겸양을 부리며 소심하고 우스꽝스럽게 처신
하는 것 ─ 을 떨쳐 버리지 않을 수 없다.〉(이 글에서 〈툴리〉라는 별명으로 불
린 키케로는 약 1,700년 전에 친구 루키우스 루케이우스에게 보낸 편지에서 자
신의 〈꼴사나운 수줍음〉을 언급한 바 있다.)

커피하우스가 사람들의 예절을 개선했든 아니든, 교육적 토론의 장
소로 인기를 끈 것은 분명하다. 커피하우스는 지적 활동을 방해하기는커
녕 오히려 적극적으로 장려했다. 아무나 들어와서 커피 한 잔 값만 내고
대화를 듣거나 참여할 수 있다는 점에서 〈페니 대학〉으로 불리기도 했다.
당시에 불린 노래 중에 이런 것이 있다. 〈이렇게 대단한 대학은 어디에도
없었으리. 1페니만 있으면 학자가 될 수 있다네.〉 커피하우스의 고급 토론
은 과학 ─ 당시 말로는 〈자연 철학〉 ─ 의 발전에 관심 있는 사람들 사이
에서 특히 인기가 높았다. 후크의 일기에서 보듯 그와 과학자 동료들은 커
피하우스를 학술 토론, 기구 제작자와의 협상, (이따금) 과학 실험의 장소
로 이용했다.

후크와 과학자 동료(크리스토퍼 렌, 로버트 보일 등)가 옥스퍼드 대학에서 커피에 맛을 들인 것은 1650년대다. 그들은 모두 옥스퍼드 대학의 선배 학자 존 윌킨스가 설립한 열성적 과학 애호가 클럽의 회원이었다. 이들의 커피하우스 토론 전통은 런던에서도 계속되었는데, 후크의 클럽을 비롯한 몇 단체는 1660년에 영국의 선구적 과학 기관인 왕립 학회로 통합되었다. 이미 피프스, 아이작 뉴턴, 에드먼드 핼리를 비롯한 학회 구성원들은 회의가 끝난 뒤에 곧잘 커피하우스로 자리를 옮겨 토론을 이어 갔다. 이를테면 1674년 5월 7일에 후크는 왕립 학회 회의에서 천문 사분의*astronomical quadrant*의 개선된 형태를 선보이고는 나중에 개러웨이 커피하우스에서 자신의 시연을 재연했다. 토론에 참여한 천문학자 존 플램스티드는 이듬해에 찰스 2세에 의해 초대 왕실 천문관으로 임명되었다. 또 한번은 뉴턴과 핼리를 위시한 일군의 과학자들이 그리스 커피하우스에서 돌고래를 해부하기도 했다.

학회 회의가 형식을 갖춘 것에 비해, 커피하우스에 가면 여유 있는 분위기에서 더 자유롭게 토론하고 사색할 수 있었다. 후크의 일기에는 정보를 종이쪽지에 쓰거나 공책에 휘갈기면서 개념을 논의하는 장면이 묘사되어 있다. 맨 커피하우스 회합에서 후크와 렌은 용수철의 작용에 대해 정보를 교환했다. 〈용수철 동작의 시범에 대해 많은 논의를 했다. 그는 무게추를 단 기압계*poysd weather glass*에 대한 멋진 발상을 말해 주었고 나는 또 다른 생각을 들려 주었다. 나는 과학적 용수철 저울에 대해 이야기했고 그는 기계적 줄자에 대해 말해 주었다.〉 또 한번은 세인트 던스턴 커피하우스에서 친구와 의학적 치료법을 교환하기도 했다. 이런 토론을 통해 과학자들은 반숙한 아이디어를 동료에게 설명하고 새로운 탐구 방향을 제시하고 새 이론을 생각해 냈다.

과학 혁명기의 가장 위대한 저서가 출판된 것도 커피하우스에서의 논쟁 덕분이었다. 1684년 1월 어느 저녁에 후크, 핼리, 렌이 커피하우스에서 토론을 벌이다 당시에 뜨거운 주제이던 중력 이론으로 화제를 돌렸다. 핼리는 커피를 홀짝이면서 거리의 역제곱으로 감소하는 중력이 행성 궤도의 타원형와 일치하는지에 대해 혼잣말을 했다. 후크는 그것이 사실이며 역제곱 법칙만으로 행성의 움직임을 설명할 수 있다고 잘라 말했다. 후크는 자신이 이것을 이미 수학적으로 증명했다고 주장했다. 하지만 자신도 증명을 시도했다가 실패한 전력이 있는 렌은 믿을 수가 없어 후크와 핼리 중에서 두 달 안에 증명을 내놓는 사람에게 희귀본을 상품으로 주겠다고 말했다.

렌의 책은 새 주인을 찾지 못했지만, 몇 달 뒤에 핼리는 케임브리지에 있는 뉴턴을 찾아갔다. 핼리는 렌과 후크와의 커피하우스 토론을 떠올리며 뉴턴에게 〈중력의 역제곱 법칙에서 타원형 궤도가 생기는가?〉라는 같은 질문을 던졌다. 후크와 마찬가지로 뉴턴도 자신이 이것을 이미 증명했다고 주장했다. 핼리가 보자고 했을 때 증명을 찾지는 못했지만 이 문제를 파고들어 얼마 지나지 않아 핼리에게 증명을 보냈다. 이것은 장차 일어날 사건의 서막에 불과했다. 핼리의 질문에 자극받은 뉴턴은 다년간의 연구를 집대성해야겠다고 마음먹고는 과학사상 최고의 걸작 『자연 철학의 수학적 원리*Philosophiae naturalis principia mathematica*』, 즉 『프린키피아』를 내놓았다. 1687년에 출간된 이 기념비적 저서에서 뉴턴은 지상의 물체와 천체의 움직임을 ── 떨어지는 사과(출처는 불분명하지만)에서 행성 궤도에 이르기까지 ── 둘 다 만유인력 원리로 설명할 수 있음을 입증했다.

후크는 자신이 몇 해 전에 주고받은 편지에서 뉴턴에게 역제곱 법칙의 아이디어를 알려 주었다고 주장했다. 하지만 1686년 6월 왕립 학회에 『프린키피아』 초판이 제출된 뒤에 후크가 커피하우스에서 이렇게 주장했지만 과학자 동료들은 수긍하지 않았다. 커피하우스의 사변적 환경에서 아이디어를 던지는 것과 옳음을 입증하는 것은 천양지차이기 때문이다. 뉴턴과 달리 후크는 자신의 아이디어를 출판하거나 학회에 정식으로 발표하지 않았으며, 딴 사람의 아이디어를 자기가 먼저 생각해 냈다고 늘 주장했다(정말 그런 적도 많았지만). 핼리는 뉴턴에게 보낸 편지에서 이렇게 말했다. 〈후크 씨는 커피하우스로 자리를 옮겨, 이것이 자신의 생각이며 자신이 이 창안의 첫 힌트를 선생께 드렸음을 설득하려고 애썼습니다. 하지만 저는 그것이 의견에 불과하며 당신이 창안자로 인정받아 마땅하다고 판단했습니다.〉 커피하우스에서 평결이 내려지는 전통은 지금도 건재하다.

커피하우스의 토론과 혁신 정신은 과학 문제에 국한되지 않았으며 사업과 금융의 영역까지 확장되었다. 후크의 단골 커피하우스이던 조너선은 런던 증권 거래소 인근에 자리 잡은 덕에 주식 및 증권 거래의 중심지이기도 했다. 중개인과 상인은 조너선 커피하우스에서 지정석을 차지한 채 업무를 보았다. 커피하우스는 손님에게 정보를 제공하려고 경쟁을 벌였다. 이를테면 심부름꾼을 부두에 보내어 풍문을 수집하거나 선박의 입출항을 기록하도록 했다. 이런 뉴스는 커피하우스 실내 게시판에 공지되거나 (경우에 따라서는) 뉴스레터로 제작되었다. 조너선 커피하우스는 자체 뉴스레터를 제작했으며, 단골 중 한 명인 조너선 카스텡은 1697년 3월부터 매주 화요일과 금요일에 〈조너선 커피하우스의 사무실〉에서 「증권 거래와 기타 업무 현황The Course of the Exchange and Other Things」을 발행했다. 카스텡의 뉴스레터에는 환율을 비롯하여 금, 은, 여러 회사의 주식, 여러 정부 공채 등의 가격이 실려 있었다. 뉴스레터는 여러 커피하우스에 배포되어 런던 안팎의 상인들에게 신뢰받는 정보원으로 인정받았으며 지금까지 발행되고 있다. (지금은 〈증권 거래소 공정 시세표Stock Exchange Daily Official List〉로 알려져 있으며 자료는 1697년으로 거슬러 올라간다.) 조너선 커피하우스는 런던 증권 거래소의 산실(産室)이기도 했다. 단골 몇 명이 1761년에 증권 중개업 협회를 정식으로 설립한 것이 계기였다. 1773년에 그중 몇 명이 새로운 건물로 자리를 옮겼다. 처음에는 〈뉴 조너선스New Jonathan's〉라는 이름이었으나, 『젠틀멘스 매거진』 기사에서 보듯 이 이름은 오래가지 않았다. 〈뉴 조너선스는 《뉴 조너선스》라는 명칭을 버리고 《더 스톡 익스체인지》로 개명하기로 결의했으며 새 명칭을 문에 내걸었다.〉 이곳이 런던 증권 거래소의 전신(前身)이었다.

조너선에서 모퉁이를 돌면 롬바드 가(街)에 로이드 커피하우스가 있었는데, 이곳에서는 선장, 선주, 상인이 즐겨 모여 최신 항해 뉴스를 듣고 선박과 화물 경매에 참여했다. 영업주 에드워드 로이드는 이 정보를 수집하고 요약하기 시작했으며 외국의 교신인correspondent들이 보내 온 보고서를 곁들여 정기 뉴스레터 형식으로 발행했다. 처음에는 손으로 썼으나 나중에는 인쇄하여 구독자에게 발송했다. 자연스럽게 로이드 커피하우스는 선주와, 이들의 배에 보험을 들어 주는 보험사가 만나는 장소가 되었다. 일부 보험사는 로이드 커피하우스에 정식 부스를 임차하기 시작했으며 1771년에 그중 17개 사가 연합하여 〈로이드 협회〉를 설립했는데 이곳이 오늘날까지 살아남아 세계 유수의 보험 시장 〈런던 로이즈Lloyd's of London〉가 되었다.

근대 과학의 주춧돌을 놓은 뉴턴의 『프린키피아』와 마찬가지로, 경제학의 토대가 된 스코틀랜드 경제학자 애덤 스미스의 『국부론』도 커피하우스에서 탄생했다. 스미스는 책의 대부분을 브리티시 커피하우스에서 썼다. 이곳은 그의 런던 본거지이자 우편 주소였으며 스코틀랜드 지식인이 즐겨 모이는 장소였다. 스미스는 이들에게 책의 초고를 돌리며 비판과 논평을 청했다. 비판자들 말마따나 커피하우스에서 시간을 허비하는 경우도 없지는 않았다. 하지만 커피하우스는 사람들이 만나고 아이디어가 뜻밖의 방식으로 충돌하여 일련의 혁신을 이끌어 내고 결국 현대 세계를 형성한 활기찬 지적-사교적 환경이기도 했다. 따지고 보면 커피하우스의 도입은 실보다 득이 훨씬 많았다. 따라서 인터넷 기반 소셜 플랫폼이 시간을 잡아먹을까 봐 우려하는 사람들도 다시 한번 생각해 보아야 한다. 트위터라는 글로벌 커피하우스에서는 어떤 새로운 아이디어와 뜻밖의 연결이 무르익고 있을까?

헨리 올덴부르크 님이 친구 요청을 했습니다

17세기 중엽에 등장한 새로운 학술 토론 플랫폼은 커피하우스만이 아니었다. 토론과 협업을 장려한 또 다른 새로운 포럼이 커피하우스를 보완했는데, 다만 먼 거리를 오간다는 점이 달랐다. 그것은 바로 학술지였다. 학술지 탄생의 핵심 인물은 왕립 학회 서기 헨리 올덴부르크였다. 당시에 편지를 대량으로 주고받는 사람을 〈인텔리젠서*intelligencer*〉라고 불렀는데 올덴부르크도 그중 하나였다. 마당발이던 올덴부르크는 17세기에 유럽의 과학자들을 정보 공유 네트워크로 묶었다. 올덴부르크는 외국의 〈많은 지적인 친구들과 교류하는 것이 행복하〉다고 말했는데, 이는 유럽 유수의 과학자들과 정기적으로 편지를 주고받은 것을 일컬었다. 올덴부르크는 독일에서 태어나 여러 해 동안 가정 교사로 유럽을 전전했으며, 그 과정에서 많은 사람들과 친분을 쌓았다. 그 뒤에 런던에 정착하여, 태동기이던 왕립 학회에 참여했다. 올덴부르크와 편지를 주고받은 수십 명의 인사로는 토성 고리의 정확한 모양을 발견하고 진자 시계를 발명한 네덜란드의 과학자 크리스티안 하위헌스, 월면도(月面圖)를 편집하여 유명해진 폴란드의 천문학자 요한네스 헤벨리우스, 네덜란드의 저명 철학자 바뤼흐 스피노자, 옥스퍼드 대학에 근거를 두고 런던의 최신 과학 소식을 알려 준 로버트 보일 등이 있었다.

올덴부르크는 과학 뉴스의 1인 정보 교환소 역할을 하여, 중요한 내용을 담은 논문과 편지를 왕립 학회 회의에서 낭독했으며 런던과 유럽 전역의 최신 과학 소식을 요약하여 교신인들에게 전했다. 1664년에 보일에게 보낸 전형적 편지에서 올덴부르크는 왕립 학회 회의를 이렇게 요약했다. 이 회의에서 월터 포프 박사가 이탈리아에서 보낸, 지독한 폭풍우를 묘사한 편지를 낭독했고, 세인트 폴 성당에 대(大)진자를 설치할 계획을 세웠으며, 탄광 유독 가스의 성질에 대해 토론했다. 이런 식으로, 왕립 학회 회의에 직접 참석하지 못하는 사람도 멀리서 토론에 참여할 수 있었다. 올덴부르크와 그 이전의 인텔리젠서 — 이를테면 잉글랜드의 새뮤얼 하틀리브, 프랑스의 니콜라클로드 파브리 드 페레스크와 마랭 메르센 — 가 정보를 수집하여 재배포한 덕에 이들의 지인 네트워크는 이른바 〈투명 대학 *invisible college*〉이라는 비공식 학회에서 함께 연구할 수 있었다.

하지만 그러려면 편지를 일일이 손으로 써야 했다. 1662년에 올덴부르크의 교신인 한 명은 그에게 보낸 편지에 이렇게 썼다. 〈자네가 교신에 머큐리를 결코 도입하지 않는 이유가 늘 궁금했네. 요즘은 이 방법이 추세이니 말일세.〉 뉴스를 일일이 손으로 쓰지 않고 인쇄된 뉴스북, 즉 머큐리 *mercury*를 편지에 동봉할 수 있는 것처럼, 학술 교신에도 같은 방법을 쓸 수 있지 않았을까? 파리에 사는 교신인이 보낸 편지도 영감을 주었다. 그는 서평, 유명인 부고, 도서관과 대학의 소식, 새로운 과학적 발견과 예술적 성취에 대한 기사, 주목할 만한 판결을 비롯하여 〈과학적-정치적 문제와 관련하여 유럽에서 회자되는 모든 것〉에 대한 인쇄본 저널을 출판하려는 계획을 올덴부르크에게 알려 주었다. 올덴부르크는 탁월한 인맥 덕에 새 저널의 잉글랜드 교신인으로 글을 기고해 달라는—그 대가로, 저널이 발행될 때마다 한 부씩 보내 주겠다는—요청을 받았다. 이 야심만만한 간행물은 1665년 1월에 창간호를 펴낸 『주르날 데 사방*Journal des Sçavans*』(식자층을 위한 저널)이었다. 올덴부르크는 자기도 비슷한—하지만 과학에 초점을 맞춘—간행물을 만들어야겠다고 마음먹었다. 한 교신인에게 설명한 바에 따르면 올덴부르크의 목표는 〈지식과 과학의 문제와 관련하여 세상에서 돌아가는 일들을 궁금한 사람에게 알려 주〉는 것이었다.

왕립 학회에서 최근에 논의된 내용과 올덴부르크에게 편지로 보고된 과학 뉴스를 요약한 인쇄본 학술지는 여러 이유로 타당성이 있었다. 우선 올덴부르크는 최신 과학 소식을 런던 바깥의 사람들에게 더 효율적으로 유포할 수 있을 터였다. 또한 그는 과학자 수십 명과 일일이 손으로 쓴 편지를 주고받느라 애를 먹고 있었는데, 회의록과 편지, 논문을 고스란히 인쇄하여 뉴스북처럼 널리 배포할 수 있게 되면 훨씬 간편할 터였다. 잉글랜드 내전의 여파로 잉글랜드에서는 인쇄물이 여전히 저질이고 믿을 수 없다는 평을 들었고 그것이 사실이었으나, 왕립 학회는 칙허장이 있어서 신뢰성이 매우 컸다. 왕립 학회 회의에 참석하지 못하는 사람들도 회의에서 무슨 일이 있었는지 읽고, 남들의 연구 결과를 토대로 삼고, 자신의 논문을 보내어 회의에서 낭독시키고 학술지에 발표할 수 있었다. 새 학술지는 왕립 학회의 분산된 커뮤니티에 대한 참여의 폭을 넓히는 것과 더불어 학회 활동과 (그 결과로) 과학적 지식의 발전을 영구적으로 보존했다.

지상(紙上) 토론에 참여한 사람들의 시각에서 중요한 사실은 과학자들이 연구의 우선권을 주장할 수 있는 중립적 공론장이 될 수 있다는 것이었다. 올덴부르크는 보일에게 보낸 편지에 이렇게 썼다. 〈실험의 최초 저자에 대한 질투는 근거가 없지 않습니다. 따라서 저는 여러분이든 누구든 연구 결과를 보내 주시면 신규 업적으로 등록해 드리겠습니다.〉 두툼한 과학책을 쓰는 것은 훌륭한 업적으로 인정받았지만, 자세한 내용을 인쇄본 소책자로 발표하여 새 발견에 대한 우선권을 주장하는 것은 천박하고 오만한 짓으로 간주되었다. 하지만 왕립 학회에 편지를 보내어 학술지에 발표하는 것은 연구 결과를 널리 알리는 더 점잖고 바람직한 방법이었으며 많은 사람에게 일일이 편지를 쓰는 것보다 훨씬 효율적이었다. 학술지는 학회의 승인하에 출간되기 때문에 올덴부르크는 매 호의 내용을 심사하도록 위원회에 요청했다(이것이 〈동료 평가〉의 기원이다). 이 말은 발표된 논문이 학회의 명시적 인정을 받았다는 뜻이었다. 정식 학술지의 또 다른 장점은 독자에게 신간 소식을 알리고 요약과 서평을 제공할 수 있다는 것이었다.

참고 문헌, 요약, 서평의 형태로 책에 대한 정보를 제공하는 것은 인쇄술의 도래와 함께 찾아온 정보 과부하에 대처하는—비망록이나 문집에 유용한 정보 조각을 적어 두는 것과 더불어—지식인의 전술 중 하나였다.

올덴부르크의 학술지 『런던 왕립 학회 철학 회보*Philosophical Transactions of the Royal Society of London*』 창간호는 1665년 3월에 발행되었다. 주로 여러 필자가 쓴 편지와 편지 요약본으로 구성되었고 매우 중요한 과학적 연구 결과(후크가 목성의 대적점을 발견한 것)와 더불어 더 친숙한 뉴스북용 기사(햄프셔에서 괴물 양이 태어난 것)를 실은 것으로 보건대 이 학술지는 뉴스북의 후손임이 분명했다. 올덴부르크는 짧은 머리말에서 자신의 학술지가 최신의 과학적 성과를 따라잡고 싶은 사람들을 〈만족시키기에 가장 알맞은 방식으로서 언론의 형식을 채택하는 것이 적합하〉겠다고 생각했다고 밝혔다. 그러면서 〈이런 문제에 푹 빠지고 정통한 사람들은 새로운 것을 탐색하고 시도하고 찾아내고, 자신의 지식을 남에게 나누어 주고, 자연에 대한 지식을 개선하고 모든 철학적 학문과 과학을 완벽하게 다듬는 원대한 기획에 나름대로 기여하려는 동기와 충동을 느낄〉 것이라 자부했다. 창간호에는 보일의 신간 『차가움의 실험적 역사*An Experimental History of Cold*』에 대한 개요와 프랑스의 수학자 피에르 드 페르마의 부고(또한 주요 저작 목록과 간략한 요약)를 실었다.

올덴부르크의 학술지는 매달 발행되었다. 각 호마다 약 1,250부를 인쇄했는데, 그중 50부는 올덴부르크가 직접 교신인들에게 보냈으며 나머지는 잉글랜드와 대륙의 서점에 납본되어 팔렸다. 학술지는 왕립 학회의 승인하에 출판되었지만, 늘 돈에 쪼들리던 올덴부르크는 학술지를 개인 사업으로 운영하도록 허락받았으며 이것이 꾸준한 수입원이 될 것이라 기대했다. 하지만 5호를 발행한 직후인 1665년 7월에 런던에서 전염병이 돌아 다음 호의 인쇄와 배포가 중단되었다. 엎친 데 덮친 격으로 이듬해에는 런던 대화재가 일어났다. 안전을 위해 학술지 재고를 수많은 책과 더불어 세인트 폴 성당에 보관했는데, 전부 성당과 함께 잿더미가 되었다. 올덴부르크는 가격과 배포 방식을 놓고 인쇄업자와 끝이 보이지 않는 분쟁에 휘말렸으며 학술지를 유지하기 위해 판매 수익에서 자신이 가져가는 몫을 여러 차례 줄여야 했다.

설상가상으로 1667년에 올덴부르크가 간첩 혐의로 구속되었다. 작가 존 이블린은 일기에서 올덴부르크가 〈프랑스의 학자에게 뉴스를 써 보내고 철학적 문제에 대해 끊임없이 교신했다는 이유로 런던 탑에 투옥되었〉다고 썼다. 당시 유럽은 일촉즉발의 상황에 놓여 있었다. 잉글랜드, 프랑스, 스페인, 스웨덴, 네덜란드 공화국은 이른바 상속 전쟁에 휘말려 있었다. 하지만 과학자들은 국가주의적 분쟁에 초연했으며 올덴부르크는 유럽의 과학자들과 계속 교신해도 좋다는 특별 허가를 받았다. 단, 정부 검열관이 편지를 개봉하여 확인한 뒤에 그에게 배달하는 조건이었다. 올덴부르크는 보내는 편지도 검열당할 것임을 깨닫지 못한 것이 틀림없었다. 편지에서 네덜란드 공화국과의 전쟁에 대한 정부의 대처를 비판하다 런던 탑에 투옥되었기 때문이다. 이것은 특권을 남용하지 말라는 경고였다. 올덴부르크는 두 달 뒤에 풀려났으며 성미도 고분고분해졌다.

올덴부르크는 이 모든 어려움에 굴하지 않고 『철학 회보』를 계속 발행했다. 기대와 달리 금전적으로 성공을 거두지는 못했다. 오히려 전보다 더 고되게 일해야 했다. 하지만 『철학 회보』의 영향력은 의심할 여지가 없었다. 『주르날 데 사방』은 지식인의 관심사를 모조리 다루겠다는 원래의 야심찬 계획에서 금세 물러나 올덴부르크를 본뜬 학술지로 탈바꿈했다. 『철학 회보』가 외국에서도 판매되면서 왕립 학회의 국제적 영향력과 권위가 높아졌고 외국의 과학자들도 논문을 싣고 싶어 했으며 여행 중인 지식인들은 런던에 머무는 동안 왕립 학회를 찾았다. 올덴부르크는 1668년 3월에 보일에게 이렇게 썼다. 〈학회의 명성이 외국에서도 매우 높아졌으며 낯선 사람들이 떼로 몰려들고 있습니다. 올 3월 이후로 40명 넘는 방문객이 저를 찾아왔습니다.〉 이즈음 올덴부르크는 전보다 훨씬 쪼들렸으며 1669년에 왕립 학회는 비서직에 대해 임금을 지급하기 시작했다(예전에는 무보수였다).

공론장이라는 측면에서 학술지는 커피하우스 토론이나 학회 회의만큼 빠르고 즉각적이지는 않았다. 하지만 느린 속도를 지리적 범위로 보완했다. 문제는 머나먼 외국에서 논문을 보낸 과학자가 믿을 만한 사람인지, 연구 결과를 조작하지 않았는지 어떻게 알 것인가였다. 왕립 학회는 저자를 대면하여 조사할 수 없었기에 새로운 저자는 기존의 신뢰받는 저자에게 보증을 받도록 했다. 이런 식으로 개인 추천을 통해 한 번에 한 단계씩 네트워크를 확장할 수 있었다. 이를테면 1673년에 선구적 현미경학자 안톤 판 레이우엔훅이 올덴부르크의 네덜란드 교신인 레이니르 더 흐라프가 보낸 편지를 통해 왕립 학회에 소개되었다. 흐라프는 레이우엔훅의 첫 관찰 보고서를 동봉했다. 편지와 보고서는 왕립 학회의 회의 때 낭독되었으며 큰 관심을 끌었다. 하지만 학회원들은 이 무명의 아마추어에 대해 더 많은 정보를 알고 싶었다. 왕립 학회는 크리스티안 하위헌스의 아버지 콘스탄테인에게 편지를 보내어, 레이우엔훅을 찾아가 그의 연구 성과와 인품을 평가해 달라고 부탁했다. 잉글랜드가 네덜란드 공화국과 다시 전쟁을 벌이고 있었음에도 하위헌스는 요청을 수행했으며 레이우엔훅을 근면하고 성실한 연구자로 묘사한 답장을 재빨리 보냈다. 레이우엔훅은 왕립학회 정식 교신 회원이 되었으며 1723년에 사망할 때까지 자신의 연구 결과를 꾸준히 『철학 회보』에 발표했다.

마찬가지로, 동인도 바타비아에서 일하는 네덜란드 의사 빌럼 텐레이너가 1682년에 통풍 치료법과 일본인의 침술에 대한 관찰 결과를 보내자 학회원들은 더 자세한 내용을 듣고 싶어 했다. 하지만 우선 텐레이너가 신뢰할 수 있는 인물인지 확인해야 했다. 텐레이너는 이를 예상하고 런던에 사는 네덜란드 의사인 자신의 친구 요아너스 흐루네벨트에게 물어보라고 제안했다. 학회 회원 두 명이 흐루네벨트를 찾아가, 다음 주에 텐레이너가 동인도 의료진 중에서 매우 고위급이며 (왕립 학회에서 이름이 잘 알려진) 화학자 프란시스쿠스 실비우스의 수제자였다고 보고했다. 확신을 얻은 왕립 학회는 텐레이너를 교신인 네트워크에 추가하고 그의 관찰 결과를 발표했다.

올덴베르크는 1677년에 사망할 때까지 계속 『철학 회보』를 발행했다. 매월 발행하여 총 136호에 이르렀다. 올덴베르크가 죽고 2년 뒤에 발행이 잠시 중단되자 후크는 자신의 학술지를 왕립 학회의 공식 학회지로 인정받으려고 애썼다. 하지만 후크의 시도는 실패로 돌아갔으며 『철학 회보』는 1683년에 복간되어 지금껏 발행되고 있다. (왕립 학회에서 공식적으로 인수한 것은 1753년이다.) 학회지의 영향력이 어찌나 대단했던지 실제 회의는 지상 토론에 비해 부차적인 신세로 전락했다. 뉴턴, 후크, 핼리와 달리 올덴부르크는 오늘날 거의 알려져 있지 않다. 그는 과학자는 아니었지만, 최초의 근대적 학술지를 창간하여 국제적 과학 협력의 무대로 삼고 이후의 모든 학술지의 모범을 제시함으로써 17세기 과학 혁명에 필수적으로 이바지했다.

학술지는 커피하우스의 자유분방한 분위기를 정제하고 형식화하여 인쇄와 우편을 통해 국경 너머로 유포함으로써 가상의 과학자 커뮤니티를 만들어 냈다. 차와 커피를 집에서 마시는 습관이 유행하면서 커피하우스 자체는 18세기 후반에 쇠퇴했다. 일부는 사교 클럽으로 탈바꿈했고 또 일부는 선술집으로 전환하거나 아예 문을 닫았다.

하지만 커피하우스의 활기차고 자유분방한 정신은 최근에 되살아나 인터넷 토론방과 소셜 미디어 플랫폼에 활력을 불어넣고 있다. 인터넷 토론방은 예전의 커피하우스와 마찬가지로 토론과 논쟁을 위한 자유롭고 개방적인 공간이다. 정부의 입장에서나, 온라인에서 비판이나 괴롭힘을 당하는 사람들의 입장에서는 지나치게 자유롭고 개방적일지도 모르겠다. 인터넷 토론방은 커피하우스처럼 처음에는 학계의 필요에 부응했다. 스위스에서 일하던 영국 물리학자 팀 버너스리가 1991년에 월드 와이드 웹을 개발한 목적은 동료 연구자들과 수월하게 소통하고 협력하기 위해서였다. 커피하우스와 마찬가지로, 소셜 공간은 처음에는 과학자들 차지였지만 더 폭넓은 대중에게 관심을 끌었으며, 소셜 미디어를 통해 아이디어를 끝없이 혼합하고 재혼합하면서 기술적-상업적 혁신의 도가니가 되었다.

7장

인쇄의 자유:
혁명에서 소셜 미디어의 역할 (2)

사상의 자유 없이는
지혜 같은 것은 있을 수 없다.
공중의 자유 같은 것은
표현의 자유 없이는 있을 수 없다.

@ 벤저민 프랭클린,
1722년 7월『뉴잉글랜드 쿠런트』에서
<사일런스 두굿>이라는 필명으로 1721년『런던 저널』을 인용

두 벤저민 이야기

식민지 북아메리카 최초의 신문 「국내외 주요 사건Publick Occurrences Both Forreign and Domestick」 창간호는 1690년 9월 25일에 보스턴에서 발행되었다. 발행인 벤저민 해리스는 현지 인쇄업자이자 커피하우스 소유주로, 런던에서 무허가 인쇄로 물의를 빚고서 이곳으로 이주했다. 창간사에서는 〈우리의 눈길을 끈 중요한 사건들을 한 달에 한 번씩─사건이 빗발치면 더 자주─내보내겠〉다고 약속했다. 이 신문은 사실을 있는 그대로 보도하는 것을 목표로 내세웠다. 실수를 저지르면 반드시 다음 호에서 바로잡을 것이며 헛소문을 퍼뜨리는 자를 폭로하여 망신을 줄 것이라고 다짐했다. 그 목표는 〈우리 중에서 날뛰는 거짓말의 습성〉을 개선하는 것이었다. 창간호에서는 화재, 천연두 발병, 북부에서 벌어지는 영국 식민주의자 대 프랑스 전쟁의 최근 전황(양쪽 다 인디언 부족의 도움을 받고 있었다)

을 비롯한 지역 뉴스를 간추려 전했다. 해리스는 영국 측에서 싸우는 인디언을 못 믿을 동맹으로 여겨 〈지나치게 신뢰받는 못된 야만인〉이라 비난했다. 이 비판과 더불어 프랑스 국왕 루이 14세가 며느리와 바람을 피웠다는 소문을 확인 없이 내보내자 매사추세츠 베이 콜로니 통치 위원회는 격분했다. 위원들은 나흘 뒤에 〈예의 소책자에 대한 크나큰 분노와 불허를 천명하고, 이 같은 소책자를 금지하고 회수하도록 명령하며, 향후에 어떤 자도 허가 없이는 무엇도 인쇄하여 배포하지 못하도록 엄격히 금지한〉다고 공표했다. 재고분은 모두 폐기되었으며 「국내외 주요 사건」은 다시는 발행되지 못했다. 창간호가 곧 종간호였다.

매사추세츠 당국이 해리스의 무허가 신문을 미심쩍게 본 것은 놀랄 일이 아니다. 1620년에 식민지가 창건된 뒤로 매사추세츠에서는 인쇄물을 엄격하게 통제했다. 애초에는 종교적 통일성을 지키기 위해서였다. 1686년에 제임스 2세는 에드먼드 앤드로스를 뉴잉글랜드 총독으로 임명하면서 이렇게 명령했다. 〈그대의 정부하에서 우리의 예의 영토 내에서 인쇄의 자유로 인해 크나큰 불편이 초래될 수 있으므로 어떤 자도 인쇄기를 인쇄용으로 보유하지 못하고 어떤 책이나 소책자나 그 문서도 사전에 그대의 특별 허가를 얻지 않고서는 인쇄할 수 없도록 모든 필요한 명령을 내리라.〉 다른 아메리카 식민지에서도 사정은 비슷했다. 펜실베이니아를 통치하던 퀘이커 교도들은 윌리엄 브래드퍼드가 1685년에 자신의 인쇄소에서 처음으로 인쇄한 연감이 마음에 들지 않아 〈위원회에서 허가하는 것 말고는 아무것도 인쇄하지 말〉라고 말했다. 버지니아에서는 1730년대까지 인쇄가 아예 금지되었다. 윌리엄 버클리 총독은 1671년에 이렇게 썼다. 〈자유 학교도, 인쇄소도 없음을 하나님께 감사한다. 앞으로도 수백 년 동안 없기를 바란다. 배움은 불복종과 이단과 파벌을 세상에 들여왔고 인쇄는 이와 더불어 최선의 정부에 대한 비방을 퍼뜨렸으니 말이다. 하나님께서 우리를 배움과 인쇄로부터 지켜 주시길.〉 식민지 법률이 필사본으로 기록된 것은 이 때문이다.

하지만 인쇄를 통제했어도 정보가 멀리 유통되는 것을 막을 수는 없었다. 편지로 소식을 전했기 때문이다. 특히 성직자들은 연안 마을들을 시골 정착지로 연결하는 비공식 뉴스 공유 네트워크를 조직했다. 이들은 읽고 쓸 줄 알고 교육을 많이 받았고 인맥이 탄탄했으며, 자기네 집단에서 어떤 일이 일어나고 있는지 잘 알았다. 이를테면 1675~1676년에 르호보스(플리머스 베이 콜로니에 속한 지역)의 목사 노아 뉴먼은 인디언과 식민지 주민 사이의 충돌을 다른 목사들에게 소상히 전했다. 그가 이 일에 제격이었던 이유는 메타코멧 추장이 이끄는 나라간셋족과 왐파노아그족 군대와 싸우기 위해 병사들이 집결한 곳이 바로 르호보스였기 때문이다. 뉴먼은 현지 민간인과 군 장교와 나눈 대화, 이들과 주고받은 편지를 바탕으로 플리머스의 목사 존 코튼 2세에게 자세한 편지를 썼다. 뉴먼의 편지에는 군사 행동의 구체적인 시각과 상황, 상세한 사상자 명단, 전투가 끝난 뒤의 목격자 증언 등이 담겼다. 〈새뮤얼 스미스의 임신한 아내가 팔에는 또 다른 아이를 안은 채 공터를 가로질러 방어용 주택으로 가다가 적에게 잡혀 살해당했으며 아이는 죽은 엄마 곁에 족히 한 시간은 서 있다가 발견되었습니다.〉

뉴스를 교환할 방대한 교신인 네트워크를 구축한 코튼은 이 보고를 보스턴과 플리머스에 있는 지인들에게 필사하여 보냈으며 이들도 다른 사람들에게 필사본을 보냈다. 코튼의 교신인 중 한 명은 보스턴에 사는 조카

코튼 매더였다. 매더는 국내 소식을 전해 들은 대가로, 편지와, 상인들과의 대화, 『런던 가제트』 등에서 수집한 유럽 소식을 플리머스에게 보내 주었다. 코튼은 이 정보를 자신의 지인 네트워크에 전달했는데, 수신인의 관심사에 따라 특정 보고를 선별하고 다른 뉴스를 덧붙였다. 이를테면 1696년에 아들에게 보낸 편지에서는 매더가 보낸 소식 중에서 국왕 암살 기도가 벌어졌다는 런던발 소식을 옮겨 적었다. 그러고는 디어 섬에서 폭풍우로 주민 몇 명이 부상을 입었고, 현지 선원이 밧줄에 걸려 배 밖으로 떨어지는 바람에 익사할 뻔했으며, 이웃이 딸을 낳았다는 등의 현지 소식과 가족 소식을 덧붙였다. 코튼이 이 지역 뉴스를 수집한 출처는 방문객 세 명, 편지 두 통, 자신의 관찰이었다. 이 소셜 뉴스 네트워크에 참여하는 사람들은 관심사를 받아 보고 전달하고 재필사했으며 정보가 편지를 통해 이 사람에게서 저 사람에게로 이동할 때마다 특정 항목을 선택하고 논평을 달았다.

초기 식민지의 비공식 우편 제도가 더 조직화된 체계로 바뀌자 각 마을의 우체국장이 이 뉴스 네트워크의 중요한 노드로 떠올랐다. 편지의 배달을 감독하기 때문만이 아니라 정보를 취합하고 요약하기 좋은 위치에 있기 때문이기도 했다. 1702년에 보스턴 우체국장으로 임명된 존 캠벨은 런던 신문들에서 발췌한 기사를 뉴스레터로 만들어 현지 상인과 관리에게 보냈다. 우체국장이었으므로 우편 요금은 낼 필요가 없었다. 1704년에 캠벨은 필사본 뉴스레터를 인쇄물 주간지 『보스턴 뉴스레터Boston News-Letter』로 전환했다. 『런던 가제트』를 빼닮은 『보스턴 뉴스레터』는 식민지 최초의 정규 신문으로, 발행 부수가 금세 약 250부에 이르렀다. 왕실 포고령과 국제 뉴스를 맨 앞에 싣고, 다른 식민지 뉴스를 그 다음에, 마지막으로 현지 뉴스를 실었다. 캠벨은 선원, 여행객, 현지 공무원, 우체국 방문자와 나눈 대화, 다른 우체국장에게서 받은 필사본 뉴스레터에서 정보를 수집했다. 하지만 『보스턴 뉴스레터』의 기사는 대부분 런던 신문들에서 베낀 것이었다.

캠벨은 대부분의 기사가 원작이 아님을 순순히 인정했다. 그의 목표는 다만 믿을 만한 정보의 유통을 증가시키는 것이었다. 〈신사와 상인 중에는 전부나 일부의 정보를 아는 사람이 있을 수도 있지만, 이곳과 인근 주(州)의 일반인 대부분은 정보를 얻지 못하며 그나마 아는 정보도 제각각이고 종종 틀렸〉다는 이유에서였다. 캠벨은 국제 뉴스를 고스란히 실어야 한다고 고집했기 때문에, 지면이 모자라면 다음 호에 마저 실었다. 이렇게 기사가 점차 밀리면서 『보스턴 뉴스레터』의 외국 기사는 1년 가까이 뒤처져 버렸다. 캠벨은 최신 정보를 전달하기보다는 역사적 기록을 누락 없이 기록하는 것이 자신의 역할이라고 생각했다. 자신의 의견을 표출하거나 지역 정치에 대해 보도하는 것에는 관심이 없었으며, 문제를 미연에 방지하기 위해 매 호의 내용을 총독 사무소에 제출하여 사전에 승인받았다.

『보스턴 뉴스레터』는 구내(區內) 구독자에게는 직접 배달했고 그 밖의 지역에는 우편으로 배송했다. 그러면 지면에서 뽑은 기사, 때로는 전체 사본이 기존 편지 교환 네트워크를 따라 유포되었다. 보스턴의 목사로, 뉴스 요약본을 뉴잉글랜드 목사 네트워크에 정기적으로 전달한 새뮤얼 수얼은 『보스턴 뉴스레터』의 사본을 자기 편지에 싣기 시작했다. 이따금 한 호의 사본을 서너 부씩 보내기도 했는데, 그러면 수신인은 한 부를 가지고 나머지를 지인에게 보낼 수 있었다. 『보스턴 뉴스레터』가 등장하면서 수얼은 현지 소식, 가족 소식, 자신의 논평과 분석 등에 초점을 맞출 수 있었다. 기본적 사실은 이미 신문에서 다뤘기 때문이다. 수얼과 목사들은 기사가 교회와 지역 공동체에, 또한 자신에게 어떤 의미가 있는지 기록했다. 존 캠벨은 심지어 구독자에게 『보스턴 뉴스레터』를 통상적인 절반 시트*half sheet*(브로드 시트의 절반이라는 뜻으로 A4와 비슷하다 —옮긴이)가 아니라 (절반의 여백에 개인적 메모를 할 수 있도록) 온 시트 *full sheet*로 받아 볼 수 있도록 했다. 소규모 지역 신문의 초창기에 신문과 편지는 상보적인 커뮤니케이션 형태였고, 서로에게 의존했으며, 편지와 대화, 기타 인쇄물에서 수집한 정보를 뒤섞었다. 인쇄된 정보와 손으로 쓴 정보가 유통되면서 지역 공동체는 스스로 목소리를 낼 수 있게 되었다.

1719년에는 보스턴에서 『보스턴 뉴스레터』의 경쟁지 『보스턴 가제트』가 창간되었다. 필라델피아 「아메리칸 위클리 머큐리」와 『뉴욕 가제트』 등 다른 곳에서도 모방작이 속출했다. 이 모든 신문의 공통점은, 단조로운 산문체를 구사하고 (지역 정치 뉴스를 배제한 것에서 보듯) 당국의 심기를 거스르지 않으려 했다는 것이다. 1702년부터 1715년까지 매사추세츠 총독을 지낸 조지프 더들리는 인기가 바닥이었으나, 보스턴의 신문만 보아서는 전혀 알 수 없었다.

하지만 아메리카의 언론은 점차 노골적이고 적대적인 태도를 취하기 시작했다. 1700년과 1706년 사이에 새뮤얼 수얼과 코튼 매더 등이 쓴 몇몇 소책자는 기독교가 노예제와 양립할 수 있는가에 대해 논증했다. 1707년에는 매더 가와 더들리 총독 사이의 오랜 권력 투쟁의 일환으로 매더 가의 두 사람이 더들리가 식민지를 잘못 통치한다고 묘사하고 프랑스와 불법 거래를 했다고 고발하는 소책자를 런던에서 두 종 출간했다. 소책자의 사본이 뉴잉글랜드에서 유통되기 시작했으며 그중 「뉴잉글랜드의 개탄스러운 현 상태에 대한 회고A Memorial of the Present Deplorable State of New

England」는 보스턴에서 재인쇄되었다. 하지만 더들리는 자기도 「최근 소책자의 근거에 대한 온건한 고찰A Modest Enquiry into the Grounds and Occasions of a Late Pamphlet」이라는 소책자로 응수했다. 그는 전혀 자신답지 않은 자신감과 품위로 공격을 맞받아쳤으며 자신을 런던에 소환되도록 하려는 매더가의 시도를 좌절시켰다.

1720년에 보스턴의 두 정치인 일라이셔 쿡 2세와 조지프 더들리의 아들 폴 더들리 사이에 소책자 싸움이 벌어졌다. 왕이 임명한 총독이 식민지 주민의 권리를 어디까지 침해할 수 있느냐가 쟁점이었다. 조지프 더들리의 후임 총독 새뮤얼 슈트와 사이가 틀어진 쿡이 매사추세츠 의회의 결정에 대한 총독의 거부권에 반대하는 소책자로 포문을 열었다. 폴 더들리는 대니얼 디포의 풍자적 작품에서 영감을 얻어 〈광도(狂島)Insania〉라는 가공의 섬을 소책자의 소재로 삼았다. 이곳에서는 고귀한 총독이 혼란과 불화를 심으려 드는 어리석은 〈시골뜨기Country Men〉에게 공격받는다. 쿡은 〈시골 신사〉와 〈보스턴 신사〉의 대화 형식으로 된 소책자로 응수했다. 두 등장인물은 진정한 애국심이란 국왕에 대한 복종인가, 국가에 대한 사랑인가를 놓고 논쟁을 벌인다. 다른 소책자 작가들까지 싸움에 뛰어들어 소동이 커지자 슈트 총독은 1723년에 잉글랜드로 돌아가 자신의 권한을 명확히 규정해 달라고 요구했다. 이러한 소책자 공방은 ─ 쿡이 자신의 소책자에서 말한 것처럼 〈헤아릴 수 없이 많은 소책자가 이 나라에 유포되었〉다 ─ 런던의 간섭에 대한 식민지의 반대가 표출된 초기 현상이었다.

1721년에 보스턴에서 천연두가 발병하자 (당시에 새로운 치료법으로 논란거리가 된) 종두법의 효력을 놓고 또 다시 말싸움이 벌어졌다. 코튼 매더는 노예에게서 종두법에 대해 들었으며 종두법에 찬성하는 에세이를 썼다(이 에세이는 현지 의사들 사이에서 필사본 형태로 유통되었다). (당시의 종두법은 천연두에 대한 면역을 키우기 위해 환자의 팔을 살짝 째고 일부러 천연두에 감염시키는 것이었다.) 현지 의사 자브디엘 보일스턴은 종두법을 시행하기 시작했는데, 매더와 청교도 성직자 몇 명이 그를 지지한 사실을 보스턴의 의사들이 알게 되었다. 이 의사들은 종두법의 효력에 대해 회의적이었는데, 자기네 전문 영역이 침범당한다고 여겼기 때문이다. 종두법에 찬성하는 편지와 반대하는 편지가 『보스턴 뉴스레터』와 『보스턴 가제트』에 실렸으며 익명으로 쓴 찬반 소책자도 쏟아져 나왔다. 1721년 8월에 종두법 반대 진영의 우두머리인 의사 윌리엄 더글러스는 자신의 주장을 뒷받침하고 이에 반대하는 청교도 세력을 비판하기 위해 『뉴잉글랜드 쿠런트』라는 새로운 보스턴 신문을 창간하기까지 했다.

새 신문은 『보스턴 뉴스레터』나 『보스턴 가제트』와 달리 발행 전에 당국의 승인을 받지 않았다. 게다가 지루한 가제트가 아니라 논쟁적이고 주관이 뚜렷한 런던 『스펙테이터』에서 영감을 얻었다. 제임스 프랭클린이 편집장을 맡은—견습생이자 동생 벤저민 프랭클린이 그를 보조했다—『뉴잉글랜드 쿠런트』는 반(反)종두법 선전을 거침없이 쏟아 냈다. 아메리카의 초창기 신문은 공식 기명 칼럼이 드물었으며, 독자 의견은 편집자에게 보내는 편지의 형식으로 제시되었다. 하지만 경우에 따라 편집자가 익명으로 편지를 쓰기도 했다. 이런 식으로 지역 신문은 독자와 편집자가 의견을 주고받는 공론장 역할을 했다. 제임스 프랭클린은 『뉴잉글랜드 쿠런트』에 이렇게 썼다. 〈자유롭고 이성적이고 사려 깊게 자신의 견해를 표명하도록, 여가와 의향과 능력이 있는 모든 이를 초대한다. 당 신문은 기고를 적극 환영한다.〉 물론 결정권은 그에게 있었다. 그럼에도 필명으로 글을 쓰다 보니 깜짝 놀랄 일이 생기기도 했다. 벤저민 프랭클린의 신문 글쓰기는 편지 열네 통을 잇따라 기고하면서 시작되었다. 이 편지들은 사일런스 두굿 Silence Dogood이라는 과부가 쓴 것으로 되어 있었지만 실은 벤저민이 『뉴잉글랜드 쿠런트』에 익명으로 기고한 것으로, 그의 형은 영문도 모른 채 신나서 신문에 실었다. 당시 열여섯 살이던 벤저민이 자기가 편지를 썼다고 실토하자 제임스는 화가 머리끝까지 났다. 이 이야기에서 우리는 벤저민의 천재성과 글솜씨만이 아니라, 당시의 신문은 흥미로운 의견을 제시하기면 하면 누구의 글이든 기꺼이 받아 주었음을 알 수 있다. 이런 신문은 대부분 편지, 연설, 소책자로 이루어졌으며 (따라서) 사람들이 서로 견해를 공유하고 논의하는 마당이 되었다. 한마디로 초기 신문은 일종의 소셜 미디어였다.

보스턴의 신문과 소책자에서는 1721년이 다 지나도록 종두법을 둘러싸고 열띤 논쟁이 벌어졌다. 양편은 종교적, 법적, 의학적 논증을 동원하고 환자의 진술을 취합하고 상대방을 인신공격했다. 매더는 『뉴잉글랜드 쿠런트』를 〈헛소리, 무례, 농담, 불경, 악덕, 오만, 욕설, 거짓, 모순 등으로 가득하여 다툼과 분열을 일으키고 뉴잉글랜드의 정신과 예절을 부패시키고 타락시키는 악독하고 가증스러운 신문〉이라고 비난했다. 지금은 매더와 종두법 지지자들이 옳았고 종두법에 반대한 의사들이 틀렸음을 알고 있다. 1721년에 보스턴에 살던 약 1만 500명 중에서 6,000명가량이 천연두에 걸렸으며 그중 900명이 죽었다. 전체 사망률은 15퍼센트에 이르렀다. 이에 반해 접종을 받은 286명의 사망률은 2퍼센트에 불과했다.

당국은 싸움에 끼어들지 않았지만, 제임스 프랭클린은 이듬해에 별 뜻 없어 보이는 기사를 실었다가 낭패를 겪었다. 〈보스턴에서 알려 온바 매사추세츠 정부는 해적을 쫓기 위해 선박을 건조하고 있다. 피터 패필런 선장이 배를 지휘할 것이다. 바람과 기상이 허락하면 이달에 출항할 것으로 생각된다.〉이 풍자적 보도의 속뜻은 당국이 뉴잉글랜드 해안에서 해적과 싸울 의지가 부족하다는 것이었다. 제임스는 3주 동안 투옥되었으며 사죄한 뒤에야 풀려났다. 이 기간 동안 벤저민이 형을 대신하여『뉴잉글랜드 쿠런트』를 이끌었다.

이듬해에 제임스는 다시 당국과 마찰을 빚었다. 이번에는 성직자를 모욕하는 편지를 실은 것이 발단이었다. 신문을 계속 발행하려면 보스턴의 나머지 신문처럼 매 호를 사전 승인받아야 한다는 판결이 내려졌다. 하지만 제임스는 판결에서 허점을 발견했다. 자신의 신문을 다른 사람이 승인 없이 인쇄하는 것을 금지하지는 않은 것이다. 그래서 벤저민을 발행인으로 지정하고 자신은 몸을 감추었다. 벤저민은 훗날 이렇게 회상했다. 〈형이 연금된 동안 내가 신문 경영을 맡았다. 나는 대담하게도 통치자들을 놀려 먹었다.〉이 우스꽝스러운 상황은 프랭클린 형제가 갈라선 1723년 말에야 끝났다.『뉴잉글랜드 쿠런트』는 2년 뒤에 폐간되었다. 종두법 반대론은 잘못이었지만, 언론을 더 전투적이고 목적의식적으로 이용하고 더 유쾌하고 문학적인 문체를 구사한 것은 이들이 처음이었다. 더 중요한 사실은 사전 승인을 거부하고 식민지 당국을 대담하게 비판한 비슷한 신문들에 영감을 주었다는 것이다. 보스턴에서는『뉴잉글랜드 위클리 가제트』가 창간되었고 필라델피아에서는 벤저민 프랭클린이『펜실베이니아 가제트』를 창간했다. 1730년이 되자 허가제를 강제로 시행하려는 시도가 모두 폐기되었으며, 식민지 총독에게 내려진 명령에서는 허가제가 한 번도 언급되지 않았다.

하지만 인쇄업자, 소책자 작가, 저술가의 글이 당국의 심기를 불편하게 하면 존 피터 젱어의 사례에서 보듯 사후에 고발당할 수 있었다. 젱어는 인쇄업자였는데 다른 사람의 의뢰를 받아 1733년에 새로운 신문『뉴욕 위클리 저널』을 창간했다. 목적은 뉴욕의 새 총독 윌리엄 코스비의 권력 남용을 폭로하는 것이었다. 코스비는 선거를 조작하고 친구들에게 두둑한 연금을 주고 자신이 유럽에서 도착하기 전에 자기 대신 통치한 관리가 받은 급료의 절반을 받을 자격이 있다고 주장했다. 코스비와 맞서던 수석 재판관은 해임되었다. 코스비는 고위직에 앉으면 내키는 대로 할 수 있는 권리가 생긴다고 생각했다. 일전에 메노르카 섬의 총독을 지낼 때는 포르투갈 배를 불법으로 나포하여 화물을 빼앗으려 들었다. 젱어의 신문은 코스비가 국민의 〈자유와 소유권〉을 위협하고 총독으로서 지켜야 할 규칙을 어겼다고 규탄하면서 코스비의 행동을 비난하는 일련의 편지를 실었으며 점차 비판 수위를 높였다. 코스비는 자신을 인신공격한 필자가 누구인지 알아낼 수 없자 그 대신 젱어를 체포하라고 명령했다. 젱어는 편지의 필자를 밝히기를 거부하여 8개월 동안 구속되었으며 그 뒤에 선동적 명예 훼손으로 재판에 회부되었다.

젱어의 변호인은 당대 최고의 변호사이자 벤저민 프랭클린의 친구 앤드루 해밀턴이었다. 아마도 벤저민이 변호를 요청했을 것이다. 해밀턴의 변호 전략은 매우 이례적이었다. 잉글랜드 법에 따르면 진술이 참인지 여부는 명예 훼손에 대한 조각 사유가 아니었다. 따라서 코스비에 대한 비난이 참인지는 중요하지 않았다. 문제는 젱어가 실제로 신문을 인쇄했느냐였다. 해밀턴은 마치 공소 사실을 인정하는 듯 젱어가 인쇄했음을 선뜻 인정했다. 하지만 뒤이어 법률 자체에 오류가 있다고 주장했다. 〈말 자체가 명예를 훼손하지 않으면, 즉 거짓이거나 중상이거나 선동적이지 않으면 유죄가 아니〉라고 주장하며, 코스비에 대한 비난이 정확한지를 평가해 달라고 배심원단에게 요청했다. 놀랍게도 배심원단은 해밀턴의 주장을 받아들여 젱어에게 무죄를 선고했다. 코스비는 격분했고 식민지 전체가 충격에 빠졌다. 선동적 명예 훼손 사건에서 배심원단이 유죄 선고를 꺼린다는 사실이 입증되자 식민지 총독이 언론을 통제할 수 있는 마지막 수단이 사라졌다. 저술가와 출판업자는 마침내 원하는 것을 마음대로 출판할 수 있게 되었다.

벤저민 프랭클린은 『뉴잉글랜드 쿠런트』를 무허가로 발행하고 (아마도) 해밀턴에게 젱어를 변호해 달라고 부탁함으로써 여기에 한몫했다. 프랭클린이 식민지의 자유로운 정보 흐름에 기여한 것은 이것만이 아니다. 1737년에 프랭클린은 필라델피아 우체국장 자리를 제안받았다. 원래 이 자리는 우편 서비스를 형편없이 운영하고 배달부가 프랭클린의 신문을 배달하지 못하도록 한 경쟁 신문사의 편집장이 맡고 있었다. 프랭클린은 훗날 자서전에 이렇게 썼다. 〈나는 기꺼이 수락했는데, 알고 보니 매우 유리한 상황이었다. 급여는 적었지만, 발송이 수월해져 내 신문의 구독자 수를 늘릴 수 있었기 때문이다.〉 프랭클린이 우편 서비스를 어찌나 효율적으로 운영했던지 1753년에는 북아메리카 우정청 부총재로 임명되었다. 프랭클린은 배달 경로를 조정하고 절차를 간소화하여 우편 서비스의 신뢰성과 배달 횟수를 늘렸다. 뉴욕에서 필라델피아로 우편물을 배달하는 횟수는 일주일에 한 번에서 일주일에 세 번으로 늘었으며 우편 서비스는 사상 처음으로 흑자를 내기 시작했다. 게다가 프랭클린은 각 식민지 내부에서 또한 식민지 간에 우편을 통한 무료 신문 교환을 허용했으며, 중요 보도와 독자 편지를 각 타운의 신문에 재수록할 수 있도록 승인했다. 그 또한 『펜실베이니아 가제트』의 발행인이자 인쇄업자였기에 이렇게 다양한 방식으로 뉴스 유통을 장려하는 것은 프랭클린 자신의 상업적 이익에 부합했다. 하지만 편지, 소책자, 신문의 끊임없는 소통을 통해 아메리카 식민지의 갓 태어난 정보 생태계에 역동성, 활력, 통일성을 부여한 것도 사실이다. 1760년대 들어 신문은 주장을 내세우고 사상을 선전하고 의견을 교환하는, 강력하고 개방적인 소셜 플랫폼으로 성장했다. 신문의 힘과 가치가 커졌음을 역설적으로 보여준 것은 영국과의 관계가 악화되어 미디어 시스템 자체가 조세로 인해 위협받았을 때였다.

<인쇄술을 장려해야 한다>

　1765년 5월에 아메리카 식민지들에 뉴스가 타전되었다. 본국 정부가 〈아메리카의 영국 식민지와 농장을 방어하고 보호하고 확보하는 비용을 충당하기 위해 인지세를 비롯한 조세를 부과하는 법안〉을 통과시켰다는 소식이었다. 영국 정부는 세계 곳곳에서 ─ 유럽, 남북아메리카, 필리핀, 아프리카와 인도 일부 지역 ─ 프랑스와 전쟁을 치르느라 빚을 많이 지고 있었다. 유럽에서는 이 분쟁이 〈7년 전쟁〉으로 알려졌으며, 프랑스 식민주의자와 잉글랜드 식민주의자가 각각 인디언 부족을 등에 업고 싸운 아메리카에서는 〈프렌치-인디언 전쟁〉으로 불렸다. 돌아보면 이것이야말로 (논란의 여지가 있지만) 최초의 진정한 세계 대전이었다. 본국 정부는, 자기네가 (부분적으로는) 아메리카 식민지 주민을 보호하기 위해 싸웠으니 식민지 주민이 영토 방어의 비용을 일부 부담해야 한다고 판단했다. 인지세법은 1년에 약 10만 파운드, 즉 북아메리카에 수비대를 유지하는 데 필요한 예상 경비의 절반에 조금 못 미치는 금액을 충당할 의도였다. 1765년 11월에, 정부에서 임명한 대리인들이 특수 인지를 붙인 용지를 팔기 시작했다. 인지세법을 장려하기 위해, 법률 문서는 용지에 알맞은 인지를 붙이지 않으면 법원에서 효력을 인정하지 않았다. 인지를 붙이지 않은 용지에 신문이나 소책자를 인쇄하는 것은 불법이었다. 본국 정부의 관점에서 인지세의 이점은 관리하고 집행하기가 비교적 간편하다는 것이었다.

식민지 주민의 관점은 다소 달랐다. 필라델피아, 보스턴, 아나폴리스, 뉴런던, 뉴욕, 뉴저지에서 인지세법 전문이 신속하게 인쇄-유포되었다. 변호사, 상인, 인쇄업자를 격분시키는 데는 이보다 나은 방법이 없었다. 이들은 식민지 사회에서 가장 영향력 있고 목소리 큰 사람들이었다. 유언장, 소유권 증서, 계약서, 보험 증권, 그 밖의 법률 문서는 (정도는 다르지만) 모두 인지세법의 적용을 받았다. 학위증에는 2파운드, 포도주 판매 허가증에는 4파운드, 변호사 자격증에는 10파운드 짜리 인지를 붙여야 했다. 인쇄업자들은 신문을 한 장 인쇄할 때마다 1페니를 세금으로 납부해야 했으며 광고 하나에 2실링을 내야 했다. 광고 수입의 50퍼센트가 세금으로 나가는 셈이었다. 소책자를 인쇄하는 용지에도 비슷한 세금이 부과되었으며, 쪽수가 많을수록 금액도 커졌다. 트럼프는 갑당 1실링, 주사위는 10실링의 세금이 매겨졌다. 이 세금은 식민지 지폐가 아니라 경화(硬貨)로 납부해야 했다.

인지세법은 불편하고 비용이 많이 들었을 뿐 아니라, 식민지 주민이 정보를 서로 교환하는 능력에 대한 직접적 공격이었다. 무엇보다 고약한 것은 식민지 주민에게 세금을 강제 부과한 의회가 정작 개척민을 대변하지 않았다는 것이다. 예전에 식민지 주민이 카리브 해의 프랑스령 섬들에서 수입한 당밀에 세금을 부과하려던 시도는 무시당했지만, 정부는 1764년에 설탕법을 통과시켜 세금 징수를 강제하기 시작했다. 이 때문에 (간접적으로) 럼주 가격이 오른 탓도 있어서 설탕법은 인기가 없었으며 보스턴에서는 항의 시위가 벌어진 바 있었다. 하지만 인지세법은 더 큰 파장을 몰고 왔다. 폭넓은 일상적 물품과 활동에 고율의 직접세를 매기자 식민지 전역에서 반대 운동이 촉발되었다. 보스턴에서 벌어진 인지세 반대 시위에서는 현지 인지 판매원으로 임명된 사람의 인형이 불에 탔으며 그 판매원은 자리에서 물러났다. 항의 시위를 다룬 보도가 신문을 통해 다른 식민지에 퍼져 나갔으며 다른 곳에서도 비슷한 시위가 잇따랐다.

조세 반대론자들은 펜을 들어 소책자를 쓰고 신문사에 편지를 보냈다. 보스턴의 의사이자 시인 벤저민 처치는 「자유와 소유권을 옹호하고 인지 판매원을 불태우라Liberty and Property Vindicated, and the Stampman Burnt」라는 소책자에서 〈이 식민지의 자유민이 절대적 권리를 옹호하고 지키는 것은 (모욕당했을 때 가문의 명예를 옹호하고 지키는 것과 마찬가지로) 반란으로 간주할 수 없다는 것이 나의 의견이다〉라고 선언했다. 노스캐롤라이나의 변호사 모리스 무어가 출판한 소책자는 인지 판매원의 사임과 현지 법 집행 시도의 중단을 이끌어 냈다. 아나폴리스에서는 대니얼 덜레이니라는 변호사가 「영국 식민지에 대한 과세의 적절성에 대한 고찰Considerations on the Propriety of Imposing Taxes in the British Colonies」이라는 소책자를 출판했는데, 대표 없는 과세에 반대하는 논증을 펼쳐 널리 칭송받았다. 덜레이니는 인지세법이 영국 정부의 잘못이라고 생각했지만, (일부 식민지 주민이 공개적으로 옹호하기 시작한) 독립이라는 개념에는 반대했다. 덜레이니는 소책자를 계기로 메릴랜드의 부유한 인쇄업자 찰스 캐럴과 공개적으로 편지를 주고받았다. 캐럴은 독립을 선호했으며 식민지의 과세를 식민지 스스로 결정할 권리를 주장했다. 각각 〈앤틸런〉과 〈제1시민〉이라는 익명으로 쓴 이 편지들은 『메릴랜드 가제트』에 실렸으며 점차 어조가 격해졌다. 논증에서 우위를 차지한 쪽은 캐럴이었으며, 그는 정체가 밝혀진 뒤에 독립 운동의 지도적 인사가 되었다.

신문과 소책자가 인지세법 반대론을 불러일으키는 데 대단한 효과를 발휘하자, 급진파로 돌아선 『보스턴 가제트』 발행인을 비롯하여 정책을 공격하는 자들을 선동적 명예 훼손으로 고발해야 한다는 주장이 제기되었다. 『보스턴 가제트』에 익명으로 실린 일련의 편지에서 보스턴의 변호사 존 애덤스는 인지세법이 정보의 자유로운 흐름 자체를 방해함으로써 식민지 주민의 권리를 침해했다고 맞받아쳤다.

인쇄술이 장려되고 어떤 사람이든 자신의 생각을 쉽고 값싸고 안전하게 공표할 수 있도록 조치가 취해졌다. 인쇄업자 여러분은 지상(地上)의 폭군들이 그대의 신문에 대해 뭐라 말하든 호기심 많은 사람들의 사색을 기꺼이 자유롭게 출판함으로써 그대 나라에 중요한 기여를 했다. (……) 권력은 늘 잡아먹을 듯 주둥이를 벌리고 팔을 뻗어 (가능하다면) 생각, 말, 글의 자유를 파괴하려 한다. (……) 따라서 그대 나라의 법률로 보장된 것이면 무엇이든 최대한 자유롭게 출판하는 것을, 어떤 공격이 있더라도 두려워 말라. (……) 출판, 대학, 심지어 연감과 신문에 제약과 세금을 부과하여 앎의 중요한 수단을 빼앗아 가려는 기도(企圖)가 추진되고 있음은 인지세법 자체에서 똑똑히 알 수 있다.

식민지 주민은 전례 없는 연대감을 느끼며 집단적 저항을 벌였다. 이러한 움직임은 1765년 10월 뉴욕에서 열린 인지세법 회의에서 절정에 이르렀다. 9개 식민지의 대표들은 인지세법 폐지를 요구했으며 식민지 의회에만 과세 권한이 있다고 주장했다. 회의의 최종 선언문을 작성한 사람은 펜실베이니아 대표로 참석한 존 디킨슨이라는 변호사였다. 디킨슨은 인지세법에 반대하는 소책자도 두 편 썼다. 그중 하나인 「필라델피아의 신사가 런던의 친구에게 보내는 편지에서 영국의 아메리카 대륙 식민지에 대한 최근 규제를 고찰하다The Late Regulations respecting the British Colonies on the Continent of America Considered, in a Letter from a Gentleman in Philadelphia to his Friend in London」는 영국 독자를 겨냥했는데, 많은 관심을 불러일으켜 런던에서 재인쇄되었다. 『뉴욕 가제트』를 비롯한 신문에 수록된 두 번째 소책자는 펜실베이니아에 새 법을 무시하라고 촉구했으며 압제에 맞서는 것이야말로 의지의 시금석이라고 말했다. 〈이 시기에 그대가 어떻게 행동하느냐에 따라 그대 자신과 후손의 미래 운명이 결정될 것이다. 펜실베이니아 사람들이 앞으로 자유민으로 살 것인가, 노예로 살 것인가가 결정될 것이다. 인지를 사용함으로써 인지세법에 복종하는 것은 그대의 가련한 나라에 영원한 족쇄를 채우는 꼴이다.〉

하지만 논쟁이 일방적으로만 전개된 것은 아니었다. 국왕파*loyalist*의 견해도 지면에 실렸다. 펜실베이니아의 정치인 조지프 갤러웨이는 〈아메리카누스〉라는 필명으로 식민지 주민이 자위(自衛)에 기여해야 한다는 말은 부분적으로만 옳으며 영국 정부에 싸움을 거는 것은 현명하지 못한 처사라고 주장했다. 〈이 일이 아무리 인기가 없더라도, 귀 신문의 불편부당한 언로를 통해 이러한 행위가 얼마나 뻔뻔스럽고 어리석은가를 지적할 수 있도록 허락해 달라.〉 그의 편지는 『뉴욕 가제트』와 『펜실베이니아 저널』에 실렸다. 하지만 대부분의 경우에 인쇄업계는 인지세법을 비난하는 소책자와 신문 편이었다. 인쇄업자 자신들이 인지세법에 격렬히 반대한 것도 중요한 이유였다.

인지세법이 시행되기 몇 주 전에 『메릴랜드 가제트』는 1면에 해골 그림을 싣고 제목을 〈폐간을 앞둔 메릴랜드 가제트The Maryland Gazette Expiring〉로 바꿨다. 인지세법이 발효된 11월 1일에 많은 신문이 발행을 중단했다. 하지만 인지세법 반대론이 널리 퍼져서 집행할 수 없으리라는 사실이 분명해지자 하나둘 복간하기 시작했다. 『펜실베이니아 가제트』는 11월 7일에 인지를 붙이지 않은 채 복간했는데, 제목 자리에 〈인지를 붙이지 않을 것No Stamped Paper to be had〉이라고 썼다. 인지세법을 집행하려는 시도는 폐기되었으며 영국 정부는 1766년 3월에 법률을 폐지했다. 아메리카에서는 인지세법 폐지 소식에 반색했으며 소책자, 설교, 축시가 쏟아져 나왔다. 하지만 인지세법을 철회한 바로 그날, 영국 정부는 식민지에 적용될 법률을 제정할 권한이 있음을 주장하는 또 다른 법을 통과시켰다. 그 결과로 제정된 타운센드 법은 잉글랜드에서 아메리카로 수입되는 상품에 세금을 부과하고 관세 징수를 엄격하게 시행했으며 징세원과 세관원을 증원했다. 이 조치들은 1767년과 1768년에 다섯 개의 개별 법률로 통과되었으며, 인지세법에 비해 효과가 분산되어 있어서 처음에는 그만큼 반대를 불러일으키지 않았다.

1767년 말에 존 디킨슨이 다시 한번 펜을 들었는데, 이번에는 농부를 자처하여 익명으로 열두 통의 편지를 썼다. 첫 번째 편지는 「펜실베이니아 크로니클」에 실렸다. 이 편지들은 선풍적 인기를 끌어서, 식민지 전역의 거의 모든 신문에 재수록되었으며 「펜실베이니아의 농부가 영국 식민지 주민들에게 보내는 편지Letters from a Farmer in Pennsylvania to the Inhabitants of the British Colonies」라는 소책자로도 출간되었다. 원래는 필라델피아에서 출간되었다가 보스턴, 뉴욕, 윌리엄즈버그, 버지니아에서도 재인쇄되었다. 디킨슨은 독자들에게 새로운 법률로 인한 위험을 경고하고 〈잠에서 깨어 파국이 임박했음을 직시하〉라고 촉구했다. 영국 정부가 유리, 종이, 차 같은 상품을 아메리카에서 제조하지 못하도록 금지하고 반드시 영국에서 수입하도록 함으로써 아메리카의 자유를 침해했다는 것이었다. 〈영국이 우리에게 필요한 필수품을 자기네에게서 구해야 한다고 명령할 수 있다면, 우리가 필수품을 가져가기 전이나 이곳에 부릴 때 자기네 내키는 대로 세금을 내라고 우리에게 명령할 수 있다면, 우리는 비천한 노예 신세다.〉 이어지는 편지에서는 또 다른 타운센드 법이 초래할 결과를 설명했는데, 이를테면 공무원의 임금을 런던에서 직접 지급하면 지방 통치 위원회의 권위가 손상된다는 것이었다.

디킨슨의 편지는 정치적 주장을, 소화할 수 있고 쉽게 이해할 수 있는 형태로 제시했다. 다만 디킨슨은 무력 저항에 찬성하지 않는다는 뜻을 분명히 밝혔다. 그의 글은 타운센드 법에 대한 반대 운동을 결집했다. 일사불란한 수입 거부 협정을 식민지 전역에서 채택한 것이다. 영국 상품에 대한 불매 운동은 언론에서 추진했다. 동참하지 않는 상인은 신문이나 공공장소에 게시된 전단에 거명되어 창피를 당했다. 불매 운동과 더불어, 1770년에 보스턴에서 영국 병사들이 시위대 다섯 명을 살해하여 봉기가 일어나자 영국 정부는 타운센드 법을 폐기했다. 차에 대한 세금만이 영국 정부의 식민지 과세권 주장에 대한 상징으로 보존되었다. 하지만 네덜란드에서 밀수한 차를 사면 세금을 쉽게 회피할 수 있었다.

이후의 불안한 정적을 깨뜨린 것은 1773년의 차(茶)법 통과였다. 이는 아메리카 식민지 주민에게 몰래 과세하려는 시도였다. 차법은 동인도 회사에 차 판매의 독점권을 부여하고 1파운드당 3펜스의 관세를 차 가격에 반영했다. 따라서 동인도 회사가 영국 정부에 직접 세금을 납부하는 셈이었다. 식민지 주민이 사태를 파악하는 데는 오랜 시간이 걸리지 않았다. 공공 집회 소집을 알리는 전단이 나붙었으며 차법을 비난하는 결의안이 통과되어 신문에 발표되었다. 다른 타운에서도 비슷한 조치가 잇따랐다. 인지세 반대 운동 때처럼, 각 식민지의 차 판매업자들은 조직된 반대 운동에 굴복했으며 동인도 회사의 배들은 차를 부리지 못했다. 하지만 보스턴 총독은 차 수송선의 회항을 거부했으며 총독의 아들 두 명이 포함된 차 판매업자들은 판매를 중단하지 않았다. 이 때문에 보스턴 차 사건이 일어났다. 사건이 계획된 장소는 당시에 보스턴에서 가장 급진적인 신문이던 『보스턴 가제트』의 발행인 벤저민 에즈의 집이었다. 12월 16일 저녁에 한 무리의 사람들이 — 그중 일부는 『보스턴 가제트』 사무실에 들러 모호크족 인디언으로 변장했다 — 차 수송선 세 척에 올라 차 상자 342개를 전부 바다에 버렸다.

보스턴 차 사건을 찬미하는 노래, 시, 조각, 소책자가 쏟아져 나왔다. 영국 정부는 권위를 내세우기 위한 일련의 징벌적 법률인 이른바 〈강제적 법Coercive Acts〉(〈참을 수 없는 법Intolerable Acts〉이라고도 한다 — 옮긴이)의 제정으로 응수했으나 식민지를 더욱 격분케 했을 뿐이었다. 이에 맞서 식민지 주민은 제1차 대륙 회의를 소집하여 행동을 조율했다. 무력 충돌이 불가피해 보였다. 〈노방글루스Novanglus〉(불만에 찬 식민지 주민의 대표 존 애덤스)와 〈마사쿠세텐시스Massachusettensis〉(영국 정부의 입장을 변호하는 대니얼 레너드)가 신문 지상에서 열띤 논쟁을 벌였는데, 갈수록 대립의 수위가 높아졌다. 애덤스는 1775년 1월부터 4월까지 보스턴의 신문에 편지 열두 편을 기고하여, 식민지 주민에게서 권리와 자유를 빼앗으려는 영국 정부와 아메리카 내 국왕파의 음모를 폭로했다. 애덤스는 로마의 정치가 키케로를 숭배했으며, 기원전 63년에 카틸리나 음모를 비난한, 고전 문헌에서 가장 유명한 연설에서 영감을 받았다. 애덤스는 식민지 주민이 바라는 것은 그저 권리를 보호하고 자율을 지키는 것뿐이라고 주장했다. 〈이 식민지의 애국자들이 바라는 것 중에서 새로운 것은 전혀 없다. 이들은 오로지 옛 권리를 간직하고 싶을 뿐이다. 이들은 150년 동안 스스로 과세하고 내부 문제를 자신들이 생각하기에 최선의 방식으로 처리하도록 용인받았다.〉 하지만 애덤스가 〈노방글루스〉라는 이름으로 쓴 마지막 편지는 발표되지 못했다. 4월 19일에 렉싱턴과 콩코드에서 무력 충돌이 시작되었기 때문이다. 애덤스 말마따나 이 사건으로 〈전쟁의 수단이 펜에서 칼로 바뀌었〉다. 하지만 미국 독립 전쟁이 시작된 뒤에도 펜은 여전히 할 일이 있었다.

토머스 페인의 바이럴 전술

아메리카 식민지의 미디어 시스템에서 가장 큰 인기와 영향력을 누린 것은 1776년 1월에 뜻밖의 저자가 쓴 글이었다. 토머스 페인은 잉글랜드에서 이주한 지 1년이 조금 넘은 식민지 주민이었다. 나이는 서른일곱이며 코르셋 제작자, 교사, 세무국 관리 등 여러 직업을 전전했다. 일자리를 잃고, 아내와 헤어지고, 빚 때문에 감옥에 갈 처지가 되어 재산을 팔아야 하는 상황에서 (당시에 런던에 있던) 벤저민 프랭클린을 소개받았는데, 프랭클린은 페인에게 아메리카로 이주할 것을 권했다. 페인은 1774년 11월 말에 필라델피아에 도착했으며 이내 『펜실베이니아 매거진』의 편집자로 취직했다. 이곳에서 페인은 도발적 작가이자 편집자로서의 재능을 새로 발견했는데, 잡지는 자신의 굳건한 계몽주의적 견해를 표출할 출구가 되었다. 페인은 〈후마누스Humanus〉, 〈아틀란티쿠스Atlanticus〉, 〈복스 포풀리Vox Populi〉 등 여러 필명으로 글을 썼다. 처음에는 소규모 잡지이던 『펜실베이니아 매거진』의 필자 수를 부풀리려는 의도였지만, 이후에는 나날이 급진적으로 치닫는 견해를 표출하는 수단으로 쓰였다. 발행인과 인쇄업자가 페인의 글이 너무 극단적이라고 판단하자, 페인은 『펜실베이니아 저널』로 무대를 옮겼다. 1775년 3월에 노예제를 매섭게 비난한 글도 여기 실렸다. 이를 계기로 이듬달에 아메리카 최초의 노예제 반대 단체가 설립되었다.

하지만 1775년 가을이 되자 페인은 발행인과 사이가 틀어졌으며, 식민지와 영국과의 관계에 대한 긴 에세이를 쓰기 시작했다. 처음에는 신문에 일련의 편지로 발표할 계획이었다. 하지만 에세이는 애초에 의도한 역사적 서술 대신 아메리카 독립을 옹호하는 직설적이고 자세한 논증이 되었다. 페인은 자신의 글을 〈명백한 진실Plain Truth〉이라는 제목의 소책자로 발표할 생각이었으나 친구의 조언에 따라 〈상식Common Sense〉으로 바꾸었다. 주제가 선동적이어서 필라델피아의 인쇄업자 로버트 벨만 인쇄에 동의했다. 그는 비정상적으로 높은 비용을 불렀다. 페인은 소책자가 판매에 실패하면 금전적 손해를 부담하는 대신에, 잘 팔리면 이익을 벨과 나누기로 했다. 벨은 정가를 같은 크기의 소책자보다 비싼 금액인 2실링으로 매겼다. 이런 고가 정책에도 불구하고, 1776년 1월 10일에 출간된 초판

1,000부가 며칠 안에 매진되었다. 벨과 사이가 틀어진 페인은 다른 인쇄업자에게 소책자를 넘겼는데—벨도 독자적으로 계속 인쇄했다—6,000부를 인쇄하여 1실링의 저렴한 가격에 판매하되 수익금은 조지 워싱턴이 이끄는 식민지 대륙군에 기부하도록 했다. 이 소책자는 이미 초미의 관심사였고, 저렴한 가격에, 경쟁하는 두 인쇄업자가 신문 광고를 내보내는 데다, 수익금까지 기부하자 「상식」에 대한 관심은 높아만 갔다.

계몽주의에 경도된 페인은 영국에 맞선 식민지의 투쟁에 뒤늦게 동참했기에 상황을 뚜렷이 볼 수 있었다. 식민지가 영국 국왕 및 그의 정부와 관계를 단절하고 세습 군주제와 계급 사회라는 유럽 전통을 버리고 독립해야 한다는 사실은 그가 보기에 명백했다. 페인은 자신의 경험을 통해, 영국 헌법과 군주제가 지금껏 고안된 최상의 정부 형태라는 전통적인 애국주의적 견해를 거부했으며 영국을 구슬려 타협할 방법을 찾다가는 〈대륙의 파멸〉을 초래할 뿐이라고 주장했다. 페인의 주장에 따르면, 훨씬 나은 방법은 식민지 주민이 독립을 선언하고 주 의회와 국가 의회를 기반으로 새 형태의 정부를 창안하는 것이었다. 전혀 새로운 발상이 아니었지만, 페인은 이전의 누구보다도 더 명확하고 설득력 있게 주장을 펼쳤다. 페인은 소책자에서 으레 채택하는 어조보다 훨씬 직설적이고 대중적이고 격정적인 어조를 구사했다(여느 소책자에서는 적수를 직접 거명하는 일이 드물었다). 페인은 영국이 〈이제는 공공연한 적〉이라고 말했다. 조지 3세는 〈영국의 짐승 왕〉이자 〈잉글랜드의 골난 파라오〉라고 불렸다. 페인은 독자에게 학식을 드러내거나 고전이나 당대 정치 철학에 대한 지식을 과시하지 않았으며 루터가 그랬듯 최대한 많은 독자에게 다가갈 수 있도록 어조를 조절하고 단순한 언어를 구사했다. 페인은 식민지 주민이 당면한 선택을 역사적 전환점으로 규정했으며 과거와 완전히 단절하고 〈새로 세상을 시작할〉 기회가 찾아왔다고 주장했다. 페인은 독립 찬성론에서 많은 사람들에게 호소할 수 있는 정수를 뽑아냈다. 식민지 주민은 선과 미래의 편에, 이에 맞서는 영국은 악과 과거의 편에 세웠다.

「상식」이 출간된 바로 그 순간, (13개 식민지의 행동을 조율하기 위해 설립된 조직인) 제2차 대륙 회의는 독립이라는 아이디어를 받아들이는 방향으로 조금씩 나아가고 있었다. 하지만 대표들은 그런 결정을 내릴 권한이 자신들에게 있는지, 주민들이 독립을 얼마나 지지하는지 확신하지 못했다. 렉싱턴과 콩코드에서 무력 충돌이 벌어진 뒤에도 많은 대표는 영국과 화해하고 식민지 주민의 권리를 보호하는 협정을 맺는 방안을 여전히 선호했다. 독립은 급진적이고 위험한 정책으로 치부되었다. 워싱턴은 1775년 5월에, 자신이 독립을 추진하면 〈사람들이 온갖 비난을 퍼부을 것〉이라고 말하기도 했다. 한편 매사추세츠 대표 존 애덤스를 비롯한 독립 지지자들은 페인이 군주제를 노골적으로 공격하는 것 때문에 자신들의 평판이 낮아질까 봐 우려했다. 한마디로 페인의 소책자는 위험할 정도로 극단주의적인 것으로 치부되었으며, 소책자의 논리에 설득당한 초창기 독자들은 이따금 자신의 열광을 표현해도 될지 확신하지 못했다.

「상식」은 출간된 지 열흘 만에 뉴욕, 버지니아, 매사추세츠에까지 퍼졌다. 필라델피아 제2차 대륙 회의에 참석한 대표들 사이에서 돌기 시작한 사본은 정치적 계층을 초월하여 손에서 손으로 전해졌으며 우편으로 친구들에게 발송되고 추천되었다. 매사추세츠의 또 다른 대표 새뮤얼 애덤스(존 애덤스의 사촌)는 소책자 사본을 보스턴에 있는 아내에게 편지로 보냈으며 친구 제임스 워런에게 자기 아내에게서 사본을 빌리라고 말했다. 〈며

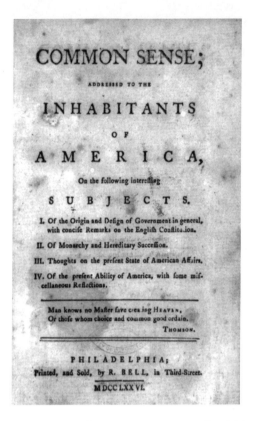

토머스 페인의 소책자 「상식」 표지. 처음에는 익명으로 출간되었다.
자료 제공: 미국 의회 도서관

칠 전에 처음 발표된 소책자를 아내에게 보냈네. 이곳에 있는 치들 몇 명이
꽤 안달이 났지. 그대가 읽어 보길 바라네. 내 아내에게 빌리시길.〉워런은
이미 필라델피아의 여러 지인에게서 사본들을 받아 가족, 이웃, 친구와 즉
각 공유한 상태였다. 그중 한 명은 〈사본을 빌려주어 무척 고맙〉다고 답장
을 보내면서 이 주장이 〈모든 신문에 수록되어야 한〉다고 역설했다. 뉴햄
프셔 대표 조사이어 바틀릿은 고향의 친구에게 사본을 보내면서 〈각계각

층의 사람들이 앞다투어 사들이고 읽〉고 있으며 〈사람들에게 얼마든지 빌려주어도 좋〉다고 말했다. 버지니아 대표는 토머스 제퍼슨에게 사본을 보내면서 〈2실링짜리 선물 「상식」을 보냅니다〉라고 덧붙였다. 일부 대표들은 자신의 의견을 밝히기 전에 소책자가 어떤 반응을 불러일으키는지 알고 싶어 했다. 하지만 페인의 논리에 바로 설득당했다고 기꺼이 밝힌 사람들도 있었다. 페인의 소책자는 독립의 잠재적 지지층을 드러내는 동시에 새로운 개종자를 얻었다.

1776년 1월 말에 찰스 리 장군은 워싱턴에게 이렇게 썼다. 〈「상식」이라는 소책자 보셨는가? 이렇게 설득력이 강한 작품은 처음 보았네. 내가 잘못 생각한 게 아니라면 이 소책자는 성직자의 초월적 어리석음과 사악함과 더불어 영국에 최후의 일격을 가할 걸세. 한마디로, 논증을 통해 분리의 필연성을 확신하게 되었다네.〉 워싱턴은 친구에게 〈소책자 「상식」에 담긴 건전한 신조와 반박할 수 없는 논리 덕분에 [제2차 대륙 회의] 의원들은 분리의 정당성을 결정하는 데 일말의 망설임도 없을 것이네〉라고 썼다. 4월에는 〈최근에 버지니아에서 받은 사신(私信)에 따르면 「상식」은 많은 사람들의 마음속에 놀라운 변화를 일으키고 있다네〉라고 친구에게 썼다.

필라델피아에서 페인은 더 많은 인쇄업자들이 「상식」을 복제하도록 허용함으로써 더 많은 소책자가 유포되도록 했다. 다른 곳에서도 서적상과 인쇄업자가 「상식」의 인기에 편승하여 수익을 얻으려고 달려들었으며 페인은 자신의 소책자가 곳곳에서 재인쇄되는 것을 보면서 희희낙락했다. 곧이어 뉴욕, 매사추세츠 주 세일럼, 코네티컷 주 하트퍼드, 펜실베이니아 주 랭커스터, 뉴욕 주 올버니, 로드아일랜드 주 프로비던스, 코네티컷 주 노리치에서도 「상식」이 출간되었다. 세일럼의 재인쇄본은 〈열두 부 묶음〉

으로 팔렸다. 집에서, 가게에서, 술집에서, 커피하우스에서 「상식」을 낭독했다. 이탤릭체와 쉼표를 많이 쓴 덕에, 어디에 강세를 주고 어디서 숨을 쉬어야 할지 쉽게 알 수 있었다. 코네티컷의 한 교회에서는 심지어 주일 예배 시간에 낭독하기도 했다. 3월 말까지의 판매 부수는 10만 부, 최종 판매 부수는 약 25만 부에 달했으며, 페인은 세계적 베스트셀러 작가가 되었다. 「상식」 발췌본도 식민지 전역의 신문에 실렸다. 뉴잉글랜드 지방지 『노리치 패킷』에서는 「상식」 발췌본을 2월부터 4월까지 9회 연재했다. 「코네티컷 쿠런트」는 1절을 뺀 나머지 분량을 세 호에 걸쳐 실었으며 버지니아의 두 지방지에서도 발췌본을 실었다.

「상식」의 성공으로 독립에 대한 태도가 달라졌다. 예전에는 독립을 지지하는 것을 말할 것도 없고 언급하는 것조차 꺼리는 사람이 많았다. 「상식」을 읽은 보스턴의 한 독자는 친구에게 이렇게 썼다. 〈1년 전만 해도 독립을 대놓고 거론하다가는 무사할 수 없었네. (……) 지금은 온통 독립 이야기뿐일세. 영국이 무슨 수로 막을 수 있겠나.〉 4월 29일에 『보스턴 가제트』에 실린 편지는 이렇게 선언했다. 〈예언의 영이 간행물의 탄생을 정한다면 「상식」이 출간된 시기보다 더 운 좋은 날은 만날 수 없으리라. 지금껏 인구에 회자된 주제 중에서 가장 결정적이고 중요한 것에 사람들이 마음을 빼앗겼다.〉 메릴랜드의 한 독자는 「펜실베이니아 이브닝 포스트」에 실린 편지에서 「상식」의 저자가 — 당시에도 여전히 익명이었다 — 〈이곳에서 수많은 사람을 개종시켰〉다고 단언했다. 〈그의 문체는 평이하고 신경질적이다. 그가 제시하는 사실은 진실이다. 그의 논리는 타당하고 확고하다.〉 「뉴런던 가제트」에서 「상식」 저자에게 보낸 공개 편지도 찬사 일색이었다. 〈그대 자신의 소신을 천명함으로써 그대는 수많은 사람들의 정서를 천명했습니다. 그대의 글은 앞에 놓인 것을 모조리 쓸어 버리는 홍수에 비견할 만합니다. 우리는 장님이었습니다. 하지만 이 글을 읽자마자 우리의 눈에서 비늘이 벗겨졌습니다.〉「코네티컷 쿠런트」는 4월에 〈「상식」의 〈독립〉 원칙이 식민지 연합 전역에서 승인되기를!〉이라는 말이 〈절친한 친구들과의 술자리에서〉 외치는 건배사가 되었다고 보도했다.

물론 모두가 페인에게 동의한 것은 아니었다. 〈칸디두스〉가 「상식」에 맞서 쓴 소책자 『명백한 진실Plain Truth』은 다양한 정치 철학자의 말을 인용하여 페인의 논증을 공격했다. 하지만 소책자의 대상 독자인 국왕파에게는 깊은 인상을 남겼을지 모르지만, 루터를 반박한 라틴어 소책자들과 마찬가지로 많은 독자를 만나는 데는 실패했다. 『명백한 진실』에 대한 답변으로 출간된 「〈명백한 진실〉이라는 최근 소책자에 대한 논평Remarks on a Late Pamphlet entitled Plain Truth」은 이 소책자의 주장에는 공감을 표하면서도 글이 형편없어서 오히려 독립 찬성론에 힘을 실어 줄 뿐이라고 평했다. 『명백한 진실』은 참패했다. 페인은 『명백한 진실』이 〈말라비틀어지고 보잘것없는 잡초처럼 시들었으며 지지자들조차 불만스러워 한〉다고 말했다. 뉴욕의 국왕파 교구 성직자가 쓴 「거짓말쟁이의 가면을 벗기다Deceiver Unmasked」도 성공을 거두지 못했다. 뉴욕의 신문들에 소책자 광고가 나자, 독립 지지자들이 인쇄소를 습격하여 남은 소책자를 몽땅 폐기했다.

「상식」은 신문 지상에서 열띤 논쟁을 불러일으켰다. 찬성측과 반대측 모두 논평을 쏟아 냈다. 『펜실베이니아 패킷』에 실린 편지에서는 〈이른바 독립 논쟁이라는 것이 신문에서 벌어지는 태도〉를 문제 삼았다. 가장 효과적인 반박은 국왕파 성직자 윌리엄 스미스가 기고한 편지였다. 스미스는 『펜실베이니아 가제트』에 〈카토〉라는 필명으로 기고한 여덟 통의 편지에서 「상식」을 비난했는데, 미래의 어느 시점엔가는 독립에 마음을 열 수 있으리라면서도 아직은 영국과 화해하고 타협하는 것이 최상의 방책이라고 주장했다. 스미스의 네 번째 편지는 페인의 독립 촉구에 대한 가장 상세하고 예리한 응답이었다. 벤저민 프랭클린을 비롯한 페인의 친구들은 이대로 넘어가서는 안 된다고 페인을 설득했다. 이에 페인은 펜실베이니아의 신문들에 〈포리스터〉라는 필명으로 네 통의 편지를 실었다. 스미스의 편지와 페인의 편지는 널리 재수록되었으며 다른 사람들에게서도 반응을 이끌어 냈다. (이 때문에 필라델피아 신문들에 남는 지면이 없다고 불평하는 사람들도 있었다.) 페인은 카토의 글이 〈문체, 용어, 내용이 밋밋하〉다고 조롱하고는 논리의 약점을 비판했다. 지상(紙上)에서는 누구도 뚜렷한 승리를 거두지 못했다. 하지만 대중 정서가 독립 찬성론으로 기우는 것이 분명해지자 스미스는 자신의 패배를 절감했다.

식민지 주민이 런던에 화해 청원을 보낸 1775년 7월에만 해도 상상할 수 없던 일이 1년 뒤에 필연으로 보이기 시작했다. 1776년 7월 4일에 제2차 대륙 회의는 독립 선언문을 채택했다. 뒤이어 몇 해 동안 페인은 독립 전쟁에서 사기를 북돋우고 영국과의 타협에 반대하기 위해 「아메리카의 위기The American Crisis」라는 일련의 소책자를 썼다. 첫 번째 소책자는 워싱턴의 대륙군이 연이어 역전당한 1776년 12월의 암울한 시기에 출간되었다. 이 소책자에는 감동적인 구절이 담겼다. 〈지금은 사람들의 영혼을 시험하는 때이다. 농한기 병사와 호시절 애국자는 이 위기를 맞아 조국을 지키는 일에서 발뺌할 것이지만, 물러서지 않는 자는 뭇사람의 사랑과 감사를 받아 마땅하다. 압제는 지옥과 같아서 쉽게 정복되지 않는다. 하지만 싸움이 힘겨울수록 승리의 영광이 크다는 사실이 우리에게 위안이 된다.〉

워싱턴은 장교들에게 페인의 새 소책자를 병사들에게 읽어 주어 사기를 진작하라고 명령했으며 이틀 뒤에 군대를 이끌고 델라웨어 강을 건너 트렌턴과 프린스턴에서 승리를 거두었다. 페인은 난국이 닥칠 때마다 〈아메리카의 위기〉 시리즈를 출간했으며 결국 1783년에 영국은 미합중국을 승인하기에 이르렀다.

하지만 페인의 대표작은 「상식」이었다. 「상식」은 의심할 여지 없이 미국 독립 혁명에서 가장 유명하고 영향력 있는 소책자였다. 사우스캐롤라이나의 의사 데이비드 램지는 미국 독립 혁명에 대한 초창기 기록에서 이렇게 말했다. 〈「상식」은 사람들의 감정 및 정서와 어우러져 놀라운 결과를 빚었다. 거의 모든 아메리카인이 이 소책자를 읽었으며, 영국의 잔혹한 정책과 맞물려 신의 섭리에 따라 독립을 찬성하는 전례 없는 단결을 이끌어 내는 데 일익을 담당했다.〉 16세기 루터의 소책자와 21세기 인터넷 기반 소셜 미디어와 마찬가지로 「상식」은 의견을 표출하고 조율하는 수단 노릇을 했다. 「상식」에서 펼친 논증과, 「상식」이 촉발한 토론은 식민지 주민 사이에 독립에 대한 지지가 널리 퍼져 있음을 서로에게 또한 정치 지도자들에게 보여 주었다.

여러 해 뒤에 존 애덤스는 토머스 제퍼슨에게 이렇게 불만을 표했다. 〈역사는 미국 독립 혁명을 토머스 페인의 공으로 돌릴 것이오.〉 미국의 자유롭고 개방적인 소셜 미디어 생태계가 미국 독립 혁명에 한몫한 것은 분명하다. 편지, 소책자, 신문이 유통되고 이로 인해 의견 교환이 이루어지면서 제각각이던 식민지들이 공통의 대의 아래 뭉쳤다. 매사추세츠의 판사 윌리엄 쿠싱은 1789년에 존 애덤스에게 보낸 편지에서 이렇게 물었다. 〈이러한 언론 자유 없이, 영국의 통치에 대항하여 우리의 자유를 지지할 수 있었겠소? 아니, 혁명이 일어날 수 있었겠소? 결단코 그럴 수 없었소. 그때는 말이오.〉 1789년에 출간된 『미국 혁명사*The History of the American Revolution*』에서 램지도 같은 결론을 내렸다. 〈미국 독립을 확고히 다지는 일에서 펜과 인쇄기는 칼 못지않은 역할을 해냈다.〉

8장

인민의 감시병:

독재, 낙관론, 소셜 미디어

수많은 광적인 소요는 어디에서 비롯하는가?
말단 점원에게서,
변호사에게서,
클럽과 카페를 전전하며
사람들을 들쑤시는
이름 없는 작가와
굶주린 필경사에게서 비롯한다.
오늘날 군중을 무장시키는
무기를 벼리는 곳이
바로 이 모루다.

@ P. J. B. 제르비에(1789년 6월)

1630년에 프랑스의 의사 테오프라스트 르노도는 파리에 범상치 않은 사무소를 열었다. 〈뷔로 다드레스 에 드 랑콩트르Bureau d'Adresse et de Rencontre〉라는 이름의 이 사무소는 일종의 정보 교환소였다. 이를테면 일자리를 찾는 사람들이 이곳에 등록하면, 구인하는 사람들이 등록부를 보면서 적당한 직원감을 찾았다. 사무소에 등록하려면 소액의 수수료를 내야 했는데 극빈층에게는 이마저도 면제해 주었다. 〈뷔로〉는 독점권을 부여하는 왕실 특허장을 받았으며, 1639년부터는 파리에 들어오는 모든 노동자가 도착한 지 며칠 안에 뷔로에 등록하도록 의무화하는 칙령이 반포되었다. 르노도는 뷔로의 역할을 점차 확대했다. 사람들은 팔 물건이 있을 때 사무소에 등록할 수도 있었으며, 가난한 사람들이 필요할 때 돈을 마련할 수 있도록 사무소가 전당포 역할도 했다. 르노도와 동료 의사들은 무료 진료도 해주었다. 1633년에 르노도는 「푀유 뒤 뷔로 다드레스Feuilles du Bureau d'Adresse」라는 광고 뉴스레터를 발행하기 시작했다. 〈파리의 주택 매물〉, 〈가구 매물〉, 〈사무실 매물〉 등의 제목 아래에 매물을 나열했다. 각 매물에는 사무소 등록부의 항목 번호가 기재되어서, 관심 있는 사람은 광고주의 상세 정보를 쉽게 찾아볼 수 있었다.

게다가 뷔로는 1633년부터 1642년까지 열린 〈콩페랑스 뒤 뷔로 다드레스Conférences du Bureau d'Adresse〉 학회의 개최 장소였다. 학회는 매주 열리는 교육적 행사로, 누구나 참석할 수 있었으며 연금술, 질병의 전파, 지진, 자력, 부적, 주술 등 과학을 중심으로 다양한 주제를 논의했다. 학회의 인기가 너무 커져서 나중에는 참석자를 100명으로 제한해야 할 정도였다. 르노도는 파리에서 논란거리였다. 당대의 과학주의자와 마찬가지로 그 또한 과학의 발전은 오류 없(다고 간주되)는 고대의 지식에 대한 맹종이 아니라 관찰과 실험을 바탕으로 이루어져야 한다고 생각했기 때문이다. 르노도는 의학에 대해서도 더 과학적인 접근법을 옹호했으며, 이 때문에 여전히 전통적 사혈(瀉血) 요법을 고집하는 프랑스 의료계에서 그를 적대시하는 사람들이 생겼다. 주간 학회에서도 르노도는 참석자들이 이름을 밝히지 못하도록 했으며 강연자의 명성이나 사회적 지위가 아니라 미덕을 기준으로 기여도를 평가해야 한다고 주장했다. 르노도는 배경과 상관없이 모든 사람에게 학회를 개방하고 싶어 했다. 과학이란 토론과 논쟁을 통해 발전하는 협업적 과정이어야 한다고 생각했다. 학회의 발표 내용은 다섯 권의 책으로 출간되었는데, 각 권은 1,000쪽에 달했으며 질문과 답변 형식으로 되어 있었다. 책에서는 여러 강연자가 〈어느 세기에든 이 사람보다 위대한 인물이 있었는가?〉 같은 질문을 논의했다.

하지만 파리 시민에게 정보를 유통하려는 르노도의 선구적 시도는 (단 하나의 예외만 빼면) 그다지 오래가지 않았다. 후원자 리슐리외 추기경이 1642년에 사망하자 르노도는 뷔로 다드레스에 대한 왕실 특허를 반납해야 했으며 의료계의 적들은 그의 의료 행위를 금지했다. 르노도는 가난에 허덕이다 1653년에 죽었다(어떤 적수는 르노도가 〈화가처럼 가난했〉다고 조롱했다). 그의 사업 중에서 하나만이 살아남았다. 바로 1631년에 창간한 신문 『가제트 드 프랑스』였다. 하지만 신문은 르노도의 온갖 사업 중에서 단연 가장 덜 혁신적이고 가장 순응적이었다. 처음에는 외국의 가제트와 코란토에 실린 기사를 번역해 실었다. 하지만 딴 인쇄업자들이 해적판을 내놓지 못하도록 외국의 뉴스와 정치를 단독으로 보도할 독점권을 부여받았다. 프랑스 정부로서도 잘된 일이었다. 이런 사안이 한 곳에만 실린다면 통제하기가 훨씬 수월하기 때문이다. 궁정에서 진행되는 일을 공식 발표하는 창구로도 제격이었다. 『가제트』는 국가 신문이 되었으며 독점권 덕에 한 세기 뒤에도 건재했다. 영국과 미국에서는 언론 통제가 느슨해지고 표현의 자유 원칙이 정치 문화에 뿌리를 내렸지만 18세기 프랑스의 미디어 시스템은 여전히 철저한 감시와 엄격한 통제를 받고 있었다. 이런 제약으로 인해 이 시기의 프랑스의 미디어는 『가제트 드 프랑스』처럼 국가가 통제하는 공식 간행물, 역외 언론, 지하 미디어의 세 가지 형태로 갈라졌다.

『가제트』 같은 공식 승인된 간행물은 특정 주제를 다룰 수 있는 배타적 허가인 〈프리빌레주 *privilège*〉를 받았다. 이를테면 『가제트 드 프랑스』가 외국 뉴스와 정치 뉴스를 보도한 반면에 『주르날 데 사방』은 과학과 학술을 다뤘다. 여성, 군 장교, 시인, 관객 등을 위한 신문도 수십 종에 이르렀다. 프리빌레주 체제는 프랑스 발행인들을 경쟁에서 보호했으며 정부의 입맛에 맞는 정보만 보도되도록 했다. 안 그랬다가는 프리빌레주를 잃을 수도 있었기 때문이다. 공식 정기 간행물은 국왕에게 허가받는 것과 더불어 검열관에게도 사전 승인을 받아야 했다. 그러지 않으면 국가 우편 제도를 이용하여 배달할 수 없었다. 정부에서 고용한 검열관은 200명에 달했다. 경찰 특수부는 검열을 집행했으며 프리빌레주 소유자의 분야를 다른 인쇄업자가 무단 발행하지 못하도록 보호했다. 말하자면 공식 간행물의 범위는 매우 넓었지만 국내 정치와 종교는 극구 회피했다.

『가제트 드 프랑스』의 지루한 지면은 왕실의 포고령과 기념 행사 보도로 가득했다. 한 프랑스 작가는 복권 당첨, 왕실의 출산, 베르사유 예배당의 예배만이 『가제트』에 실린다고 농담하기도 했다. 하긴 진실과 그렇게 먼 이야기는 아니었다. 『가제트』는 중요한 정치 뉴스도 건조하고 간략하게 보도했다. 이를테면 모르파 백작이자 루이 15세 치하의 최고위 장관이던 장프레데릭 펠리포가 〈레트르 드 카셰*lettre de cachet*〉(국왕의 인장이 찍힌 왕실 편지로, 재판 없이 투옥할 수 있는 체포 영장)로 전격 축출된 왕실 드라마를 『가제트』가 어떻게 보도했는지 살펴보자. 기사는 사건이 벌어진 지 거의 두 주 뒤에야 실렸으며 모르파의 몰락으로 인한 왕실 정치의 지각 변동에 대해서는 일언반구도 없었다.

4월 24일 파리. 오전 9시를 앞두고 전쟁부 장관 아르장송 백작이 국왕의 명령으로 모르파 백작의 관저를 찾아가 (폐하께서 그를 부르주로 해임하라고 명하시는) 레트르 드 카셰를 전달했다.

하지만 『가제트 드 프랑스』는 공식 독점권을 가지고 있었음에도 정치 뉴스를 독차지하지는 못했다. 독자들은 역외 언론(외국에서 취합되고 인쇄되어 프랑스에 수입된 프랑스어 신문)을 선택할 수도 있었다. 역외 언론은 외국에서 제작되었기에 역설적으로 프랑스 국내 정치를 언급하기에 더 유리한 위치에 있었다. 어차피 무허가였으니 프리빌레주를 잃을까 봐 걱정할 필요가 없었기 때문이다. 가장 유명한 역외 신문은 네덜란드의 도시 레이던에서 발행된 『가제트 드 레드 Gazette de Leyde』였다. 쾰른, 런던, 아비뇽(당시에는 프랑스 영토가 아니었다)에서도 프랑스어 역외 신문이 제작되었다. 이 신문들은 정치 뉴스를 『가제트 드 프랑스』보다 더 상세하게 전했다. 이를테면 『가제트 드 프랑스』가 국가의 화신인 국왕이 모든 정책 결정에 친히 관여하는 것처럼 꾸미는 것에 반해 실권을 쥔 장관의 이름을 거명했다.

당국은 이 외국 신문들을 공식적으로는 금지했지만 실제로는 용인했다. 검열받지 않은 뉴스를 보도하는 것 같아도 여러모로 프랑스 정부의 통제를 받았기 때문이다. 일례로 신문은 우편으로 배부했기 때문에, 도를 넘었다가는 배달에서 배제될 수 있었다. 『가제트 드 레드』는 1770년대 초에 파를망parlement(프랑스 구체제의 최고 법원 — 옮긴이) 폐지 시도를 보도했다가 낭패를 겪었다. (파를망은 지방 법원으로, 프랑스가 점차 절대 군주제로 향하는 과정에서 영향력을 유지하려 했다.) 역외 신문의 통신원과 편집자는 국내외에서 괴롭힘을 당하거나 회유받았으며 신문들은 당국의 눈 밖에 나지 않으려고 종종 기사를 철회했다. 존 애덤스는 프랑스 주재 미국 특사로 활동하던 시절에 이렇게 썼다. 〈이 모든 신문은 프랑스 내각에 고분고분하다. 불경한 기사가 실리면 법원 명령에 따라 신문의 발행과 배포가 중단되기 때문이다.〉 한마디로, 보기만큼 독립적이지는 않았다. 하지만 약간 더 자유로운 역외 신문은 나름의—심지어 정부에게도—쓰임새가 있었다. 특히 역외 신문은 외국 신문에서 가장 중요한 기사를 프랑스어로 요약했는데, 이는 매우 유용했다(루이 15세 자신도 『가제트 드 레드』를 읽은 것으로 알려져 있다). 1770년대에 런던에서 발행된 『쿠리에 드 뢰로프Courrier de l'Europe』는 〈영자 신문에서 뽑은 기사〉라는 제목 아래 뉴스를 실었으며 〈매주 런던에서 발행되는 신문 53종에서 뽑은 신뢰할 만한 기사〉를 제공한다고 자부했다. 1776년에 정부를 공격하는 파리발 편지를 싣는 바람에 프랑스 우편 체제에서 잠시 축출당했지만, 영국과 미국의 귀중한 소식통이었기에 다시 복원되었다. 외국 신문들은 프랑스 정부가 비공식적으로 정보를 공표하는—이를테면 제안된 정책 변경에 대한 반응을 측정하기 위해—수단으로 쓰이기도 했다.

그럼에도 영국, 미국, 네덜란드, 독일의 신랄하고 다채롭고 (종종) 악랄한 미디어 환경과는 천양지차였다. 통제가 극히 엄격했기에, 실제 언론 활동은 지하 소셜 미디어 환경에서 일어났다. 정말로 무슨 일이 일어나고 있는지 알고 싶은 사람은 프랑스 미디어 시스템의 세 번째 부분인 지하 언론을 찾았다. 이곳은 풍문, 노래, 종이쪽지에 끼적인 시, 숨겨둔 인쇄기로 찍은 문서, 손으로 쓴 뉴스 전단 〈누벨 아 라 맹nouvelles à la main〉(손에 의한 뉴스) 등이 어우러진 비공식 네트워크였다. 정치 저술가 피에르 마뉘엘은 1791년에 이렇게 썼다.

정보를 얻고 싶은 사람은 『가제트 드 프랑스』에 만족하지 못한다. 국왕이 빈민에게 세족식(洗足式)을 했다는 사실을—게다가 발은 더럽지도 않았다—누가 궁금해하겠는가? 왕비가 아르투아 백작과 부활절을 기념했든,

므시외*Monsieur*(왕의 살아 있는 형제들 중 맏형 —— 옮긴이)가 자신에게 헌정된 책을 (읽지도 않고서) 마지못해 받아들였든, 파를망이 예복을 갖춰 입은 채, 배내옷 입은 아기 도팽*dauphin*(왕위 계승자 —— 옮긴이)에게 장광설을 늘어 놓았든 누가 상관하겠는가? 사람들은 궁정에서 실제로 일어나고 말한 것을 모조리 알고 싶어 한다. 로앙 추기경이 구슬 목걸이로 농간을 부리기로 마음먹은 것은 왜, 누구 때문인가? 디안 백작 부인이 장군을 임명하고 쥘 백작 부인이 주교를 임명한다는 것이 사실인가? 전쟁 장관이 정부(情婦)의 새해 선물로 챙긴 생 루이 메달은 몇 개인가? 비밀 신문을 제작하는 날카로운 재치의 필자들은 이런 추문에 대한 기사를 퍼뜨렸다.

지하 미디어

1740년대에 프랑스 군주제가 잇따라 위기를 겪으면서 점차 인기를 잃자 다른 정보 출처에 대한 수요가 커졌다. 가물에 콩 나듯 하는 공식 정보들을 막후의 풍문으로 연결하면 더 온전하고 믿을 만한 그림을 그릴 수 있었다. 당시의 한 경찰국장은 이렇게 말했다. 〈파리 사람들은 정부의 명령이나 허가로 인쇄되고 발행된 사실보다는 비밀리에 유통되는 못된 소문과 『리벨*libelle*』(유명인을 중상하는 정치 소책자 —— 옮긴이)을 더 믿는 경향이 있다.〉 이 사람에게서 저 사람에게로 전달되는 이런 풍문은 구전, 필사본, 인쇄본이 뒤섞인 형태로 사회 꼭대기에서 바닥까지 유통되었다.

모르파 백작이 몰락한 것은 —— 『가제트 드 프랑스』에서는 거의 보도되지 않았다 —— 이 지하 미디어 시스템을 좌지우지하려던 시도의 직접적 결과였다. 모르파는 풍자적인 시와 노래를 수집하고 이따금 직접 쓴 것으로 알려져 있었다. 시와 노래 사이에는 뚜렷한 경계선이 없었다. 시를 쉽게 암기하는 방법은 친숙한 가락을 붙이는 것이었는데, 이렇게 암기한 시는 읊거나 노래할 수 있었다. 이 시들은 사람에게서 사람에게로 전달되면서 — 구전되든 종이쪽지에 필사되어 전해지든 — 새로운 구절이 덧붙거나 이름이 바뀌는 등 개작되기도 했다. 이를테면 「잡년Qu'une bâtarde de catin」은 일종의 〈부르는 신문〉 역할을 한 인기곡이었다. 각 절은 저마다 다른 유명인을 풍자했는데, 후렴은 루이 15세가 나라를 망친 것을 비난했다.

아, 저기 있다. 아, 여기 있다.
나랏일에 관심 없는 자가.

이런 시는 뉴스에 맞춰 쉽게 개작할 수 있었다. 이 과정은 여론을 모으고 압축하는 집단 창작이었다. 문맹자도 참여할 수 있었으며, 이를 통해 정보가 구전과 문자 형태로 궁정에서 저잣거리로, 저잣거리에서 궁정으로 계급 장벽을 넘어 자유롭게 이동할 수 있었다. 모르파를 비롯한 궁정인은 풍문을 양념처럼 곁들인 재치 있는 시를 쓰거나 개작했으며, 이 시들은 궁정에서 유통되다가 살롱과 커피하우스를 거쳐 사회 전반으로 확산되었다. 이와 동시에 길거리에서 불리는 시가 궁정의 최상층부까지 도달할 수도 있었다. 모르파는 무엇보다 파리 경찰을 관할하면서 노래와 시를 수집하여 — 그중 상당수는 정보원이 제공했다 — 35권짜리 〈샹소니에 chansonnier〉, 즉 노래집으로 만들었다. 국왕은 곧잘 모르파에게 최근의 시와 노래를 들려 달라고 청했다. 음미하기 위해서이기도 했고 여론을 파악하기 위해서이기도 했다. 어느 궁정인이 풍자되고 있을까? 왕가에 대해 요즘 어떤 소문이 돌고 있을까? 그 대답은 가장 인기 있는 시들에 들어 있었다. 1780년대에 이 시기를 되돌아본 프랑스의 한 작가는 대중이 〈이러한 시와 노래를 찾고, 암기하고, 서로 주고받는 데 열심이었〉다고 회상했다.

1749년에 모르파가 국왕의 총애를 잃고 여러 차례 체포된 사실은 시와 일화를 전파하는 소셜 미디어 시스템의 속성을 암시한다. 그의 몰락은 꽃에 대한 대수롭지 않은 시에서 시작되었다.

고귀하고 너그러운 품성으로
붓꽃이여, 그대는 나의 마음을 뺏는구나.
우리 가는 길에 그대가 꽃을 뿌리네.
하지만 하얀 꽃이로다.

인기 있는 가락이 붙은 이 시는 모르파가 국왕, 국왕의 정부(情婦) 퐁파두르 부인, 그녀의 사촌 에스트라드 부인과 개인적으로 만찬을 가진 이튿날 베르사유 궁전에서 회자되기 시작했다. 만찬 자리에서 퐁파두르는 꽃다발에서 하얀 히아신스 세 송이를 뽑아, 식탁에 앉은 세 사람에게 건넸다. 이 상황에 빗대면 위의 시는 음탕한 말장난이 된다. 〈하얀 꽃fleur blanch〉은 성병 증세를 일컫는 속어이기도 했기 때문이다. 한마디로 이 시는 퐁파두르를 심하게 모욕한 것이었다. 그런데 누가 이 시를 썼을까?

이미 퐁파두르는 처녀 적 이름 〈푸아송〉에 빗대어 〈푸아소나드poissonnade〉라고 불리는 모욕적인 시 수십 편의 주인공이었다. 그래서 파리 경찰을 감독하는 모르파에게 시의 유포를 더 엄격히 통제해 달라고 여러 번 부탁했다. 하지만 퐁파두르는 궁정 안팎에서 국왕에게 영향력을 행사한다는 이유로 공분을 사고 있었기에 모르파는 국왕이 그녀를 포기하도록 하려고 푸아소나드의 유포를 내버려두거나 (심지어) 부추겼다. 한편 모르파를 신뢰하지 않는 퐁파두르는 국왕이 모르파를 그녀의 편 아르장송 백작으로 교체하기를 바랐다. 〈하얀 꽃〉이 회자되기 시작했을 때, 만찬에 참석한 네 사람 중 한 명이자 풍자시 애호가로 알려진 모르파가 시를 썼다는 사실이 분명했다. 국왕은 모르파가 아니라 퐁파두르 편을 들어 모르파를 쫓아냈다. 모르파를 추방하는 레트르 드 카셰를 전달한 사람은 퐁파두르의 친구 아르장송 백작이었다. 백작은 그 뒤에 모르파의 자리를 차지했다.

모르파가 몰락한 지 몇 주 뒤에 새로운 푸아소나드가 쏟아져 나와 회자되기 시작했다. 「모르파 씨의 추방」이라는 시는 국왕을 〈시커먼 분노〉의 〈괴물〉이라고 불렀다. 국왕은 아르장송에게 작가를 찾아 응징하라고 명령했다. 아르장송 백작은 경찰에, 경찰은 정보원에게, 불경한 시의 작가를 제보하는 자에게는 포상할 것이라고 말했다. 6월 말에 경찰이 정보원에게서 쪽지를 받았다. 제보자는 시의 사본을 내놓으면서 의과대학생 프랑수아 보니가 주었다고 말했다. 그는 금화 열두 닢(미숙련 노동자의 1년치 임금)을 받았다. 아르장송 백작은 보니를 당장 체포하라고 명령했으며, 보니는 속임수에 빠져 마차를 탔는데 그 길로 악명 높은 바스티유 감옥에 투옥되는 신세가 되었다. 그의 심문 기록이 대화 형태로 아직까지 남아 있다.

왕을 비난하는 시를 써서 여러 사람에게 읽어 준 것이 사실인지 물었다.

자기는 절대 시인이 아니며 누군가를 비난하는 시는 지은 적이 없다고 대답했다. 그런데 3주 전쯤 병원장인 기송 신부를 만나기 위해 병원[오텔디외]을

프랑스 혁명 이전의, 시를 쓴 종이 조각. 1749년에 바스티유 감옥에서 심문하는 도중에 회수
되었다.
자료 제공: 프랑스 국립 도서관

방문한 날 오후 4시경, 다른 성직자 한 사람도 기송 신부를 찾아왔고 (……)
그 사람이 왕을 비난하는 풍자시를 지을 만큼 악의가 있는 어떤 이에 관해
이야기하면서 전하를 비난하는 시를 꺼냈고, 자신은 그곳 기송 신부의 방에
서 그 시를 베껴 썼지만 모두 옮겨 적지는 않았고 상당 부분을 빠뜨렸다고
말했다.

시는 소매나 호주머니에 쉽게 넣어 다닐 수 있는 작은 종이 조각에 쓰여 유통되었다. 그중 상당수는 파리 경찰의 물품 보관소에 소장되어 있다. 이들은 누구든 체포하기만 하면 범죄 증거를 찾기 위해 몸수색을 했다. 카페나 사적 모임에서는 시와 풍문 일화를 서로 나누고, 최근에 수집한 시를 낭송하고, 전에 들어 보지 못한 인상적인 시가 있으면 딴 사람에게 전해 주려고 받아 적었다. 보니는 (자신이 받아 적은) 시를 쓴 목사의 이름을 몰랐다. 그래서 경찰은 보니의 친구 그리송에게 편지를 쓰도록 하여 목사의 이름을 누설하도록 수를 썼다. 목사는 금방 체포되었으며, (이 목사가 베낀) 시를 갖고 있던 또 다른 목사도 체포되었다.

경찰은 원래 저자를 찾고자 체포에 체포를 거듭하며 추적해 들어갔다. 두 번째 목사는 또 다른 목사에게서 시를 전해 들었고, 이 목사는 법과 대학생에게서, 법과 대학생은 사무원에게서, 사무원은 철학과 대학생에게서, 철학과 대학생은 반 친구에게서, 반 친구는 종적이 묘연한 또 다른 학생에게서 들었다고 했다. 이 기다란 사슬에 속한 철학과 대학생 자크 마리 할레어는 어떤 목사에게 또 다른 시 세 편을 받았고, 목사는 세 사람에게 이 시를 받았다. 추적이 마무리될 즈음 경찰은 불경한 시를 공유한 죄로 열네 명을 체포했으며 다섯 편의 시를 추가로 추적하고 있었다. 이 수사는 〈14인 사건〉으로 알려졌다.

체포된 사람마다 누가 시를 들려줬는지 재까닥 실토한 것은 놀랄 일이 아니다. 경찰은 시를 어디에서 얻었는지 설명하지 못하는 사람을 저자로 간주하겠다고 으름장을 놓았으며 단지 시를 전달하는 것은 실제로 시를 쓰는 것보다 가벼운 죄라고 말했다. 하지만 한 명의 저자를 찾는다는 발상은 방향이 틀렸다. 회자되는 시와 노래는 사람을 거칠 때마다 개작되는 일이 다반사였기 때문이다(개선하려고 일부러 고치는 경우도 있었고, 제대로 암기하지 못해 본의 아니게 고치는 경우도 있었다). 14인의 용의자에 대한 심문 기록은 시와 노래가 공유되고 교환된 다양한 상황을 보여 준다. 철학과 대학생 할레어는 아버지 집에서 친구들과 저녁을 먹다가 시를 필사했다. 사건에 연루된 한 목사는 대학교 만찬에서 낭독되는 것을 듣고서 받아 적었다. 거의 모든 곳에서 시를 주고받았다.

〈누벨리스트*nouvelliste*〉나 〈뷜레티니스트*bulletiniste*〉로 알려진 일부 사람들은 종이쪽지에 쓴 시와 일화를 거래하는 일로 먹고살기도 했다. 이들은 인구에 회자되는 시들을 수집하여 필사본 뉴스레터를 만들어서는 최신 풍문을 알고 싶어 하는 구독자에게 보냈다. 이들은 커피하우스에 가면 누구나 들을 수 있는 〈브뤼 퓌블릭*bruit public*〉(〈공공의 소음〉, 즉 소문)을 전달했을 뿐 자신들은 잘못이 없다고 항변했지만, 이들의 필사본 편지는 인쇄본 신문과 달리 쉽게 감시하거나 통제할 수 없었으므로 국가는 이들을 위험 인물로 여겼다. 이 편지들은 필사되어 도시, 궁정, 지방, (심지어) 외국 구독자를 연결하는 서신 네트워크를 따라 전달되었다. 한 정부 각료는 경찰국장에게 이렇게 불평했다. 〈경험에 비추어 보건대 모든 부류의 작가 중에서 누벨리스트가 가장 다스리기 힘듭니다. 비밀 일화를 몇 개나 수집할 수 있느냐로 수익을 계산하는 뉴스레터 작가의 행동을 분별 있는 사람이 어찌 믿을 수 있겠습니까?〉

커피하우스에서 루이 15세와 정부(情婦)의 추문에 대한 시를 수집하고 유포하다 1749년에 체포된 마티외프랑수아 피당사 드 메로베르의 호주머니는 시, 일화, 풍문을 적은 종이 조각으로 가득했다. 하루에 수집한 분량이 이 정도였다. 메로베르는 14인의 용의자와 직접적으로 연관되지 않았지만, 똑같은 시의 상당수가 그의 손을 거쳤다. 메로베르는 풍문을 퍼뜨리는 일이 얼마나 즐거웠던지 친구의 호주머니에 종이쪽지를 슬쩍 집어넣거나 공원이나 카페에 놓아 두기도 했다. 그의 집을 수색했더니 시, 보고서, 일화가 68편이나 나왔다. 하지만 또 다른 누벨리스트 바르텔레미프랑수아 무플 당제르빌의 집에는 비할 바가 못 되었다. 그의 집에서는 종이쪽지로 가득한 상자가 7개나 나왔다. 또 다른 필사본 뉴스레터는 두블레 부인의 살롱에서 수집되었다. 두블레 부인은 인맥이 두터운 친구들을 일주일에 한 번씩 소집하여 정보를 수집했다. 하인 한 명이 커다란 공책에 목록 두 개를 기록했는데, 하나는 믿을 만한 뉴스이고 다른 하나는 풍문성 일화였다. 살롱 회원들은 공책을 돌려 보며 이야기를 읽고 자신이 아는 정보를 적어 넣었다. 최종 보고서는 사본으로 제작되어 두블레 부인의 친구들에게 뉴스레터로 발송되었으며, 이들 또한 친구들과 뉴스레터를 공유했다. 한 수신인은 필경사를 고용하여 사본을 대량으로 제작해서는 인근의 유료 구독자에게 판매했다. 다른 사람들도 뉴스레터 상업화에 동참했으며 파리의 풍문은 방방곡곡으로 퍼져 나갔다.

필사본 뉴스레터는 여느 편지와 비슷했기 때문에 통제하기 힘들었다. 그래서 경찰은 가장 비판적인 누벨리스트를 적발하여 투옥하거나 (가능하다면) 그의 환심을 사려고 애썼다. 누벨리스트 샤를 드 피외는 경찰 첩자로도 활동했다(결국은 사이가 틀어졌지만). 경찰 또한 첩자들의 서면 보고서를 바탕으로 필사본 가제트를 제작했다. 이 첩자들은 누벨리스트와 거의 또는 전혀 다르지 않았다. 파리 전체가 (서로 겹치는) 정보 네트워크를 따라 종이쪽지를 돌리고 이를 수집하여 뉴스레터로 만드는 것 같았다. 일화나 시는 사회 꼭대기에서 금세 바닥까지 내려갔다가 다시 올라왔다. 혹자는 이렇게 불평했다.

못된 궁정인이 이 추문들을 시로 만들어 사람들을 통해 결국 저잣거리에 이를 때까지 유포한다. 이 시들은 저잣거리에서 장인에게, 장인에게서 처음이 시를 쓴 귀족에게 전달된다. 귀족은 지체 없이 베르사유 왕실로 가 짐짓이렇게 속삭인다. 「이 얘기 들으셨습니까? 내 알려 드리죠. 파리의 평민들사이에 돌고 있는 이야기랍니다.」

풍문을 유통하는 가장 우아한 수단은 〈로망 아 클레roman à clef〉(〈열쇠 달린 소설〉이라는 뜻)였다. 이것은 프랑스 궁정에서 일어나는 일을 먼 나라의 소설로 꾸민 책이다. 1747년에 비밀리에 출간된 『코피랑의 왕 제오키니줄 이야기Les amours de Zeokinizul, roi des Kofirans』는 겉보기에는 제오키니줄 왕과 세 정부(情婦) 리아밀, 뢰티네밀, 레네르툴라의 이야기이다. 정부중 두 명은 사악한 궁정인 캄 드 켈리리외의 꼭두각시였다. 왕은 레네르툴라를 지극히 사랑하여 전쟁에 나갈 때도 데리고 갔다. 하지만 병에 걸려, 자신의 죄를 고백하고 정부를 버린 뒤에야 회복되었다. 1740년대의 독자가 보기에 이것이 자기네 왕(루이 15세는 〈루이 켕즈〉로 발음된다)과 정부 멜리 부인, 방티밀 부인, 라 투르넬 부인의 이야기가 분명했다. 정부 중 두 명은 리슐리외 추기경의 영향력하에 있었다. 다른 책들도 같은 이야기를 조금씩 다르게 각색했다. 스물여덟 살 먹은 베르사유의 시녀 마리 마들렌 조제프 보나퐁은 마술적인 동화의 나라를 이야기의 배경으로 삼았다. 비외메종 부인이 쓴 것으로 추정되는 『페르시아 역사의 비록(祕錄)』은 중동으로 무대를 옮겼다. 경찰 보고서에서는 작가를 이렇게 묘사했다. 〈매우 영리하고 사악하다. 모든 사람을 대상으로 시를 쓴다. 그녀의 집단은 파리에서 가장 위험하며, 『비록』을] 썼을 것으로 매우 의심된다.〉 독자는 이런 책을 읽으면서 숨겨진 의미와 암시를 찾아내야 했다. 보존된 사본에는 등장인물과 실제 인물이 어떻게 연결되는지 설명하는 명단이나 표가 쓰여 있거나 인쇄되어 있는 경우가 많다. 이 책들은 비밀리에 인쇄되고 유포되며 이 친구에게서 저 친구에게로 전달되었기에, 우편 제도를 이용하지 않아 통제하기 힘들었다. 어쨌든 인쇄에 대한 통제는 1770년대와 1780년대에 약해졌다. 지배층은 소책자를 발행하여 상대방의 명예를 훼손하는 것이 요긴하다는 사실을 발견했다.

모르파에게는 풍문의 유통을 용인하거나 (심지어) 부추길 만한 이유가 있었다. 풍문은 여론을 감시하고 (뇌물과 역공작을 통해) 좌지우지할 수단이었기 때문이다. 이는 소셜 미디어 검열에 대해 중국 정부가 현재 취하고 있는 접근법을 연상시킨다. 노스캐롤라이나 대학 샬럿 캠퍼스의 장민(蔣敏)은 여기에 〈권위적 심의(威權審議)〉라는 이름을 붙였다. 정부 당국은 일정한 한계 내에서 토론을 허용함으로써 불만의 안전한 배출구를 제공하되 잠재적 불안 요소가 발생하면 경고를 보내고 민감한 주제나 정권의 핵심 인사에 대한 직접 비판이 제기될 때만 개입하여 검열한다(아르장송이 〈14인 사건〉에 개입한 것처럼). 중국 정부는 〈우마오당(五毛党)〉이라는 이름으로 수천 명에게 돈을 주는데, 이들은 정부의 정책이나 활동을 지지하는 글이나 댓글을 쓰고 대화가 특정 주제로 흐르지 않도록 방향을 돌림으로써 여론을 형성한다. 중국은 소셜 미디어를 감시하고 검열하기 위해 역사상 가장 정교한 체계를 구축했으나, 현 상황을 유지할 수 있을지는 미지수다. 18세기 프랑스에서는 가차 없는 비판이 꾸준히 군주제에 대한 존경심을 좀먹고 국왕의 권위를 깎아내렸다(하지만 이 과정은 수십 년이 걸렸다).
시, 노래, 일화, 필사본 뉴스레터, 정교한 환상 소설의 형태로 유통되는 풍
문의 대부분은 공통된 주제가 있다. 바로 왕가의 부패와 부도덕, 그리고
정부(情婦)와 고위 궁정인의 악영향이다. 프랑스 군주제는 개인 숭배를 바
탕으로 구축되었기에 이러한 개인적 공격에 매우 취약했다. 하지만 개별
적 인사에 대한 공격은 1740년대부터 점차 사라지기 시작하여 1780년대
에는 체제 전체의 부패에 대한 공격이 주류를 이루었다. 혁명기 이전 프랑
스의 미디어 시스템을 면밀히 연구한 역사가 로버트 단턴은 이렇게 말했
다. 〈미디어는 너무나 강력한 커뮤니케이션 시스템 속에 스스로를 짜 넣었
기에 정권이 붕괴되는 데 결정적 역할을 했다.〉

〈매 시간 새로운 것이 나온다〉

1780년대 후반에 프랑스는 막대한 공공 부채가 쌓여 위기를 맞았다.
그중 약 3분의 1은 미국 독립 혁명을 지원하다가 생긴 빚이었다. 더는 평민
에 대한 세금을 올릴 수 없고 낭비적 지출을 줄일 의향도 없던 정부는 (세
금을 매우 적게 내고 있던) 성직자와 귀족의 세금을 올리기로 결정했다. 하
지만 귀족은 자기네 손아귀에 있는 지방 법원인 파를망에서 새 법률의 집
행을 반대하고 거부했다. 성직자, 귀족, 평민으로 이루어진 삼부회(三部會)
가 새로운 세법을 승인해야 한다고 주장했다. 파산을 눈앞에 둔 정부는 요
구를 들어주는 것 말고는 도리가 없었다. 그리하여 1788년 여름에 이듬해
의 회의를 대비하여 정치 토론을 활성화하기 위해 검열 제한을 완화했다.
검열이 완화되자마자 소책자가 쏟아져 나왔다. 1788년 말까지

1,500종 이상의 소책자가 출간되었으며, 삼부회 대표를 선출한 1789년의 첫 넉 달 동안 2,600종이 또 출간되었다. 이해에 1789년 5월까지 인쇄된 소책자의 총 부수는 1000만 부 이상으로 추정된다. 이는 전대미문의 국가적 토론으로 이어졌다. 소책자는 재정과 정부 체제에 대해 제안을 내놓고 정부 반대파를 찬양하거나 비난했다. 식자층과 일반인 둘 다 정부를 어떻게 개조해야 할지에 대해 의견을 내놓았다. 정치 소책자의 폭포수 중에는 언론 자유를 다룬 것이 여럿 있었는데, 그중 하나는 밀턴의 『아레오파지티카』 번역본이었다. 번역자는 미라보 백작 오노레로, 벤저민 프랭클린과 토머스 제퍼슨과 친분이 있던 정치인이자 소책자 작가였다. 오노레는 장문의 머리말에서 검열 지지자들을 공격하고 언론 자유가 권리라고 주장하고 영국과 미국에서 언론 자유가 유익한 결과를 가져왔음을 지적했다. 또 다른 작가들도 비슷한 주장을 제시했으며, 삼부회 대표들이 유권자의 요구를 제대로 파악하려면 언론 자유가 필요하다고 주장했다. 한편 왕실 검열관은 국가가 공공 질서를 유지하기 위해 검열권을 행사할 권리가 있다고 주장하는 소책자를 발행했다. 하지만 서적 거래를 담당하는 관료 푸아트뱅 드 메세미는 1789년 5월에 이렇게 실토했다. 〈사태가 정점에 이른 탓에 이 소책자들의 유통을 막는 것은 거의 불가능해졌다.〉 잉글랜드의 작가 아서 영은 당시에 프랑스를 여행하다가 1789년 6월에 파리의 〈소책자 상점〉을 방문하고서 이렇게 썼다. 〈매 시간마다 새 소책자가 쏟아져 나온다. 오늘은 열세 종, 어제는 열여섯 종, 지난주에는 아흔두 종이 출간되었다.〉

삼부회가 개회되자 회의 내용을 보도하는 신문이 금세 출간되었다. 눈에 띄는 것으로는 자크 피에르 브리소의 『프랑스의 애국자Patriote français』와 미라보의 『삼부회 일지Journal des etats-généraux』가 있었다. 브리소와 미라보는 둘 다 미국 독립 혁명에서 언론이 어떤 역할을 했는지 잘 알았으며 언론 자유를 거침없이 옹호했다. 브리소는 「상식」이 여론에 미친 영향에 대해 알게된 뒤에 그 소책자가 신문에 수록되고 논의되어 많은 독자를 접한 것이야말로 성공의 비결이라고 결론 내렸다. 브리소는 〈신문이 없었다면 미국 독립 혁명은 결코 성공하지 못했을 것〉이라고 단언했다. 하지만 프랑스 정부는 새로운 신문을 즉시 금지했으며 허가된 것 말고는 어떤 간행물도 (대표들의 직접 승인을 얻지 않은 한) 삼부회에 대해 보도할 수 없다고 주장했다. 이에 대해 브리소는 언론 자유를 촉구하는 새 소책자를 발행하여 맞섰으며 미라보는 — 그는 귀족임에도 제3계급(평민) 대표로 선출되었다 — 〈미라보 백작이 주민들에게 보내는 편지〉라는 제목의 편지 소책자를 통해 회의 내용을 보도하는 잔꾀를 부렸다. 미라보는 자신이 주민들에게 상황을 알려 주려고 쓴 편지를 인쇄한 것일 뿐이라고 강변했다. 그 밖에도 대표 몇 명이 미라보의 전례를 따랐다. 하지만 이들은 모두 설명이나 논평 없이 논쟁을 건조하게 요약하기만 했다. 실제로 무슨 일이 벌어지고 있는지 알고 싶은 사람들에게는 『가제트 드 레드』만 한 것이 없었다. 『가제트 드 레드』는 독자들에게 번거롭게 새 소책자를 읽을 필요 없다며 소책자들이 〈모든 사건에 대해 잘못된 인상을 줄〉 뿐이라고 말했다.

하지만 언론에 대한 나머지 제약들도 오래가지는 못했다. 삼부회는 정부의 바람대로 새로운 세법을 신속하게 승인하기는커녕, 개회하자마자 삼부회 자체의 구조와 권한에 대한 논쟁에 빠져들었다. 그 바람에 제3계급은 동조하는 귀족 일부 및 성직자 대부분과 함께 삼부회를 해체하고 〈국민의회Assemblee Nationale〉로 개명했다. 국왕이 군대를 동원하여 국민의회를 해산하리라는 우려 때문에 사람들은 파리 길거리로 나와 시위를 벌였다. 7월 14일에 군중이 만인의 증오를 사던 바스티유 감옥을 습격했으며 파리에 새로운 시 정부를 설립했다. 뒤이어 몇 주 동안 프랑스 전역의 타운과 도시가 파리의 전철을 따라, 국왕이 임명한 관리가 아니라 선출된 행정관이 이끄는 지방 정부를 세웠다. 옛 정부의 권위는 땅에 떨어졌으며 이와 더불어 언론 규제 체세도 무너셨다. 특권과 독점은 검열을 강요하려는 모든 시도와 함께 자취를 감췄다. 무법천지였다. 브리소는 7월 28일에 〈자유 언론은 영원히 경계를 늦추지 않는 민중의 파수병이다〉라는 구호를 내걸고 『프랑스의 애국자』를 재창간했다. 그 밖에도 새로운 정기 간행물이 숱하게 창간되었다. 1789년에 파리에서는 140종 이상이 창간되었고 1790년에는 335종이 추가로 창간되었다. 하지만 대부분 한두 호만 내고 폐간되었다.

미디어 지형은 정계와 마찬가지로 몇 달 만에 완전히 탈바꿈했다. 1789년 말이 되자 수많은 소책자와 정기 간행물이 다양한 정치적 관점과 보도 양식을 제공했다. 일부는 국민의회의 논쟁에 대해 진지한 논평을 제시했다. 이를테면 주간지 『푀유 빌라주아Feuille villageoise』는 농촌 독자를 겨냥하여, 논의 중인 사안에 대한 배경 정보와 설명을 제공했다. 미국에서처럼 많은 정기 간행물, 특히 『롭세르바퇴르L'Observateur』는 독자 편지에 지면을 넉넉히 할애하여 독자들이 서로의 견해에 대응하고 자신의 견해를 표현할 수 있는 마당을 마련해 주었다. 하지만 신문과 소책자의 차이는 유동적이었다. 많은 정기 간행물 발행인은 부록으로 소책자를 발행했으며 신문의 특정 호가 반응이 좋으면 소책자로 재출간하기도 했다. 정기 간행물이 주장을 내세울수록 뉴스는 적어지고 점차 논쟁적 소책자와 비슷해졌다. 카미유 데물랭은 미라보를 비롯한 온건파가 선호하는 영국식 입헌 군주제가 아닌 공화국의 건설을 촉구하는 일련의 논쟁적 소책자를 썼다. 장 폴 마라가 쓴 『민중의 친구*Ami du peuple*』는 최근 사건의 보도가 아니라 봉기를 부추기는 일련의 연설을 쏟아 냈다. 마라는 자신이 반대하는 특정 대표를 비난하고 이들이 귀족제를 몰래 지지한다거나 유권자를 제대로 대변하지 못했다고 규탄했다. 언론에서는 국민의회가 제 잇속만 차리고 편 가르기에 여념이 없으며 아무런 결과도 내놓지 못한다고 가차 없이 비판했다. 마라가 국민의회를 증오한 이유는 더 급진적이지 않아서였고 왕당파가 국민의회를 증오한 이유는 국왕에게 더 존경심을 보이지 않았기 때문이다. 국민의회 내부에서는 천방지축 언론이 지나치게 강력하고 비판적이어서 재갈을 물려야 한다는 불평이 흘러나왔다. 하지만 언론에 새로운 통제를 부과하려는 시도는 대부분 헛수고였다. 자유 언론은 혁명의 가장 실질적이고 가시적인 성과였으니 말이다.

경쟁이 극심하고 정치 환경이 끊임없이 변화한 탓에 대다수 정기 간행물은 오래가지 못했다. 혁명기 어느 때를 막론하고 프랑스에는 튼튼한 정기 간행물이 대략 25~30종 유통되었으며, 경영난에 허덕이는 간행물은 훨씬 많았다. 설상가상으로 종이와 잉크를 구하기 힘들었으며 숙련된 인쇄공은 더 나은 벌이를 찾아서 이 인쇄소에서 저 인쇄소로 뻔질나게 옮겨 다녔다. 인쇄업자들은 이튿날 아침 신문을 준비하기 위해 밤을 새워야 했다. 엄청난 부수를 찍어 내야 했기에—어떤 신문은 하루에 수천 부가 팔려 나갔다—한 신문을 인쇄하는 데만 인쇄기 여러 대를 한꺼번에 돌려야 했다. 한 대당 하루에 1,000부밖에 인쇄할 수 없었기 때문이다. 『쥐르날 뒤 수아*Journal du Soir*』는 인쇄기 다섯 대, 『크로니크 드 파리*Chronique de Paris*』는 일곱 대, 『가제트 위니베르셀*Gazette universelle*』은 열 대가 필요했다.

『아미 뒤 루아*Ami du roi*』(왕의 친구)는 편집인과 발행인이 사이가 틀어진 뒤에 동명의 두 신문이 왕당파 독자들을 차지하려고 다퉜다. 〈페르 뒤셴^{Père} Duchesne〉이라는 이름의 신문은 대여섯 종이 경합을 벌였다. 이 신문들은 평민의 관점에서 소박한 토박이말로 논평을 제공했는데 각기 자신이 원조이며 나머지는 짝퉁이라고 비난했다. 언론인들은 지면에서 서로 물어뜯었다. 데물랭은 자신이 〈가차 없이 비판하는 신문〉이라고 부른 자신의 반(反)왕당파 신문『레볼뤼시옹 드 프랑스 에 드 브라방*Révolutions de France et de Brabant*』에서 왕당파 경쟁지『악트 데 자포트르*Actes des Apôtres*』와 늘 전쟁을 벌였다. 혁명 분파 사이의 끊임없는 권력 투쟁에서 자신이 지지한 분파가 패하면 발행인들은 난데없이 인쇄기를 몰수당하거나 훼손당했다. 여러 혁명 분파들 사이의 투쟁이 점차 격화되면서 많은 필자와 발행인이 단두대에서 목이 달아났다. 프랑스 혁명기에 발행인으로 산다는 것은 종종 짜릿하고 항상 위태롭고 가끔 치명적이었다.

자유 언론은 자유로 이어질까?

극심한 혼란의 와중에서도 자유 언론이 국가적 대화를 가능케 하고 민주주의와 자유를 진작하리라는 낙관론이 팽배했다. 18세기 초반에 몽테스키외 남작과 장자크 루소 같은 프랑스의 정치 이론가들은 진정한 민주주의가 고대 그리스 같은 작은 도시에서만 가능하다고 주장했다. 모든 시민이 한곳에 모여 토론하고 집단적 의사 결정을 할 수 있어야 한다는 이유에서였다. 하지만 영국의 더 개방적인 미디어 환경, 미국 독립 혁명 시기의 효과적인 언론 활용 등을 보건대 언론은 의견이 공유되고 토론이 더

넓은 영역에서 벌어지도록 함으로써 국가적 차원에서 민주주의를 시행하는 수단임이 드러났다. 프랑스의 철학자 니콜라 드 콩도르세는 이렇게 표현했다. 〈인쇄술 덕분에 현대 정치 체제는 (다른 방법으로는 도달할 수 없는) 완벽에 도달할 수 있다. 이렇게 하면 넓은 지역에 드문드문 흩어져 사는 사람들이 작은 도시의 주민처럼 자유로울 수 있다. (……) 많은 사람들 사이의 논의가 진정으로 하나될 수 있는 것은 인쇄기를 통해서뿐이다.〉 한마디로, 인쇄술이 자유를 낳았다.

이 견해는 당대의 발행인과 정치인에게 널리 공유되었다. 브리소는 이렇게 썼다. 〈[자유 언론을 통해서만] 크고 인구가 많은 현대 국가가 고대 도시 국가의 공론장을 재현할 수 있다. 언론을 통해서만 같은 진리를 같은 순간에 수많은 사람에게 가르칠 수 있다. 언론을 통해서만 소란 없이 토론하고 차분하게 결정하고 의견을 제시할 수 있다.〉 브리소는 언론을 〈인류의 위대한 호민관〉이라 불렀다. 여론을 정제하고 표현함으로써 의회의 정치인들이 자신을 선출한 사람들과 의견이 일치하도록 하는 뛰어난 수단이라는 뜻이었다. 비슷한 맥락에서 미라보는 이렇게 썼다. 〈신문이 확립하는 소통 방식은 대중 정서, 계획, 행동을 조화시키는 데 결코 실패하지 않는다. 이러한 조화야말로 진정한 공권력, 진정한 국가 수호자의 바탕이다.〉 1790년에 한 필자는 국민의회를 이렇게 묘사했다. 〈[신문과 소책자 덕에 2800만 프랑스 국민이] 이 존엄한 상원에 마치 직접 참석하는 것처럼 사실상 함께 할 수 있었다.〉 의회의 모든 발언을 낱낱이 보도하는 것을 목표로 삼은 『주르날 로고그라피크Journal logographique』를 창간한 에티엔 르오디 드 솔슈브뢰유의 말이다. 솔슈브뢰유는 정부의 행위를 국민에게 중계하고 국민의 의지를 선출 정부에 다시 중계할 수 있다고 믿었다.

1788~1789년에 소책자가 쏟아져 나온 것을 거론하며 인쇄술이 혁명 자체에 영향을 미쳤고 (1789년 국민의회에서 공표한 〈인권 선언〉에 내포된) 자유와 평등이라는 혁명의 이상을 필연적으로 전파할 것이라고 주장하는 사람들도 있었다. 정치 저술가 루이샤를 드 라비콩트리는 이렇게 선언했다. 〈인쇄기 발명자에게 복 있을진저. 이 경이로운 혁명은 그의 덕이니.〉 브리소는 세상 모든 사람이 프랑스어를 구사하기만 한다면 〈인쇄술이 프랑스 혁명을 이내 전 세계에 전파할 것〉이라고 썼다.

브리소, 콩도르세, 라비콩트리는 혁명의 이상을 증진하는 일에 착수한 지식인 집단의 일원이었다. 이들은 인쇄술이 규모가 큰 공동체 안에서 정보가 공유될 수 있도록 함으로써 얼마나 효과적으로 토론을 장려하고 의견을 종합할 수 있는지 입증하고자 했다. 또한 1790년에는 〈세르클 소시알Cercle Social〉(사교회)을 창립했다. 세르클 소시알은 정치적 대화를 위한 넓고 포괄적인 마당(場)을 제공한다는 목표로 공공 집회를 개최하고 뉴스레터와 소책자를 발행했다. 파리에 있는 본부 건물의 현관에는 〈부셰 드 페르bouche de fer〉(쇠로 된 입)라는 편지함이 있었는데, 의견을 표명하고 싶은 사람은 누구든 이 편지함에 편지나 메모, 연설문을 넣을 수 있었다. 편지함의 이름은 앞에 있는 금속제 사자 조각에서 땄다. 사자의 아가리가 편지함 입구였다. 이 기고문들은 프랑스 전역의 독자들이 보낸 편지, 세르클 소시알 공공 집회의 연설문 요약본과 더불어 세르클 소시알의 뉴스레터 『뷜르탱 드 라 부셰 드 페르Bulletin de la Bouche de fer』에 실렸다. 파리에서 매주 금요일 저녁에 집회를 열었는데 참석자는 수백명이나 (때로는) 수천 명에 이르렀다.

발기인 중 한 명은 이렇게 공언했다. 〈세르클 소시알의 주목표는 인민

의 목소리에 온 힘을 실어 주는 것이다.〉 세르클 소시알은 프랑스 전역의
정치 클럽과 연합했으며 파리 이외의 여러 도시에 지부를 개설하려 했다.
세르클 소시알은 프랑스 사람이면 누구나 참석할 수 있는 정치 토론장을
열고자 했으며 당분간은 성과도 거두었다. 『빌르탱 드 라 부셰 드 페르』는
1791년 초 몇 달간 프랑스 유수의 전국 신문이었다. 심지어 다른 나라에
세르클 소시알 지부를 설립하여 국제 네트워크를 결성하려는 시도도 있었
다. 1791년 2월에 세르클 소시알은 뉴스레터에서 이렇게 선언했다. 〈세르
클 소시알은 클럽이 아니라 (……) 전 세계 시민의 연합이다.〉 또한 세르클
소시알은 주요 회원이 쓴 소책자를 인쇄하고 (당시에 프랑스에—실은 콩도
르세의 집에—머물던) 토머스 페인의 작품을 프랑스어로 번역 출간했다.
하지만 말로는 포용을 내세웠으되 주된 참여자는 부유한 지식인이었으며,
세르클 소시알의 거창한 실험은 루이 16세가 프랑스에서 달아나려다 실
패하는 바람에 정치적 위기가 닥친 1791년 7월에 막을 내렸다. 계엄령이
선포되었으며, 보수 정권은 세르클 소시알이 주창한 민주적–공화적 이상
이 위험할 정도로 급진적이라고 생각했다.

　인쇄술 덕에 정보 공유가 촉진되면 결국 진실과 자유가 승리하리라는
견해를 가장 낙관적으로 표현한 글은 콩도르세의 『인간 정신의 진보에 관
한 역사적 개관Esquisse d'un tableau historique des progrès de l'esprit humain』이다.
이 서사시적 저작은 인류 역사를 경제적–정치적 자유를 향한 점진적 개선
행진의 이야기로 묘사했다. 〈인터넷 자유〉에 대한 오늘날의 유토피아적
주장을 연상시키는 이 낙관론은 콩도르세가 은신하던 시절에 썼기에 더욱
인상적이다. 1793년이 되자 막시밀리앙 드 로베스피에르의 주도하에 새
로 권력을 잡은 산악당은 세르클 소시알 회원들의 주도하에 주창되어 자

유주의적 지롱드당과 한통속으로 몰린 민주주의적 공화주의가 충분히 급진적이지 않다고 생각했다. 콩도르세는 공화주의자였지만, 국왕을 처형하는 것이 아니라 단지 노역형에 처해야 한다고 주장했다는 이유로—그의 주장은 실패로 돌아갔다—반역자로 낙인찍혔다.

자신의 개인적 상황에는 부합하지 않았지만, 콩도르세는 자유 언론이 개인의 자유를 보장한다고 주장했다. 『개관』에서 콩도르세는 언론의 해방적 힘이 첫 발명 당시에 인지되지 않아서 얼마나 다행인지 모른다고 말했다. 〈사제와 국왕은 자신들의 위선을 폭로하고 자신들을 권좌에서 끌어내릴 적(敵)을 태어나자마자 목 졸라 죽이려고 힘을 합칠 것이 틀림없기 때문이다.〉 하지만 지니는 이미 램프 밖으로 나왔다.

언론은 무한히 증식하며, 모든 작품, 사실, 발견은 저렴한 비용으로, 또한 훨씬 짧은 기간에 광범위한 주목을 받는다. (……) 예전에는 몇 명만 읽었던 것을 이제는 전 인민이 숙독한다. (……) 이렇게 형성된 여론은 많은 사람이 공유하기에 강력하고 (여론을 결정하는) 동기가 모든 사람의 마음에—서로 멀리 떨어져 있음에도—한꺼번에 작용하기에 효과적이다. 모든 인간적 권력에서 독립하여 이성과 정의를 옹호하는 재판소가 설립된다. 이 재판소의 눈길 앞에서는 어떤 것도 숨기기 힘들며 이 재판소의 평결은 피할 도리가 없다. (……) 새로운 오류는 모두 애초에 저지된다. 유포되기 전에 곧잘 공격 받기 때문에 마음속에 뿌리 내릴 시간조차 얻지 못한다.

콩도르세는 오랜 오해와 오류에 대해 이렇게 썼다. 〈이제는 그에 대한 토론을 막는 것이 불가능하고, 그것을 조사하고 거부할 수 있음을 숨기는 것이 불가능하다. 불가능하니, 나날이 새로운 빛을 얻어 마침내 그러한 오류의 모든 부조리를 드러낼 진실의 행진을 감내해야 한다. (……) 한마디로 언론이야말로 인민을 모든 정치적–종교적 굴레에서 해방시키지 않았는가?〉 불편한 진실을 뭉개려는 시도는 불가능에 가까운 것으로 치부되었다. 사본을 재생할 수 있는 인쇄기가 있는 곳에서는 인쇄본이 하나만 있어도 사상이 살아남기에 충분하기 때문이다.

> 글을 인쇄할 자유가 있는 곳이 지구상에 한 곳만 있더라도 글의 안전을 보장하기에 충분하다. 온갖 사본들 가운데에서, 같은 책의 수많은 기존 사본들 가운데에서, 끊임없이 갱신되는 쇄(刷)들 가운데에서 진실에 이르는 문을 출입구나 틈새 하나 없이 모조리 닫는 것이 어찌 가능하겠는가? 필사본 몇 부만 파기하면 사상의 부활을 영원히 막을 수 있고 진실이나 의견을 몇 해만 억누르면 영원한 망각에 빠뜨릴 수 있던 시기에도 어려웠거니와 한시도 경계를 늦출 수 없고 한눈도 팔아서는 안 되는 시기에는 이 어려움이 불가능으로 바뀌지 않겠는가?

하지만 콩도르세는 이 글을 쓸 당시에 혼란스럽고 무법적인 상황에서 고삐 풀린 언론의 부작용에 시달리고 있었다. 1793년이 되자 소책자와 신문의 필자들은 더는 정치 논쟁에 전념하지 않고 정적(政敵)의 처형을 노골적으로 요구하기에 이르렀다. 마라는 지롱드당에 폭력을 선동하여 재판에 회부되었으나 무죄를 선고받았는데, 지롱드당 동조자에게 암살당했다. 한편 루이 16세, 왕비 마리 앙투아네트, 여러 귀족을 혁명의 방해물로 고발하는 외설적이고 혐오스러운 〈전기〉들이 속속 유포되었다. 오를레앙 공은 혼란을 틈타 국왕 대신 섭정이 되려 했다는 죄목으로 고발당했으며 루이 16세와 마찬가지로 단두대에서 목이 잘렸다. 다른 귀족들도 외세와 결탁하여 프랑스를 침공할 음모를 꾸미거나 국내에서 쿠데타를 모의했다는 혐의를 받았다. 왕비는 여러 혁명 지도자들을 미인계로 조종하려 했다는 죄목으로 고발당했으며, 지뢰로 국민의회를 날려 버리고 파리에 불을 놓고 자신이 왕위에 오르려 계획했다는 혐의를 받았다. 어떤 고발은 당사자가 썼다고 알려진 편지를 〈증거〉로 제시했는데, 이런 식으로 손쉽게 죄를 덮어씌울 수 있었다.

행간의 의미는 늘 같았다. 고위층이 반(反)혁명 음모를 주도면밀히 계획하여 인민이 힘겹게 쟁취한 자유를 빼앗으려 한다는 것이었다. 특히 마리 앙투아네트는 혁명이 차질을 빚을 때마다 배후로 지목되었다. 그녀의 삶을 기록한 여러 책자 중 하나는 이렇게 묘사했다. 〈우리가 겪는 과거, 현재, 미래의 모든 재난은 예나 앞으로나 오로지 그녀의 소행이다.〉 혁명이 우여곡절을 겪는 와중에 이러한 설명은 사람들에게 위로가 되었으며, 그 의도는 결국 앙투아네트의 처형에 이르는 길을 닦기 위해서였다. 여러 혁명 인사의 처형을 정당화하기 위해 비슷한 인격 살해가 자행되었으며 망자의 명예를 훼손하는 경우도 있었다. 로베스피에르와 브리소가 이런 식으로 불명예를 당했다. 1791년에 병사한 미라보도 마찬가지였다. 이들은 모두 사욕을 채우려고 사건을 조작한—순수한 혁명 세력이 없었다면 음모에 성공했을—철천지원수로 묘사되었다. 이 시기에는 혁명 이전의 명예 훼손에 비해 흥미로운 변화가 일어난다. 상대방을 공격할 때 조롱을 동원하는 것이 아니라 다짜고짜 비난을 퍼붓는가 하면, 문란한 생활을 예로 들어 상대방의 퇴폐와 부도덕을 부각하기보다는 절도, 사기, 채무 불이행,

사익 추구 등의 금전적 잘못을 부각했다.

콩도르세는 단두대에 오르는 것을 면했으나, 그것은 1794년에 의문스러운 상황에서―아마도 독약을 먹고―죽었기 때문이었다. 콩도르세의 운명에서 보듯 언론의 힘에 대한―적어도 이론상으로는―프랑스 혁명 세력의 낙관론과 현실에서 상대방을 비난하고 고발하는 데 언론을 동원한 사실 사이에는 격차가 있었다. 존 애덤스는 콩도르세의 『개관』 여백에 남긴 메모에서 이를 지적했다. 콩도르세가 언론이 〈새로운 종류의 권위를〉 확립하고 〈이를 통해 격정에 대해 덜 독재적인 지배권을 행사하되 이성에 대해 더 확고하고 오랜 영향력을 행사했〉다고 단언하는 장면에서 애덤스는 〈마라를 비롯한 사람들의 손에서 언론의 격정에 대한 지배는 체사레 보르자 정권보다 더 독재적이었〉다고 기록했다. 콩도르세는 〈새로운 오류는 모두 애초에 저지된〉다고 주장했지만 애덤스는 〈지난 10년간 언론이 퍼뜨린 오류가 그 이전 100년간 퍼진 오류보다 많다〉라고 반박했다. 적어도 프랑스 혁명의 경우, 언론은 압제와 거짓을 자유와 진실 못지않게 효과적으로 진작했다.

돌이켜 보면 문제는 미라보, 브리소, 콩도르세 같은 혁명 지도자들의 오판이었다. 그들은 인쇄술에 대한 통제를 없애면 (잠재적이지만 표출되지 않은) 통일된 여론이 스스로를 표현할 수 있으리라 생각했다. 하지만 언론은 오히려 혁명 세력의 여러 분파 사이에 존재하는 차이를 드러내고 증폭했다. 아메리카의 자유 언론은 독립을 옹호하는 폭넓은 합의의 존재를 드러냈지만 프랑스의 자유 언론은 군주제를 무엇으로 대체할 것인가에 대한 합의의 부재를 똑똑히 드러냈다. 프랑스 혁명 세력은 국가가 일치단결해야 안정을 기할 수 있다고 생각했다. 그들은 1790년대 아메리카에서 보듯 여러 정당이 경쟁하고 언론이 당파성을 맹렬히 표출하는 미래를 상상하지 못했다. 그들은 정적을 짓밟아야 할 적으로 여겼으며 언론이 이 목표를 달성하는 강력한 수단이라고 생각했다. 나폴레옹이 권력을 잡으면서 언론은 결국 길들여지고 제도화되었다. 나폴레옹은 총검 1,000개보다 적대적 신문 네 종이 더 두렵다고 말한 것으로 전해진다. 자유로운 사회는 자유로운 미디어 시스템이 필요하지만, 프랑스 혁명은 자유로운 미디어 시스템만으로는 자유로운 사회를 보장할 수 없다는 교훈을 우리에게 가르친다.

9장

매스 미디어의 부상:

집중화가 시작되다

매스 미디어에 의해 만들어진 세계는
표면상으로만 공론장이다.

@ 위르겐 하버마스, 『공론장의 구조 변동』

1814년 11월 29일 이른 시각에 런던 유수의 신문 「타임스」의 인쇄실 직원들은 가동을 멈춘 인쇄기 옆에서 초조하게 대기하고 있었다. 사주 존 월터는 유럽에서 중요한 뉴스가 타전될 예정이라고 말했다. 그해 5월에 나폴레옹 보나파르트가 패배한 뒤로 유럽에서는 주요 강대국들이 지도를 다시 그리고 있었다. 「타임스」는 전쟁으로 만신창이가 된 유럽의 뉴스를 최초로 보도하여 명성을 쌓았다. 영국 정부보다 상황을 먼저 파악하는 경우도 적지 않았다. 따라서 유럽의 최신 보고를 마지막 순간에 실을 수 있도록 인쇄를 미루는 것은 월터에게 드문 일이 아니었다.

인쇄기가 발명된 지 400년이 지났지만 「타임스」는 여느 신문사와 마찬가지로 구텐베르크 시절과 비교해 거의 달라지지 않은 수동 인쇄기로 신문을 찍고 있었다. 인쇄기를 고정하는 틀과 활판을 종이에 압착하는 나

사 구조의 재질은 둘 다 19세기 초에 목재에서 금속으로 바뀌었지만, 나머지 디자인은 15세기 인쇄기와 비슷해 보였다. 숙련된 인쇄공들은 한 시간에 250~300장을 찍어 낼 수 있었으며 「타임스」는 동시에 가동할 수 있는 이런 인쇄기가 여러 대 있었다. 밤마다 인쇄기를 전력 가동하면 두세 시간 안에 5,000부를 뽑아 내어 새벽에 배포할 수 있었다. 하지만 시간은 점점 흐르는데 유럽 뉴스는 도착하지 않았으며 그냥 인쇄를 시작하라는 명령은 떨어지지 않았다.

그러다 오전 6시에 월터가 그날 신문을 한 부 들고 인쇄실로 성큼성큼 걸어 들어왔다. 놀란 인쇄공들에게 월터는 또 다른 건물 지하에 비밀리에 설치한 증기 인쇄기를 이용하여 이미 신문을 찍었다고 설명했다. 월터가 속임수를 쓸 수밖에 없었던 것은 (당시의 여느 육체 노동자들과 마찬가지로) 기계로 대체될까 봐 우려한 인쇄공들이 첫 번째 증기 인쇄기를 부쉈기 때문이었다. 월터는 증기 인쇄기를 채택하겠다는 결정을 번복하지 않겠다고 인쇄공들에게 말하면서도 그들이 불이익을 겪지 않도록 하겠다고 장담했다. 독일의 인쇄업자 프레데리크 쾨니히가 훨씬 효율적인 증기 인쇄기를 발명했는데, 이 제품은 시간당 약 1,500부를 찍어 낼 수 있었다. 그날 「타임스」 조간에서는 이렇게 선언했다. 〈금일자 당 신문은 인쇄술의 발명 이후로 인쇄와 관련된 최고의 개량으로 인한 현실적 결과를 공표한다. 이 글을 읽고 있는 독자는 지난밤에 기계 설비로 인쇄한 수천 부의 「타임스」 신문 중 한 부를 손에 들고 있는 것이다.〉 증기 인쇄기가 등장하면서 정보는 산업 생산물이 되었다.

이론상 신문을 저렴한 비용에 대량으로 생산할 수 있게 된 것이다. 「타임스」는 정가를 내리고 발행 부수를 늘릴 수 있었다. 하지만 실제로는

「타임스」를 비롯한 영국 신문들의 가격은 인지세 때문에 인위적으로 높게 유지되었다. 이는 정보 흐름을 제한하고 부유한 엘리트만 뉴스를 접할 수 있도록 영국 정부가 검열 대신 채택한 수단이었다. 인지세는 1712년에 도입될 때만 해도 한 부당 반 페니였으나 18세기 내내 차츰 인상되어 1815년에는 4펜스에 이르렀다. 이 때문에 증기 인쇄판 신(新) 「타임스」의 비용은 3펜스에서 7펜스로 증가했다. 당시 노동자 평균 일당이 34펜스였으니, 읽을 줄 아는 사람이 늘고 있었음에도 일간 신문은 대다수 사람들에게 그림의 떡이었다. 인쇄업자들은 인지세를 〈지식에 대한 세금〉으로 비난했으며 일부 급진파 신문은 인지세를 내지 않고 불법으로 제작되었다. 영국의 발행인들은 그 뒤로 40년 동안 인지세에 맞서 싸웠다.

미국에서는 상황이 전혀 달랐다. 정보를 최대한 널리 전파하는 자유 언론은 새로운 민주주의의 중요한 기둥으로 간주되었다. 심지어 〈권리 장전〉에 명시될 정도였다. 토머스 제퍼슨은 1787년에 친구에게 보낸 편지에서 이런 명언을 남겼다. 〈신문 없는 정부를 가질지, 정부 없는 신문을 가질지를 내게 결정하라고 하면 서슴없이 후자를 선택하겠네.〉 1785년에는 매사추세츠에서 신문에 인지세를 도입하려고 시도했으나 사람들이 증오하던 영국 인지세의 기억을 떠올려 공분을 사는 바람에 금세 철회되었다. 하지만 1780년대의 이상주의는 1790년대에 신문 수십 종이 창간되어 극도의 정치적 편향을 드러내면서 자취를 감추었다.

1796년에 토머스 제퍼슨을 누르고 대통령이 된 존 애덤스는 공화파 신문의 공격에 어찌나 격분했던지 대통령이나 정부를 헐뜯거나 비판하는 것을 범죄로 규정한 〈보안법Sedition Act〉을 통과시켰다. 애덤스가 언론 자유를 탄압하려 한 것은 부분적으로는 지나친 언론 자유가 프랑스에서처럼 정치적 불안정을 야기할까 봐 우려했기 때문이었다. 하지만 탄압 조치는 역풍을 불렀다. 투옥된 언론인들은 영웅이 되었으며 — 수감 중에 의원에 당선된 사람도 있었다 — 1800년에 애덤스는 제퍼슨에게 고배를 마셨다. 하지만 제퍼슨 또한 당파적 공격을 받는 입장이 되자 언론 자유에 대한 단호한 신념이 흔들렸다. 제퍼슨은 1805년에 친구에게 이렇게 탄식했다. 〈신문에서 보는 것은 아무것도 믿을 수 없네.〉 하지만 제퍼슨은 신문을 규제하면 언론 자유가 훼손되기 쉽다는 사실을 알고 있었기에 자유 언론이 모든 흠에도 불구하고 실보다는 득이 많다는 입장을 끝내 고수했다. 제퍼슨은 1816년에 친구에게 이렇게 썼다. 〈언론이 자유롭고 모두가 읽을 수 있는 곳에서는 모두가 안전하다네.〉 1790년대와 1800년대에 언론 자유를 제한하려는 시도는 오히려 언론 자유를 강화했으며, 행정부를 비판할 권리를 확립하고 활발한 정치 토론을 뒷받침했다.

게다가 미국 당국은 영국과 달리 신문에 세금을 부과하지 않았으며 우편 요금을 깎아 주고 특권을 부여하여 오히려 적극적으로 보조했다. 1792년 우정청법Post Office Act에서는 신문의 우편 배달 요금을 낮추고 신문 편집자들이 서로 무료로 신문을 교환할 수 있도록 권한을 명시했다. 우체국장들도 구독료 징수를 대행하여 도움을 주었다. 또한 미국의 정부 운영 우편망은 다른 나라의 배달 방식보다 훨씬 방대했다. 1828년에 미국에서는 인구 10만 명당 우체국이 74곳이었는 데 반해 영국은 17곳, 프랑스는 4곳에 불과했다. 1832년이 되자 신문은 우편물 전체 무게의 95퍼센트를 차지했으나 배달 수입은 전체의 15퍼센트에 불과했다. 미국의 1인당 신문 구독 부수는 영국의 두 배를 넘었다. 신문에 대한 정부의 지원이 지나치게 관대하다고 말할 수밖에 없었다. 1843년이 되자 미국에서는 신문 1,634종이 해마다 700만 부를 무료로 교환하고 있었다. 신문 편집자 한 명이 하루 평균 12부의 공짜 신문을 받아 본다는 뜻이었다. 우정청 총재는 이런 신문의 상당수가 그냥 버려지고 있다며 무료 배송이 자원 낭비라고 거듭 불평했다.

증기 인쇄기를 처음 도입한 신문은 런던 「타임스」였지만 정가를 내리고 발행 부수를 늘린 새로운 모델이 처음 출현한 것은 미국의 훨씬 개방적인 미디어 환경에서였다. 스물두 살의 인쇄업자 벤저민 데이가 1833년 9월 3일에 창간한 뉴욕 「선Sun」이 새 방식을 선도했다. 당시에 미국의 일간지 가격은 대체로 6센트였으며 대부분 연간 구독제로 운영되었다. 이 때문에 대부분의 사람들은 신문을 볼 여력이 없었고 발행 부수도 적었다. 1830년에 미국 신문의 평균 발행 부수는 1,200부였다.

〈모두를 위해 빛난다〉라는 구호를 내건 「선」은 달랐다. 1센트라는 파격적인 가격을 책정했지만, 이렇게 낮은 가격에 신문을 팔면서 재정을 지탱하려면 독자를 많이 끌어들이고 광고 수입을 많이 거둬야 했다. 데이는 이렇게 말했다. 〈저희 신문의 목표는 누구가 감당할 수 있는 가격에 그날의 모든 뉴스를 선사하는 동시에 광고에 유리한 매체를 제공하는 것입니다.〉 두 목표는 상호 보완적이었으며 상호 의존적이었다. 시작은 험난했다. 광고주는 독자가 없으면 광고를 싣지 않으려 했고 대량 발행과 저가 판매를 위해서는 광고 수입이 많아야 했다. 1833년에 여러 사람이 한 닢 신문penny newspaper을 시도했으나 전부 초장에 실패했다. 데이는 자리 잡은 6펜스 신문의 광고를 일단 「선」에 실은 뒤에 광고주와 실제 계약을 맺는 편법을 썼다.

또한 런던에서 이미 쓰이고 있던 방식을 빌려 신문팔이를 고용하여 길거리에서 신문을 팔도록 했다. 신문팔이는 신문 100부를 67센트에 사서 한 부당 1페니에 팔았다. 팔고 남은 신문을 반품할 수 없었기에 공격적으로 신문을 팔아야 했다. 그 덕에 데이는 안 팔린 신문 때문에 생기는 손해를 걱정할 필요가 없었으며, 독자들은 1년치 구독료를 납부하지 않고 자신이 원하는 호만 따로 구입할 수 있었다. 더 큰 혁신은 광고주가 미리 대금을 지급하도록 한 것인데, 이 덕에 발행인이 위험 부담에서 벗어날 수 있었다. 「선」은 순식간에 성공을 거두었으며 1834년 1월에는 독자가 5,000명에 이르러 미국 최대의 신문이 되었다. 예전에 가장 많이 팔린 신문은 뉴욕의 경제지 「쿠리어 앤드 인콰이어러Courier and Enquirer」로, 발행 부수는 2,500부였다.

「선」이 폭넓은 인기를 끈 것은 비단 가격이 저렴하고 구하기 쉬워서만은 아니었다. 일화, 도덕적 이야기, 범죄 보도, 별난 뉴스, 일반인에게 호소하는 인간적 기사 등을 강조하는 현실적 접근법 덕분이기도 했다. 정치 이야기, 연설, 사업, 물품 선적 뉴스 같은 일반적인 신문 보도와는 사뭇 달랐다. 인도의 호랑이 사냥, 현지의 화재와 폭동, 세상의 기원에 대한 이론 등이 「선」의 지면을 채웠다. 1835년에는 달에서 날개 달린 생물이 발견되었다는 충격적 보도를 잇따라 내보냈다. 발견자는 남아프리카 공화국 케이프타운에 대형 망원경을 설치한 저명 천문학자 존 허셜이라고 했다. 허셜과 망원경은 진짜였지만 달에 산다는 생물은 완전한 허구였다. 이 사기극은 결국 들통 났지만, 이미 「선」의 독자가 부쩍 증가한 뒤였다.

「선」의 발행 부수가 늘면서 데이는 광고료를 인상했으며, 1835년에는 증기 인쇄기를 장만했다. 그 덕에 발행 부수를 1만 5,000부까지 늘릴 수 있었다. 1838년이 되자 「선」은 발행 부수가 3만 8,000부에 이르러 전 세계에서 가장 인기 있는 신문이 되었다. 데이의 성공을 본 사람들은 그의 접근법을 모방했다. 1834~1839년에 뉴욕에서만 35종의 한 닢 신문이 창간되었다(오래 살아남은 신문은 손으로 꼽을 정도였지만). 보스턴, 필라델피아, 볼티모어에서도 한 닢 신문이 등장했다. 이 신문들은 창간되자마자 기존 신문의 발행 부수를 훌쩍 뛰어넘었다. 제임스 고든 베넷이 1835년에 창간한 「뉴욕 헤럴드New York Herald」는 (정가를 2센트로 인상했는데도) 창간 2년 만에 하루에 2만 부를 팔았다. 「뉴욕 타임스」도 1851년에 창간되었을 때는 한 닢 신문이었다.

　미국에서 역사상 처음으로 진정한 매스 미디어, 즉 대규모 수용자를 위해 대량으로 생산되는 뉴스가 탄생했다. 베넷은 자신의 신문이 〈지역 사회의 대부분을 차지하는 사람들—상인, 기계공, 노동자, 일반 가정, 호텔, 장인과 고용주, 점원과 사장—을 고루 겨냥했〉다고 선언했다. 하지만 증기 인쇄기와 새로운 광고 기반 사업 모델에 대한 의존도도 작지 않았다. 제지 기술의 발전도 신문 가격 인하에 한몫했다. 〈연판stereotyping〉이라는 공정을 널리 채택한 덕에 여러 부를 동시에 인쇄할 때 같은 활판을 여러 장 제작할 필요가 없었다. 원판을 한 번만 짜면 이를 이용하여 지형(紙型)을 뜬 뒤에 이것으로 똑같은 금속 인쇄판을 여러 장 주조할 수 있었다. 기술적 요인들이 공급을 늘렸다면 사회적-정치적 변화는 수요를 늘렸다. 미국에서는 문해율이 증가하고 1820년대에 모든 성인 백인 남성으로 정치적 권리가 확대되면서 신문이 더는 정재계 엘리트의 전유물에 머물지 않았다. 문해율이 증가하면서 한 닢 신문의 시장이 창출되었으며, 이는 일반인에게 읽을거리를 제공함으로써 문해율 증가를 가속화했다.

　기존 신문은 신흥 한 닢 신문이 저속한 이야기와 부도덕한 광고를 싣는다고 불평했다. 예전에는 신문이 광고주를 까다롭게 골랐다. 이를테면 복권, 극장, 일요일에 영업하는 회사 등의 광고는 도덕적 사유로 게재를 거부했다. 이에 반해 한 닢 신문은 광고료만 내면 아무 광고나 실어 주었다. 특히 약효가 의심스러운 특허 의약품이 광고 지면을 도배했다. 낙태 광고를 실어서 비난받은 신문도 있었다. 한 닢 신문의 사주들은 독자를 모욕하거나 오도하지 않는 한 모든 광고를 싣는 것이야말로 예전보다 널리 정보를 보급한다는 자신의 사명이라고 항변했다. 「보스턴 데일리 타임스」는 이렇게 언급했다.

> 독자 중에는 이 신문에 특허 의약품 광고가 너무 많다고 불만을 제기하는 사람들이 있다. 이 불만에 대해서는, 외설적이거나 부도덕한 언어를 쓰지 않는 한 이런 광고를 넣는 것이 우리의 이익에 부합한다고 대답할 수밖에 없다. (……) 우리의 목적에 비추어 보자면 광고료를 지급하고, 읽기에 부적절한 광고를 배제할 권리를 보유하되 광고주를 불편부당하게 대하고, 개인에게나 우리의 이 작은 세계를 채우는 기업에나 어떤 존경심도 보이지 않는 것으로 충분하다. 비용을 지불하는 한 자신의 제품, 상품, 의약품, 전문 분야를 신문에 게재하여 세상에 알릴 권리는 누구에게나 동등하다.

기자의 부상(浮上)

이 새로운 매스 미디어 모델이 가져온 결과는 뉴스 취재에 더 많은 돈을 지급할 수 있게 되었다는 것이다. 신문사가 기삿거리를 찾을 사람들을 고용해야 한다는 것이 지금은 상식이지만, 19세기 초에만 해도 참신한 발상이었다. 영국에서는 1770년대에 의회 토론의 상세한 보도가 신문에 실리기 시작했으며 이 기사를 쓴 사람들은 최초의 전문 기자라고 말할 수 있다. 메모가 허락되지 않았기 때문에, 기자가 되려면 기억력이 뛰어나야 했다. 「모닝 크로니클」의 인쇄업자이자 편집자 윌리엄 〈메모리〉 우드폴은 여러 시간에 걸친 토론을 복기하여 자세하고도 정확한 보도로 요약하는 대단한 능력 덕에 이 별명을 얻었다. 마침내 1783년에 메모를 허용하도록 규정이 바뀌고서야 의회 출입 기자의 삶이 한결 수월해졌다. 19세기가 되자 런던의 신문들은 중요한 재판과 (심지어) 유럽의 몇몇 전쟁터에까지 기자를 보내기 시작했다.

미국에서는 뉴스 취재 열풍이 다소 늦게 불었는데, 19세기 초에도 여전히 편지, 연설, 소책자 발췌문, 시, 다른 신문의 기사 등으로 지면을 채웠다. 「뉴올리언스 가제트New Orleans Gazette」는 1805년에 이렇게 투덜거렸다. 〈어제는 편지가 하나도 없었다. 뉴스처럼 보이는 어떤 것으로 지면을 채워야 할지 엄두가 나지 않는다.〉『위클리 헤럴드Weekly Herald』의 기자는 1820년대를 회상하며 이렇게 말했다. 〈당시의 신문은 뉴스 주고받기에 전적으로 의존했으며 독자에게 주는 지식은 변변찮고 진부하고 불만족스러웠다.〉 한 편집자는 빈 칼럼 지면을 채우기 위해 몇 해 전 조지 워싱턴의 부고나 성경 구절을 재활용하기도 했다. 필라델피아 「데모크래틱 프레스Democratic Press」는 1814년에 이렇게 선언했다. 〈당 신문의 편집자는 외국 신문, 특히 프랑스와 영국의 신문을 빌려준 친구들에게 진심으로 감사한다.〉 1816년에 뉴욕에서 가장 인기 있는 일간지 두 종의 지면에서 실제 뉴스는 평균 두 건도 되지 않았다.

상황이 달라지기 시작한 것은 1820년대 후반이었다. 몇몇 신문이 워싱턴에 정치부 기자를 채용하기 시작한 것이다. 재계 뉴스에 치중하는 신문도 생겼다. 특히 뉴욕의 두 경쟁지 「저널 오브 코머스Journal of Commerce」 와 「쿠리어 앤드 인콰이어러」는 다른 도시의 뉴스를 전달받기 위해 조랑 말 속달 우편을 이용하기 시작했으며, 입항하는 선박과 접촉하여 외국 뉴 스를 몇 시간 먼저 알기 위해 쾌속선을 이용하기 시작했다. 한 닢 신문이 등장하면서 사람들이 신문을 매일 구입하도록 하는 것이 중요한 과제가 되자, 빠른 기사나 특종 기사를 발굴하려는 경쟁이 치열해졌다. 「뉴욕 헤 럴드」를 창간한 베넷은 유럽 뉴스를 경쟁지보다 한 시간 먼저 알아낼 때마 다 정보원에게 500달러를 주겠다고 공언했다.

뉴욕 「선」이 창간한 1833년부터 벤저민 데이는 법정이 독자의 흥미를 끄는 이야기를 끝없이 산출하는 화수분임을 깨달았다. 영국의 작가 조지 위즈너를 채용하여 로어맨해튼의 경찰법원에 상주하면서 어두운 유머가 담긴 재판 기사를 쓰도록 했다. 이를테면 「선」 창간호에는 이런 기사가 실 렸다. 〈존 맥맨은 사랑하는 아내 주더 맥맨을 매질한 혐의로 제소되었다. 그는 위스키를 한잔했더니 머리가 지끈거려서 그랬다고 변명했다. 맥맨은 보석을 얻지 못하여 브라이드웰[시 유치장]에 방을 얻었다.〉 위즈너는 「선」 의 식자에도 참여했으며 주급 4달러와 더불어 신문사 수익의 일부를 지급 받았다. 그에게 기자 일을 가르친 사람은 런던 「모닝 헤럴드」의 기자 존 와 이트였다. 와이트는 세계 최초의 범죄 전문 기자로 평가받고 있으며 자신 의 범죄 기사를 1824년에 책으로 출간했다. 하지만 와이트가 부유한 독자 의 오락거리로 노동자 계층의 범죄 성향을 조롱한 반면에 뉴욕의 한 닢 신 문들은 끔찍한 절도와 살인 행각을 자세히 묘사하는 선정적 접근법으로 대중에게 인기를 끌었다. 베넷은 자신의 신문이 범죄 보도에 치중하는 것 을 교육적 효과로 정당화했다. 〈뉴욕 같은 도시의 훌륭한 경찰부 기자는

1833년 뉴욕 「선」의 1면.
자료 제공: 미국 고서회

사회에 유익한 사람이다. 범죄를—술주정뱅이의 천박한 싸움이 아니라 기발한 범죄를—정확하고 올바르게 기록하는 것은 경고문과 신호등처럼 남들의 접근을 막는 데 요긴하다.〉

신문은 기삿거리를 찾을 때 문서보다는 기자의 직접 관찰과 인터뷰에 더욱 치중하기 시작했다. 1836년에 베넷은 스물세 살의 매춘부 헬렌 주잇이 도끼로 살해당한 사창가를 찾아 범죄 보도의 신기원을 열었다. 베넷은 포주에게 질문을 던지고, 희생자의 시신이 여전히 놓여 있는 범죄 현장의 상세한 묘사를 「뉴욕 헤럴드」에 실었다.

> 표정은 차분하고 담담했다. 감정은 조금도 드러나지 않았다. 한쪽 팔은 가슴에 올렸다. (……) 최후의 고대 조각상을 능가하는 이 놀라운 장면—아름다운 여인의 시신—을 잠시 동안 넋 놓고 바라보았다. 오른쪽 관자놀이의 무시무시한 피투성이 상처를 보니 여인의 끔찍한 운명이 떠올랐다. 그녀는 즉사했을 것이다.

베넷의 묘사가 얼마나 진실인지는 확실치 않지만 그의 저돌적 취재는 후대 〈뻗치기doorstepping〉 기자의 기준에서 보더라도 감탄스럽다. 베넷은 범죄 현장에서 기사 두 건을 더 썼다. 하나는 희생자의 침대와 책상을 뒤져 찾아낸 물건을 묘사한 것이었고 다른 하나는 청소 아줌마와의 대화였다. 두 보도의 진실성은 범죄 현장 묘사와 마찬가지로 불분명하다. 경쟁지들은 베넷이 이번 보도로 증가한 구독률을 유지하려고 기사를 날조했다고 비난했다. 베넷은 주요 용의자 리처드 P. 로빈슨을 변호하는 운동을 오래 벌였는데, 아마도 그 이유는 매춘부가 고객에게 살해된 명백한 사건은 흥미롭지 않아서 신문 판매에 유리하지 않았기 때문일 것이다. 그래서 「헤럴드」는 더 복잡한 이론을 제기했다. 로빈슨은 중요한 증거가 나왔는데도 결국 무죄를 선고받았다.

「선」이 창간되고 얼마 지나지 않아 뒤따라 창간된 한 닢 신문 「뉴욕 트랜스크립트New York Transcript」는 1834년에, 뉴욕의 전통적 신문 열한 종 중에서 뉴스 취재를 위해 기자를 고용한 곳이 한두 곳밖에 안 되지만 「트랜스크립트」와 「선」은 각각 네 명의 기자를 고용하고 있다고 언급했다. 〈이는 지역의 모든 사건에 대한, 가장 이르고 가장 온전하고 가장 정확한 진상을 독점적으로 취재하기 위해서이다. 「선」의 기자 두 명은 새벽 3시에 일어나 경찰서에 출근하고 (……) 그 덕에 다른 사람들은 도시에 대한 정확한 정보를 얻는다.〉「뉴욕 헤럴드」는 1835년에 창간하자마자 워싱턴, 자메이카, 키웨스트에 전속 통신원을 두었으며 1838년에는 유럽 통신원 여섯 명을 신규 고용했다. 호러스 그릴리가 1841년에 창간한 「뉴욕 트리뷴New York Tribune」은 1854년까지 지역 기자 열 네 명을 확보했으며, 이들은 경찰서, 소방서, 병원, 강당, 법정, 부두에서 이야기를 발굴했다.

역설적인 결과는, 대중을 겨냥한 신문 덕에 정보 접근성이 확대되었지만—「선」은 〈한 닢 신문은 사회 지도층의 유용한 지식을 확산시킴으로써 독립의 행진을 어떤 교육 방식보다 철저히 달성하고 있〉다고 자랑했다—기삿거리를 수집하고 뉴스 의제를 정하는 일은 편집자, 기자, 사주로 이루어진 소수 집단의 손에 점차 집중되었다는 것이다. 예전 신문은 사주이자 발행인의 생각, 유명한 연설과 소책자의 발췌문, 독자 편지, 다른 신문의 기사 위주였다. 하지만 19세기 초에 상근 필진을 토대로 한 새로운 모델에 자리를 내주었다. 미국 신문들을 조사했더니 신문사 소속 필진이 쓴 기사의 수는 1820년대의 25퍼센트에서 1850년대에 45퍼센트로 증가했다.

또한 신문은 또 다른 방식으로 독자와 거리를 두기 시작했다. 한 닢 신문 모델에서는 광고주가 독자보다 더 중요한 수입원이었다. 사업적 관점에서 보면 신문의 목표는 광고의 대상이 되는 독자를 최대한 끌어모으는 것이었다. 독자는 더는 신문 지면에서 벌어지는 대화의 참여자가 아니었다. 독자는 순전히 정보의—잠재적으로는 광고주가 제공하는 상품과 서비스의—소비자가 되었다. 신문은 남들이 만든 문서의 유통과 토론을 위한 마당을 마련하는 것이 아니라 자신의 보도를 전달하기 위한 매체가 되었다.

모스의 소셜 네트워크

1843년 3월에 전직 화가이자 발명가인 새뮤얼 모스가 새 발명품의 실현 가능성을 입증하여 미국 정부로부터 상금 3만 달러를 받았다. 그의 발명품은 바로 전신(電信)이었다. 모스는 결코 전신을 처음 만든 사람이 아니다. 전신의 기본 원리는 수십 년 전부터 과학자들에게 알려져 있었다. 하지만 모스가 오늘날 전신의 발명가로 기억되는 것은 두 가지 중요한 이점 때문이다. 첫 번째 이점은 1832년에 전자기 현상을 처음 목격한 뒤로 장거리 통신 시스템을 만들겠다는 꿈을 한 번도 포기하지 않았다는 것이다. 두 번째 이점은 그의 전신 장비가 비교적 단순한 구조였다는 것이다. 영국의 라이벌 윌리엄 쿡과 찰스 휘트스톤이 고안한 전신은 두 전신국 사이에 선을 대여섯 개 연결해야 해서 값이 비쌌다. 모스는 조수 앨프리드 베일과 함께 선이 하나만 있어도 되는 훨씬 단순한 시스템을 개발했다.

모스의 전신은 하드웨어가 간단한 대신 소프트웨어가 복잡했다. 문자는 점과 선의 연쇄로 부호화되었으며, (이는 주로 베일의 공이었지만) 지금은 모스 부호로 알려져 있다. (인쇄소에서 문자의 개수를 세어 상대 빈도를 알아낸다는 것은 베일의 아이디어였다. 그러면 각 문자를 나타내는 점과 선의 조합을 최대한 효율적으로 구성할 수 있었다. 영어에서 가장 흔히 쓰는 문자인 〈E〉는 모스 부호에서 점 하나로 나타낸다.) 모스의 전신은 모스 부호를 쓴 탓에 다루기는 힘들었지만 설치하기는 훨씬 저렴했다. 전신 사업 전체가 사기라는 회의론이 팽배한 가운데 모스는 정부 기금을 이용하여 워싱턴과 볼티모어 사이에 실험적으로 전선을 가설했다. 1844년 5월 1일에 모스는 볼티모어에서 열린 휘그당 전당 대회 결과를 워싱턴에 타전함으로써 전신의 위력을 입증했다. 볼티모어발 증기 기차에 실려 64분 뒤에 도착한 문서는 전신과 일치했다. 모스는 전기가 말이나 배, 기차 같은 물리적 수단보다 정보를 훨씬 빨리 전달할 수 있음을 입증했다.

모스는 발명가들의 후원으로 회사를 설립하여 뉴욕, 필라델피아, 보스턴을 연결하는 전신 선로를 가설했다. 뉴욕과 필라델피아를 잇는 첫 번째 선로는 1846년 1월에 개통되었다. 재계는 전신 기술의 가치를 금세 알아보았으며 다른 회사들도 전신 선로 사업에 뛰어들기 시작했다. 그 뒤로 몇 해 동안 미국의 전신망이 어찌나 빨리 확장되었던지 규모를 추적하기가 거의 불가능할 정도였다. 어떤 이는 1848년에 이렇게 불평했다. 〈전신 선로 일정은 한 달 뒤조차도 예측할 수 없다. 그동안 수백 킬로미터가 깔릴 수도 있기 때문이다. 미국의 인구 밀집 지역은 전부 2~3년 안에 거미줄 같은 네트워크로 뒤덮일 것이다.〉 1848년에 전신 선로의 총 길이는 약 3,200킬로미터였으나, 1850년에는 20개 회사가 1만 9,000킬로미터 이상의 선로를 운용하고 있었다. 1852년에 통계청 조사국장은 이렇게 썼다. 〈[미국의] 전신 시스템은 세계 어느 곳보다 큰 규모로 운용되고 있으며 국토를 종횡하는 네트워크에서 무수한 선로가 온전히 가동되고 있다.〉 이즈음 3만 7,000킬로미터 이상의 선로가 가동 중이었으며 1만 6,000킬로미터가 건설 중이었다. 『사이언티픽 아메리칸』은 1852년에 이렇게 선언했다. 〈현대의 어떤 발명도 전신만큼 빠르게 영향력을 확대하지 못했다. 전신의 확산은 훌륭한 발명 자체 못지않게 놀라운 현상이다.〉

얼마 지나지 않아 모스의 장치를 더욱 단순화할 수 있음이 밝혀졌다. 원래 설계에서는 전건(電鍵)을 눌러 전류의 긴 펄스와 짧은 펄스를 발생시키고 수신 측에서는 점과 선의 패턴이 종이 테이프에 기록되었으며 이 패턴은 메시지로 번역되었다. 하지만 숙련된 전신수는 금세 장치의 규칙적 소리만 듣고서 수신 부호를 읽을 수 있었다. 종이 테이프 대신 전신 음향기가 이용되었는데, 이 장치는 전류가 연결되고 단절될 때마다 독특한 딸깍 소리를 냈다. 전건과 음향기를 이용하면서 전선을 사이에 두고 일대일의 실시간 직접 대화가 가능해졌다. 전신수는 전건을 두드려 메시지를 보내고 상대방이 응답하는 딸깍 소리를 들었다. 여러 전신국이 전선 하나로 연결되어 있으면 선에 물린 모든 전신수가 모든 메시지를 듣고 비공식 대화에 참여할 수 있었다. 마치 하나의 공유 채팅방에 들어가는 셈이었다. 심지어 모스 부호의 스타일만으로 친구를 알아보는 사람도 있었다. 매우 숙련된 전신수에게는 모스 부호가 마치 사람 목소리처럼 들렸다.

하지만 모든 전신수가 그렇게 숙련된 것은 아니었기 때문에 특정 선로의 전신수는 문자 두 개로 이루어진 〈시그sig〉라는 서명으로 자신을 나타냈다. 또한 모든 단어를 일일이 쓰는 것은—이를테면 〈필라델피아에서 뉴욕에 타전합니다〉— 고역이었으므로 약어를 바탕으로 규약이 생겼다. 단일한 표준은 전혀 없었다. 전선에 따라 나름의 사투리나 관습이 있었다. 하지만 1859년에 취합한 공통 약어로는 〈준비됐습니다*I am ready*〉를 뜻하는 〈I I〉(점 점, 점 점), 〈진행하세요*go ahead*〉를 뜻하는 〈G A〉(선 선 점, 점 선), 〈저녁 먹으러 들르세요*stop for dinner*〉를 뜻하는 〈S F D〉, 〈좋은 아침입니다 *good morning*〉를 뜻하는 〈G M〉 등이 있었다. 숫자도 약어로 썼다. 이를테면 1은 〈잠시만요〉, 2는 〈즉답 바랍니다〉, 33은 〈수신(受信) 전신은 이곳에서 지불합니다〉라는 뜻이었다.

전신수들은 전달할 메시지가 없어 한가한 시간에는 담소를 나누고 풍문과 농담을 주고받기도 하고 전신으로 체스나 체커를 두기도 했다. 전신을 따라 친구가 맺어지는 경우도 많았으며, 온라인에서만 만난 전신수 사이에 사랑이 싹트기도 했다. 온라인 동지애가 어찌나 돈독했던지 외딴 곳의 전신수 중에는 지역 주민보다 전신수 친구와 사귀는 것을 더 좋아하는 사람도 있었다. 페르시아에 파견된 영국의 전신수 토머스 스티븐스는 현지 공동체를 외면하고 영국인 전신수들과 소통했다. 그는 한 번도 만나지 못한 (또한 수천 킬로미터 떨어진) 전신수 친구들에게 이렇게 말했다. 〈미개한 나라에서 한 조각 문명을 접하니 얼마나 반가운지 모르겠습니다.〉

1850년대에는 보스턴, 칼레, 메인을 연결하는 미국 전신 회사American Telegraph Company 선로의 직원들이 감독관의 사임을 논의하기 위해 업무 시간 뒤에 전신으로 회의를 열었다. 1,000킬로미터에 걸친 33곳의 사무소에서 전신수 수백 명이 회의에 참석했다. 당시의 기록은 회의 상황을 이렇게 전한다. 〈각 연사는 전건으로 발언을 썼으며 전선에 물린 모든 사무소는 동시에 그의 발언을 청취했다. 그 덕에 (실제로는 수백 킬로미터 떨어진) 참가자들이 마치 한방에 있는 것처럼 시간과 공간의 경계를 뛰어넘어 이야기를 나눌 수 있었다.〉 약 한 시간의 토론 끝에 여러 결의안을 통과시키고서 회의는 〈화기애애하게〉 휴회되었다.

전신수는 세계 최초의 온라인 커뮤니티 회원으로, 멀리 떨어진 동료들과 실시간으로 접촉할 수 있었다. 하지만 일반인이 메시지를 보내려면 단어당 비용을 지불해야 했기 때문에 전신으로 사교적 대화를 나누는 것은 너무 비싸서 현실성이 없었다. 사실 사회 전체로 보면 전신은 직접적 개인 소통의 매체이기는커녕 그 반대였다. 정보의 비개인적 흐름을 더욱 집중화했기 때문이다.

미국의 신문은 뉴스를 적시에 전달할 수 있는 신기술 전신을 재빨리 받아들였다. 하지만 멀리서 전신으로 보도를 보내는 통신원들을 두는 것은 비용이 많이 들었다. 게다가 특정 전신국에서 기자들이 보내는 특전(特電)은 대체로 비슷한 내용이었는데도, 차례로 전신을 이용하느라 기다려야 했다. 그리하여 1848년에 뉴욕의 신문사 몇 곳이 자원을 공유하고 전신 회사와의 협상에서 우위를 차지하고 비용을 줄이기 위해 연합을 결성했다. 이렇게 탄생한 기관이 연합 통신Associated Press으로, 점차 미국 전역의 신문으로 범위를 넓혔다. AP에 참여하는 신문사는 국내외 통신원이 꾸준히 보내는 뉴스 보도를 받을 수 있었다. 화려하고 의견이 담긴 문구가 물러나고 사실을 중요도 순으로—이른바 역피라미드—직설적으로 전하는 건조하고 짧은 문체가 유행했다(오늘날에도 이런 문체를 〈전신체 telegraphic〉라고 한다). 이런 기사는 정치적 입장과 무관하게 어떤 신문에나 실을 수 있다는 장점이 있었다. 이 새로운 전신체는 대중 연설에도 영향을 미쳤다. 짧은 멘트sound bite가 널리 쓰였는데, 이는 속기사가 쉽게 받아쓸 수 있고 기자들이 더 저렴하고 빠르게 전송할 수 있었기 때문이다.

1850년대 중엽이 되었을 때 미국의 일반적인 일간지에는 AP 기사가 두 건 이상 실렸으며, 특히 1873년에 신문사들의 무료 신문 교환이 폐지된 뒤로 AP는 막대한 영향력을 행사하게 되었다. 나머지 전신 통신사 세 곳은 1870년에 나머지 세계를 분할하기로 합의했다. 로이터Reuters는 대영 제국을, 아바스Havas는 프랑스와 아프리카 식민지 등을, 볼프Wolff는 독일과 그 세력권을 맡았다. 이 삼총사는 경쟁하지 않고 보도를 공유하기로 합의했으며 이후에 AP에 합병되었다.

전신 덕분에 뉴스를 전송하는 속도가 빨라졌으며 외국 뉴스를 어느 때보다 널리 접할 수 있게 되었다. 속도가 전부였다. 신문은 깊이를 희생하고 속보를 선택했다. 어떤 사람들은 속도 강박이 바람직하지 않을 뿐 아니라 위험하다고 우려했다. 1881년에 뉴욕의 의사 조지 비어드는 『미국의 신경과민American Nervousness』이라는 책에서 산업과 사회적 삶의 속도 증가로 인한 〈신경과민〉의 창궐이 전신과 언론 탓이라고 비난했다. 〈전신은 신경과민의 원인이나, 그 영향력이 거의 알려지지 않았다.〉

언론인이자 비평가 W. J. 스틸먼은 1891년에 『애틀랜틱 먼슬리Atlantic Monthly』에서 전신이 정보가 유포되고 소비되는 방식을 바꿨다며 이렇게 개탄했다. 〈미국의 언론은 당대의 사상을 정기적으로 표현하고 현대의 삶에 대한 질문과 대답을 시의적절하게 기록하는 원래의 역할에서 인간 존재의 잡다한 전부를 수집하고 압축하고 융합하는 기관으로 전락했다.〉 스틸먼은 이로 인해 사람들의 뇌가 작동하는 방식이 달라질까 봐 우려했다. 〈그 결과는 처참하며, 우리의 정신 활동 전 영역에 영향을 미친다. 우리는 숙고 체계에 조급함을 심고, 과학에 겉핥기를 심고, 평범한 일상사에 선정성을 심는다. (……) 매사에 정신 없이 서두르는 성향은 경쟁자에게 하루라도 뒤처지지 않으려는 언론인의 열망과 어우러져 판단에서 숙고를, 우리의 정신적 체질에서 건전한 소화를 없앤다. 우리는 표면 아래로 내려갈 시간이 없으며, 대체로 기백이 전혀 없다.〉

이론상 전신은 지리적 제약을 극복하고 저마다 다른 장소에 있는 사람들 사이에 정보의 직접 흐름을 증가시킬 잠재력이 있었다. 하지만 현실에서는 정보의 흐름이 부쩍 집중화되고 균일화되었으며 적어도 일부 사람들은 어리둥절하고 어찌할 줄 몰랐다. 통신 기술을 이용하여 공유된 소셜 공간을 만들 수 있겠다는 생각을 뚜렷하게 할 수 있었던 사람은 실제로 전신을 다룬 소규모의 전신수 공동체뿐이었다. 한 전신수는 1902년의 현업 시절을 돌아보며 당시에는 동지애가 있었다고 말했다.

멀리 떨어진 도시에 있는 전신수들은 모두가 공동으로 사용하는 전선으로 매일 연락을 주고받는다. 이를테면 AP 회선이 유휴 상태일 때에는 여남은 도시에 연결된 선이 사라지고 개인적 교류의 온갖 특징이 뚜렷이 드러난다. 마치 클럽에 함께 앉아 있는 것처럼 이야기를 들려주고 의견을 주고받고 웃음을 터뜨린다. 이들은 서로의 습관, 기분, 기벽, 좋아하는 것과 싫어하는 것을 알게 되며 구성원이 세상을 떠나 균열이 생기면 개인 간의 연합에서처럼 그의 빈자리를 느낀다.

무굴의 행진

성공한 한 닢 신문은 수익이 쏠쏠했으므로— 데이는 1835년에 2만 달러를 벌어들였다―사주들은 투자하고 사세를 확장할 현금을 손에 넣었다. 한 닢 신문의 발행 부수가 늘면서 새 신문을 창간하는 비용이 꾸준히 증가했다. 데이는 「선」을 소자본으로 시작했으며 베넷이 1835년에 「헤럴드」를 창간하는 데 든 비용은 고작 500달러였다. 그릴리는 1841년에 현금 2,000달러와 인쇄 설비 1,000달러어치를 가지고 「트리뷴」을 창간했다. 10년 뒤에 창간한 한 닢 신문 「뉴욕 타임스」는 7만 달러가 들었다. 런던에서는 급성장하던 언론인이자 작가 찰스 디킨스가 편집장을 맡은 「데일리 뉴스Daily News」가 1846년에 10만 파운드로 창간되었다. 영국의 「데일리 메일Daily Mail」은 1896년에 창간하면서 50만 파운드가 소요되었다. 신문 발행은 집중적이고 자본 집약적인 산업으로 바뀌었다.

신문사 사주들은 독자에게 막대한 정치적 영향력을 휘두르는 거물이 되었으며 경우에 따라서는 직접 공직에 출마하기도 했다. 「뉴욕 트리뷴」 편집장 호러스 그릴리는 단명한 자유공화당 발기에 참여했으며―자유공화당은 민주당과 연합했다―1872년에 민주당 대통령 후보가 되었다(하지만 고배를 마셨다). 사주들이 여러 신문사를 전신으로 연결하여 서로 보도를 공유하고 전국적 영향력을 손에 넣어 거대 언론 제국을 이루면서 이들의 힘은 점점 커졌다. 미국의 윌리엄 랜돌프 허스트와 조지프 퓰리처, 영국의 노스클리프, 독일의 레오폴트 울스타인과 루돌프 모서 등이 이 전략을 따랐다.

허스트는 이 새로운 종족인 미디어 무굴의 전형이었다. 하버드 대학을 중퇴한 허스트는 퓰리처의 뉴욕 신문 「월드World」에 취직하여 신문업을 배웠다. 그 뒤에, 광산업으로 부자가 된 아버지의 돈으로 1887년에 샌프란시스코 「이그재미너Examiner」를 사들여 퓰리처의 접근법―인간적 기사,

추문, 범죄 보도, 노동자를 대변하는 열성적 캠페인 — 을 한층 확대하여 적용했다. 「이그재미너」를 흑자로 전환한 허스트는 뉴욕 「모닝 저널Morning Journal」을 매입하여 퓰리처와 치열한 접전을 벌였다. 이 과정에서 개별 신문사의 발행 부수가 사상 처음으로 100만 부를 넘어섰다. 두 신문사는 누가 더 선정주의적인가를 놓고 경쟁을 벌였으며 기사를 지어내고 사진을 조작하여 〈황색 언론〉이라는 오명을 얻었다.

가장 유명한 사건은 1898년에 허스트가 자신의 신문을 이용하여 반 (反) 스페인 정서에 불을 지핀 것이다. 허스트는 스페인이 쿠바에서 저지르는 만행을 선정적으로 보도하여 스페인 전쟁에 대한 찬성 여론을 이끌어 냈다. 허스트는 소속 미술가가 쿠바에서 별일이 일어나지 않아 귀국하고 싶어 하자 이렇게 말했다고 한다. 〈자네는 그림이나 만들게. 전쟁은 내가 만들 테니까.〉 이 이야기는 사실이 아닐지도 모르지만, 허스트가 신문 권력을 마음껏 휘둘렀음은 의심할 여지가 없다. 아바나 항에서 미 해군의 메인호가 폭발하자 마침내 전쟁이 발발했다. 폭발은 아마도 전함의 탄약고에서 우연히 발화가 일어난 결과였을 테지만, 「저널」은 이를 〈적의 소행〉으로 단언했고 미국은 스페인을 비난했으며 교전이 시작되었다. 허스트의 신문은 이런 제목을 달았다. 〈「저널」의 전쟁이 어떤가?〉

허스트는 정치 권력을 직접 휘두르려고도 온갖 애를 썼다. 미국 하원 의원을 지내면서 1904년에 민주당 대통령 후보가 되려 했으며 뉴욕의 시장, 주지사, 부지사로 출마하기도 했다(하지만 낙선했다). 그가 낙선한 이유 중 하나는 1901년 9월 한 무정부주의자가 윌리엄 매킨리 대통령을 암살했을 때 그의 신문이 쏟아 낸 공격적 어조가 영향을 미쳤다는 비판이 명성에 먹칠을 했기 때문이다. 「저널」은 매킨리가 스페인 전쟁을 성공적으로 수행했음에도 가차 없는 공격을 퍼부었으며 〈나쁜 기관과 나쁜 사람을 살인으로만 없앨 수 있다면 살인은 의무이다〉라는 사설을 내보낸 적이 있었다. (허스트는 이 사설이 실린다는 사실을 몰랐다고 주장했다.) 1906년에 엘리휴 루트 국무장관은 한 연설에서 허스트를 〈부정적하고 이기적인 선동가〉로 몰아세워 허스트의 뉴욕 주지사 선거 운동에 종지부를 찍었다. 허스트는 미국의 거대 신문사 서른 곳을 주물렀고 귀한 예술품을 수집했으며 유명인이나 정치인과 어울렸고 오슨 웰스의 영화 「시민 케인」의 모델이었다.

그 결과, 19세기 말의 신문은 초창기와 전혀 다른 모습이 되었다. 1800년에는 대부분의 신문이 단순한 간행물이었다. 한 사람이 편집인, 발행인, 인쇄공, 사설 필자를 두루 맡아 청원서, 연설문, 주민 편지, 다른 신문에서 베낀 보도 등으로 지면을 채우기가 예사였다. 상인이나 사업가가 언론을 새로 창간하는 데 필요한 투자 금액도 크지 않았다. 하지만 19세기 후반이 되자 전문 기자가 기사를 쓰고 전신으로 외국 뉴스를 공급하고 광고주가 주로 자금을 대고 값비싼 증기 인쇄기로 인쇄했다. 독자가 어느 때보다 많아졌지만, 18세기에는 독자와 필자의 간극을 쉽게 뛰어넘을 수 있었던 것에 반해 신문의 소유와 집필이 점차 집중화되면서 간극이 넓어졌다.

독일의 철학자 위르겐 하버마스는 1962년에 출간된 『공론장의 구조변동』에서 이 변화를 개탄했다. 하버마스는 18세기에 커피하우스, 살롱, 문예지, 자유 언론이 등장하면서, 시민이 사회적으로 대등한 존재로서 자유롭게 공적으로 토론할 수 있는 공간으로서의 공론장이 탄생했다고 생각했다. 이 공적 공간은 이론적으로는 만인(실제로는 엘리트 지식인이 주로 참여했으며 여성은 거의 완전히 배제되었다)에게 개방되었으며 대체로 정치로

부터 독립적이었다. 따라서 법적-정치적 문제를 토론하고 비판할 수 있는 마당이 될 수 있었으며, 법률과 정책의 정당성을 점검하는 역할을 하기 시작했다. 하지만 19세기 중엽에 대형 신문과 잡지의 형태로 매스 미디어가 등장하면서 이 연약한 공론장이 해체되었다는 것이 하버마스의 주장이다.

19세기를 거치면서 신문은 현지의 수공업적 간행물에서 거대하고 강력하고 수익성 좋은 산업의 생산물로 진화했다. 그 과정에서 공동체 내의 토론장 역할을 할 수 있는 능력이 부쩍 감소했으며 거의 전적으로 단방향인 매체가 되었다. 소집단의 이익을 위해 통제되고 운용되는 거대 미디어 조직이 미디어 지형을 지배하게 되었으며, 미디어 소유주는 여론에 영향을 미칠 효과적인 수단을 손에 넣었다. 이 과정에서 미디어는 적극적으로 참여하는 환경이 아니라 수동적으로 소비하는 상품이 되었다. 하지만 20세기 들어 19세기보다 더 거대한 변화가 찾아와, 미디어 환경의 집중화가 더더욱 심화되었다.

10장

소셜 미디어의 반대쪽:
방송 시대의 미디어

무선은 신나는 시간 때우기 방법이다.
아이가 집에서 방 안에 앉아 귀에 수신기를 꽂고
손가락으로 전건을 두드리는 장면을 상상해 보라.
(……) 어떤 아이든, 정말 원한다면
실제 무전국을 가질 수 있다.

@ A. 프레더릭 콜린스, 『무선 개론』(1915)

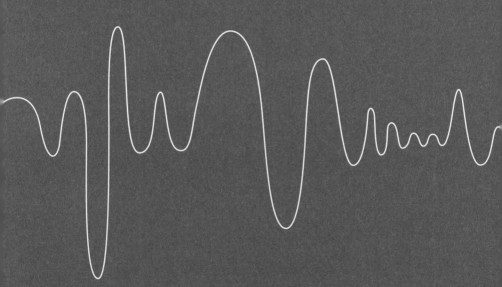

무선의 황금기

휴고 건스백은 「부모를 향한 조언A Sermon to Parents」에서 20세기 초에 미국에서 자란 아이들에게 최고의 취미는 초창기 무선 전신 기술을 가지고 노는 것이라고 단언했다. 사실 룩셈부르크 출신의 사업 이민자 건스백이 무선을 홍보하는 것은 자신의 이해관계에 부합했다. 아마추어 무선의 개척자 건스백은 텔림코Telimco로도 불리는 일렉트로 임포팅 컴퍼니Electro Importing Company를 설립하여 1905년에 무선으로 모스 부호를 송수신하는 장비 〈일체〉를 8달러 50센트에 팔기 시작했다. 건스백의 〈조언〉은 텔림코 카탈로그에 실렸는데, 글의 의도는 자녀가 신기한 새 취미에 관심을 가지는 것을 우려하는 부모를 안심시키려는 것이었다. 그의 모두(冒頭) 논증은 아이들이 무선 장비를 가지고 놀다 보면 집에 머물기 때문에 나쁜 물이 들거나 사고를 치지 않는다는 것이었다. 건스백은 이렇게 썼다. 〈자녀는 바라는 게 별로 없다. 만지작거리고 손보고 실험하고 타고난 끝없는 호기심을 충족할 수 있으면 그만이다. 자녀의 작업실, 그러니까 작은 전기 실험실이나 무선실*Wireless Den*은 20세기 소년을 집으로 끌어들이는 가장 강력한 장소이다.〉 금상첨화로, 무선 취미는 자녀의 장래에도 유익할 터였다. 〈전기와 무선은 다가올, 상상도 못한, 세상을 바꿀 힘이다. 자녀에게서 튀는 전기 스파크를 꺼뜨리지 말라. 불씨를 유지하는 비용은 얼마 되지 않으며 언젠가 여러분과 자녀에게 두둑한 대가를 선사할 것이다.〉 건스백은 무선이 〈미래의 자수성가를 위한 최고의 주춧돌〉이라고 생각했다. 건스백은 소년 시절 취미로 부와 명예를 거머쥔 한 무선 애호가를 염두에 두었음이 틀림없다. 그의 이름은 굴리엘모 마르코니다.

무선 전신의 아이디어는 전기 전신과 마찬가지로 오래전부터 과학계에서 논의되었지만 이 아이디어가 현실이 되려면 원대한 비전과 사업가적 열정을 지닌 누군가가 나서야 했다. 새뮤얼 모스가 전신의 탄생에 촉매 역할을 했다면 이탈리아의 젊은 발명가 마르코니는 무선에 대해 같은 역할을 했다. 1874년에 부유한 집안에서 태어난 마르코니는 가정 교사에게 교육받았으며 십 대에는 인근 볼로냐 대학의 아우구스토 리기 교수에게 사사했다. 리기는 독일의 과학자 하인리히 헤르츠가 1886년에 발견한 전자기파를 마르코니에게 가르쳤다. 전자기파를 장거리 통신 수단으로 쓸 수 있으리라는 생각에 사로잡힌 마르코니는 1894년 여름에 부모 집에서 일련의 실험을 진행하여 헤르츠의 장치를 점차 개량했다. 그해 12월의 어느 날 밤에 마르코니는 어머니를 다락 작업실에 초대해 실험 결과를 보여 주었다. 스위치를 누르자, 전선이 전혀 연결되지 않았는데도 약 10미터 떨어진 옆 방에서 벨이 울렸다. 마르코니는 이듬해에 장치의 설계를 다듬고 더 큰 안테나를 사용하여 전송 거리를 점차 늘렸다. 얼마 지나지 않아 마르코니는 수신기를 바깥 정원으로 옮겼는데, 형 알폰소가 지키고 있다가 신호가 수신되면 깃발을 흔들어서 알려 주었다. 그해 말에 마르코니는 무선 신호를 1.6킬로미터 이상 보낼 수 있게 되었으며 알폰소는 수신 성공을 알리기 위해 총을 쏘아야 했다.

이탈리아 당국이 자신의 발명품을 인정해 주지 않자 마르코니는 더 큰 관심을 불러일으키기 위해 런던에 갔다. 영국 중앙 우체국 수석 전기 기사 윌리엄 프리스는 마르코니의 후원자가 되어 마르코니가 발명품을 영국 정부 앞에서 시연하도록 조치를 취했다. 마르코니는 영국에 있는 동안 모스 부호 메시지를 뭍과 물을 가로질러 수 킬로미터 떨어진 곳까지 보내는 데 성공했으며 런던에서 두 차례 강연을 통해 자신의 성과를 알렸다. 1899년에는 영국 해협을 건너 메시지를 보냈으며, 그해에 「뉴욕 헤럴드」의 초청을 받았다. 아메리카컵 요트 경주를 보도하는 데 그의 장비를 이용하기 위해서였다. 1901년 1월에 마르코니는 콘월에서 뉴펀들랜드까지 사상 최초로 대서양을 가로질러 신호를 보냈다. 이것은 인상적인 업적이었지만, 무선 기술의 가장 즉각적인 쓰임새는 장거리 전신보다는 선박 대 연안, 선박 대 선박 통신이었다. 마르코니 무선 전신 회사는 상업적-군사적 선박 교신을 위해 무선 설비와 서비스를 제공하는 지배적 사업자로 금세 자리 잡았다.

신기술을 직접 체험해 보고 싶은 애호가와 실험가도 관심을 보였다. 무선 장비의 이용에 제약이 없는 미국에서 호응이 컸다. 20세기의 여명기에 무선 장비를 소유한다는 것은 새로운 세상을 향하여 창문을 여는 셈이었다. 아마추어들은 정부의 교신을 청취하고 서로 메시지를 보낼 수 있었다. 일부는 해군보다 더 뛰어난 장비를 제작하기도 했다. 송신기와 수신기를 설치하는 것은 만만한 작업이 아니었으며, 통신을 위해서는 모스 부호를 이용해야 했다. 그럼에도 건스백을 비롯한 사람들의 응원에 힘입어 소년들의 취미로 인기를 누렸다. 1908년 10월에『일렉트리션 앤드 미캐닉 *Electrician and Mechanic*』지는 볼티모어 젊은이들 사이에 〈무선 전신 열풍〉이 불고 있다고 보도했다. 〈이 아마추어들은 연령대가 다양하다. 가장 어린 친구는 열다섯 살이 채 안 된다. (……) 서른 명 이상의 무선 애호가가 뛰어난 송수신 장비를 보유하고 있다.〉

다른 도시도 마찬가지였다. 『모던 일렉트릭스 *Modern Electrics*』 지 1909년 4월 자에서 뉴욕의 젊은 애호가는 이렇게 말했다. 〈온갖 장소로부터 메시지를 받습니다. 뉴욕에는 수백 곳의 실험적 전신국이 있으며 밤새도록 무선으로 메시지가 오갑니다. 제 장비는 송수신 반경이 120킬로미터입니다.〉『일렉트리컬 월드 *Electrical World*』는 1910년에 〈시카고에 아마추어 무선 전신국이 800곳을 넘는〉다고 추산했다. 시카고 무선 클럽 Chicago Wireless Club을 중심으로 열성적 무선 커뮤니티가 조직되었다. 장비를 점검할 수 있도록 매일 저녁 8시에 시험 메시지를 전송했다.『일렉트리컬 월드』의 보도에 따르면 일부 회원은 안테나 선을 높이 올려 전송 범위를 넓히려고 연을 띄우기까지 했다.『모던 일렉트릭스』와『일렉트리컬 익스페리멘터 *Electrical Experimenter*』는 건스백이 무선 애호가들을 위해 창간한 잡지였다. 1909년에는 아마추어 무선 애호가의 전국 협회인 미국 무선 협회 Wireless Association of America를 창립했는데, 금세 수천 명이 가입했다. 1912년에 건스백은 미국의 〈무선 실험가와 아마추어〉 수를 40만 명으로 추산했다. 당시의 무선국은 대부분 송수신을 둘 다 할 수 있었으나, 송신 범위는 대체로 수신 범위보다 훨씬 작았다. 무선 전신은 전파를 타고 오가는 거대한 대화로, 누구나 자유롭게 참여할 수 있었다.

참여자들에게는 모든 것이 흥미진진했지만, 무선국 수천 곳이 아무 제약 없이 통신하는 것의 단점이 곧 드러났다. 초창기 무선 장비는 넓은 주파수대에서 동시에 신호를 내보냈기 때문에 송신 범위 안에 있는 모든 수신기가 신호를 받을 수 있었다. 마르코니를 비롯한 사람들이 애를 썼지만, 동조(회로가 특정한 무선 주파수에서만 작동하도록 제한하여 다른 전파의 간섭을 받지 않도록 하는 것)는 해결하기 힘든 문제였다. 『일렉트리컬 월드』는 1906년에 이렇게 지적했다. 〈모든 상황이 매우 복잡해졌으며, 무언가 조치를 취하지 않으면 같은 선에 있는 전화 가입자가 한꺼번에 대화하려 드는 것 같은 결과가 조만간 초래될 것이다. (……) 무선 전신을 규제할 것인가, 혼란을 감내할 것인가를 선택해야 할 때가 왔다. 규제가 바람직한 것은 분명하다.〉 아마추어 무선국이 상업 송신기와 해군 송신기를 우연히 또는 일부러 간섭하기 시작하면서 우려가 점점 커졌다. 『일렉트리컬 월드』는 1907년에 워싱턴의 해군 통제소 근처에 사는 아마추어 무선 통신사에 얽힌 사건을 보도했다. 〈근처에 사는 젊은이가 ─ 경찰의 아들이었는데 ─ 무선국을 세우고는 재미로 공식 교신에 끼어들었다. 그는 자신이 멀리 떨어진 해군 기지에 있거나 무선 장비를 갖추고 항해 중인 전함에 있는 것처럼 꾸몄다. 고발이 접수되었음에도, 현지 경찰 당국은 젊은이의 실험에 개입할 권한이 없다고 말했다.〉

1908년에는 무선 간섭을 둘러싼 논란과 아마추어 애호가 대 상업-해군 무선국의 갈등이 전문지를 뛰어넘어 주류 언론에 보도되었다. 「샌프란시스코 콜San Francisco Call」은 1908년 3월 자에서 〈의회가 미국 소년들에게

《얘들아, 그만해!》라고 외치다〉라는 기사를 내보냈다. 기사에서는 당시 상황을 시어도어 루스벨트 대통령과 용감한 젊은이들 사이의 싸움으로 묘사하며, 이 젊은이들을 〈최고의 나라 미국을 특징 짓는 정신인 기개, 정력, 호기심, 지식과 실천의 욕구, 실험 정신이 투철하〉다고 평가했다. 「샌프란시스코 콜」은 샌프란시스코와 워싱턴을 비롯한 여러 도시에서 전파 간섭에 대한 불만이 점차 증가하여 규제 요구가 제기되었으나 샌프란시스코 안팎의 소년들 대부분은 품행이 바르다고 덧붙였다.

해 질 녘부터 한밤중까지 대기는 쏜살같이 오가는 무전으로 가득하다. (……) 저녁 이른 시간, 대개 8시부터 10시까지 베이 인근의 소년들은 대부분 무전국으로 서로 대화하느라 분주하다. 〈간섭〉에 대한 불만이 주로 제기되는 것은 이때다. 소년들의 명예를 지키기 위해 말하건대 내가 알기로 그들은 감청한 메시지를 한 번도 공개하지 않았으며 일부 소년들은 꽤 유능한 무선 통신사다. 대다수는 정부나 상업 무선국이 통신 중일 때 〈끼어드〉는 것을 격렬히 비난하며 그럴 때는 응답을 거부한다. 그중 한 명은 이렇게 말했다. 「일을 엉망으로 망치는 친구들도 있지만, 대부분은 생각이 있어서 베이 인근의 선박과 무선국이 가동 중일 때는 무전을 하지 않아요.」

하지만 아마추어들에 대해 제기된 비판 중에는 해상 구조 활동을 방해하거나 거짓 조난 신호를 보낸다는 등 더 심각한 것도 있었다. 1909년 1월에 고장 난 증기선을 구조하려는 시도를 아마추어들이 방해한 사건이 발생했다. 이들은 가짜 좌표를 여러 차례 송신하여 구조대를 헤매게 했다. 구조단장 K. W. 페리 선장은 『크리스천 사이언스 모니터*Christian Science*

Monitor』와의 면담에서 이제는 규제가 필요하다고 말했다. 〈무선 장비 사용을 규제해야 한다고 생각한 지는 오래되었지만 그러한 규제의 필요성이 입증된 것은 지난 며칠 동안의 경험에서였습니다.〉 비슷한 사건이 몇 차례 더 잇따르고 1912년에 아마추어들이 구축함 테리호의 구조를 방해하자 정부는 조치를 취하라는 압박을 받았다. 한 해군 장교는『일렉트리션 앤드 미캐닉』에서 이렇게 말했다.

테리호 사건은 연방 허가법의 필요성을 웅변합니다. (……) 아마추어 무선 통신사들은 한 시간 넘도록 조난 신호의 수신을 방해했습니다. 서로 메시지를 보내는 행위를 중단해 달라고 몇 번이고 요청했지만, 요청을 따르기는 커녕 몇몇은 무례하게 대꾸하기까지 했습니다. (……) 미국은 모든 무선 통신사가 허가를 받지 않아도 되는 세계 유일의 나라입니다. (……) 무선 작동을 실험하는 야심 찬 젊은이들의 기를 꺾는다는 인상을 주고 싶지는 않습니다. 대체로 그들은 직접 무선국을 설치한 젊은 천재들입니다. 하지만 그들의 간섭이 때때로 얼마나 심각한지, 선박이 조난당했을 때 어떤 피해가 미치는지 깨닫는다면 반드시 조치를 취해야 한다는 사실을 알 수 있습니다. 최종 해결책은 연방 허가제입니다.

타이태닉호의 침몰은 종지부를 찍었다. 대형 여객선이 빙산을 들이받았다는 신호를 보내자 미국 동해안은 이 무선국에서 저 무선국으로 보내는 추측과 소문으로 시끌벅적했다. 아마추어 무선 통신사들은 사건을 제대로 해명하지 못한 타이태닉호의 선주 화이트 스타 라인의 편리한 희생양이 되었다. 「뉴욕 헤럴드」는 이렇게 보도했다. 〈화이트 스타 라인 사무소에서 대통령에게 보고를 올렸는데, 현장에 끼어드는 무선이 너무 많고 아마추어 무선 통신사들이 교신하는 바람에 신뢰할 만한 정보를 무선으로 얻는 것이 현실적으로 불가능하다고 말했다. 타이태닉호의 재난 소식이 바다 건너 타전되자마자 송신 범위 안에 있는 연안의 모든 무선 장비가 작동하기 시작하여 마구잡이로 신호를 주고받는 바람에 통신이 뒤죽박죽이 되었으며 이로부터 왜곡되고 부정확한 메시지가 아무렇게나 뒤섞여 전파되었다.〉윌리엄 하워드 태프트 대통령은 무선 규제를 논의하기 위해 백악관에서 특별 회의를 소집했다. 하지만 「헤럴드」 보도에 따르면 〈논쟁할 필요성은 거의 없었〉다. 〈구조 작업 및 정확한 보도와 관련된 무선상의 혼란과 맞물린 타이태닉호의 엄청난 재난은 그 자체로 규제가 반드시 필요함을 보여 주는 증거였다.〉해군 수석 기술자 허치 콘은 「헤럴드」와의 인터뷰에서 이렇게 말했다. 「무선 규제가 필요하다는 증거가 하나라도 있다면, 바로 이겁니다.」

알고 보니 진짜 문제는 타이태닉호 승객들이 보내는 전신의 양이 너무 많아서, 근처에 있던 선박 캘리도니언호가 이 지역에 얼음이 있다고 경고하는 특별 메시지를 보냈는데도 배의 무선 통신사가 메시지를 받지 못했다는 것이었다. 적반하장으로 타이태닉호의 무선 통신사는 캘리도니언호의 무선 통신사에게 무전 송신을 방해하지 말고 꺼지라고 말했다. 그러자 캘리도니언호는 무전을 껐으며 이 때문에 타이태닉호의 조난 신호를 듣지 못했다. 타이태닉호의 재난을 계기로 통과된 규제 법안인 1912년 무선법은 주파수 표준화와 무전의 상시 감시를 비롯하여 선박의 조난 신호에 대처하는 새로운 규정을 도입했다. 또한 송신기 허가를 의무화하고 주파수를 200미터 이하로 제한하고 아마추어 무선국의 송신 출력, 위치, 운영 시간을 제한하는 등 아마추어 무선국에 엄격한 제약을 부과했다. 사상 처음으로 아마추어 무전과 상업-군사 무전이 뚜렷이 구분되었다.

무선법은 〈전쟁 또는 공공의 위험 또는 재난의 시기에〉 무선국을 폐쇄할 권한을 대통령에게 부여했다. 유럽에서 제1차 세계 대전이 발발하자 해군은 무선 통신사들이 미국의 중립을 존중하도록 하는 임무를 맡았는데, 한 가지 방법은 아마추어 무선국을 폐쇄하는 것이었다. 1917년에 미국이 참전하자 수신기를 사용하는 것조차 금지되어 아마추어의 무선 장비 사용이 전면 중단되었다. 1919년에 금지 조치가 해제되면서 무선 애호가들은 중단된 무선 통신을 재개하고 싶어 했다. 전쟁 중에 기술적 개선이 이루어진 덕에—특히 진공관을 이용한 연속파 송신기가 등장했다—점과 선의 모스 부호가 아니라 소리 신호를 무선으로 전송할 수 있게 되어 무선 전화가 가능해졌다. 휴고 건스백은 『일렉트리컬 익스페리먼터』에 쓴 〈아마추어 무선이 부활하다〉라는 제목의 글에서 이렇게 선언했다.

2년 전에 장비를 치울 때만 해도, 우리는 (고출력 무선국에서 전송하는) 플루트 소리를 닮은 스타카토 음으로 된 딱딱한 점과 선밖에 들을 수 없었다(다들 이 소리를 좋아하게 되기는 했지만). 하지만 전쟁이 모든 것을, 심지어 무전마저 바꿔 놓았다. 이제는 무선 전화가 실용화되었다. 전에는 우리의 수화기에서는 뚜뚜뚜(모스 부호—옮긴이) 소리밖에 들리지 않았지만 이제는 육지를—아니, 바다도—가로질러 멀리까지 전송되는 음성이 대기를 가득 메웠다. 달이 갈수록 점과 선은 점점 줄고 음성이 점점 많이 전송될 것이다. 그래야 마땅하다. (……) 물론 점과 선을 고집하는 사람도 많겠지만 무선 전화는 곧 어마어마한 규모로 사용될 것이다.

「시애틀 데일리 타임스Seattle Daily Times」는 〈이제 무선 소년이 다시 시작할 수 있다〉라는 제목의 기사에서 아마추어 무선의 부활을 고대했다. 〈세계 어느 나라도 미국보다 많은 아마추어 무선 통신사 군단을 뽑내지 못할 것이다. 전쟁 전에는 17만 5,000개소 이상의 아마추어 무선국이 미국 전역에 흩어져 있는 것으로 추산되었다. 이제는 평화가 찾아왔으니 그 수가 훨씬 많아질 것이다. (……) 장거리 통신 설비가 증가하면서 미국 소년은 어떤 의미에서 세계 시민이 된다. (아마도 공부방에 설치했을) 가정 무선국이 한 세대 전에만 해도 마법처럼 보였을 성능을 낸다.〉 하지만 모스 부호가 음성으로 바뀌면서 무선의 작동 방식이 완전히 달라졌다. 무선 통신사가 서로 대화를 주고받던 쌍방향 미디어는 전쟁 뒤에 집중화된 단방향 방송 미디어로 재빨리 진화했다. 건스백의 기사 「아마추어 무선이 부활하다」는 〈무선 아마추어 만세!〉라는 말로 끝맺는다. 하지만 그가 이 글을 쓰는 동안, 개방적인 쌍방향 무선의 황금기는 종언을 고하고 있었다.

애초의 월드 와이드 웹

연속파 송신기로 음성을 전송할 수 있게 되자 모스 부호를 몰라도 무선 통신을 할 수 있게 되었다. 무선 수신기로 전파를 탐색하는 즐거움을 갑자기 모두가 누릴 수 있게 되었다. 모두가 채널을 맞출 수 있는 보편적 신호를 내보낸다는 의미의 〈방송〉이 인기를 얻기 시작했다. 1919년부터 대서양 양쪽에서 연주회와 연설이 실험적으로 방송되었다. 『텔레포니Telephony』지에 따르면 1920년 6월에 영국에서 소프라노 데임 넬리 멜바의 연주회가 에식스 주 첼름스퍼드의 마르코니 무선국에서 전송되어 〈유럽 전역의 아마추어 무선 전화 통신사들〉이 방송을 수신했다. 『일렉트리션』은 이렇게 선언했다. 〈물론 이런 방법이 상업적 규모로 자리 잡으려면 할 일이 많다. 하지만 이 새로운 상호 소통 방식의 발전 상황을 대중에게 교육하는 데 시간을 지체할 이유는 전혀 없다.〉 사실 상업 방송은 누구의 예상보다 빨리 시작되었다. 처음에는 미국의 아마추어 무선국들도 방송을 시도했지만, 1921년 12월에 해군 조난 주파수와 겹치지 않도록 방송 오락 주파수가 정해졌으며 이듬달에 아마추어들은 오락 방송을 하는 것이 〈잠정적으로〉 금지되었다. 금지 조치는 사실 영구적인 것이었으며 1922년에 무선은 급격한 변화를 겪었다.

이 변화는 전쟁에서 비롯했는데, 미국 정부 관료들은 무선의 정부 독점을 확립하려고 시도하기 시작했다. 특히 영국 기업인 마르코니 무선 전신 회사가 시장을 지배할까 봐 우려했다. 영국은 세계 유선 전신 산업을 지배했으며 이제 한 영국 기업이 무선에까지 지배력을 확장하려는 것처럼 보였다. 전쟁은 미국의 모든 무선국이 미국 해군의 통제하에 놓이게 된다는 뜻이었다. 해군은 무선 산업의 지배를 완성하기 위해 캘리포니아에 본사가 있는 민간 기업인 연방 전신 회사Federal Telegraph Company가 운용하는 무선국을 의회의 승인 없이 몰래 사들였다. 의원들은 해군의 무선 산업 장악 시도에 시큰둥했으며 거래를 취소하라고 명령했다. 그러고는 마르코니 미국 지사의 경영권을 제너럴 일렉트릭에 팔도록 압력을 넣고 제너럴 일렉트릭의 무선 부문을 새 회사 RCARadio Corporation of America로 전환하여 전국 규모의 새로운 지배적 기업을 탄생시켰다. RCA는 전기 장비 제조사 웨스팅하우스와 미국 전신-전화 시스템을 지배하고 있던 AT&T를 비롯한 다른 기업에 속한 무선 관련 특허 2,000여 건을 사용할 권한도 부여받았다. RCA의 목표는 미국과 나머지 세계 사이에 무선 통신 서비스를 구축하는 것이었으며, 지구에 〈월드 와이드 와이어리스World Wide Wireless〉라는 문구를 박은 그림을 로고로 삼았다. 당시에 영국에 전신을 보내려면 한 단어당 25센트의 비용이 들었다. RCA는 고성능 무선 장비를 갖추고 외국 무선 전신 회사들과 계약을 맺어 유전 전신보다 약 30퍼센트 싼 가격에 서비스를 제공할 수 있었다.

하지만 몇 달 지나지 않아 RCA는 모스 부호 전신에서 방송 오락으로 초점을 옮겼다. 1919년과 1920년에 첫 시험 방송을 한 뒤에 여러 도시에 무선국이 개국하여, 방송을 듣기 위한 수신기 수요를 끌어올렸다. 1922년 미국의 무선 수신기 총 판매액은 6000만 달러로, 반제품 수신기 약 100만 대와 완제품 라디오 약 10만 대가 팔렸다. 라디오 판매는 1923년의 1억 3600만 달러에서 1924년에는 3억 5800만 달러로 늘었으며 1926년에는 10억 달러를 넘어섰다. 이즈음 완제품 라디오의 판매량이 반제품을 앞질렀다. 1928년에는 1300만 대 이상의 수신기가 사용 중이었다. 이 갑작스러운 도약은 〈1922년의 도취Euphoria of 1922〉로 알려져 있다. 신문은 방송국이 새로 개국할 때마다, 무선과 연관된 기술 혁신이 일어날 때마다 쉴 새 없이 보도를 내보냈다. 사람들이 새 미디어를 이해하고 즐길 수 있도록 『모두를 위한 라디오Radio for Everybody』나 『초보자를 위한 라디오 수신 Radio Receiving for Beginners』 같은 책이 쏟아져 나왔다. 『초보자를 위한 라디오 수신』에서는 이렇게 단언했다.

라디오는 매우 매혹적인 시간 보내기 수단이다. 라디오의 잠재력은 끝이 없고 복잡하여 아무리 첨단 엔지니어라도 이 문제에 대해서만큼은 걸음마 단계이지만, (간단한 용어로 설명한) 매우 간단한 조작부터 시작하면 여러분도 이해할 수 있을 것이다. 열두 살짜리 소년 소녀 수천 명이 무선 송수신기를 거뜬히 조작하며 가족 친구와 재미를 나누고 직접 원리를 공부하고 있다. 상식이 있는 사람이라면 누구나 기본 원리를 쉽게 파악하고 즉시 수신을 시작할 수 있다. (……) 마법에 참여하는 듯한 느낌을 늘 받는다. 무선 수신을 시작했다가 중단하는 사람은 아무도 없다. 한 단계는 다음 단계로 이어지기 마련이며 손을 떼는 것은 불가능하다. 여러분은 이 시대의 가장 가치 있는 발명품을 한시도 손에서 놓지 못할 것이다.

이 새로운 미디어의 장기적 영향에 대해 추측이 난무했다. RCA의 1922년 연례 보고서에서는 RCA가 설립되었을 때 〈방송 기술이 지난해와 같은 인기의 정점에 이르리라고는 아무도 예상하지 못했〉다고 언급했다. 〈공학자와 과학자는 무선 기술이 통신 용도로 발전할 것이라 내다보았지만, 오늘날 무선 전화 통신이 방송용으로 비약적으로 확대되리라 예견한 사람은 아무도 없었다.〉 하지만 1922년에 미국의 방송국 수는 스무 곳도 채 안 되던 것이 600곳 가까이로 늘었다. 〈기술 자체는 매우 빠르게 발전하고 있으며 방송이 미국과 전 세계의 경제적, 사회적, 종교적, 정치적, 교육적 삶에 궁극적으로 미칠 영향에 비길 만한 것은 500년 전 인쇄술 발명뿐이다.〉 576곳의 방송국 중에서 일부는 아마추어가 운영했으며 나머지는 RCA, AT&T, 웨스팅하우스 같은 무선 수신기 제조사, 정부 기관, 대학 등이 운영했다. 쌍방향 통신 허가를 받은 아마추어의 수는 그보다 훨씬 많은 1만 6,570명이었다. 하지만 1923년을 정점으로 아마추어 방송국의 수는 계속 내리막을 걸었다. 수신기의 수는 이미 송신기를 훌쩍 뛰어넘었다. 무선은 매우 짧은 기간 안에 단방향 방송 미디어가 주를 이루게 되었다.

신기술이 급속히 보급되고 있었지만, 대체 누가 여기서 돈을 벌지는 아직 미지수였다. 라디오 수신기 제조사들은 제품의 시장을 창출하기 위해 방송국을 개국했으며 대학과 정부 기관은 공공 서비스 벤처 기업으로, 백화점, 신문사, 자동차 중개인은 일종의 자기 홍보 수단으로 방송국을 개국했다. 1922년부터, 라디오 미디어가 금전적으로 자립할 수 있을지를 놓고 격론이 벌어졌다. 『월간 대중 과학*Popular Science Monthly*』은 1922년 6월에 이렇게 언급했다. 〈무료 방송 서비스가 영원히 지속될 수 없음은 분명하다.〉혹자는 다양한 형태의 회원제 라디오 방송을 제안했고 또 어떤 사람들은 라디오 수신기를 팔 때마다 세금을 물리거나 수신기 사용 허가를 유료화하자고 주장했다.

또 다른 제안은 광고로 새 미디어의 자금을 마련하자는 것이었다. 처음에는 전혀 호응이 없었다. 업계지, 정부 관료, 일반 대중, 데이비드 사노프 RCA 회장 등이 광고에 대해 반감을 표했다. 허버트 후버 상무장관은 1922년에 〈이토록 큰 잠재력을 가진 서비스가 광고의 홍수에 익사하게 내버려 둔다는 것은 상상할 수도 없다〉라고 잘라 말했다. 웨스팅하우스 대변인은 〈아무도 광고를 참지 않을 것이기에 [광고가] 라디오 산업을 망칠 것〉이라고 말했다. 라디오 광고가 합법인지조차 불분명했다. AT&T는 광고주에게 방송 시간을 판매하는 것이 일종의 유료 전화 서비스로, 자신의 독점 분야라고 주장했다. 1924년에 AT&T는 장거리 전화망을 이용하여 라디오 방송국 열여섯 곳을 연결함으로써 미국 인구의 65퍼센트를 포괄하는—물론 라디오가 있다면—전국 네트워크를 구축했다. 이런 식으로 여러 라디오 방송국의 청취자를 통합하면서 라디오 프로그램 제작비를 절감할 수 있었으며 광고료를 더 높게 책정할 수 있었다. 라디오 네트워크가 커질수록 벌어들일 수 있는 액수도 커졌다. 하지만 AT&T는 전화망을 소유했기에 RCA를 비롯한 다른 방송 사업자가 자신을 흉내 내지 못하게 할 수 있었다.

사노프 RCA 회장은 RCA가 설립될 때 AT&T가 소수 지분 인수의 대가로 라디오 관련 특허를 넘겨주었으니 라디오 수신기를 제조-판매할 법적 권리가 없다며 AT&T에 소송을 제기했다. 사건을 담당하는 중재인은 RCA의 손을 들어 주었으며, 마침 반(反)독점 규제 당국이 라디오 산업에 대한 조사에 착수할 무렵 판결이 내려졌다. 사노프에게 허를 찔리고, 라디오 진출 시도가 전화 독점에 위협이 될까 봐 우려한 AT&T는 라디오 방송국을 RCA에 매각하고, 방송국을 연결하는 데 필요한 장거리 선로를 제공하는 데 동의하고, 라디오 광고에 대한 독점 주장을 철회하는 등 RCA의 요구에 굴복했다. 그 결과 탄생한 것이 최초의 순수 전국 라디오 네트워크인 NBCNational Broadcasting Company이다. NBC는 전국 규모의 청취자를 거느린 덕에 광고주에게 매력적으로 보일 수 있었으며 그 덕에 브로드웨이 스타와 유명 연예인을 고용하여 방송에 출연시킬 수 있었다. 이와 더불어, 네트워크에 속한 지역 방송국들은 지역 광고를 판매할 수 있었다.

재정난에 처한 라디오 업계는 광고를 덥석 받아들였으며, 광고로 민간 방송국을 후원하는 모델은 〈아메리칸 플랜American plan〉으로 알려졌다. 미국의 전파를 감독하기 위해 1927년에 설립된 연방무선위원회FRC: Federal Radio Commission는 소형 지역 방송국보다 대형 방송 네트워크를 우대함으로써 방송의 집중화에 일조했다. FRC는 라디오 주파수대를 재조정하여 전국 채널 40개를 신설하고 소규모 방송국을 다이얼의 변두리로 몰아냈다. 전국 단위 방송사들은 소수의 전국 네트워크로 조직되었는데, NBC가 운영하는 네트워크와 맞수 CBS^{Columbia Broadcasting System}가 운영하는 네트워크가 대표적이었다. FRC는 라디오 전파 영역에 제약이 있어서 비상업적 라디오 방송국보다는 종합 상업 방송국을 우대한다며, 〈방송 주파수대에는 사상, 종교, 정치, 사회, 경제의 모든 유파가 각자 방송국을 가지고 전파를 내보낼 수 있을 만큼의 여력이 없다〉라고 주장했다.

라디오 방송은 다른 나라에서도 집중화되었으나 이유는 달랐다. 1922년에 세계 최초의 전국 방송사인 영국방송회사^{BBC: British Broadcasting Company}가 창립된 영국에서는 방송이 처음부터 독점 산업이었다. BBC는 중앙 우체국, 마르코니, 제너럴 일렉트릭을 비롯한 여러 기업이 출자하여 컨소시엄을 결성하여 설립했다. 그해에, 런던 옥스퍼드 가(街)의 셀프리지스 백화점 옥상에 설치된 송신기를 이용하여 일일 방송이 시작되었다. 존 리스 BBC 사장은 영국이 방송 시스템을 구축하면서 미국으로부터 교훈을 얻었다고 설명했다. 〈미국은 어떤 함정을 피해야 하는지 보여 주었습니다. 우리는 경험에서 배웠죠. 미국은 통제가 없어서 혼란이 이만저만이 아니었습니다. (……) 말씀드리다시피 영국은 미국의 사례에서 득을 보았으며, 방송국의 중앙 통제 시스템은 그 결과입니다.〉 1923년에 한 정부 위원회는 미국의 광고 기반 접근법을 거부하고 10실링의 수신료가 BBC의 자금 조달에 최선의 방법이라고 결정했다. 1927년에 BBC는 칙허장에 따라 국가 방송사로 재편되어 정부와 지근거리에서 운용되며 이름도 영국방송협회^{British Broadcasting Corporation}로 바뀌었다.

왕실의 승인, 자체 문장(紋章), 정부 기관으로서의 지위를 얻은 BBC

는 청취자에게 가부장적이고 시혜적인 태도를 취했다. 청취자를 단순히 즐겁게 하는 것이 아니라 향상시키고 교육하고자 했다. 방송에서 강연해 달라는 요청을 받은 저명 사상가들은 상류층 저녁 만찬에서 식사하는 사람들처럼 정치나 종교 같은 논쟁적 주제를 피하라는 조언을 들었다. 방송에서 사용하는 발음은 모범이 되어야 했으며, 언어학자와 유명 작가를 비롯한 전문가로 이루어진 〈구어 영어 자문 위원회Advisory Committee on Spoken English〉의 감독을 받았다. 이를테면 1931년에 위원회는 영어 단어 〈garage〉(개리지)의 발음을 〈barrage〉(버라지)가 아니라 〈marriage〉(매리지)와 맞추도록 권고했다. 리스는 귀족의 악센트와 발음을 국내외 청취자들이 가장 쉽게 이해할 것이라 생각했지만, BBC가 오만하고 엘리트주의적이라는 통념을 굳혔을 뿐이었다. BBC는 대중의 취향을 따르는 것이 아니라 선도하는 것, 대중이 원하는 것이 아니라 (BBC가 생각하기에) 대중이 원해야 하는 것을 제공하는 것을 목표로 삼았다. BBC는 문화적 기준의 수호자를 자임하여 상업적-대중적 압력에 휘둘리지 않았다. 1924년에 출간된 『영국의 방송Broadcast over Britain』에서 리스는 자신의 위치를 이렇게 설명했다.

우리가 생각하듯 우리의 책임은 인간의 지식, 노력, 성취의 모든 부문에서 최선의 것을 최대한 많은 가정에 전달하고 해로운—또는 해로울지도 모르는—것을 멀리하는 것이다. 대중이 원하는 것이 아니라 (우리가 생각하기에) 대중에게 필요한 것을 대중에게 주는 것이야말로 우리의 분명한 임무라고 곧잘 언급되지만, 자신이 무엇을 원하는지 아는 사람은 거의 없으며 자신에게 무엇이 필요한지 아는 사람은 더 적다.

여러 유럽 나라도 BBC의 설립 과정을 본보기 삼아 수신료에 기반한 국가 독점 방송사를 설립했다. 1936년에 22개국이—주로 아메리카 대륙에 있었다—미국의 광고 방식을 채택했으나, 라디오 수신기에 대한 세금으로 운용되는 정부 출자 라디오인 〈BBC 시스템〉을 채택한 나라는 40개국 이상이었다(대부분 유럽과 아시아 나라였다). 이 접근법은 미국에서는 불신을 받았는데, 그 이유는 방송 통제를 정부 기관의 수중에 집중시켰기 때문이었다. 하지만 많은 나라에서는 이것이야말로 정부가 바라는 바였다.

라디오의 집중화된 정부 통제를 향한 추세가 가장 두드러진 나라는 독일이었다. 바이마르 공화국이 명맥을 다해 가던 1932년에, 1920년대에 등장한 여러 반(半)상업적 지역 방송국들이 국유화되고 합병되어 국가 방송 협회RRG: Reichs-Rundfunk-Gesellschaft가 설립되었다. 광고가 금지되고 정치적 내용이 선호되었다. 이것은 당시에 떠오르던 나치스와 카리스마적 지도자 아돌프 히틀러의 농간이었다. 히틀러의 선동적 웅변 스타일은 라디오 방송과 찰떡궁합이었다. 나치스가 1933년에 정권을 잡자 RRG는 선전 활동의 핵심이 되었다. 히틀러의 선전 책임자 요제프 괴벨스는 8월에 열린 라디오 박람회 개막 연설에서 라디오에 대한 견해를 밝혔다. 새 정부는 값싼 라디오 수신기 폴크스엠펭어Volksempfänger(국민 라디오)의 개발과 생산을 지원하여 아무리 가난한 가정이라도 자기네 정치 방송을 들을 수 있도록 했다. 이 라디오는 수백만 대가 팔려 나갔다. 폴크스엠펭어는, 독일 국내 방송의 주파수는 쉽게 맞출 수 있지만 외국의 단파 방송은 수신할 수 없도록 설계되었다. 괴벨스는 연설에서 〈조직적 캠페인〉을 벌여 새 라디오를 홍보하겠다고 약속했다. 〈우리는 그동안 얻은 선전 지식을 활용할 것입니다. 우리의 목표는 독일 라디오 청취자 수를 두 배로 늘리는 것입니다.〉 괴벨스는 라디오가 정치적-사회적 변화에 영향을 미칠 수 있다고 단언했다. 〈20세기의 라디오는 19세기의 인쇄기와 같은 역할을 할 것입니다. [바이마르 공화국 치하에서 정부는] 군중에게 영향을 미치는 이 현대적 방법의 잠재력에 무지했습니다. (……) 다른 한편으로 우리는 사회 전체의 세계관을 원칙에 입각하여 탈바꿈시킬 것입니다. 이것은 아무것도 남기지 않고 우리 나라의 삶을 모든 면에서 바꾸는 최대한의 혁명입니다. (……) 라디오와 방송이 없었다면 우리가 권력을 쟁취하고 지금처럼 행사하는 것은 가능하지 않았을 것입니다.〉

괴벨스는 바이마르 공화국 치하에서 라디오 운영이 지나치게 관료화되었다고 불평했다. 그는 나치스가 〈과도한 조직을 최대한 빨리 없애고 스파르타식 단순함과 효율로 대체할〉 것이며 새 미디어가 국가의 이익을 위해 복무할 것이라고 말했다.

우리는 라디오를 당파적 목적으로만 활용하려는 것이 아닙니다. 오락, 대중 예술, 게임, 코미디, 음악도 방송할 여지가 있기를 바랍니다. 하지만 모든 것은 이 시대와 연관성이 있어야 합니다. 모든 것은 우리의 위대한 재건 과업이라는 주제를 담아야 합니다. 적어도 방해하지는 말아야 합니다. 무엇보다 모든 라디오 방송을 분명히 집중화하는 것이 필요합니다. (……) 우리는 국민에게 다가가는 라디오, 국민을 위해 봉사하는 라디오, 정부와 국가의 가교 역할을 하는 라디오를 원합니다.

관공서, 공장, 공공장소에 라디오가 설치되어 사람들은 끊임없이 들려 오는 연설과 집회 실황에서 도저히 벗어날 수 없었다. 미국의 언론인 세

〈전(全) 독일이 국민 라디오로 총통의 말씀을 듣는다〉라는 구호 아래 폴크스엠펭어(국민 라디오)를 광고하는 나치스 시대 포스터.
자료 제공: 메리 에번스 사진 라이브러리/바이마르 자료 보관소

자르 서칭어는 1938년에 『포린 어페어스*Foreign Affairs*』에서 나치스의 라디오 활용을 이렇게 서술했다. 〈그들의 손에서 라디오는 세상이 보지 못한 가장 강력한 정치적 무기가 되었다. 최고의 쇼맨십, 반대에 대한 절대적 불관용, 진실에 대한 가차 없는 무시를 통해 이용되고, 모든 행동과 생각이 국가적 목표에 종속해야 한다는 열렬한 믿음에 고무되면, 라디오는 이 땅의 모든 정치적, 사회적, 문화적, 교육적 활동에 스며든다.〉 제2차 세계 대전이 일어나자 나치스는 외국 방송 청취를 범죄로 규정했다. 정보부만이 외국 방송 청취가 허용되었다. 하지만 많은 독일인은 실제로 돌아가는 상황을 알고 싶어서 외국 방송을 들었다. 검열이 심한 공식 뉴스 채널은 독일이 전쟁에서 패배하고 있음을 전혀 내비치지 않았다. 심지어 1945년 4월에도 괴벨스의 방송은 청취자들에게 위대한 승리가 눈앞에 있다고 말했다. 대다수 독일인은 히틀러의 사망 소식이 라디오로 공표된 뒤에야 진실을 알 수 있었다. 전쟁이 끝난 뒤에 히틀러의 장관 중 한 명인 알베르트 슈페어는 뉘른베르크 재판에서 이렇게 말했다. 〈히틀러의 독재는 모든 역사적 선례와 근본적인 점에서 달랐습니다. 그의 독재는 나라를 지배하기 위해 모든 기술적 수단을 철저히 활용한 최초의 독재였습니다. 라디오와 스피커 같은 기술적 장비를 통해 8000만 명이 독립적 사고 능력을 빼앗겼습니다. 그 덕에 국민을 한 사람의 의지에 종속시키는 것이 가능했습니다.〉

라디오의 집중화는, 미국에서는 광고 수익을 극대화하기 위해, 영국에서는 엘리트의 가치를 보존하고 진작하기 위해, 독일에서는 나치스 선전을 전파하기 위해 시행되었다. 이유야 무엇이든 그 결과는 역사상 가장 집중화된 미디어였다. 미국에서는 라디오 청취자를 물건 팔 소비자로 보는 네트워크들이 이들을 집단으로 묶었고, 영국의 라디오 청취자는 교육하고 개선해야 할 군중이었으며, 독일에서는 세뇌하고 호도해야 할 국민이었다. 세 경우 다, 방송사와 얼굴 없는 군중(청취자) 사이에는 〈우리와 그들〉이 뚜렷이 구분되었다.

텔레비전, 국가의 마약

한 장소에서 다른 장소로 소리와 더불어 영상을 실시간으로 전송한다는 아이디어는 1880년대부터 전신을 넘어서는 다음 단계로 널리 받아들여졌다. 다만, 당시에는 영상을 유선으로 전송할 것이라고 가정했다. 텔레비전이 실질적으로 처음 시연된 것은 1926년인데 — 영국의 존 로기 베어드와 미국의 찰스 프랜시스 젠킨스가 시연했다 — 당시에는 라디오 방송 모델이 확고하게 자리 잡고 있었다. 일부 발명가들이 쌍방향 텔레비전을 실험했지만 라디오 같은 춘추 전국 시대는 한 번도 없었다. 1920년대 들어 라디오 송신이 엄격하게 규제되었을 뿐 아니라 영상을 부호화하여 송신하는 기술은 훨씬 복잡했기 때문이다. 비용과 복잡성을 고려하건대 처음부터 텔레비전이 집중화된 방송 미디어가 될 것으로 예상된 것은 놀랄 일이 아니다. 하지만 텔레비전이 라디오에서 수입한 것은 콘텐츠, 규약, 자금 마련 모델만이 아니었다. 텔레비전 자체가 기존 라디오 제국의 손아귀에 들어갔다.

텔레비전의 놀라운 미래에 대한 예측이 시작된 것은 1920년대부터였다. 심지어 작동하는 모습이 공개되기 전에 예측이 제기되기도 했다. 신문들은 〈라디오 광학〉이나 〈보는 라디오〉를 향한 발전상을 보도했다. 1925년에 출간된 『방송의 새 시대*Broadcasting: Its New Day*』에서는 텔레비전의 미래를 이렇게 예견했다. 〈대기는 우리가 좋아하는 스타들의 모습으로 진동할 것이고 우리는 그 모습들을 정확히 수신할 것이다. (……) 우리의 야구 선수들은 관람객 앞에서 경기하는 것이 아니라 라디오 송신기 앞에서 경기할 것이다. 우리는 배트로 공 때리는 소리와 심판의 판정 소리를 듣고, 슬라이딩하는 선수의 발에서 피어오르는 먼지를 볼 것이다. 시각 라디오는 헛된 꿈이 아니다.〉 1925년에 어떤 전문가는 1930년까지 모든 미국 가정에 텔레비전이 놓일 것이라고 단언했다. 이것은 실제로 작동하는 텔레비전 수상기가 한 대도 제작되기 전 일이다.

실제로 작동하는 최초의 텔레비전 수상기는 영국에서 만들어졌다. 베어드는 1926년 1월 자신의 실험실에서 과학자 대표단을 앉혀 놓고 자신의 프로토타입을 시연했다. 베어드의 장치는 많은 선배 발명가의 작품을 토대로 제작되었는데, 회전하는 원반에 구멍을 뚫고 렌즈를 나선형으로 정교하게 배열하여 장면을 연속으로 주사(走査)할 수 있도록 했다. 이렇게 해서 생긴 밝기 차이를 광전지로 측정하여 수신 장치에 전송했다. 그런 다음 두 번째 램프의 밝기를 조절하면서 두 번째 회전 원반을 첫 번째 원반과 동조하여 영상을 재구성했다. 다른 발명가들은 거친 영상과 윤곽을 전송하는 데는 성공했지만, 움직임을 실시간으로 묘사할 수 있었던 것은 베어드의 시스템이 최초였다. 1926년 시연에 참석한 런던 「타임스」 기자는 보이는 영상이 〈희미하고 곧잘 흐려졌지만 세부적 움직임과 얼굴 표정 같은 것을 즉각적으로 전송하여 재현할 수 있다는 주장을 입증하기에는 충분했〉다고 썼다. 얼마 지나지 않아 젠킨스는 워싱턴에서 〈라디오바이저*radiovi-sor*〉를 공개 시연 했다(이번에도 회전 원반을 이용했다). 젠킨스는 풍차 장난감의 동영상을 짧은 거리에서 무선으로 전송하는 데도 성공했다.

두 사람 다 자신의 발명품을 상업화하는 일에 착수했다. 젠킨스는 1928년에 최초의 텔레비전 방송국 W3XK를 워싱턴에 설립했다. 그는 라디오의 네트워크 모델이 얼마나 위력적인지 잘 알았기에 이듬해에 두 번째 방송국을 뉴저지에 개국했다. 또한 라디오의 선구자들이 보여 준 예를 본떠, 시청자를 확보하기 위해 텔레비전 수상기를 완제품과 반제품으로 판매하기 시작했다. 젠킨스 수상기의 광고는 실험적 라디오의 황금기에 대한 기억을 불러일으켰다. 〈텔레비전이 왔습니다! 실험가, 서비스업자, 판매인에게 언제라도 공급할 수 있습니다! 텔레비전 프로그램은 꾸준히 개선되고 있습니다. 지금은 텔레비전으로 갈아탈 때입니다. 방송 개척 시대의 전율을 다시 한번 경험하세요!〉 제너럴 일렉트릭과 AT&T는 자체 기술을 개발하고 있었는데, 젠킨스의 시도에 자극받아 자신들도 실험적 텔레비전 방송국을 개국했다.

한편 베어드는 전화선을 이용하여 런던에서 글래스고까지 600여 킬로미터를 건너 영상을 전송하고 단파 라디오를 통해 대서양을 건너 방송을 송출하는 장거리 전송을 시연했다. 또한 프랑스와 독일에서 텔레비전 실험에 참여하고 베어드 텔레비전Baird Television이라는 회사를 설립했다. 이 회사는 BBC의 고성능 송신기로 시험 방송을 송출할 권한을 부여받았다. 하지만 텔레비전은 송신기가 두 개 있어야 했기 때문에 ─소리를 내보내는 별도의 송신기가 필요했다─ 처음에는 영상과 소리를 몇 분마다 번갈아 가며 내보냈다. 1930년에 BBC가 두 번째 송신기를 설치하고서야 소리와 영상을 동시에 송출할 수 있게 되었다. 1932년에 BBC는 프로그램 제작을 맡았으며 1935년이 되자 애호가 수천 명이 BBC 방송에 채널을 맞췄다.

하지만 미국에서는 젠킨스가 강력한 적수를 만났다. 바로 RCA의 데이비드 사노프였다. 사노프는 텔레비전이 라디오를 뛰어넘을 잠재력이 있음을 알아차렸으며 RCA와 산하 전국 네트워크 NBC가 지배적 지위를 유지하길 바랐다. RCA를 비롯한 방송사들은 텔레비전을 라디오의 논리적 연장으로 간주했으며 신출내기가 자기네 텃밭에 들어오는 것을 원하지 않았다. RCA는 〈RCA 같은 경험 많고 신뢰성 있는 조직에만 방송 허가가 부여되어야 한다. 이런 조직만이 서비스의 높은 이상을 유지할 능력이 있기 때문이다〉라고 주장했다. 사노프도 전 세계에서 시험 중인 전기기계식 텔레비전 시스템이 조잡하며 대중 보급에는 아직 적절치 않다고 타당하게 지적했다. 1930년대 초에 미국에 텔레비전을 보급하려던 젠킨스 등의 시도는 RCA의 로비, 미숙한 기술, 대공황 시작 등으로 인해 무산되었다.

오랫동안 발명가들은 빠르게 회전하는 원반을, 아니 기계 가동 부품을 전혀 이용하지 않는, 더 뛰어난 기술을 연구했다. 그들은 음극선관에서 전자 빔을 이용하여 영상을 찍고 표시하고 싶었다. 오로지 전자적 방식으로 텔레비전을 구현한 최초의 인물은 필로 T. 판스워스다. 독학 발명가 판스워스는 아이다호 농장의 새 집 다락방에 쌓여 있던 대중 과학 및 무선 잡지를 발견하고서 이 분야에 관심을 가지게 되었다. 그는 훗날, 열다섯 살 때 감자밭을 일구고 있는데 쟁기로 밭을 왔다 갔다 하듯 영상을 한 줄씩 주사(走査)하면 분해 및 재구성이 가능하겠다는 발상이 처음 떠올랐다고 주장했다. 6년 뒤에는 〈해상관(解像管)*image dissector*〉이라는 이미지 센서를 바탕으로, 실제 작동하는 텔레비전 시스템을 제작하여 1928년 9월에 샌프란시스코에 있는 자신의 실험실에서 언론을 대상으로 장치를 시연했다. 「샌프란시스코 크로니클San Francisco Chronicle」은 해상관이 〈주부가 과

일을 저장하는 데 쓰는 평범한 1쿼트 병〉 크기라고 묘사했다. 베어드와 젠킨스가 개발한 회전 원반보다 훨씬 작고 단순했다. 판스워스 시스템의 유일한 단점은 엄청나게 밝은 조명이 필요하다는 것이었다.

판스워스의 성과에 대한 소문은 RCA의 사노프 귀에도 들어갔다. 사노프는 웨스팅하우스에서 오랫동안 전자 텔레비전을 연구한 러시아 발명가 블라디미르 즈보리킨을 막 영입한 참이었다. 즈보리킨은 판스워스의 발명에 투자할 것처럼 꾸며 그의 실험실을 사흘 동안 방문하면서 최대한 많은 정보를 캐냈다. 그런 다음 RCA의 자금 지원을 받아 여러 해 동안 판스워스의 발명을 복제하고 마침내 개량했다. 특히 더 민감하기 때문에 그다지 강력한 조명이 필요하지 않은 영상 감지기를 개발했다. 한편 사노프는 즈보리킨이 웨스팅하우스에서 수행한 선행 연구로 판스워스의 특허가 무효화되었다고 주장하며 일련의 소송으로 판스워스의 발을 묶었다. 1939년에 판스워스는 10년에 걸친 법정 투쟁에서 마침내 승리했으며 RCA는 그의 발명을 이용하기 위해 100만 달러를 지급하라는 명령을 받았다. 하지만 판스워스에게는 상처뿐인 영광이었다. RCA는 판스워스의 기술이 채택되는 것을 막았으며 이즈음 자체 텔레비전 시스템을 출시하려고 준비하고 있었다. 새 시스템은 그해에 뉴욕 만국 박람회에서 팡파르를 힘차게 울리며 공개되었다. 박람회장의 RCA 전시관에서 열린 기자 회견에서 사노프는 〈막중한 의미를 가지고 있어서 모든 사회에 영향을 미칠 신기술이 이 나라에서 탄생했〉다고 선언했다. 사노프의 마지막 발언은 이것이었다. 「신사 숙녀 여러분, 이제 저희는 소리에 영상을 더했습니다!」

무대 위의 커튼이 젖혀지자 텔레비전 화면이 늘어서서 사노프의 모습을 생방송으로 비추었다. 대단한 연출이었다. 텔레비전이 더는 실험적 기술이 아님을 시연하는 동시에, 텔레비전이 라디오와 영상의 결합이며 (따라서) 라디오 방송사의 터전이라는 RCA의 주장을 대중의 뇌리에 각인했으니 말이다. 1930년대의 암울한 경제 상황 속에서 끈질기게 울려 퍼진 원대한 약속인 텔레비전의 기적이 마침내 현실이 되려는 참이었다. 만국 박람회에서 상영된 홍보 영화에서 RCA는 텔레비전 기술이 대중 보급에 알맞도록 무르익었다고 선언했다. 「연구상의 문제점을 해결하고 라디오의 기적을 재현했습니다. 우리는 또 다른 발전의 이정표를 통과했습니다. 과학은 하늘로 영상을 전송하는 오랜 꿈을 실현했습니다.」 하지만 텔레비전 출시는 완전한 실패로 끝났다. RCA는 1939년 말까지 텔레비전 수상기 10만 대를 팔아 자기네 기술을 표준으로 확립할 생각이었지만, 정작 판매된 대수는 3,000대에 불과했다. 최초의 수상기는 비쌌으며 ― 일부는 소형차 가격과 맞먹었다 ― 소수의 수신기 가까이에서만 신호를 잡을 수 있었다.

게다가 제2차 세계 대전이라는 복병을 만났다. 전자 기기 제조사들은 새로운 소비재를 고안하기보다는 군사 장비를 제작하는 데 치중했다. 미국에서는 전쟁 중에도 소수의 시험 방송국이 운영되었지만 ― 방송 시간은 단축되었다 ― BBC는 전쟁 기간에 텔레비전 방송을 전면 중단했다. 런던을 공습하는 독일 폭격기가 텔레비전 송신기로 위치를 파악하지 못하게 하기 위해서였다. 전쟁이 끝나고 송신이 재개되자 새 미디어는 기존 라디오 방송사의 손아귀에 완전히 들어왔다. 미국에서는 NBC와 CBS가 친숙한 방송 기반 모델을 가지고 기반을 다졌고, 유럽에서는 텔레비전 수상기에 세금을 부과하는 국영 방송 모델이 자리 잡았다. 조직이라는 관점에서 보면 텔레비전은 라디오에 영상을 덧붙인 것에 불과했다.

텔레비전은 전후(戰後) 미국에서 급속하게 성장했다. 텔레비전의 성공은 필연으로 보였다. 전쟁 중의 광고 폭격은, 전쟁이 끝나면 마법 같은 이 신기술을 보상으로 누릴 수 있으리라는 확신을 미국인들에게 불어넣었다. 전자 기기 제조사들은 전후의 미래를 이렇게 묘사했다. 가사 노동을 대신 하고 오락을 제공하는 제품들이 집집마다 구비될 것이라고 말이다. RCA 의 전시(戰時) 광고에서는 텔레비전이 코앞에 있다고 약속했다. 〈미국의 《차기 거대 산업》 앞에는 꿈도 꾸지 못한 교육, 오락, 고용의 지평을 여는 승리의 청신호만이 있습니다.〉 RCA의 1944년 잡지 광고에서는 텔레비전 이 〈아기이지만 거인의 걸음마를 내디딜 것〉이라고 선포했다. 또 다른 전 자 기기 제조사 듀몬트의 잡지 광고에서는 이렇게 단언했다. 〈전쟁이 아 니었다면 듀몬트 텔레비전-라디오 수신기는 올해 크리스마스의 가장 멋 진 선물이 되었을지도 모릅니다! 저희는 내년 크리스마스 철이 되기 전에 고품질의 텔레비전을 여러분 앞에 선보이기 위해 최선을 다할 것입니다.〉 NBC의 광고는 텔레비전을 〈야구장 정기 입장권〉이라 불렀으며 독자에게 〈밥 호프가 텔레비전에 출연하는 장면을 상상해 보〉라고 말했다. 전쟁 막 바지에 실시한 여론 조사에 따르면 미국인의 19퍼센트만이 텔레비전을 본 적이 있었지만 텔레비전이 무엇인지 안다고 응답한 사람이 85퍼센트에 달 했다. 심지어 정부 관료들도 텔레비전을 입에 올렸다. 미국의 방송을 규제 하는 기관인 연방통신위원회FCC: Federal Communications Commission의 수장 제임스 플라이는 1942년에 이렇게 주장했다. 〈전후(戰後) 시기에 텔레비전 은 실업과 불황의 충격을 흡수하는 쿠션 역할을 맡을 최초의 산업일 것이 다. (……) 현재 표준 방송 산업의 5000만 대 규모에 비추어 보면 텔레비전 산업의 목표를 5000만 대로 잡아서는 안 될 이유는 전혀 없다.〉

텔레비전이 출시되기 전부터 판촉에 열을 올리면서 RCA가 바란 것은 전쟁이 끝났을 때 텔레비전 기술에 대한 대기 수요를 확보하기 위한 것만은 아니었다. 전쟁 전에 고안한 자체 포맷과 기술이 표준으로 확립되도록 하는 것도 이들의 목표였다. 경쟁사 CBS는 텔레비전의 출범을 늦추려고 로비를 벌였다. RCA를 따라잡고 자체 기술을 개발할 시간을 벌기 위해서였다. CBS는 RCA에 뒤처졌지만 컬러텔레비전을 개발하여 단숨에 격차를 뛰어넘을 작정이었다. 또한 채널 수를 늘리고 전송 품질을 높일 수 있다며 극초단파UHF 대역을 채택하라고 주장했다. 하지만 FCC는 기존의 초단파VHF로 흑백 영상을 전송하자는 RCA의 제안을 받아들였다. (RCA와 FCC가 밀월 관계라는 의혹은 몇 달 뒤에 FCC 위원장이 퇴임 이후에 NBC로 자리를 옮기면서 사실로 드러났다.) 극초단파가 아니라 초단파를 사용하기로 결정하면서 텔레비전은 다수의 채널을 보유한 지방 미디어가 아니라 소수의 채널을 보유한 전국 미디어가 될 운명이었다. 이것은 RCA와 NBC가 바라던 바였다. 독립 텔레비전 방송국은, 시청자 수가 많아서 광고 수익을 거둘 수 있는 대도시에서만 살아남을 수 있었다. 대부분의 텔레비전은 네트워크 텔레비전으로, 특정 집단의 관심사에 부합하기보다는 최대한 폭넓은 시청자들에게 호소하는 프로그램을 제작했다. 텔레비전의 첫 30년 동안 네트워크 텔레비전은 미국의 전체 시청 시간 중에서 70~90퍼센트를 차지했다.

텔레비전이 실제로 유행한 것은 텔레비전 수상기 가격이 6주치 임금 수준으로 하락한 1948~1949년 들어서였다. 미국에서 제조된 텔레비전 대수는 1946년의 6,500대에서 1947년에는 17만 9,000대, 1948년에는 97만 5,000대, 1949년에는 170만 대로 증가했다. 1948년에는 광고 모델도 확립되었다. 초창기 광고주들은 프로그램 제작비를 후원해야 했지

제2차 세계 대전 기간에 실린 미국의 텔레비전 광고.
자료 제공: J. 프레드 맥도널드

만 1948년에는 광고 수요가 많아져서 텔레비전 방송국이 방송 시간에 따라 광고료를 부과할 수 있게 되었다. 하지만 광고주들은 네트워크로 방송되는 전국 단위 프로그램을 선호했으며 1949년 말이 되자 광고 수익의 절반이 네트워크 몫으로 돌아갔다. 지역 텔레비전은 살아남을 수가 없었다. 1953년이 되자 미국의 거의 모든 텔레비전 방송국이 네트워크와 제휴를 맺은 상태였다. NBC, CBS, ABC(아메리카방송사. 1943년에 반(反)독점 규제 위원회의 명령에 따라 NBC에서 분사했다)는 라디오의 기술자와 연기자를 텔레비전에 포진시켰다. 많은 텔레비전 프로그램은 라디오 프로그램을 각색한 것에 불과했다. 드라마 대본을 토씨 하나 바꾸지 않고 그대로 재활용하는 경우도 있었으며, 같은 프로그램의 라디오 버전과 텔레비전 버전을 동시에 방송하기도 했다.

　텔레비전이 있는 미국 가정의 수는 1950년의 9퍼센트에서 1955년에는 65퍼센트로 뛰어올랐다. 1954년에는 컬러 방송이 시작되었다. RCA와 CBS는 다시 한번 치열한 전투를 벌였으며 이번에도 데이비드 사노프가 승리를 거두었다. 텔레비전 수상기 보급률은 1960년에 87퍼센트에 도달하더니 1970년에는 95퍼센트까지 치솟았다. 이때만 해도 컬러 텔레비전 수상기는 절반가량에 불과했으나, 미국 가정의 약 3분의 1은 수상기를 두 대 이상 보유했다. 새로운 발명이 미국 가정에 이보다 더 빨리 진출한 적은 한 번도 없었다. 라디오는 보급률이 10퍼센트에서 40퍼센트로 증가하는 데—얼리어답터에서 주류로 확대되기까지—6년이 걸린 반면에 텔레비전은 3년밖에 걸리지 않았다. 다른 나라에서는 보급이 다소 늦었다. BBC가 RCA와 매우 비슷한 새 표준을 채택한 영국에서는 1953년에 여왕 엘리자베스 2세의 대관식이 사상 최초로 텔레비전으로 중계되면서 텔레비전의 인기가 치솟았다. 1960년이 되자 미국인 열 명마다 텔레비전 수상기가 석 대 있었으며 캐나다와 영국에서는 열 명마다 두 대 있었다. 텔레비전은 서유럽, 일본, 오스트레일리아에서도 인기를 끌었다.

하지만 텔레비전의 개발, 채택, 사용을 선도한 나라는 단연 미국이었다. 탐정 드라마에서 퀴즈 쇼에 이르는 미국의 프로그램과 형식이 전 세계에서 유행했다. 텔레비전 네트워크가 시청률과 (따라서) 광고 수익을 극대화하려 들면서 사람들은 교육을 증진하고 민주주의를 강화하는 미디어가 되겠다는 텔레비전의 초창기 약속이 공염불이 되었다고 비판했다. FCC의 전(前) 관료 니컬러스 존슨의 공격은 특히 인상적이었다. 업계 내부자의 비판이었기 때문이다. 존슨은 1972년에 출간된 『인생의 테스트 패턴Test Pattern for Living』에서 텔레비전이 완전히 실패했다고 단언했다.

텔레비전은 평균적 미국인의 식견을 넓히고, 인류가 제공할 수 있는 최상의 것을 경험하면서 커다란 흥분과 교육과 자기 계발의 잠재력을 열어 줄 기회로 간주되었다. 이제는 업계 종사자를 비롯한 거의 모든 사람이 텔레비전의 실패를 인정할 것이다. 텔레비전은 인류를 더 우수하게 탈바꿈시키는 데 실패했을 뿐 아니라 오히려 전보다 더 열등하게 만들었다. 전자는 비난받아 마땅할 것이되 후자는 도저히 용납할 수 없다.

텔레비전의 〈구석구석 스며드는 부당한 마취 효과〉에 대한 존슨의 비판은 다른 비평가에게서도 찾아볼 수 있다. 텔레비전은 범죄와 사회 분열을 야기한다는 비난을 받았다. 미국의 미디어 이론가 닐 포스트먼은 1985년에 출간된 『죽도록 즐기기』에서 당시 상황을 올더스 헉슬리의 소설 『멋진 신세계』에 비유했다. 소설에서 사람들을 억압하는 것은 권위주의적 정부가 아니라 오락에 대한 탐닉이었다. 포스트먼은 존슨과 마찬가지로 텔레비전 뉴스조차 실은 일종의 오락이 되었다고 불평했다. 뉴스의 진짜 목적은 짭짤한 광고에서 사람들이 눈을 떼지 못하게 하는 것이었다. 텔레비전의 매력은 미국에서 텔레비전 시청 시간이 꾸준히 증가한 것에서 알 수 있다. 일일 평균 시청 시간은 1950년의 4시간 30분에서 1960년에는 5시간, 1970년에는 6시간, 1990년에는 7시간으로 늘었다. 텔레비전을 여러 대 보유한 가정이 늘고 케이블과 위성 텔레비전이 수십, 아니 수백 개의 채널을 제공하면서 시청 시간은 더욱 증가하여 21세기 초에는 하루 8시간을 넘었다.

텔레비전은 역사상 가장 포괄적인 미디어가 되었다. 깜박거리는 화면 앞에서 빈둥거리는 사람을 일컫는 〈카우치 포테이토 *couch potato*〉가 문화적 상투어로 등장했다. 텔레비전을 보는 행위, 즉 오로지 단방향의 수동적 경험은 무기력의 정의(定義)가 되었다. 이보다 노력이 덜 드는 것은 자는 것뿐이다. 방송 모델은 라디오 청취자와 텔레비전 시청자의 역할을 수동적 소비자에 불과한 것으로 간주한다. 이것은 사람들이 정보를 창조하고 배포하고 공유하고 재창조하고 이를 서로 교환하는 미디어 체계와는 극과 극이다. 텔레비전은 소셜 미디어와 정반대다.

11장

소셜 미디어의 부활:

아파넷에서 페이스북까지

인터넷은 지금껏 발명된 것 중에서,
표현을 증폭하는 가장 강력한 수단이다.
인터넷은 기껏해야 아주 희미하게 들렸을 뿐일
목소리에 지구적 메가폰을 달아 준다.
전통적인 단방향의 매스 미디어로는
구현할 수 없는 방식으로
다양한 관점과 대화를 유도하고 촉진한다.

@ 빈턴 서프, 2002

아파넷에서 인터넷으로

　돌이켜 보면 인류 역사상 가장 거대하고 복잡한 커뮤니케이션 시스템의 등장은 좀 더 순조로울 수도 있었다. 하지만 당시에는 이 일에 관여하던 사람들 중에서 자신이 얼마나 중요한 일을 하고 있는지 아는 사람이 아무도 없었다. 때는 1969년 10월 29일 저녁이었다. 캘리포니아 대학 로스앤젤레스 캠퍼스UCLA의 스물한 살짜리 대학생 찰리 클라인은 컴퓨터실에서 늦게까지 일하고 있었다. UCLA에는 방 하나를 가득 채운 메인프레임 컴퓨터인 SDS 시그마 7 컴퓨터가 있었다. 여러 사람이 각자 단말기에 앉아 이 거대 컴퓨터를 동시에 이용할 수 있었는데, 클라인은 밤낮으로 단말기 앞에서 코드를 짜고 있었다. 그날 저녁에 컴퓨터실 담당 교수 레너드 클라인락이 클라인에게 새 장치 점검하는 일을 도와 달라고 부탁했다. 시그마 7을 600킬로미터 떨어진 캘리포니아 주 멘로파크의 스탠퍼드 연구소에 있는 또 다른 컴퓨터와 연결하는 장치였다.

이런 식으로 컴퓨터를 연결하는 계획은 우연한 계기로 시작되었다. 미국 국방부 산하 연구 기관인 고등 연구 계획국ARPA: Advanced Research Projects Agency의 공무원 밥 테일러는 자신의 사무실에 컴퓨터 단말기가 자꾸 설치되자 짜증이 났다. ARPA는 캘리포니아 대학 버클리 캠퍼스, 매사추세츠 공과 대학MIT, 샌타모니카에 자리 잡은 선구적 소프트웨어 회사 SDCSystem Development Corporation 등의 컴퓨터 연구에 자금을 지원하고 있었다. 테일러는 연구를 감독할 수 있도록 여러 대의 단말기를 〈전용선 leased line〉이라는 고정된 전화선에 연결해 두었다. 각 전용선은 연구 기관의 컴퓨터에 연결되었다. ARPA가 컴퓨터 관련 연구에 대한 자금 지원을 계속 늘리고 있었으므로, 테일러의 사무실은 곧 단말기 천지가 될 것 같았다. 설상가상으로 단말기 석 대가 저마다 다른 컴퓨터에 연결되어 있었기 때문에 이 컴퓨터에서 저 컴퓨터로 정보를 전송하려면 일일이 새로 타이핑해야 했다. 테일러는 훗날 이렇게 회상했다. 「저는 이렇게 말했습니다. 〈그래, 어떻게 해야 할지 알겠어. 단말기가 석 대 있으면 한 대는 가고 싶은 데는 어디든 갈 수 있도록 하는 거야.〉」

테일러는, 단말기 한 대로 여러 원격 컴퓨터에 접속할 수 있으면 연구자들이 서로 소통하기도 수월해질 것임을 깨달았다. 앞서 1960년대 초에 최초의 다중 이용자 컴퓨터 시스템이 등장하자마자 사람들은 이 시스템을 이용하여 서로 메시지를 보내기 시작했다. 테일러는 사무실에 단말기가 석 대 있었으므로 이러한 〈전자 우편〉이 협업과 정보 교환을 증진하는 데 효과적임을 잘 알았다. 테일러는 1999년에 「뉴욕 타임스」와의 인터뷰에서 이렇게 말했다.

「이 발전에서 제가 가장 놀란 것은 이 세 시스템으로 어떻게 커뮤니티가 구축되었는가였습니다. 안면이 없는 사람들이 이제는 같은 시스템을 사용하게 되었으니까요. 이 시스템에서는 파일을 공유할 수 있었으므로, 누가 이런저런 것에 관심이 있고 자료를 가지고 있다는 사실을 알아낼 수 있습니다. 그에게 이메일로 연락하면 말이죠, 전혀 새로운 관계가 형성되는 겁니다.」

하지만 초창기 이메일 시스템은 같은 메인프레임 컴퓨터를 이용하는 사람들끼리만 메시지를 주고받을 수 있었다. 각 메인프레임을 중심으로 커뮤니티가 성장하긴 했지만, 다른 메인프레임에 연결된 사람에게는 메시지를 보낼 도리가 없었다. 테일러는 다른 곳에 있는 기계들을 연결하는 실험적 컴퓨터 네트워크를 구축하는 일에 ARPA가 자금을 지원하자고 제안했다. 이 실험이 성공하면, (〈아파넷ARPANET〉으로 알려질) 새 네트워크는 테일러의 사무실 공간을 넓혀 주는 것에 그치지 않을 터였다. 다른 연구소에 있는 연구자끼리 정보를 교환하고 고성능 컴퓨터를 함께 이용함으로써 소속이 다른 연구자들 사이의 소통과 협업을 증진할 터였다. 한마디로 아파넷의 목표는 컴퓨터를 연결하는 것과 더불어 사람을 서로 연결하는 것이었다.

테일러는 네트워크의 계획을 상세히 작성하면서, 〈패킷 교환 *packet switching*〉이라는 새로운 이론적 접근법을 이용하자고 제안했다. 이 방법은 네트워크의 모든 컴퓨터를 전용선으로 서로 연결하는 것이 아니라 데이터를 작고 균일한 〈패킷〉으로 잘라 이 컴퓨터에서 저 컴퓨터로 전달하면서 최종 목적지에 보내는 것이다. 그러면 멀리 떨어진 컴퓨터들이, 직접 연결되어 있지 않아도 여러 중간 단계를 거쳐 소통할 수 있다. 이 접근법을 쓰면 일정한 대수의 컴퓨터를 서로 연결하는 데 필요한 전용선 수를 부쩍 줄일 수 있으며 여러 출발지와 목적지 사이에 트래픽을 교차시켜 네트워크 용량을 효율적으로 이용할 수 있다. 패킷 교환은 원래 핵 공격을 받아도 작동하는 네트워크를 구축하는 방식으로 제안되었다. 패킷 교환 네트워크의 일부가 불능화되면 그 지점을 우회하는 다른 경로를 찾아 목적지에 도달할 수 있기 때문이다. 하지만 1960년대에는 네트워크 회선과 컴퓨터 하드웨어가 비싸고 신뢰성이 낮았기 때문에 컴퓨터 과학자들은 패킷 교환이 신뢰할 수 있는 범용 네트워크를 구축하는 좋은 방법이기도 하다는 사실을 깨달았다.

테일러는 〈인터페이스 메시지 프로세서IMP: Interface Message Processor〉라는 특수 인터페이스 장치를 제작하기 위해 140개 회사에 입찰을 제안했다. 이 장치를 컴퓨터에 꽂으면 저마다 다른 곳에 있는 컴퓨터들을 전용선으로 연결할 수 있다. 최대 메인프레임 공급자인 컴퓨터 업계의 거인 IBM과 미국의 독점 통신 사업자 AT&T는 입찰을 거절했다. IBM은 각각의 컴퓨터를 서로 연결하여 공유하기보다는 메인프레임 덩치를 키우고 원격 단말기를 AT&T 회선으로 연결하는 것이 많은 이용자를 연결하는 최선의 방법이라고 생각했다. IMP 계약은 볼트, 베러넥 앤드 뉴먼Bolt, Beranek and Newman이라는 작은 회사에 최종 낙찰되었다. 이 회사는 1969년 중엽에 IMP를 넉 대 제작하여ㅡ크기는 커다란 찬장만 했다ㅡUCLA와 스탠퍼드 연구소를 비롯한 네 곳의 시험장에 보냈다. 패킷 교환 이론을 깊이 연구한 클라인락이 IMP를 UCLA의 컴퓨터에 연결하고 스탠퍼드와 접속을 시험하는 임무를 맡았다. 클라인락은 클라인에게 도움을 청했다.

몇 년 뒤에 클라인락은 이렇게 말했다. 「근사한 메시지를 준비했어야 했습니다. 새뮤얼 모스는 〈하나님께서 행하신 일이 어찌 그리 크냐〉라는 아름다운 성경 구절을 준비했고 암스트롱은 달에 갔을 때 〈인류에게는 거대한 걸음〉이라는 문구를 준비했죠. 똑똑한 사람들이었습니다. 홍보가 뭔지 알았던 겁니다. 역사에 기록될 인용구를 준비했으니 말입니다.」 하지만 UCLA에서 스탠퍼드로 연결되는 회선으로 전송될 메시지는 평범하게도 〈로그인login〉이라는 한 단어였다. 이를 통해 클라인은 UCLA 컴퓨터에 연결된 자신의 단말기에서 스탠퍼드 컴퓨터에 로그인할 수 있을 터였다. 밤 9시 30분경에 클라인락이 스탠퍼드의 젊은 프로그래머 빌 듀발에게 전화를 걸어 시험을 시작할 준비를 하라고 말했다. 클라인이 단말기에 〈L〉을 입력했다. 듀발은 전화기를 든 채, 글자가 두 IMP를 거쳐 스탠퍼드의 컴퓨터에 성공적으로 전송되었다고 확인해 주었다. 그러자 클라인은 〈O〉를 입력했다. 이번에도 듀발은 글자가 수신되었다고 말했다. 클라인이 〈G〉를 입력했다. 하지만 아무 일도 일어나지 않았다. 시스템이 충돌한 것이다. 따라서 아파넷으로 전송된 첫 메시지는 〈LO〉였다. 연구진은 기계를 손본 뒤에 다시 시도하여, 밤 10시 30분에 연결에 성공했다. 클라인은 스탠퍼드 컴퓨터에 로그인 할 수 있었다. IMP는 계획대로 작동했으며 이로써 아파넷이 탄생했다.

UCLA와 스탠퍼드의 IMP는 11월 21일에 영구적으로 연결되었다. 12월 초에 두 IMP가 캘리포니아 대학 샌타바버라 캠퍼스의 세 번째 IMP에 연결되었으며 스탠퍼드 IMP는 유타 대학의 네 번째 IMP에 연결되었다. 패킷 교환 시스템 덕분에, 네 곳의 이용자들은 IMP가 직접 연결되지 않았어도 넉 대의 컴퓨터에 모두 접속할 수 있었다. (이를테면 UCLA와 유타 대학 사이의 네트워크 트래픽은 스탠퍼드나 샌타바버라를 경유했다.) 아파넷은 1970년 3월에 동부 연안으로 확장되었으며 더 많은 컴퓨터가 IMP에 연결되어 네트워크에 추가되면서 점점 성장했다. 1975년에 아파넷은 실험적 프로젝트에서 벗어나 완전하게 작동한다고 선언되었는데, 이때 대서양 건너 런던에 있는 것을 비롯하여 총 57개의 IMP가 설치되어 있었다. 1981년에는 213대의 컴퓨터가 네트워크에 연결되었으며 평균 20일 만에 한 대씩 추가되었다. 1983년 1월에는 IMP에서 이용하던 패킷 교환 프로토콜인 NCP 대신 더 신뢰성 높은 표준으로, 로버트 E. 칸과 빈턴 서프가 1970년대 초에 개발한 TCP/IP가 도입되었다. TCP/IP는 아파넷과 (그 뒤에 별도로 구축된) 그 밖의 패킷 교환 네트워크 사이에 차이를 해소하는 공통의 〈망 간 프로토콜*internetwork protocol*〉이었다. 각각의 컴퓨터가 아니라 네트워크 전체를 연결하는 방식은 〈인터네트워킹*internetworking*〉 또는 〈인터네팅*internetting*〉으로 불리게 되었다. 1980년대에는 원조격인 아파넷을 비롯하여 상호 연결된 패킷 교환식 컴퓨터 네트워크를 통틀어 〈인터넷〉으로 부르기 시작했다.

아파넷이 구축되자 사용자들은 원격 컴퓨터에 로그인하고 멀리 있는 동료와 이메일을 주고받을 수 있었다. 다음 차례는 각각의 원격 컴퓨터에 있는 이메일 계정에 일일이 로그인할 필요 없이 한 곳에서 다른 곳으로 메시지를 전달할 수 있는 이메일 시스템을 구축하는 것이었다. 이러한 〈네트워크 이메일〉 시스템 중에서 최초의 것은 1971년에 개발되었는데, 첫 메시지를 보낸 사람은 IMP를 제작한 회사인 볼트, 베러넥 앤드 뉴먼의 프로그래머 레이 톰린슨이었다. 톰린슨은 같은 방에 있으면서도 아파넷으로만 연결된 두 컴퓨터 사이에 시험 메시지를 몇 건 전송했다. 첫 번째 메시지에

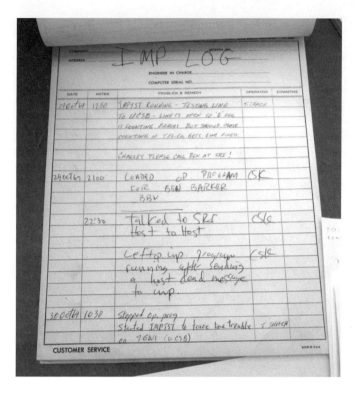

아파넷으로 전송된 최초의 메시지를 기록하는 UCLA IMP의 로그(기록).
자료 제공: 플리커 FastLizard4. CC-BY-SA 2.0 라이선스에 따라 이용

정확히 뭐라고 썼는지는 잊어버렸지만, 아마도 〈QWERTYUIOP〉 같은 임의의 키 입력이었을 것이다. 그 메시지는 유실되었지만 톰린슨의 시스템에 구현된 한 가지 특징은 오늘날까지 살아남았다. 바로, 수신인의 사용자 이름과, 수신인 계정을 호스팅하는 컴퓨터의 이름을 구분하는 기호 〈@〉이다. 이 〈사용자@호스트〉 형식은 그 뒤로 지금까지 쓰이고 있다.

이메일 시스템이 표준화되고 상호 연결되면서 개인 간 메시지 교환은 아파넷의 가장 강력하고 매력적인 기능이 되었다. 빈턴 서프는 레이 톰린

슨이 네트워크 이메일을 발명하고 얼마 지나지 않아 〈사람들이 메일링 리스트를 작성했〉다고 회상한다. 「하나는 과학 소설용, 또 하나는 레스토랑 평가용이었습니다. 이메일이 단순한 사무실 간 메모 시스템에 더하여 소셜 미디어임을 한눈에 알 수 있었죠.」 메일링 리스트 덕분에 관심사가 비슷한 사람들끼리 집단을 이루어 이메일을 통해 정보를 공유하고 토론을 벌일 수 있었다. 초창기 메일링 리스트에는 과학 소설 애호가, 포도주 애호가, 네트워크 해커 등이 가입했다. 한편 레스토랑 평가는 정리되어 〈염염YUMYUM〉이라는 공동 작업 가이드가 되었으며 스탠퍼드 인공 지능 연구소의 연구자들이 관리했다. 아파넷 이용자는 누구나 레스토랑 평가를 가이드에 입력할 수 있었으며, 또한 누구나 자유롭게 내려받을 수 있었다. 평가자는 고유한 식별 번호를 부여받았는데, 평가할 때마다 식별 번호가 맨 뒤에 입력되었기 때문에 사람들은 평가자의 신원을 몰라도 자신과 입맛이 비슷한 평가자가 누구인지 파악할 수 있었다. 1976년 판 〈염염〉에서는 집단적 글 작성 방식이 어떻게 작동하는지 설명한다.

이번 판 염염에서는 샌프란시스코 베이 지역의 레스토랑 480곳과 외곽의 레스토랑, 독자의 의견 1,056개를 실었습니다. 의견은 각양각색입니다. 저희는 〈합의〉를 도출하려 하기보다는 평가자들이 제각각 자유롭게 발언하도록 내버려 둡니다. 물론 사람마다 관점이 다르며, 시기에 따라 주방장에 따라 레스토랑도 달라집니다. (……) 경험이 조금 쌓이면 평가자를 평가하고 여기 실린 의견 중에서 믿을 만한 결론을 이끌어 낼 수 있을 것입니다. 시기적절한 업데이트와 가볼 만한 새 레스토랑 정보를 제공하는 것은 여러분 몫입니다. 본 가이드에 실을 평가를 작성하실 때는 견해를 간결하고 정확하게 표현하시기 바랍니다. (……) 본 가이드는 지역과 요리 종류에 따라 구성되었습니다. 가이드에 포함된 레스토랑 수는 대략 저희 연구실과의 거리의 역제곱에 비례합니다.

아파넷은 본디 ARPA의 자금을 지원받는 각 대학 연구자들을 연결하는 수단이었으므로, 모든 의사소통은 학교 동료간의 소통처럼 민간 차원에서 이루어지는 것으로 간주되었으며 시스템을 상업적이나 정치적으로 이용하는 것은 금지되었다. MIT 인공 지능 연구소의 1982년 초심자용 안내서에서는 〈미국 국방부 아파넷/인터넷*DoD ARPANET/Internet*〉의 중요한 규칙을 〈에티켓〉이라는 제목 아래에 설명했다.

아파넷을 정부 업무에 직접적으로 도움이 되는 것 이외의 목적으로 이용하는 것은 불법으로 간주됩니다. (……) 다른 아파넷 가입자에게 개인 메시지를 보내는 것(이를테면 모임 약속을 잡거나 인사를 나누는 것)은 대체로 무방합니다. (……) 상업적 이익이나 정치적 목적을 위해 아파넷으로 전자 메일을 보내는 것은 반(反)사회적이고 불법적인 행위입니다. 그런 메시지를 보내면 사람들이 불쾌해 할 수 있으며, MIT와 아파넷을 운영하는 정부 기관 사이에 심각한 문제가 발생할 수 있습니다.

하지만 군사 연구를 하지 않아서 아파넷에 연결되지 않은 대학들은 이 신생 온라인 커뮤니티에 참여할 수 없었다. 이 때문에 1979년에 듀크 대학의 대학원생 짐 엘리스와 톰 트러스콧은 아파넷 사이트를 연결하는 값비싼 전용선이 아니라 전화선으로 임시 접속하여 대학 컴퓨터 간에 파일 전송을 함으로써 분산된 토론을 가능하게 하는 시스템을 제안했다. 그리하여 탄생한 분산형 토론 시스템이 〈넷뉴스Netnews〉이며 훗날 〈유즈넷Usenet〉으로 이름이 바뀌었다. 유즈넷에 쓰인 소프트웨어는 공짜로 구할 수 있었기 때문에 미국 대학들에 급속히 퍼졌다. 유즈넷 토론은 대부분 기술적인 것이었지만, 다른 주제를 다루는 토론도 있었으며 이들은 〈뉴스그룹newsgroup〉이라는 토론방으로 나뉘었다. 이용자는 누구나 그룹에 메시지를 게시하거나 기존 메시지에 댓글을 달 수 있었다. 뉴스그룹의 내용을 검색하면 게시물과 댓글이 함께 표시되어 토론의 흐름을 파악할 수 있었다. 네트워크상의 컴퓨터들이 서로 연결되어 최신 업데이트를 전달하면서 메시지가 이 시스템에서 저 시스템으로 퍼져 갔으며 유즈넷은 곧 아파넷에까지 확대되었다. 유즈넷의 트래픽 양은 1980년대에 급속히 증가했으며 군사용 아파넷과 일반 인터넷의 차이는 점차 흐릿해졌다. 플레임 전쟁flame war(과열된 메시지의 교환), 약어(이를테면 〈ㅋㅋㅋ〉를 뜻하는 〈LOLlaugh out loud〉), 질문 목록을 〈자주 묻는 질문FAQ〉으로 정리하는 관행, 〈:-)〉 같은 〈이모티콘〉의 사용 등이 처음으로 널리 퍼진 것도 뉴스그룹에서였다.

19세기 전신수와 마찬가지로 1980년대의 학계 인터넷 이용자들은 요금 없이 이용할 수 있는 개방적 토론 환경에 접속할 수 있는 소수 특권층이었다. 하지만 전신은 결코 집 안에 깔리지 않았다. 이에 반해 1980년대에 개인용 컴퓨터가 가정과 사무실에 보급되면서 일반 대중이 컴퓨터를 소통 수단으로 이용하는 일이 점차 보편화되었다. 우선 전화선으로 접속하는 단순한 게시판 시스템을 이용하여 메시지를 교환하다가, (전화 접속 연결을 통해 정보와 서비스를 제공하는) 컴퓨서브와 아메리카 온라인AOL 같은 온라인 서비스에 가입했으며, 마침내 1990년대 초에 서비스 제공 업체에 가입하여 인터넷에 접속할 수 있게 되었다. 처음에는 개인용 컴퓨터에서 인터넷에 직접 접속하기가 번거로웠다. 연결 관리, 파일 전송, 이메일 처리, 뉴스그룹 접속 등을 위한 소프트웨어가 각각 별도로 필요했기 때문이다. 하지만 온라인에서 얻을 수 있는 (점차 많아지는) 정보에 접속하고 생각이 비슷한 사람들과 커뮤니티를 형성할 수 있다는 것은 무척 솔깃한 장점이었다. 그래서 (적어도) 일부 사람들은 인터넷을 이용하기 위해서라면 기꺼이 번거로움을 감수할 의향이 있었다. 그러다 1993년에 월드 와이드 웹이 주류로 등장하면서 인터넷 접속이 순식간에 훨씬 수월해졌다.

월드 와이드 웹의 탄생

영국의 과학자 팀 버너스리가 1990년에 월드 와이드 웹World Wide Web이라는 프로그램을 작성한 이유는 단지 동료 물리학자들이 더 쉽게 교신할 수 있도록 하기 위해서였다. 버너스리는 스위스 제네바 근처에 있는 유럽 입자 물리 연구소에서 일했는데, 이곳에서는 다양한 컴퓨터 시스템이 쓰이고 있었다. 1980년에 버너스리가 개발한 인콰이어ENQUIRE는 이용자들이 〈카드〉라는 상호 연결된 레코드 형식으로 메모와 아이디어를 기록하는 프로그램이었다. 이를테면 특정 과학자에 대한 카드는 그가 쓴 학술 논문에 대한 카드로 연결되며 역으로 특정 학술 논문에 대한 카드는 저자에 대한 카드로 연결된다. 이 프로그램은 버너스리의 연구에 요긴했지만 CERN의 동료들 중에서 이 프로그램을 도입한 사람은 거의 없었다. 연구소에 근무하는 수천 명의 연구자들은 서로 호환되지 않는 여러 시스템을 이용하여 정보를 저장하고 교환했다. 버너스리는 시스템을 연결하는 간단하고 보편적인 방법이 있다면 협업이 훨씬 쉬워지리라는 사실을 깨달았다. 그래서 1989년에 문서의 개별 단어나 문단이 다른 문서로 연결되는 〈하이퍼텍스트hypertext〉 개념을 바탕으로 새 시스템을 설계하기 시작하여 1990년에 하이퍼텍스트 문서(웹 페이지)를 표시하고 작성할 수 있는 프로그램인 〈월드 와이드 웹〉을 개발했다. 〈월드 와이드 웹〉은 버너스리가 개발한 HTML(하이퍼텍스트 마크업 언어. 페이지 형식을 정의한다)과 HTTP(하이퍼텍스트 전송 프로토콜. 브라우저에서 페이지를 요청하고 전달받는 방식을 정의한다) 같은 새로운 표준을 이용했다.

버너스리가 1990년에 제작한 최초의 웹 페이지는 이미지가 포함되지 않은 흑백 문서로, 글자 크기와 서식을 선택할 수 있었다. 하지만 중요한 사실은 웹 페이지의 텍스트를 강조 표시하여 링크로 바꿀 수 있었다는 것이다. 이 링크를 클릭하면 같은 컴퓨터나 원격 컴퓨터에 있는 페이지나 문서로 연결할 수 있었다. 또한 버너스리의 선구적 웹 브라우저는 유즈넷 게시물을 표시하고 원격 서버의 파일 저장소를 검색할 수 있었다. 그래서 CERN을 비롯한 연구소들에서 이용하는 다양한 컴퓨터 시스템을 통합적으로 연결할 수 있었다. 이 최초의 브라우저에는 〈뒤로 가기back〉와 〈앞으로 가기forward〉 버튼이 있었으며 웹 페이지 주소 앞에는 〈http://〉라는 표시를, 뒤에는 〈.html〉이라는 확장자를 붙였다.

1991년 초에 버너스리는 월드 와이드 웹 브라우저와 서버 소프트웨어를 인터넷에 무료로 공개했다. 처음에는 고에너지물리학 분야의 연구자들에게만 개방했다가 1991년 여름에 누구나 쓸 수 있도록 했다. 버너스리가 작성한 소프트웨어는 이용자가 많지 않은 넥스트스텝NeXTStep 컴퓨터용이었기 때문에, 다른 종류의 컴퓨터에서 작동되는 새 버전을 사람들이 제작하도록 독려하는 일을 동료 로베르 카이유와 함께 추진했다. 새로 등장한 문서의 거미줄(웹)이 지닌 잠재력에 영감을 얻은 사람 중에는 일리노이 대학 국립 슈퍼컴퓨팅 응용 연구소NCSA의 학생 마크 앤드리슨이 있었다. 앤드리슨은 동료 에릭 비나와 함께 〈모자이크Mosaic〉라는 새 웹 브라우저를 개발했다. 모자이크는 원래 학계에서 쓰는 유닉스 컴퓨터용으로 제작되었지만 그 뒤에 가정과 사무실에서 이용하는 PC와 매킨토시 컴퓨터에서 작동하는 버전이 추가되었다. 모자이크는 설치하고 이용하기가 간편했으며 그래픽을 화면상의 별도 창이 아니라 웹 페이지에 포함하여 표시할 수 있었기에, 최초로 일반 대중이 웹에 접속할 수 있게 되었다. 각 기능마다 프로그램을 따로 사용하느라 애를 먹던 인터넷 초심자들에게 모자이크의 단순하고 통합된 접근법은 하늘이 준 선물이었다. 1994년 10월에 『와이어드Wired』라는 신생 잡지는 모자이크가 〈전 세계의 표준 인터페이스가 되어 가고 있〉다며 〈모자이크가 공개 18개월 만에 인터넷의 역사에서 전무후무한 흥분과 상업적 활력을 불러일으켰〉다고 언급했다.

버너스리가 웹을 설계한 목적은 이전의 커피하우스, 학회, 학술지 지면에서처럼 사람과 아이디어가 만나는 새로운 장소를 제공함으로써 과학자들의 협업을 증진하기 위해서였다. 버너스리는 이렇게 말했다. 「웹은 처음부터 소셜 미디어로 설계되었습니다. 본래, 사람들과 아이디어를 공유할 수 있는 미디어가 되기를 바랐습니다. 따라서 협업적 미디어의 성격이 매우 강했습니다.」 1993년이 되자 웹의 매력이 학계를 훌쩍 뛰어넘어 기업과 컴퓨터 애호가도 흥미를 가지기 시작한 것이 분명해졌다. 초창기 웹은 그 밖의 인터넷 서비스에 비해 능력과 깊이가 부족했지만 온라인 세계를 간편하고 재미있게 탐색할 수 있었으며 인터넷을 보편화한 일등 공신이었다. 버너스리는 대형 컬러 모니터를 쓰기 시작하면서, 자신이 1993년 여름에 예상한 것보다 더 많은 사람들이 웹을 이용하고 있음을 처음 실감했다. 버너스리가 아직 젖먹이 단계이던 웹을 검색하고 있었는데 바티칸의 르네상스 미술품을 웹 기반으로 전시해 놓은 것을 우연히 발견했다. 의회 도서관에서 온라인에 게시한 이미지를 가지고 네덜란드의 프로그래머가 간단한 웹 페이지를 작성한 것이었다. 버너스리는 형형색색의 원고가 화면에 펼쳐지는 것을 보면서 숨이 멎는 것 같았다고 회상했다. 이 웹 페이지는 아름다웠을 뿐 아니라 국제적인 협업과 정보 공유를 가능하게 하는 웹의 가능성을 보여 주었다.

웹이 인터넷을 친근하게 할 수 있음이 분명해지자 CERN에서는 이 기술을 업계에 라이선싱하여 수익을 올려야 하는가에 대한 논쟁이 재점화되었다. 버너스리는 웹의 상업화를 강력히 반대했다. 웹이 공개 표준으로 유지되지 않으면 경쟁하는 여러 기업과 조직이 내세우는 (호환되지 않는) 인터넷 미디어 형식들 중 하나로 전락하리라는 것이었다. 그러면 인터넷이 분열되어 수월한 정보 공유가 힘들어질 터였다. 반면에 웹을 뒷받침하는 인터넷 프로토콜의 선례를 따라 웹을 무료로 공개하면 어떤 상업적 대체 서비스보다 인기를 끌 수 있었다. 버너스리는 마침내 승리를 거두었으며 1993년 4월 30일에 CERN에 있는 버너스리의 상관들은 웹의 기반 표준들을 영구적으로 무료화한다고 공식 선언했다. 버너스리는 이렇게 말했다. 「그러지 않았다면 지금의 인터넷은 없었을 겁니다.」

웹의 상업화는 다른 곳에서 추진되었다. 떠오르는 인터넷 열풍의 최전선에는 마크 앤드리슨이 공동 설립한 넷스케이프 커뮤니케이션스Netscape Communications가 있었다. 일리노이 대학이 〈모자이크〉라는 이름의 사용을 허락하지 않자 이 회사는 〈넷스케이프 내비게이터Netscape Navigator〉라는 이름으로 새 버전의 브라우저를 출시했다. 온라인 인구가 1991년의 500만 명 미만에서 — 대부분 학계 이용자였다 — 1995년에는 4000만 명, 1998년에는 7000만 명, 2000년에는 약 2억 5000만 명으로 급증하면서 넷스케이프는 금세 세계에서 가장 널리 쓰이는 웹 브라우저가 되었다. 수많은 기업이 새 미디어의 인기에 편승하려고 생겨나 책에서 애완동물 용품에 이르기까지 온갖 상품과 서비스를 웹에서 판매했다. 이 중 상당수는 주식 시장에 상장하여, 매출은 거의 내지 못하고 수익은 전혀 내지 못하는데도 엄청나게 고평가되었다. 이 기업들은 인터넷의 인기가 치솟으면 수익이 따라 오를 것이라고 주장했다. 2000년 초에 주식 시장이 무너지면서 열풍은 순식간에 사그라들었다. 온라인에서 사람들이 돈을 쓸 것이라는 기대는 지나친 낙관이었음이 분명해졌다. 이른바 〈닷컴 거품〉 시기에 등장한 인터넷 기업 중 상당수가 자취를 감췄지만, 인터넷을 이용하는 사람의 수는 가파르게 증가하여 2001년에는 5억 명, 2003년에는 7억 명에 이르렀다. 온라인 쇼핑에 대한 욕구는 과대평가되었지만, 인터넷이 다른 분야에서 인기를 누리리라는 것은 의심할 여지가 없었다. 그것은 바로 누구나 자신이 원하는 것을 무엇이든 전 세계 청중에게 발표하는 미디어로서의 역할이었다.

1990년대에 기업, 대학, 정부는 웹 페이지와 웹 사이트를 구축하기 시작했다. 모두에게 열린 새로운 출판 환경의 가능성에 이끌린 수많은 개인도 동참했다. 개인 웹 사이트 제작 대행은 1990년대 중엽에 인터넷 서비스의 표준 품목이었지만, 웹 페이지를 백지에서 만들어야 했기에 열정적인 극소수를 제외하고는 엄두를 내지 못했다. 버너스리의 원래 브라우저는

HTML 코드를 몰라도 웹 페이지를 제작하고 표시할 수 있었지만, 그 뒤에 나온 브라우저들은 페이지 제작보다는 표시에 주력했다. 하지만 AOL, 트라이포드Tripod, 지오시티스GeoCities를 비롯한 기업들이 예전보다 더 사용하기 쉬운 웹 기반 출판 도구를 새로 내놓으면서 상황이 점차 나아졌다. 그리하여 사진 갤러리, 깜박이는 텍스트와 그래픽, 일기장, 가볼 만한 곳 링크 목록 등을 갖춘 개인 홈페이지가 수백만 개 생겨났다. 웹 출판은 1990년대 후반에 더욱 간단해졌다. 점차 인기를 얻고 있던 형식인 〈블로그〉를 작성하는 새 도구들이 등장한 덕이었다.

〈웹로그weblog〉라는 단어는 프로그래머이자 유즈넷 열성 사용자이던 조언 바거가 1997년에 만들었다. 원래는 흥미로운 자료에 대한 매일매일의 기록log을 자신의 웹 사이트 RobotWisdom.com에 게시하는 습관을 일컫는 용어였다. 1999년에 또 다른 프로그래머 피터 머홀츠가 〈블로그blog〉로 축약하면서 이 용어가 널리 퍼졌다. 〈블로그〉라는 단어는 여러 해 동안 인터넷에 존재하던 네 가지 요소의 결합을 일컫게 되었다. 그런 탓에, 돌이켜 보면 많은 사이트는 블로그를 닮았거나 초기 블로그라고 간주할 수 있다. 첫째, 블로그는 일련의 개인적 글로 이루어진다. 각 글은 일기처럼 날짜가 기록되어 있으며 대체로 다른 웹 페이지에 대한 링크가 포함된다. 둘째, 글은 시간의 역순으로 배열되기 때문에, 최신 글이 항상 맨 위에 놓이고 오래된 글은 그 아래에 놓인다. 셋째, 독자는 각각의 글 아래에다 (필자에게나 서로에게) 댓글을 달 수 있다. 댓글은 그 자체로 새로운 아이디어는 아니었다. 하나의 웹 페이지에서 사람들이 의견을 남기고 유즈넷 방식의 글타래threaded 대화를 이어 가는 웹 기반 토론 사이트의 역사는 1994년으로 거슬러 올라간다. 비슷한 맥락에서, 〈블로그〉라는 용어가 생기기 전에도 많은 사람들은 시간의 역순으로 매일의 기록을 올렸다. 하지만 블로그가 유행하는 계기가 된 네 번째 핵심 요소는 시간 역순 배열과 댓글을 기본 기능으로 갖춘, 간편하고 자동화된 퍼블리싱 도구의 등장이었다. 초창기의 중요한 사례로 에번 윌리엄스와 메그 아우리한이 1999년에 발표한 blogger.com이 있는데, 이 서비스를 이용하면 누구나 쉽게 블로그를 설치하고 운영할 수 있었다. 윌리엄스는 〈블로그〉라는 단어를 명사뿐 아니라 동사로 쓰는 것과, 블로그를 쓰는 사람을 일컫는 〈블로거*blogger*〉라는 단어도 유행시켰다.

Blogger.com, 쟁가*Xanga*, 라이브저널*LiveJournal* 등의 사이트가 등장하면서 웹 퍼블리싱 도구가 기술적으로 얼마나 뛰어난가는 무의미해졌다. 중요한 것은 흥미로운 글감이 있는가, 독자를 끌어들이고 독자와 다른 블로거에게서 반응을 이끌어 낼 블로그 글을 꾸준히 올릴 끈기가 있는가였다. 블로거들은 자신이 추천하는 다른 블로그의 링크 목록을 올리기 시작했으며, 자기 글에 딴 사람이 링크를 걸면 〈트랙백*trackback*〉을 통해 알 수 있었다. 신중하게 고른 익명의 사용이나 다른 필자의 주장을 한 문단씩 인용하면서 대꾸하는 관행 등 소책자 시대의 많은 관례가 의식적으로 또는 무심결에 되살아났다. 블로그 수가 늘고 블로거들이 상대방의 블로그 글에 자신의 블로그 글로 응답하면서 서로 연결된 블로그 네트워크가 형성되었고 독자의 댓글이라는 바다가 이를 둘러쌌다. 블로거와 댓글 작성자가 다른 곳의 관련 글을 링크하면 이 네트워크를 통해 아이디어가 흘러 다녔다. 이 집단적 온라인 토론은 〈블로고스피어*blogosphere*〉로 불리게 되었다.

미디어가 아직 성숙하지 않았다는 한 가지 증거는 해당 미디어 자체를 중요한 토론 주제로 삼는 것이다. 초창기 라디오, 유즈넷, 초창기 블로고스피어도 마찬가지였다. 하지만 2000년과 2001년에 토론 주제가 넓어지면서 AndrewSullivan.com, 토킹 포인츠 메모Talking Points Memo, 인스타펀딧Instapundit, 리틀 그린 풋볼스Little Green Footballs처럼 미국 정치를 다루는 블로그가 등장하기 시작했다. 2002년 12월에 미국 공화당의 거물급 상원 의원 트렌트 롯이 파티에서 인종 차별 정책을 지지하는 뉘앙스의 발언을 했다가 사임했는데, 여기에는 정치 블로그들이 큰 역할을 했다. 롯의 문제적 발언은 기존 미디어에서는 거의 보도되지 않았으나, 블로거들이 과거의 비슷한 발언까지 찾아내며 논란을 이어 갔다. 그러자 뉴스 미디어가 사건을 다시 취재하여 비중 있게 보도했다. 롯은 논란을 무마하려고 사과문을 발표했지만 소용이 없었다. 결국 며칠 뒤에 사임하고 말았다.

이런 일화들을 겪으면서 미국의 블로거들은 스스로를 주류 미디어MSM의 잘못을 바로잡는 대안 미디어로 여기게 되었다. 이들은 실제로 주류 언론의 거울상이었으며, 분산되고 주관이 뚜렷하고 종종 정치적으로 매우 당파적이었다. 한편 정식 뉴스 미디어는 블로그와 주류 뉴스 미디어를 다른 각도에서 구분했다. 블로그는 전문 언론인이 아니라 아마추어가 쓴다는 논리였다. 블로거들은 자신의 미디어가 누구에게나 개방되었다는 점에서 오히려 이를 장점으로 여겼다. 하지만 많은 언론인들은 블로거를 자신의 영토에 침입한 사기꾼이나 전통 미디어 조직의 결과물을 먹고 사는 기생충으로 간주했다. 2004년 11월에 전직 CBS 뉴스 특파원 에릭 엥버그는 그해 대통령 선거를 다룬 블로거들의 글에 대해 〈전문성과 기준과 겸손이 결여된 탓에 블로거들이 주류 언론을 대체할 가능성은 기생충이 숙주인 개를 대체할 가능성 정도밖에 안 된〉다고 잘라 말했다.

미국의 블로거들과 주류 미디어의 적대 관계는 2004년 말에 극에 달했다. CBS 저녁 뉴스 방송 「60분60 Minutes」에서 유출 메모를 근거로 조지 W. 부시 대통령이 가족 인맥을 동원하여 1970년대에 주(州) 공군에서 특별 대우를 받았다고 주장했다. 리틀 그린 풋볼스를 비롯한 블로그들은 즉시 메모의 신빙성에 의문을 제기했으며 메모를 꼼꼼히 분석하여 1972~1973년에 썼다는 문서가 실은 현대의 워드 프로세싱 소프트웨어로 작성된 사실을 설득력 있게 입증했다. 이로 인해 분위기가 과열되자 CBS 뉴스 전직 임원은 블로그를 〈잠옷 입고 거실에 앉아 자기 생각을 쓰는 짓〉으로 비하했다. 하지만 블로거들이 옳았고 전문 언론인들이 틀렸다. CBS는 문서가 진짜라는 사실을 입증하지 못하자 보도를 철회했으며 미국 뉴스계에서 가장 존경받는 인물 중 한 명인 댄 래더가 2005년 초에 앵커 자리에서 물러났다.

그 뒤로 블로거와 주류 미디어의 적대 관계는 점차 사그라들었다. 일부 유명 블로거는 신문사나 잡지사에 채용되기도 했다. 이를테면 앤드루 설리번은 2006년에 자신의 블로그를 『타임』지 웹 사이트로 옮겼다. 많은 주류 뉴스 업계에서도 자체 블로그를 제작하고—이 블로그는 언론인이 (때로는 잠옷을 입고) 썼다—독자가 기사에 댓글을 달 수 있는 블로그 방식을 도입했다. 일부 블로그는 상업화되고 광고 수익을 추구하기 시작하면서 잡지를 닮아 갔다. 웹 페이지에는 최신 글이 아니라 가장 중요하거나 인기 있는 글을 맨 위에 배치했다. 블로거들은 많은 전문 분야에서 귀중하고 미더운 정보원으로 인정받았다. 이를테면 법률이나 과학 같은 분야에서 심층적 전문 지식을 제공하고 전쟁이나 혁명을 겪고 있는 나라에서 실제 체험을 보도하기도 했다. 더 넓게 보면 블로그 덕에 온라인 독자가 얻을 수 있는 의견의 범위가 부쩍 넓어졌다. 또한 직업 언론인을 감시하고 책임을 물음으로써 뉴스의 질을 높일 수밖에 없게 했다. 그렇다고 해서 블로거가 쓰는 글이 모두 정확하거나 읽을 가치가 있다는 것은 아니지만, 블로거들이 입증했듯 그것은 언론인도 마찬가지다. 런던 「타임스」의 전(前) 편집장 해럴드 에번스는 2007년에 「월 스트리트 저널」과의 인터뷰에서 이렇게 말했다. 「일부 블로그는 독점적 주류 언론에 대한 최고의 감시자가 되었으며 특종을 놀라울 만큼 많이 터뜨린다.」

벽서

한때 주류 미디어의 평행 우주에 존재한다고 생각되던 블로그 관습과 퍼블리싱 도구가 널리 받아들여진 지는 몇 년밖에 안 됐다. 하지만 블로그 덕에 인터넷 퍼블리싱이 어느 때보다 쉬워지긴 했지만 여전히 소수파 신세를 벗어나지 못하고 있었다. 2006년 말에 인터넷 이용자 수는 10억 명을 넘었지만 블로그는 약 4000만 개에 불과했다. 이론상 인터넷의 개방성에 따르면 누구나 정보를 게시할 수 있어야 하지만, 실제로는 소수의 이용자만이 블로그를 통한 자기 표현을 선택했다. 블로그를 설치하고 꾸준히 글을 올리고 충성 독자를 확보하는 것은 여전히 대다수 사람들에게 여간 까다로운 일이 아니었다. 그보다는 가족, 친구, 지인과 정보를 공유하는 새로운 퍼블리싱 도구들이 훨씬 인기를 끌었다.

소셜 네트워크 사이트는 블로그와 마찬가지로 웹 초기에 만들어진 개인 홈페이지에서 갈라져 나왔다. 일부 페이지는 시간 역순의 일기 형식을 선택하여 블로그의 모태가 되었지만, 전기적 정보와 사진, 관심사와 좋아하는 링크 목록을 담은 온라인 이력서 또는 프로필 페이지도 인기를 끌었다. 1990년대 후반에 여러 웹 사이트에서 이용자가 이런 식으로 프로필 페이지를 만들 수 있었다. 1997년에 문을 연 SixDegrees.com은 한 단계 발전하여 이용자들이 친구 명단을 만들 수 있도록 한 최초의 사이트였다. 이용자의 페이지를 방문하면 친구 명단이 표시되는데 이것을 클릭하면 해당 친구의 프로필과 그의 친구 명단을 볼 수 있었다. 그리하여 사이트 이용자들은 자신이 다른 이용자와 어떻게 연결되어 있는지 — 또는 연결이 되어 있는지 — 알 수 있었으며 친구나, 친구가 아는 사람이나, 친구의 친구가 아는 사람 누구에게나 메시지를 보낼 수 있었다. SixDegrees.com은 가입자 수가 100만 명가량이었지만 결코 상업적으로 성공을 거두지 못했으며 2000년에 폐쇄되었다. 하지만 이즈음 이용자들이 친구 명단을 만들고 보여 주고 이렇게 형성된 소셜 네트워크를 누빌 수 있도록 한다는 아이디어는 여러 사이트에서 채택되었다.

2002년에 출범한 웹 사이트 프렌드스터Friendster의 기본 개념은 이용자를 공통의 친구가 있는 사람, 즉 친구의 친구와 맺어 주는 데이트 주선 웹 사이트였다. 사이트 이용자들은 온라인 프로필을 만들고 자신과 연결된 사람들에게 메시지를 보내고 기분이나 지금 하는 일을 알리는 〈상태 업데이트〉를 올릴 수 있었다. 프렌드스터는 2003년 5월에 가입자 수가 30만 명에 달하자 뉴스 미디어의 관심을 끌기 시작했으며 그 덕에 수많은 이용자가 몰려들었다. 프렌드스터의 서버는 트래픽 증가를 감당하기 버거웠으며 이 사이트의 메시지 도구를 이메일 대신 쓰던 이용자들은 불만이 커졌다. 사이트가 느려진 한 가지 원인은 각 이용자가 연락을 주고받을 수 있는 〈친구의 친구의 친구〉 수를 끊임없이 새로 계산하기 때문이었다. 등록 이용자 수가 증가하면서 계산 시간이 오래 걸려 페이지 열리는 시간이 길어진 것이었다. 한편 회사는 사이트 동작을 개선하기보다는 새 기능을 개발하는 데 치중했다. 2004년에 불만을 품은 이용자들이 경쟁사인 마이스페이스로 집단 망명하기 시작했다. 마이스페이스는 프렌드스터의 성공에 자극받아 2003년 후반에 설립된 소셜 네트워크 사이트였다.

마이스페이스는 첫 가입자인 프렌드스터 망명자들을 바탕으로 수많은 십 대를 가입시켜 2004년에 폭발적으로 성장했다. 마이스페이스의 인기 비결 중 하나는 프로필 페이지를 세세하게 설정하고 전체 공개 할 수 있다는 것이었다. 이에 반해 프렌드스터의 프로필 페이지는 등록 이용자만 볼 수 있었다. 2005년이 되자 마이스페이스는 이용자 수가 2500만 명에 달했으며, 그해에 루퍼트 머독이 소유한 미디어 재벌 뉴스코프News Corp에 5억 8000만 달러에 팔렸다. 머독의 미디어 제국은 세계 최대 규모였지만 인터넷을 받아들이는 속도가 느렸기에, 이번 인수는 현명한 선택이었다. 이즈음 마이스페이스는 미국에서 다섯 번째로 인기 있는 사이트였다. 2006년에는 이용자 수가 1억 명에 이르렀으며 이듬해에는 기업 가치가 120억 달러로 평가되었다. 하지만 문제가 생기기 시작했다. 맞춤형 프로필 페이지는 공격, 탈취, 훼손에 취약했으며 악성 소프트웨어를 설치하는 데 이용될 수도 있었다. 마이스페이스는 스팸 메일 발송자, 가짜 프로필, 벗다시피 한 연예인 지망생, 〈아이들에게 안전할까〉라는 우려 등에 시달렸다. 새 소유주 뉴스코프는 마이스페이스를 기술 플랫폼보다는 미디어로 여겼으며 사이트의 기반 기술을 고치거나 개선하기보다는 광고 수익을 극대화하는 데 더 관심을 보였다. 그것은 오산이었다. 마이스페이스가 프렌드스터를 따라잡은 것과 똑같이 이번에는 자신이 또 다른 신생 소셜 네트워크 사이트인 페이스북에 따라잡히고 있었다.

하버드 대학생 마크 저커버그는 2004년에 페이스북을 창립했는데, 원래는 하버드 학부생만을 대상으로 삼았다. 첫 달에 학부생 절반이 페이스북에 가입했다. 첫 성공을 거둔 뒤에 저커버그는 페이스북의 범위를 점차 넓혔다. 우선 다른 대학의 학생들을 받아들였고 나중에는 고등학생과 기업 이용자도 가입할 수 있게 했다. 가입하려면 승인된 기관의 이메일 주소가 있어야 했다. 이런 폐쇄성은 페이스북이 초창기에 매력적이었던 이유다. 마이스페이스가 요란하고 지독히 상업적인 인터넷 서비스로 명성을 얻고 있을 때 페이스북은 엘리트주의적 비공개 클럽이라는 느낌을 주었다. 페이스북의 깔끔하고 소박한 디자인은 마이스페이스의 화려한 맞춤형 설정과 뚜렷한 대조를 이루었다. 마지막으로, 2006년 9월에 페이스북은 13세 이상의 모든 사람에게 문호를 개방했다. 페이스북은 뚜렷한 상승세를 이어 가다 2009년 초에 등록 이용자 수에서 마이스페이스를 앞질렀다.

이전 소셜 네트워크 사이트와 마찬가지로 페이스북에서는 이용자가 친구의 친구 명단을 검색하고, 서로의 프로필 페이지(페이스북 용어로 〈담벼락Wall〉)에서 메시지를 보내고, 자신이 무엇을 하고 있는지 상태 업데이트를 게시할 수 있다. 하지만 페이스북은 변화에 발 빠르게 대처했는데, 새로운 기능을 추구하여 반응성을 개선했고, 다른 기업들이 게임과 소프트웨어를 페이스북 페이지에서 구동할 수 있게 했으며, (찬성을 일컫는) 〈좋아요Like〉 버튼 같은 페이스북 기능을 다른 웹 사이트에서도 쓸 수 있게 했다. (아마도) 가장 중요한 것은 2006년에 〈뉴스피드news feed〉를 도입하여, 게시된 메시지, 상태 업데이트, 프로필 정보 변경, 새로 올라온 링크나 사진, 새 친구를 맺거나 관계를 종료했다는 소식 등 친구의 모든 최근 활동을 이용자가 시간 역순으로 볼 수 있도록 한 것이다. 이렇게 하면 친구들의 프로필 페이지를 차례로 방문하는 것보다 훨씬 빠르게 소식을 알 수 있었다. 또한 링크, 사진, 상태를 맞춤형으로 끊임없이 업데이트하는 것은 페이스북의 굉장한 매력이었다.

그 뒤로 페이스북은 이용자가 10억 명이 넘는 세계 최대의 소셜 네트워크 사이트가 되었다. 2012년 5월에 기업을 공개했을 때 기업 가치는 1000억 달러 이상으로 평가되었다(시가 총액이 금세 절반으로 떨어지기는 했지만). 또한 페이스북은 인기에 힘입어 세계 최대의 사진 공유 사이트로 올라섰다. 매일 사진 수억 장이 업로드 된다. 페이스북은 온라인에서 보내는 시간 7분 중 1분을 차지할 만큼 지배력이 커졌다. 2012년 12월에 발표된 연구에서는 137개국의 소셜 네트워크를 분석했는데 127개국에서 페이스북이 가장 인기가 높았다. 하지만 소셜 네트워크 사이트는 역사가 짧기 때문에 자만하기는 아직 이르다. 특히 페이스북은 약관을 여러 번 변경했는데 그중 상당수는 더 많은 정보가 전체 공개되는 효과를 가져왔으며, 이에 대해 끊임없이 논란과 불만이 제기된다. 하지만 프렌드스터나 마이스페이스와 달리 페이스북에 대한 불만은 경쟁 사이트로의 집단 망명으로 이어지지 않았다.

페이스북의 뉴스피드로 유명해진 스트림 기반 업데이트 표시는 정보의 소셜 교환에 대한 또 다른 접근법인 〈마이크로블로깅microblogging〉을 낳았다. 이것은 친구와 지인의 짧은 메시지와 상태 업데이트가 시간 역순의 피드로 표시되는 방식이다. 이 모델을 개척한 곳은 트위터다. 트위터는 〈블로거Blogger〉 공동 창립자 에번 윌리엄스가 2006년에 공동 설립한 스타트업이다. 트위터가 시작된 계기는 이렇다. 트위터의 또 다른 공동 창업자

잭 도시는 소셜 네트워크와 인스턴트 메시징 시스템에 주로 게시되는 상태 업데이트가 사람들이 컴퓨터 앞에 없을 때 업데이트 될 수 있으면 훨씬 유용할 것임을 깨달았다. 트위터의 최초 형태는 인터넷이 아니라 휴대폰 문자 메시지를 바탕으로 삼았다. 이용자들은 문자 메시지를 통해 현재 상태를 바꾸고(〈톰이 도서관이 갑니다〉) 친구의 업데이트를 받을 수 있었다. 기술적인 이유로 문자 메시지는 길이가 160자로 제한되며 그중 20자는 이용자 이름과 라우팅 정보에 배정되기 때문에 각 메시지(〈트윗tweet〉)에 쓸 수 있는 공간은 140자에 불과했다. 글을 간결하게 쓸 수밖에 없도록 하는 이 제약은 2006년 7월에 트위터가 인터넷 기반 서비스로 출범할 때에도 계속 유지되었다. 트위터는 기술 관련 회의인 〈사우스 바이 사우스웨스트 인터랙티브South by Southwest Interactive〉에서 영향력 있고 기술에 정통한 참가자들에게 주목받은 뒤로 2007년에 인기를 끌었다. 그 뒤로 몇 달 동안 트윗의 양이 증가했으며 트위터 이용자들은 트위터에 공식적으로 도입되지 않은 나름의 규약을 고안했다(이를테면 다른 사람의 트윗을 자신의 팔로워에게 다시 게시하는 〈리트윗retweet〉과 트윗을 특정 주제와 연관시키는 〈해시태그hashtag〉). 여느 소셜 네트워크 서비스와 마찬가지로, 중요한 메시지, 링크, 사진, 그 밖에 이용자가 올리는 게시물을 다른 이용자들이 자신의 팔로워에게 재공유하고 그들이 또 재공유하면 엄청나게 많은 사람이 그 게시물을 읽을 수 있다.

2013년에 트위터의 적극적 이용자 수는 2억 명을 넘어섰으며 이들이 매일같이 올리는 트윗의 양은 4억 개에 달한다. 트위터 이용자 중에는 국가수반과 유명인이 많으며, 심지어 교황 베네딕토 16세도 2012년 12월에 트위터에 가입했다. 트위터는 규약과 용어 때문에 초심자에게는 혼란스러울 수도 있지만, 17세기 커피하우스처럼 온갖 주제에 대한 공적-사적 대화가 흥미롭게 어우러지는 곳이다. 2012년 11월 제럴드 R. 포드 공공 정책 대학원 강연에서 트위터 최고 경영자 딕 코스톨로는 트위터를 지구촌 광장에 비유했다. 이것은 로마의 포럼이나 그리스의 아고라를 재발명한 것으로, 신문, 라디오, 텔레비전의 집중화되고 걸러지는 소수의 출처에서 정보를 얻는 얻는 것이 아니라 사람들이 견해를 직접 교환할 수 있는 장소다.

> 기술이 발전하고 방송 미디어가 우세해지면서 흥미로운 현상이 벌어지기 시작했습니다. 그중 하나는 더욱 더욱 더욱 많은 사람들에게 배포할 수 있는 인쇄물 전단을 제작할 수 있는 능력이 생기기 시작하면서 발행인이 되는 데 필요한 비용과 자본도 커진다는 겁니다. 제 말 맞습니까? (……) 이를 갖춘 사람이나 기업이나 조직은 점점 줄었습니다. 그래서 지금은 진정으로 다양한 관점이 아닐뿐더러 더욱 더욱 더욱 적은 출처에서 내보내는, 더욱 걸러진 관점을 접하게 됩니다. 이렇게 관점이 걸러지고 출처가 줄면서 우리는 외부인의 관점에서 본 뉴스를 접하기 시작합니다. 이게 무슨 뜻이냐면, 아고라에서는 내부인의 관점에서 본 뉴스를 접했다는 것입니다. 참여자 스스로 이곳에 와서 무슨 일이 있었는지, 어떤 사건을 목격했는지, 뭘 봤는지 등을 이야기할 수 있었습니다. (……) 하지만 이제는 트위터가 있습니다. 트위터가 아고라를 재발명했습니다.

트위터는 모바일 장치에서 짧은 메시지를 쉽게 주고받을 수 있기 때문에 블로그, 이메일, 페이스북 메시지보다 즉각적이고 편안하다. 트위터는 텔레비전 프로그램이나 스포츠 경기에서 시위나 내전에 이르기까지 온갖 주제를 실시간으로 토론하고 논평을 제시하는 광장이다. 트위터 이용자는 누구를 팔로할지 선택함으로써 친구, 유명인, 정부 기관 등의 단체, 기업, 신문 등의 정보로 개인 타임라인을 구성할 수 있다. 트위터가 개척한 마이크로블로깅 접근법은 중국에서 특히 인기를 끌었다. 이곳에서는 트위터가 금지되어 있지만 중국의 인터넷 기업이 비슷한 마이크로블로깅 서비스〈웨이보〉를 운영한다. 텅쉰 웨이보, 시나 웨이보, 왕이 웨이보는 각각 이용자가 수억 명에 이르며 중국의 인터넷 이용자 6억 명 중에서 절반 이상이 이 중 적어도 하나를 쓰고 있다. 마이크로블로깅이 중국에서 유난히 승승장구하는 이유는 개인용 컴퓨터가 아니라 스마트폰이 가장 인기 있는 인터넷 접속 장비이기 때문이다. 또한 중국에서는 적은 글자로 많은 단어를 표현할 수 있어서 문단 전체를 웨이보 게시물 하나로 나타낼 수 있다.

페이스북도 중국에서 금지되었는데, 비슷한 사이트인 큐큐쿵젠의 이용자 수가 5억 명을 넘는다. 페이스북과 트위터를 쉽게 접할 수 있는 나라에서도 다른 사이트가 더 인기 있는 경우가 있다(이를테면 한국에서는 카카오스토리, 러시아에서는 브이콘탁트). 마이스페이스와 페이스북을 비롯한 소셜 네트워크가 성장하면서 유튜브와 플리커처럼 소셜 기능을 추가한 미디어 공유 사이트가 많이 생겼으며 소셜 네트워크와 소셜 미디어의 수많은 변형 사이트가 등장했다. 2007년에 출시되어 트위터와 온전한 블로깅 플랫폼 사이에 위치하는 텀블러Tumblr는 이용자 수가 약 2억 명이다. 온라인 검색 및 광고를 지배하는 인터넷 거인 구글도 2010년에 자체 소셜 네트워크 구글플러스를 시작했다. 트위터와 연동되는 사진 공유 서비스 인스타그램Instagram은 2012년 7억 달러 이상에 페이스북에 인수되었다. 핀터레스트Pinterest 이용자들은 핀보드Pinboard라는 디지털 스크랩북에 이미지를 수집하고 공유할 수 있다. 패스Path는 모바일 전용 소셜 네트워크로, 친구 수가 〈던바의 수〉인 150명으로 제한된다. 에번 윌리엄스가 최근에 설립한 벤처 미디엄Medium은 잡지와 비슷하기도 하고 공유 블로깅 블랫폼과 비슷하기도 하다. 브랜치Branch는 트위터보다 더 긴 게시물을 주고받을 수 있으며 대화의 구조가 더 정교하다. 소셜 네트워크, 공유, 퍼블리싱의 새로운 변종이 매주마다 등장하는 듯하다. 소셜 사이트가 얼마나 널리 이용되었는지 생각해 보면 이들이 과거의 소셜 미디어와 마찬가지로 사회적-정치적 영향을—특히 전통적으로 언론-출판을 엄격히 통제하던 나라에서—미치기 시작했음은 놀랄 일이 아니다.

아랍의 봄과 소셜 미디어

2010년 12월 17일에 스물여섯 살의 튀니지 과일 행상 모하메드 부아지지가 고향 마을 시디 부지드에서 물건과 저울을 경찰에게 압수당했다. 공무원의 거듭된 괴롭힘과 모욕에 격분한 부아지지는 항의하러 시청을 찾았다. 시장이 면담을 거부하자 부아지지는 몸에 휘발유를 뿌리고 〈어떻게 살라는 말입니까?〉라고 외치며 불을 붙였다. 부아지지가 분신하자 시디 부지드의 다른 노점상들이 즉시 시위를 벌였으며 대규모 군중이 시청 바깥에 몰려들었다. 이튿날 경찰은 평화 시위를 최루 가스로 진압했다. 국영 미디어는 부아지지의 행동을 전혀 언급하지 않았지만, 그가 병원 침대에 누운 사진과 시위 장면을 찍은 휴대폰 사진이 페이스북, 유튜브, 블로그, 그 밖의 소셜 사이트에서 퍼지기 시작했다.

카타르에 본사를 둔 위성 뉴스 방송사로, 아랍권에서 가장 영향력 있는 미디어인 알자지라의 언론인들이 페이스북에서 그 동영상 중 하나를 보았다. 알자지라는 동영상을 방송했는데, 전국적 관심이 아니라 국제적 관심이 쏠렸다. 동요가 튀니지 전역에 퍼져 나가면서 다른 위성 방송사도 뒤질세라 소셜 미디어 사이트에서 입수한 시위 사진과 동영상을 내보냈다. 그 덕에 튀니지 인구 중에서 인터넷에 접속하지 못하는 3분의 2까지도 사건을 보고 들을 수 있었다. 몇 달 전에 벤 가르단 등에서도 시위가 벌어졌으나 경찰이 신속하고 잔인하게 진압한 탓에 뉴스가 전파되지 못했다. 하지만 이번은 달랐다. 2011년 1월 4일에 부아지지가 화상으로 숨지자 전국적으로 반(反)정부 시위가 일어났다.

튀니지 당국은 페이스북, 트위터, 그리고 유튜브와 데일리모션Daily-motion 같은 동영상 공유 사이트를 차단하려 했다. 하지만 시위가 너무 확산되고 참여자가 늘어 진압할 방법이 없었다. 소셜 미디어와 위성 텔레비전의 강력한 결합은 부패와 고물가, 실업, 정치적 자유의 부재 등에 신물이 난 튀니지 젊은이들에게 자신의 견해가 널리 공유되고 있다는 확신과 집단 행동을 취할 자신감을 선사했다. 부아지지의 사촌 알리는 또 다른 친척과 함께 첫 시위를 휴대폰으로 녹화했는데, 훗날 이렇게 말했다. 〈저희는 일어나는 일을 모두 기록하고 인터넷으로 내보내려고 했습니다. 튀니지 미디어는 늘 저희에게 침묵을 강요했으니까요. 저희가 처음으로 이 사진들을 보냈고, 이는 전 세계에서 중요한 반향을 일으켰습니다.〉 진 엘아비딘 벤 알리 대통령이 국가 비상 사태를 선포하고 정부를 해산하고 선거를 새로 치르겠다고 약속했지만 시위는 계속되었다. 1월 14일에 벤 알리는 외국으로 달아나 23년 통치의 막을 내렸다.

튀니지 봉기가 성공하자 아랍권 전역에서 비슷한 시위가 벌어졌다.

튀니지처럼 이집트에도 블로그와 소셜 미디어에 능통하고 외국에 이주한 동조 세력과 연계된 젊은 활동가의 지하 네트워크가 세를 넓히고 있었다. 2010년에 이들은 경찰관 두 명에게 맞아 죽은 스물여덟 살 이집트인 칼레드 사이드의 사진을 유포하는 데 관여했다. 사이드는 마약 거래에 연루된 부패 경찰관들의 동영상을 온라인에 게시했다가 변을 당했다. 최초 경찰 보고서에서는 사이드가 마약을 복용한 뒤에 질식사했다고 주장했지만, 가족이 그가 심하게 얻어맞은 휴대폰 사진을 입수하여 온라인에 공유하면서 항의가 벌어졌다. 카이로와 알렉산드리아에서 시위가 벌어졌으며 두바이에서 구글 임원으로 근무하던 스물아홉 살의 이집트인 와엘 고님은 〈우리는 모두 칼레드 사이드이다〉라는 페이스북 페이지를 만들었다. 〈순교자〉를 뜻하는 〈엘샤히드ElShaheed〉라는 가명으로 만든 이 페이지는 이집트 등에서 금세 35만 명의 팔로워를 끌어들였다. 고님은 이집트 신문과의 익명 인터넷 통화에서 이렇게 말했다. 〈같은 일이 저에게, 아니 누구에게나 일어날 수 있다고 사람들에게 말하고 싶었습니다.〉 이 페이지는 사이드 지지자들의 침묵 시위를 조율하는 사령탑이 되었다. 2010년 후반에 이들은 검은 옷을 입고 거리로 나섰다. 구호 제창을 금지하는 이집트 비상사태법에 걸리지 않으려고 조용히 서 있었다. 이 페이지에서는 이집트 은행권에 〈고문 반대, 비상사태법 반대〉라고 쓰는 운동을 추진하기도 했다. 지폐가 이 사람에게서 저 사람에게로 전해질 때 구호가 함께 전파되도록 하기 위해서였다.

　1월 14일에 튀니지 대통령이 사임한 뒤에 고님은 다가오는 국경일인 1월 25일에 거리로 나서자고 이집트 사람들에게 제안하는 메시지를 페이지에 올렸다. 이 페이지는 운동 단체들의 모임 장소가 되어 반(反)정부 시위를 위한 여러 제안을 한데 모았다. 고님은 자신도 시위에 참가하기 위해 이집트로 돌아갔다. 전국적 시위가 잇따랐으며—휴대폰과 소셜 미디어도 한몫했다—이집트 정부는 1월 26일에 통신망을 전면 차단했다. 고님은 이것이 실책이었다고 말한다. 정부가 겁에 질렸다는 것을 드러냈기 때문이었다. 「두려움은 정권을 굴러가게 하는 원동력이었습니다. 하지만 인터넷을 끊는 것은 자신이 겁먹었다는 사실을 모두에게 알리는 셈입니다. 그래서 사람들은 〈우리가 더 강하다〉라고 생각하여 거리로 나섰습니다.」

시위는 며칠째 계속되었다. 호스니 무바라크 이집트 대통령은 양보안을 제시하면서도 사임은 거부했다. 고님은 종적이 묘연하다가 저항 운동의 핵심 인물로 등장했다. 경찰에 열이틀 동안 구금되었다 풀려난 뒤에 이집트 텔레비전과의 인터뷰에서 격정적 발언을 토해 내며 (동력을 잃고 있던) 저항 운동에 새 힘을 불어넣으려 했다.

결국 대통령 퇴진을 요구하는 두 주간의 연이은 시위 끝에 무바라크는 2011년 2월 11일에 사임했다. 이집트의 통신 재벌로, 봉기를 후원한 나기브 사위리스는 2011년에 〈이 기술이 우리 나라에 행한 일〉에 찬사를 보냈다. 「이 혁명이 거둔 성공의 90퍼센트는 이 기술 덕입니다.」 일부 서구 미디어는 이집트 혁명을 튀니지 혁명과 마찬가지로 〈페이스북 혁명〉이라고 불렀다. 이것은 지나친 감이 있지만, 페이스북 덕에 소셜 미디어는 다시 한번 혁명의 불쏘시개가 되었다.

소셜 미디어가 정치적 변화를 가져올 수 있을 것인가에 대해 낙관하는 사람과 비관하는 사람 모두 중국을 유심히 지켜보고 있다. 중국은 세계에서 인구가 가장 많은 나라로, 인터넷 이용자도 가장 많다. 웨이보를 이용하는 사람은 수억 명에 이른다. 하지만 중국은 세계에서 인터넷 검열 체계가 가장 발전한 나라이기도 하다. 웹 사이트와 인터넷 서비스를 운영하는 회사는 고위 정치인이나 인권 활동가의 이름처럼 민감한 주제와 관련된 검색어가 들어 있는 게시물을 삭제하거나 금지해야 한다. 다른 용어도 필요하다면 금지될 수 있다. 이를테면 2012년 10월에 「뉴욕 타임스」는 원자바오가 총리를 지낼 때 그의 가족이 축적한 부를 조사하여 보도했는데, 당국은 〈뉴욕 타임스〉, 〈NYT〉, 원자바오의 친척들 이름 등이 들어 있는 웨이보 게시물을 모두 금지했다. 텍사스 주 휴스턴에 있는 라이스 대학의 댄 월러크와 동료들은 웨이보 검열을 주제로 2013년 3월에 발표한 논문에서 4,000여 명의 검열관이 8시간 교대로 근무하며 분당 7,000건의 웨이보 메시지를 감시한다고 결론 내렸다. 〈황금 방패〉라는 뜻의 〈금순공정(金盾工程)〉으로 알려진 인터넷 검열 체계에 종사하는 전체 인원은 약 10만 명으로 추산된다.

웨이보를 비롯한 온라인 토론방은 (논란의 여지가 있지만) 사람들이 분노를 발산하는 창구가 되는 한편, 17세기 잉글랜드의 필사본 뉴스 네트워크와 혁명 전 프랑스에서 유통된 시에서처럼 정부가 여론을 파악하는 간편한 수단이기도 하다. 공산당 기관지 「인민일보」의 온라인 판 「인민망(人民网)」은 소셜 미디어를 분석하여 「망락여정(网络舆情)」(온라인 여론 동향)이라는 주간 보고서를 작성한다. 이 보고서는 고위 관료만 볼 수 있다. 2008년에 후진타오 중국 수석은 「인민일보」에서 이렇게 말했다. 「웹은 인민의 관심사를 이해하고 인민의 지혜를 취합하는 중요한 통로입니다.」 웨이보를 비롯한 인터넷 토론방의 이용에 제약이 있기는 하지만, 일정한 한계 내에서 정치 토론을 허용한 조치는 중국인들이 자신의 견해를 표출하는 새로운 수단이 되었으며 정부는 무능과 부패를 숨기거나 외면하기가 더욱 힘들어졌다. 2011년 7월에 원저우 시 근처에서 일어난 고속 열차 추돌 사고로 40명이 죽고 191명이 부상당한 뒤에 일어난 사건이 좋은 예다. 처음에 정부는 번개를 동반한 폭풍우 때문에 신호에 이상이 생겨 사고가 났다며 사건을 무마하려 들었다. 정부는 자기 편인 철도 산업의 평판을 보호하려고 사고 열차의 객차를 수 시간 만에 분해하여 파묻었다. 하지만 객차를 묻는 사진을 비롯한 사건의 진상이 금세 웨이보에서 퍼졌다.

항의가 빗발치고 인터넷 이용자들이 철도부의 허튼 설명을 조롱하자—이를테면 철도부는 구조 업무를 원활하게 하고 외국인 산업 스파이의 활동을 막기 위해 객차를 묻었다고 주장했다—정부는 방침을 바꾸었다. 사건 닷새 뒤에 원자바오 총리는 뒤늦게 현장을 방문하여 철도부를 비판하고 전면적 조사를 명령했다. 관리 소홀과 신호 체계 오류가 사고 원인으로 밝혀지자 철도부 관료 몇 명이 직에서 물러났다. 하지만 사고에 대한 분노가 정부 비판으로 확산되는 것을 방지하고 오프라인 시위가 조직되는 것을 막기 위해 사고와 관련된 인터넷 게시물을 꼼꼼히 사찰했다. 웨이보가 탄생하면서 중국 이용자들은 자신을 표현할 자유를 새로 발견했으나, 정부가 주도면밀하게 쳐 놓은 울타리 안에서의 자유에 만족해야 했다.

원저우 열차 사고는 정부에 대한 온라인 비판이 중국과 아랍 나라들에서 어떻게 다른지도 보여 준다. 튀니지와 이집트에서는 일자리와 경제적 기회가 없어서 아무것도 잃을 것이 없다고 느낀 젊은이들이 앞장서서 독재자의 퇴진을 요구했다. 이에 반해 중국에서 중산층 인터넷 이용자들이 우려하는 것은 급속한 경제 개발 기간에 축적한 부를 부패한 관료와 자의적이고 변덕스러운 법률 때문에 빼앗기는 것이다. 이들의 정치 참여는 가난이 아니라 부의 결과다. 따라서 스마트폰을 소지한 중국 중산층과 엘리트 지배층은 정치적 격변보다는 점진적 개혁을 선호한다는 점에서 어느 정도 이해관계가 일치한다.

처음 등장한 메일링 리스트에서 마지막에 등장한 마이크로블로깅 플랫폼에 이르기까지 인터넷의 역사는 표현의 장벽을 점차 낮추는 과정이었다. 트위터와 유사 서비스들은 무언가를 발표할 때 드는 수고를 0에 가깝게 줄였다. 스마트폰 화면을 몇 번 두드리면 수백만 명에게 글이나 사진을 보낼 수 있다. 뉴욕 대학의 데니스 펠리와 로체스터 공과 대학의 찰스 비글로는 2009년에 발표한 연구에서 전체 인구 대비 정식 작가의 수가 인쇄기의 등장 이후 얼마나 늘었는지 살펴보았다. 1500년부터 2000년까지 한 해 동안의 정식 작가(〈100명 이상의 독자에게 읽힐 수 있는 작가〉로 정의된다) 수는 약 100명에서 약 100만 명으로 증가했다. 그러니까 인구의 0.01퍼센트에도 미치지 못했다. 하지만 21세기 들어 블로그, 소셜 네트워크 사이트, 마이크로블로그, 미디어 공유 서비스가 등장하면서 그 수는 세계 인구의 약 20퍼센트인 15억 명 이상으로 늘었다. 펠리와 비글로는 이렇게 말했다. 〈작가는 한때 선택받은 소수였으나 조만간 다수가 될 것이다.〉 오늘날의 소셜 미디어는 생각을 남들과 공유하는 능력이 더 많은 사람들에게 점차 확대되는 기나긴 역사적 과정의 정점으로 볼 수 있다. 몇 해 지나지 않아 전 세계가 인터넷의 소셜 퍼블리싱 미디어에 접근할 수 있을 것으로 전망된다.

방송 모델을 기반으로 돌아가는 집중화된 매스 미디어가 150년 동안 미디어의 일대일 측면을 압도했지만 이제 진자의 추가 원래 자리로 돌아갔다. 공유, 복사, 개인 추천 등을 바탕으로 수 세기 동안 번성한 소셜 형태의 미디어가 인터넷의 위력에 힘입어 극적으로 부활했다. 현대 소셜 미디어 덕에 정보를 빠르고 손쉽게 공유할 수 있게 되면서 예전에는 대형 언론 사와 방송사의 전유물이던 집단적 의제 설정 능력을 일반인도 가지게 되었다. 이것은 권력을 쥔 자들을 두려움에 떨게 할 수 있다. 이 새로운 미디어 환경의 의미와 장기적 결과를 현실화하는 것은 인류가 당면한 거대한 집단적 실험이다. 우리는 겨우 첫걸음을 뗐을 뿐이다. 하지만 역사에서 도움이 되는 실마리를 찾을 수는 있다.

후기: 역사는 스스로 리트윗한다

<진짜 올드> 미디어에서 교훈을 얻다

인터넷이 널리 보급된 뒤로 디지털 기술에 기반한 〈뉴〉 미디어와 그 전의 〈올드〉 미디어를 구분하는 것이 상례가 되었다. 하지만 이 책에서 보 듯 올드 미디어는 역사적 예외였다. 1833년에 뉴욕 「선」이 독자를 대규모 로 확보한 다음 광고를 유치하는 혁신적 매스 미디어 모델을 가지고 창간 하면서 올드 미디어가 시작되었다. 하지만 1833년 이전, 올드 미디어 시대 보다 수 세기 전을 뒤돌아보면─〈진짜 올드〉 미디어의 시대라고 이름 붙 일 수 있을 것이다─소셜 네트워크를 따라 이 사람에게서 저 사람에게 정 보가 유포되는 미디어 환경은 오늘날의 세계와 비슷한 점이 많다. 21세기 인터넷 미디어는 여러 면에서 19세기 신문이나 20세기 라디오와 텔레비전 보다는 17세기 소책자나 18세기 커피하우스와 공통점이 더 많다. 한마디 로 뉴 미디어는 올드 미디어와 사뭇 다르지만 〈진짜 올드〉 미디어와는 공통점이 매우 많다. 중간의 올드 미디어 시대는 자연스러운 질서라기보다는 일시적 상황이었다. 이 짧은 막간이 지나간 뒤에 — 매스 미디어 괄호라고 부를 수 있으리라 — 미디어는 이제 산업 사회 이전과 비슷한 형태로 돌아가고 있다.

물론 고대(아날로그)와 현대(디지털)의 소셜 미디어 형태가 완벽하게 일치하는 것은 아니며, 중요한 차이점도 몇 가지 있다. 저술가이자 뉴욕 대학의 인터넷 연구자 클레이 셔키가 지적했듯 인터넷 기반 퍼블리싱은 파피루스 두루마리, 시, 소책자 같은 옛 소셜 미디어와 달리 즉각적이고 지구적이고 영구적이고 검색 가능하다. 하지만 과거의 소셜 미디어는 기저의 소셜 메커니즘, 불러일으키는 반응, 사회에 미치는 영향 등 현대의 소셜 미디어와 충분한 공통점이 있다. 이를 통해 우리는 오늘날의 소셜 미디어와 이로 인한 작금의 논쟁을 재평가할 수 있다.

역사에서 유용한 관점을 얻을 수 있는 가장 확실한 분야는 소셜 미디어의 정치적 영향과 시위-혁명을 촉발하는 역할에 대한 논쟁이다. 이것은 한동안 뜨거운 논란거리였다(아랍의 봄은 논의를 더욱 증폭시켰을 뿐이다). 한편에서 셔키 같은 사람들은 활동가와 혁명 운동에서 소셜 미디어를 활용한 것(대표적으로 튀니지와 이집트)을 언급하며, 다른 한편에서 맬컴 글래드웰이나 예브게니 모로조프 같은 저술가들은 대의에 대한 온라인의 지지가 반드시 현실 참여로 이어지리라는 전망에 회의를 나타냈다. 사실 회의론자들은 사람들이 온라인에서 대의를 지지하면 행동을 취할 가능성이 심지어 낮아진다고 주장한다. 제 할 일을 했다고 자위할 수 있기 때문이다(모로조프는 이를 〈게으름뱅이*slacker*〉와 〈사회 운동*activism*〉을 합친 〈슬랙티비즘*slacktivism*〉으로 즐겨 부른다). 페이스북에서 〈좋아요〉 버튼을 한 번 클릭하면 충분한데 뭐하러 티벳 자치 운동을 위한 행진에 참여하겠는가?

역사적으로 소책자, 편지, 지방지 형태의 소셜 미디어가 종교 개혁과 미국 독립 혁명, 프랑스 혁명에서 일정한 역할을 한 것은 분명하다. 하지만 (한발 물러서서 보면) 이 소셜 미디어의 주된 기능은 여론을 표출하고 조율하고 현 정권에 대한 반대의 정도를 드러내는 것이었음도 분명하다. 각 경우에 폭발 직전의 분노는 혁명이 임박했다는 뜻이었다. 소셜 미디어의 활용은 이 과정에 일조했을 뿐이었다. 말하자면 혁명을 오로지 소셜 미디어의 공으로 돌리는 것은 잘못이지만, 소셜 미디어의 역할을 완전히 부정하는 것도 잘못이다.

아랍의 봄과 종교 개혁을 모두 이해할 수 있는 관점은 혁명을 일으키는 것이 불을 피우는 것과 비슷하다고 생각하는 것이다. 미국 국무부 전직 관료로, 지금은 구글에서 일하는 재러드 코언은 아랍의 봄에서 소셜 미디어의 역할을 불이 더 빨리 퍼지게 하는 〈촉진제〉에 비유했다. 1572년의 채색 사본에서도 비슷한 견해를 찾아볼 수 있다. 이 필사본에서는 유럽의 종교적 불만이라는 부시통에 마침내 불이 붙고 만 과정을 묘사한다. 삽화에서 존 위클리프는 성냥을 들고 있으며 얀 후스는 양초를, 마르틴 루터는 횃불을 들고 있다. 16세기에도, 21세기에도, 새로운 형태의 소셜 미디어가 불을 붙인 것은 아니다. 하지만 두 경우 다 최초의 불씨가 큰불로 번지는 데 한몫했다.

이와 관련된 물음은 인터넷 —특히, 소셜 미디어가 제공하는 개방적 퍼블리싱 환경 —에 대한 접근 능력이 커지면 반드시 자유와 민주주의가 신장될 것인가이다. 이 견해는 2011년 이집트 봉기에서 와엘 고님이 가장 뚜렷하게 천명한 바 있다. 고님은 CNN과의 인터뷰에서 이렇게 말했다.

「저는, 사회를 해방시키려면, 자유로운 사회에서 살고 싶다면 그저 인터넷을 주라고 늘 말했습니다.」 어느 나라가 튀니지와 이집트의 뒤를 이어 정부를 전복할지 물었더니 고님은 이렇게 대답했다. 「페이스북에 물어보십시오.」

이것은 1790년대에 콩도르세가 제시한 유토피아적 주장을 연상시킨다. 〈언론이야말로 인민을 모든 정치적-종교적 굴레에서 해방시키지 않았는가?〉 표현의 자유가 커지면 억압적 정권이 버티기 힘들어지는 것은 틀림없다. 하지만 콩도르세 시대에 전개된 사건에서 보듯 출판의 고삐가 풀리면 정부가 여론을 감시하고 반체제 인사를 사찰하기가 더 쉬워진다. 또한 프랑스 혁명의 여파에서 보듯 무법천지에서는 자유 언론이 포퓰리스트에게 악용되어 중우 정치로 이어질 수 있다.

모로조프는 현대에도 소셜 미디어의 단점에 대해 비슷한 우려를 표출했다. 억압적 정권이 소셜 미디어를 여러 방식으로 악용할 수 있다는 것이다. 특히 정부가 선전을 퍼뜨리기가 수월해지고 (활동가들의 연계를 쉽게 파악하여) 새로운 형태의 감시가 가능해진다. 이를테면 모로조프의 고국 벨라루스에서는 반체제 인사들이 라이브저널 블로깅 플랫폼을 이용하여 행동을 조율했는데 〈소셜 미디어가 디지털 판옵티콘을 창조하여 혁명을 좌절시켰다. 대중의 두려움을 전파하는 소셜 미디어 네트워크는 국가 권력에 침투당했으며 형편없이 열세였〉다. 모로조프는 이렇게 결론 내렸다. 〈저항을 위한 새로운 디지털 공간의 등장은 또한 이를 추적하는 새로운 방식을 낳는다. 활동가의 편지함에 접속하면 연계된 모든 교신인을 파악할 수 있다.〉

그럼에도 소셜 미디어는 인쇄기의 형태로든 인터넷의 형태로든 자유와 개방성의 원동력이 될 수 있다. 억압적 정권은 종종 시민의 세계관을 조작해야 유지될 수 있는데 미디어 환경이 더 개방적으로 바뀌면 조작이 힘들어지기 때문이다. 하지만 저울의 반대편은 비어 있지 않다. 이 유익은 소셜 미디어로 인해 억압이 더 수월해진다는 사실을 염두에 두고 따져 보아야 한다. 모로조프 말마따나 인터넷은 〈모든 계층의 정치적 삶에 침투하여 이를 재구성하며, 민주화에 유익한 것에만 국한되지 않는〉다. 인터넷이 서구식 자유민주주의를 전파할 것이라고 희망하는 사람은 바로 이 디지털 도구를 전혀 다른 목적을 가진 집단—이를테면 레바논의 헤즈볼라나 러시아의 극우 민족주의 집단—도 활용할 수 있음을 명심해야 한다. 이 논의의 시험 사례로 중국이 있다. 현재 중국은 인터넷 이용자 수가 어느 나라보다 많다(미국과 유럽을 합친 것보다 많다). 웨이보를 비롯한 온라인 토론방 덕분에 중국의 인터넷 이용자들은 자신의 견해를 표출할 전례 없는 자유를 얻었다. 하지만 고위 관료를 비판하거나 오프라인 시위를 촉구하는 블로그 게시물과 웨이보 메시지가 신속하게 가차 없이 검열되는 것에서 보듯 인터넷이 널리 보급되었다고 해서 반드시 정부에 위협이 되는 것은 아니다. 사실 정부는 인터넷을 감시하는 능력 덕에 저항을 억누르기가 더 쉬워질지도 모른다.

소셜 미디어에 대해 더 진부하지만 널리 퍼진 우려는 트위터나 블로그나 댓글을 통해 누구나 자신의 견해를 온라인에 올릴 수 있게 되면서 공적 담론이 조악해졌다는 것이다. 많은 온라인 토론방에서 인종주의, 성차별, 편견, 무지가 득세한다. 트위터는 다른 이용자를 위협하거나 괴롭히는 메시지를 누구든 직접 보낼 수 있다. 정치인, 성직자, 신문 칼럼니스트가 인터넷을 곧잘 하수구에 비유하는 것은 놀랄 일이 아니다.

하지만 미디어의 역사에서 보듯 이 우려는 기술이 발전하여 출판이 쉬워질 때마다 잘못된 사람들이 이를 이용하여 잘못된 글을 출판할 것이라는 엘리트 지식인의 변함없는 불만이 현대에 다시 드러난 것에 불과하다. 16세기 초에 에라스뮈스는 인쇄업자가 〈세상을 어리석고 무지하고 악의적이고 모욕적이고 광적이고 불경하고 전복적인 소책자와 단행본으로 채우며 이런 책들의 홍수 속에서 그나마 유익을 끼쳤을 글마저도 미덕을 모두 잃어버린〉다고 투덜거렸다. 설상가상으로 이 〈새로운 책 무더기〉는 〈학문에 해로웠〉는데, 그 이유는 사람들이 마땅히 읽어야 (한다고 에라스뮈스가 생각)하는 고전에서 독자를 꾀어냈기 때문이다.

하지만 인쇄업자들은 고전을 재출간하기보다는 소책자와 당대 작품을 인쇄하는 편이 훨씬 많은 독자를 끌어들이고 더 많은 돈을 벌 수 있음을 금세 깨달았다. 마찬가지로 잉글랜드에서는 서적출판업조합이 1641년 인쇄업 통제가 무너진 뒤로 폭발적으로 쏟아져 나온 무허가 소책자를 개탄하며 이렇게 불평했다. 〈자유로운 인쇄의 덕을 보는 모든 무지한 사람들은 길거리에서 회자되는 추잡하고 지긋지긋한 소책자 무더기에서 뚜렷이 보듯 온갖 멍청이들의 공상을 출판할지도 모른다.〉 조합은 무엇을 인쇄할지, 따라서 사람들이 무엇을 읽을지 통제할 수 있던 시절의 인쇄 독점권을 다시 부여받고 싶어 했다. 이들의 불만은 잠옷 차림의 블로거들이 자기네 텃밭에 난입하여 현 상태에 도전하는 현상을 개탄하는 직업 언론인의 불만과 다르지 않다.

권력을 쥔 자들은 출판에 대한 접근권이 확대될 때마다 꽥꽥 소리를 지르는 듯하다. 밀턴이 『아레오파지티카』에서 언급했듯 표현의 자유가 커지면 좋은 사상뿐 아니라 나쁜 사상도 득세하겠지만 이와 동시에 나쁜 사상이 도전받을 가능성도 커진다. 편견과 선입견이 존재하지 않는 듯, 이런 견해를 가진 사람들이 존재하지 않는 듯 꾸미기보다는 이를 배출할 통로를 마련하여 반박하고 대처할 수 있도록 하는 편이 낫다. 거의 모든 사람이 자기 견해를 발표할 수 있는 세상에서는 표현의 자유를 제한하는 대안은 더 나쁠 수밖에 없다. 밀턴의 동시대 사람 헨리 로빈슨은 1644년에 이렇게 말했다. 〈온당한 진실 하나가 강제로 압살당하거나 고의로 숨겨지는 것보다는 많은 거짓 신조가 — 특히 좋은 의도를 가지고 연약한 가운데서 — 발표되는 것이 나았으며, 잘못되고 부당한 신조에 동반되는 모순과 부조리를 통해 진실이 더욱 영광스럽게 나타나고 사람들이 진실을 사랑하게 된다.〉 누군가는 담론이 조악해진다고 생각하는 것을 또 다른 누군가는 출판이 민주화된다고 생각한다. 지니는 램프 밖으로 나왔다. 참과 거짓이 싸우게 하라!

여러분이 온라인 토론의 기준에 대해 어떻게 생각하든 사람들이 많은 시간을 여기에 쏟아붓고 있다는 것은 의심할 여지가 없다. 이로부터 또 다른 우려가 제기된다. 소셜 미디어는 사람들이 노동이나 공부처럼 더 가치 있는 일을 하지 못하도록 방해하는 시간 낭비라는 우려 말이다. 2009년 여론 조사에 따르면 영국과 미국의 기업 중 절반 이상은 직원들이 트위터나 페이스북 같은 소셜 사이트를 쓰지 못하도록 금지했다. 또한 많은 고용주는 재계 이용자를 위한 소셜 네트워크 사이트 링크트인에 대한 접속을 차단한다. 직원들이 딴 고용주와 관계를 맺거나 그들에게 자신을 홍보할까 봐 우려하기 때문이다. 간단히 말해서 기업들은 소셜 네트워크를 소셜 낫워크social notwork와 동일시한다.

이 또한 친숙한 우려다. 17세기의 소셜 미디어 플랫폼 커피하우스도 당시에 비슷한 반응을 얻었다. 1670년대에는 〈새로운 소식을 탐하느라 어마어마한 시간을 낭비하〉게 하는 〈근면과 성실의 철천지원수〉라는 비난을 샀다. 하지만 커피하우스에서 사람과 아이디어가 섞이고 온갖 계층의 손님들이 모여 최신 소책자를 논의하면서 과학, 상업, 금융의 혁신이 일어났다. 커피하우스는 예상치 않은 연결을 맺어 줌으로써 협업적 혁신의 온상이 되었다.

이와 마찬가지로 소셜 네트워크를 올바로 사용하기만 한다면 직장에서 일정한 효과를 거둘 수 있다고 판단하는 기업이 늘고 있다. 이 기업들은 〈사내 소셜 네트워크〉를 구축했는데, 이것은 폐쇄적인 페이스북식 소셜 네트워크로, 직원들의 소통을 촉진하고 경우에 따라 고객사와 공급 업체의 직원들과도 소통할 수 있도록 한다. 이런 접근법은 몇 가지 장점이 있다. 페이스북과 비슷하기 때문에 훈련이 거의 또는 전혀 필요없다. 토론 글타래를 통해 문서와 의견을 공유하는 것은 이메일을 이용하는 것보다 효율적이다. 직원의 숨은 지식과 재능을 쉽게 발견할 수 있다. 마지막으로, 멀리 떨어진 팀끼리 협업하는 것이 수월해진다.

경영 컨설팅 회사 매킨지 앤드 컴퍼니의 연구에 따르면 회사 안에서 소셜 네트워크를 이용하면 숙련된 지식 노동자의 생산성이 20~25퍼센트 증가할 수 있으며 네 가지 산업(소비재, 금융 서비스, 전문적 서비스, 첨단 제조)에서 소셜 네트워크 기술을 채택하면 연간 9000억~1조 3000억 달러 어치의 경제적 이익을 창출할 수 있다고 한다. 이러한 예측을 곧이곧대로 받아들여서는 안 되겠지만, 매킨지에 따르면 70퍼센트의 기업이 이미 소셜 기술을 어느 정도 활용하고 있으며 90퍼센트 이상은 그로 인해 혜택을 보았다고 응답했다. 그렇다면 페이스북 같은 소셜 네트워크는 시간 낭비이기는커녕 비즈니스 소프트웨어의 미래인지도 모른다.

하지만 사무실에서 가치가 있을지는 몰라도 소셜 미디어가 개인적 삶에 피해를 입힐 위험은 없을까? 혹자는 소셜social 미디어가 사실은 반(反)사회적antisocial이라고 우려한다. 잘 알지도 못하는 사람들과 온라인에서 소통하느라 가족 친구와의 현실 관계가 훼손된다는 까닭에서다. MIT의 학자 셰리 터클은 『외로워지는 사람들』에서 이렇게 말한다. 〈가상의 친밀함은 다른 종류의 경험을, 아니 종류와 상관없이 우리가 접하는 경험의 전부를 비하하는가?〉 터클은 이렇게 우려한다. 〈가차 없는 연결은 새로운 고독으로 이어진다. 우리는 공백을 메우기 위해 신기술에 의존하지만, 기술이 상승하면 우리의 정서적 삶은 하강한다.〉 비슷한 맥락에서 『속도에서 깊이로』의 저자 윌리엄 파워스는 자신의 가족이 서로 대화를 나누기보다는 온라인 친구와 채팅하는 것을 개탄한다. 〈디지털 군중은 어디든 밀치고 들어올 수 있다. 온 식구가 단 30분도 함께 모여 앉아 있을 수 없을 정도로 말이다.〉 파워스는 컴퓨터와 스마트폰을 금지하는 〈플러그 뽑은 일요일Unplugged Sunday〉을 해결책으로 제시했다.

(어떤 기술을 이용해서든) 먼 친구와 연결되고자 하는 욕망은 틀림없이 시대를 초월한다. 키케로는 기원전 45년에 사랑하는 딸 툴리아가 죽은 뒤 몇 달 동안 편지로 친구들과 연락을 주고받으면서 위안을 얻었다. 친구 아티쿠스가 별다른 내용 없이도 매일 편지를 보내 소통하는 것도 무척 좋아했다. 키케로는 아티쿠스에게 이렇게 썼다. 〈매일 편지를 써 주시게. 할 말이 없으면 없다고 쓰라고!〉 사람들이 뉴 미디어 기술에 지나치게 의존한다는 우려도 역사가 오래되었다. 플라톤이 『파이드로스』에서 문자에 반대한 것을 떠올려 보라. 또한 세네카가 편지를 받으려고 부두로 달려가는 동

료 로마인들을 조롱한 것을 생각해 보라. 17세기에 풍자가들은 최신 코란토를 탐하는 뉴스광들을 놀림감으로 삼았다.

로마의 편지 교환에서 필사본 시 공유 네트워크, 아메리카 식민지에서 뉴스를 공유하는 성직자에 이르기까지 미디어 교환은 오랫동안 사회적 연결을 강화하는 수단으로 쓰였다. 오늘날도 마찬가지다. 프린스턴 대학의 미디어 이론가 제이넵 투펙치는 주거지가 교외로 분산되고, 장시간 노동이 이루어지고, 이주로 인해 가족이 전 세계에 흩어지는 세상에서 사람들을 다시 연결하는 능력으로부터 소셜 미디어의 인기가 비롯한다고 설명한다. 소셜 미디어는 고독한 단방향 미디어인 텔레비전에 대한 반가운 해독제라는 것이다. 소셜 미디어를 이용하면 (그러지 않았다면) 연락이 끊겼을 사람들과 계속 연락할 수 있고 (그러지 않았다면 결코 만나지 못했을) 마음이 통하는 사람들을 만날 수 있다. 투펙치는 이렇게 주장했다. 〈소셜 미디어는 사람들이 예전에는 가능하지 않던 방식으로 소통할 수 있도록 함으로써 인간적 연결성을 강화합니다.〉 펜실베이니아 대학 연구진은 2011년에 발표한 연구에서 〈인터넷이 먼 관계에 유리하고 가까운 관계에 불리하다는 주장은 잘못되었다〉고 결론 내렸다. 〈인터넷은 극단적으로 먼 거리에서 개인적 연결을 맺어 주기도 하지만 새롭고 보완적인 가까운 상호 작용의 기회를 제공하기도 한다.〉 토론토 대학 연구진은 2009년에 캐나다인 4,000명을 분석했는데 35퍼센트는 소셜 네트워크 덕에 가족과 더 가까워지고 친밀해졌다고 느낀 반면에 7퍼센트만이 소셜 네트워크 때문에 가족과 소원해졌다고 느꼈다. 놀랍게도 응답자의 51퍼센트는 아무 차이가 없다고 응답했다. 이는 많은 사람들이 온라인 세계와 오프라인 세계를 더는 구분하지 않으며 통합된 전체로 여긴다는 사실을 시사한다.

신기술은 종종 의심의 눈초리를 받기도 한다. 터클은 전화를 걸기보다는 문자를 보내겠다는 십 대를 인용하며 〈대화로부터의 도피〉를 우려한다. 또한 파워스 가족은 플러그 뽑은 일요일에 공동의 활동을 하는데 여기에는 텔레비전 시청도 포함된다. 전화와 텔레비전의 옛 기술을 숭배하는 것은 이상하게 보인다. 이 기술들은 오늘날의 소셜 미디어가 그렇듯 한때 반(反)사회적이라는 비난을 받지 않았던가. (1926년에 샌프란시스코에서 실시한 여론 조사에서는 이렇게 물었다. 〈전화가 생긴 뒤로 사람들이 더 부지런해졌습니까, 더 게을러졌습니까? 가정생활과 친구를 방문하는 옛 습관을 깨뜨립니까?〉) 신기술이 등장하면, 사회가 기술의 사용법에 알맞은 예의를 갖추고 그에 따라 기술을 수정할 조정 기간을 으레 거쳐야 한다. 이 이행기는 몇 년이 걸릴 수도 있고 몇십 년이 걸릴 수도 있는데, 그동안은 기술이 기존 방식을 망친다는 비난을 듣기 일쑤다. 하지만 오늘 악마 취급 받는 기술이 내일은 건전하고 전통적인 것으로 간주될지도 모를 일이다. 그때가 되면 위험해 보이는 새로운 발명품이 똑같은 우려를 자아내고 있을 것이다.

소셜 미디어가 앞으로 어떻게 진화할 것인가에 대해 역사에서 어떤 실마리를 얻을 수 있을까? 페이스북과 트위터를 비롯한 소셜 플랫폼은 사람들이 사회적 연결망을 따라 정보를 공유할 수단을 제공하지만 두 가지 면에서 신문이나 방송 같은 올드 미디어를 닮았다. 첫째, 집중화되어 있으며—비록 플랫폼 소유주가 아니라 이용자가 정보를 유포하지만—둘째, 매출의 대부분을 광고에 의존한다. 집중화는 소셜 플랫폼 소유주에게 엄청난 힘을 선사한다. 내키면—또는 정부가 강요하면—이용자 계정을 정지하거나 삭제할 수도 있고 정보를 검열할 수도 있다. 한편 광고 수입에 의존하는 상황에서 플랫폼 소유주는 광고주와 이용자를 둘 다 만족시켜야 하는데, 둘의 이해관계가 늘 일치하는 것은 아니다. 소셜 네트워크를 운영하는 기업들은 이용자를 자기네 플랫폼의 울타리 안에 묶어 두고 광고의 대상인 회원의 수를 극대화하기 위해 고객이 무엇을 할 수 있는지에 대해, 또한 정보가 이 소셜 플랫폼에서 저 소셜 플랫폼으로 얼마나 쉽게 이동할 수 있는지에 대해 제약을 부과하기 시작했다. 새로운 소셜 플랫폼이 출범하면 초창기에는 이용자를 많이 끌어모으기 위해 최대한 개방하는 것이 이치에 맞는다. 하지만 이런 플랫폼들도 수익을 추구하기 시작하면 이용자를 〈울타리 친 정원*walled garden*〉에 가두려 든다.

대형 소셜 플랫폼과 이메일 및 웹의 차이점은 놀랄 만하다. 이메일과 웹 퍼블리싱은 둘 다 완전히 개방되고 분산된 방식으로 작동한다. 이메일을 저장하고 전송하는 서버와 메시지를 읽고 쓰는 프로그램은 호환성 있게 작동할 것으로 기대되며 대체로 그렇게 작동한다. 페이지를 저장하고 전송하는 웹 서버와 페이지를 표시하고 탐색하는 웹 브라우저도 마찬가지다. 이메일 서버나 웹 서버를 구축하고 싶은 사람은 누구나 기존 인터넷 생태계에 서버를 추가할 수 있다. 블로그나 웹 사이트를 설치하고 싶을 때에도 호스팅을 제공하는 수많은 업체 중에서 하나를 고를 수 있으며 서비스에 만족하지 못하면 다른 업체로 갈아탈 수 있다. 하지만 소셜 네트워크는 이런 방식이 전혀 통하지 않는다. 사기업이 소유하는 거대하고 독점적인 사일로(저장탑) 안에서 작동하기 때문이다. 사진, 친구 명단, 저장된 게시물을 이 서버에서 저 서버로 옮기는 것은, 어려우면 다행이고 최악의 경우 불가능하다. 기업들 간에 건전한 경쟁이 존재하고, 지나친 폐쇄성을 추구하다가는 수억 명의 이용자를 잃을 우려가 있기에 대형 소셜 플랫폼들은 앞으로도 오랫동안 반(半)개방 상태를 유지할 수 있을 것이다.

하지만 오늘날의 소셜 플랫폼이 1990년대의 AOL과 컴퓨서브 같은 이행기를 대표할 또 다른 가능성이 있다. 이 회사들은 집중화된 독점적 서비스를 제공하여 수백만 명에게 인터넷의 경이로움을 소개했지만, 개방적 웹의 물결에 결국 쓸려가 버렸다. 마찬가지로 소셜 네트워크와 소셜 미디어의 핵심 기능 ― 친구 명단을 관리하고 정보를 교환하는 것 ― 이 개방적이고 분산된 모델로 이동할지도 모른다. 이메일과 웹 퍼블리싱에서 이런 모델을 채택할 수 있는 이유는 이메일 메시지와 웹 페이지를 어떻게 인코딩 하고 전송해야 하는가를 규정하는 합의된 기술 표준이 있기 때문이다. 분산된 소셜 네트워크에 대해 이런 표준이 이미 제안된 바 있지만, 그중 어느 것도 아직 별다른 반향을 얻지 못했다. 친구 명단을 동기화하고 사생활과 보안을 유지하고 업데이트를 수많은 이용자에게 신속하게 전송해야 하는 등 기술적 어려움이 존재할 것이다. 그러니 집중화된 소셜 네트워크가 당분간은 뚜렷한 우위를 차지할 것이다. 하지만 주요 소셜 네트워크가 사생활 침해에 연루될 때마다, 서비스 약관이 이용자에게 불리하게 바뀔 때마다, 검열로 물의를 빚을 때마다, 모험심 강한 이용자들은 분산된 소셜 네트워크에 기회를 주게 마련이다. 팀 버너스리가 말한다. 〈분산된 방식으로 작동하는 새 시스템을 설계하는 것이 중요하다고 생각합니다. 사람들이 협업할 수 있되 분산되어서 중앙 허브를 토대로 하지 않는 시스템을 제작해야 합니다.〉

분산된 소셜 플랫폼은 이용자가 직접 통제할 수 있는 개인적 데이터 사일로를 바탕으로 삼을 수 있다. 이 접근법은 소셜 미디어로 인해 생겨난 새로운 온라인 공론장이 이용자보다는 광고주와 주주에게 의존하는 사기업의 손에 놓인다는 우려도 가라앉힐 것이다. 하지만 페이스북과 트위터를 비롯한 플랫폼이 이용자에게 더 책임 있는 태도를 취하고 광고주에게 덜 의존하는 또 다른 방법이 있다. 서비스의 일부 또는 전부에 대해 이용자에게 요금을 부과하는 것이다. 많은 인터넷 서비스는 소수의 유료 고객에게 받는 돈으로 다수의 무료 이용자에게 서비스를 제공하는 모델을 채택했다. 소셜 플랫폼은 상업적 이용자에게 자세한 분석 결과를 제공하거나 이용자 프로필의 맞춤형 옵션을 더 많이 제공하거나 광고 없는 서비스를 제공하는 것에 대해 요금을 부과할 수 있다. 2012년 9월에 시작되었으며 트위터와 비슷하되 사용료 기반으로 운영되는 서비스인 App.net은 〈이용자가 아니라 상품을 판매하〉는 〈광고 없는 소셜 네트워크〉임을 자부한다. 이 회사는, 그래서 금전적 이해관계와 회원의 이해관계가 일치한다고 말한다. 이 회사의 모델이 널리 호응을 얻든 못 얻든, 미래의 소셜 미디어는 분산된 구조와 유료 고객을 추가한 새 모델을 채택할 가능성이 크다.

　하지만 소셜 미디어가 앞으로 어떤 형태를 취하든 한 가지는 분명하다. 소셜 미디어는 사라지지 않을 것이다. 이 책에서 주장했듯 소셜 미디어는 새로운 것이 아니다. 수 세기 동안 존재했다. 오늘날의 블로그는 소책자의 새로운 형태이다. 마이크로블로그와 온라인 소셜 네트워크는 커피하우스의 새로운 형태이다. 미디어 공유 사이트는 비망록의 새로운 형태이다. 이들은 모두 공유 기반의 소셜 플랫폼으로, 아이디어가 이 사람에게 저 사람에게로 이동하면서, 방송 미디어의 특권적 병목에서 정체되지 않고 소셜 고리로 연결된 사람들의 네트워크를 따라 퍼지도록 한다. 인터넷 시대 소셜 미디어의 부활은 엄청난 변화를 나타내며, 여러 면에서 예전의 방식으로 복귀하는 것이다.

감사의 글

돌이켜 보면, 음식과 술의 역사를 썼으니 여러분이 친구와 공유하는 또 다른 것, 그러니까 미디어에 대한 책을 써야겠다는 생각이 들었다. 하지만 처음에는 감이 잡히지 않았다. 내가 논지를 전개하도록 도와주고 실마리를 던지고 조언을 제시하고 인터뷰에서 의견을 공유한 모든 이에게 깊은 감사를 전한다. 특히 크레이그 뉴마크, 안 샤오 미나, 제이 로즌, 헨리 젠킨스, 빈트 서프, 팀 버너스리, 와엘 고님, 맷 로크, 앤드루 린톳에게 감사한다. 『이코노미스트』의 동료 존 미클스웨이트, 에마 던컨, 앤 로, 올리버 모턴, 롭 기퍼드, 게이디 엡스타인은 여러모로 도움을 주었다. 책을 쓰는 내내 격려와 지원을 해준 조지 깁슨, 재키 존슨, 카팅카 맷슨에게도 감사한다. 마지막으로, 아내 커스틴, 딸 엘라, 아들 마일스에게 감사하며 이 책을 바친다.

주

1장 과거에서 찾은 소셜 미디어의 토대:
인간은 왜 공유하는 습성을 타고났을까?

소셜 미디어 통계는 컴스코어comScore와 퓨 연구소 〈인터넷과 미국인의 삶 프로젝트〉
의 「소셜 미디어 보고서: 2011State of Social Media: 2011」에서 인용했다. 신피질 비율과
집단 크기의 관계에 대해서는 Dunbar, "Neocortex Size As a Constraint on Group
Size in Primates" 및 "Coevolution of Neocortical Size, Group Size and Language
in Humans"를 보라. 신피질 크기와 속임수 비율의 연관성은 Byrne and Corp, "Neo-
cortex Size Predicts Deception Rate in Primates"에서 설명한다. 풍문이 사람들 사
이에서 일종의 털 고르기로 활용되는 것과 언어의 기원에서 일정한 역할을 했으리라
는 가설은 Dunbar, *Grooming, Gossip and the Evolution of Language* 및 "Gossip
in Evolutionary Perspective"; Foster, "Research on Gossip"; McAndrew, "The
Science of Gossip"; Mithen, *The Prehistory of the Mind*에서 논의한다. 문자의 기
원에 대한 설명은 Schmandt-Besserat, *How Writing Came About*를 따랐다. 초기 문
해력과, 문자에 대한 그리스인의 태도는 Harris, *Ancient Literacy*; Ong, *Orality and
Literacy*; Kaestle, "The History of Literacy and the History of Readers"; Gibson,
"Epilogue to Plato"; Lewis, *News and Society in the Greek Polis*에서 논의한다.

2장 로마의 미디어:
최초의 소셜 미디어 생태계

로마의 편지 관습에 대한 설명은 Edwards, "Epistolography"; Stowers, "Letter Writing in Greco-Roman Antiquity"; Druckenmiller, *Cicero's Letters and Roman Epistolary Etiquette*; Pauli, "Letters of Caesar and Cicero to Each Other"; Mierow, "Julius Caesar as a Man of Letters"; Cicero, *Letters to Friends* 및 *Letters to Atticus*을 참고했다. 악타 디우르나는 Boissier, "Tacitus"; Giffard, "Ancient Rome's Daily Gazette"; Baldwin, "The Acta Diurna"에서 설명한다. 로마의 출판 현황에 대한 가장 훌륭한 설명은 Winsbury, *The Roman Book*에서 찾을 수 있다. 로마의 낙서에 대한 묘사와 분석은 Benefiel, "Dialogues of Ancient Graffiti"를 따랐다. 초기 기독교 교회 내부의 편지 유통은 Haines-Eitzen, *Guardians of Letters*; Thompson, "The Holy Internet"; Klauck and Bailey, *Ancient Letters and the New Testament*에서 설명한다.

3장 루터와 바이럴 효과:
혁명에서 소셜 미디어의 역할 (1)

인쇄기의 등장은 Clair, *A History of European Printing*; Eisenstein, *The Printing Press As an Agent of Change* 및 *Divine Art, Infernal Machine*; Febvre and Martin, *The Coming of the Book*; Pettegree, *The Book in the Renaissance*에서 설명한다. 루터의 소책자가 바이럴 방식으로 전파된 것과 이후의 영향에 대한 설명은 주로 Edwards, *Printing, Propaganda, and Martin Luther*; Scribner, *For the Sake of Simple Folk* 및 "Oral Culture and the Diffusion of Reformation Ideas"; Hillerbrand, *The Reformation in Its Own Words*; Pettegree, *Reformation and the Culture of Persuasion*을 참고했다.

4장 시를 통한 실천:
자기표현과 자기 홍보를 위한 소셜 미디어

데번셔 사본은 http://en.wikibooks.org/wiki/The_Devonshire_Manuscript에서
특별 〈소셜 판social edition〉에서 전문을 볼 수 있으며 이 판의 편집자들은 "Drawing
Networks in the Devonshire Manuscript"에서 책에 담긴 소셜 네트워크를 설명한
다. 이 사본의 이용자들과 토머스 와이엇은 Shulman, *Graven with Diamonds*의 주
제다. 인쇄술 시대의 필사본 유통과 비망록 관습은 Love, *Scribal Publication*; Love
and Marotti, "Manuscript Transmission and Circulation"; Carlson, "Manuscripts
after Printing"; Root, "Publication Before Printing"에서 설명한다. 출세하려고 시
를 유통하는 행위에 대한 설명은 Kilroy, *The Epigrams of Sir John Harington*;
Doelman, "Circulation of the Late Elizabethan and Early Stuart Epigram"; Peb-
worth, "John Donne, Coterie Poetry, and the Text as Performance"; Wilcox,
"Informal Publication of Late Sixteenth-Century Verse Satire"; Wollman, "The
'Press and the Fire'"를 따랐다.

5장 참과 거짓이 싸우게 하라:
소셜 미디어 규제의 과제

존 스터브스와 손 이야기에 대해서는 Woudhuysen, *Sir Philip Sidney and the
Circulation of Manuscripts*와 Stubbs, *Gaping Gulf*를 보라. 언론 검열 시도의 역
사에 대한 설명은 McElligott, *Royalism, Print and Censorship in Revolutionary
England*; Clegg, *Press Censorship in Jacobean England*; Dooley and Baron,
The Politics of Information in Early Modern Europe; Bently and Kretschmer,
*Primary Sources on Copyright (1450–1900)*을 참고했다. 필사본 형태의 뉴스 유통
은 Love, *Scribal Publication*와 Raymond, *News Networks in Seventeenth Century
Britain and Europe*에서 논의한다. 코란토의 제작자와 독자에 대한 풍자에 대해서는
Chartier, *Inscription and Erasure*를 보라. 1641년의 폭발과 그때 등장한 많은 소책

자 형태에 대한 설명은 Raymond, *Pamphlets and Pamphleteering in Early Modern Britain*를 따랐다. 밀턴, 『아레오파지티카』의 기원과 영향은 Raymond, *Pamphlets and Pamphleteering in Early Modern Britain*; Morehouse, *Areopagitica*; Shuger, *Censorship and Cultural Sensibility*에서 논의한다.

6장 커피하우스도 그랬다지:
소셜 미디어는 어떻게 혁신을 증진하는가

커피하우스의 부상(浮上)은 Pincus, "Coffee Politicians Does Create"; Cowan, "Mr. Spectator and the Coffeehouse Public Sphere"; 나의 전작 *A History of the World in 6 Glasses*에서 논의한다. 커피하우스를 탄압하려는 시도는 Cowan, "The Rise of the Coffeehouse Reconsidered"의 주제이다. 과학자들이 커피하우스를 활용한 것에 대해서는 Stewart, "Other Centres of Calculation"을 보라. 올덴부르크, 통신 협회, 『철학 회보』의 기원에 대해서는 Webster, "New Light on the Invisible College"; Johns, "Miscellaneous Methods"; Stimson, "Hartlib, Haak and Oldenburg"; Lux and Cook, "Closed Circles or Open Networks?"; Kronick, "The Commerce of Letters"; Schneider, *The Culture of Epistolarity*를 보라.

7장 인쇄의 자유:
혁명에서 소셜 미디어의 역할 (2)

미국의 초기 신문에 대해서는 Stephens, *A History of News*와 Starr, *The Creation of the Media*를 보라. 식민지 아메리카에서 ─ 특히 성직자에 의한 ─ 뉴스 유통은 Brown, "Spreading the Word"; McIntyre, "'I Heare It So Variously Reported'"; Kielbowicz, "Newsgathering by Printers' Exchanges Before the Telegraph"에서 논의한다. 국립인문학센터National Humanities Center의 〈Becoming American〉 웹 사이트에서는 인지세법과 타운센드 법 논쟁에 대한 1차 자료를 제공한다. 소책자, 편지,

신문을 통한 혁명 사상의 소셜 유통에 대한 설명은 Ponder, *American Independence* 와 Calkin, "Pamphlets and Public Opinion during the American Revolution"을 참고했다. 「상식」 이야기는 Stephens, *A History of News*; Starr, *The Creation of the Media*; Burns, *Infamous Scribblers*; Nelson, "Thomas Paine and the Making of Common Sense"에서 다룬다.

8장 인민의 감시병:
독재, 낙관론, 소셜 미디어

17세기 프랑스의 크레이그 뉴마크인 테오프라스트 르노도의 이야기는 Richardson, "The Conferences of Théophraste Renaudot"와 Beveridge, "A Seventeenth-Century Labour Exchange"에서 다룬다. 프랑스 미디어의 구조는 Popkin, *Revolutionary News*에서 논의한다. 지하 미디어와 〈14인 사건〉에 대한 설명은 Darnton, *Poetry and the Police* 및 *The Devil in the Holy Water*를 따랐다. 소책자와 유인물의 폭발적 증가는 Popkin, "Pamphlet Journalism at the End of the Old Regime"과 Gough, *The Newspaper Press in the French Revolution*에서 논의한다. 콩도르세와 세르클 소시알의 이야기에 대해서는 Goodman, *The Republic of Letters*; Eisenstein, *Divine Art, Infernal Machine*; Kates, *The Cercle Social*을 보라.

9장 매스 미디어의 부상:
집중화가 시작되다

런던 「타임스」의 증기 인쇄기 도입은 Lee, *The Origins of the Popular Press in England*와 Lee, *The Daily Newspaper in America*에서 논의한다. 독립 이후 미국의 신문과 뉴욕 「선」의 창간에 대해서는 Stephens, *A History of News*; Starr, *The Creation of the Media*; Huntzicker, *The Popular Press*를 보라. 전문 기자의 등장에 대한 설명은 Stephens, *A History of News*; Weaver, *The American Journalist*; Schudson, *Discovering the News*를 따랐다. 신문 교환은 Kielbowicz, "News Gathering by Mail in the Age of the Telegraph"에서 논의한다. 전신의 부상(浮上)은 나의 전작 *The Victorian Internet*에서 설명한다. 미디어 무굴의 등장에 대해서는 Stephens, *A History of News*와 Starr, *The Creation of the Media*를 보라.

10장 소셜 미디어의 반대쪽:
방송 시대의 미디어

미국 라디오 초창기에 대한 설명은 White, *United States Early Radio History*; Hanson, "The Original WWW"; Wu, *The Master Switch*를 따랐다. 미국, 영국, 독일에서 전국 방송이 부상한 과정은 White, *United States Early Radio History*; Crisell, *An Introductory History of British Broadcasting*; Stephens, *A History of News*에서 논의한다. 텔레비전의 발명과 도입은 MacDonald, *One Nation Under Television*과 Parks and Kumar, *Planet TV*에서 설명한다.

11장 소셜 미디어의 부활:
아파넷에서 페이스북까지

아파넷의 탄생은 Markoff, "An Internet Pioneer Ponders the Next Revolution"과 Raz, "'Lo' and Behold"에서 설명한다. TCP/IP의 기원에 대한 설명은 빈트 서프와의 인터뷰를 참고했으며 웹의 기원에 대한 설명은 팀 버너스리와의 인터뷰를 참고했다. 소셜 네트워크의 역사는 Boyd and Ellison, "Social Network Sites: Definition, History, and Scholarship"에서 설명한다. 이집트 혁명에서 소셜 미디어의 역할에 대한 설명은 와엘 고님과의 인터뷰를 참고했다. 정치와 인터넷의 교차를 가장 훌륭하게 요약한 글은 MacKinnon, *Consent of the Networked*이다.

후기:
역사는 스스로 리트윗한다

인터넷 행동주의의 힘에 대한 찬반론에 대해서는 Shirky, *Here Comes Everybody*; Morozov, *The Net Delusion*; Gladwell, "Small Change"를 보라. MacKinnon, *Consent of the Networked*는 논의를 훌륭하게 종합했다. 소셜 미디어의 반(反)사회적 영향에 대한 우려는 Turkle, *Alone Together*와 Powers, *Hamlet's BlackBerry*에서 표명되고 Tufecki, "Social Media's Small, Positive Role in Human Relationships" 에서 반박된다. 소셜 미디어의 사회적 편익에 대한 증거는 Hampton, Sessions, and Her, "Core Networks, Social Isolation, and New Media"와 Wellman, Garofalo, and Garofalo, "The Internet, Technology and Connectedness"에서 제시된다.

참고 문헌

Bainton, R. H. *Here I Stand: A Life of Martin Luther.* Hendrickson Publishers, 2009. 한국어판은 이종태 옮김, 『마르틴 루터의 생애』(생명의말씀사).

Baldwin, B. "The Acta Diurna." *Chiron* 9 (1979), 189-203.

Benefiel, R. R. "Dialogues of Ancient Graffiti in the House of Maius Castricius in Pompeii." *American Journal of Archaeology* 114, part 1 (2010): 59-102.

Bently, L. and M. Kretschmer, eds. *Primary Sources on Copyright (1450-1900).* Arts and Humanities Research Council: www.copyrighthistory.org.

Beveridge, W. H. "A Seventeenth-Century Labour Exchange." *Economic Journal* 24, no. 96 (December 1914): 635-636.

Blair, A. *Too Much to Know: Managing Scholarly Information Before the Modern Age.* New Haven: Yale University Press, 2010.

Boissier, G. *Tacitus: And Other Roman Studies.* New York: G. P. Putnam's Sons, 1906.

Bonwick, C. C. "An English Audience for American Revolutionary Pamphlets." *Historical Journal* 19, no. 2 (June 1976): 355-374.

Boyd, D. M. and N. B. Ellison. "Social Network Sites: Definition, History, and

Scholarship." *Journal of Computer-Mediated Communication* 13, no. 1 (2007), http://jcmc.indiana.edu/vol13/issue1/boyd.ellison.html.

Bridges, R., ed. *The BBC's Recommendations for Pronouncing Doubtful Words: Broadcast English*, 1929, http://www.bl.uk/learning/timeline/item126866. html.

Briggs, A. and P. Burke. *A Social History of the Media from Gutenberg to the Internet.* Cambridge: Polity, 2010.

Brown, R. D. "Spreading the Word: Rural Clergymen and the Communication Network of 18th-Century New England." *Proceedings of the Massachusetts Historical Society* 94 (1982): 1-14.

Burns, E. *Infamous Scribblers: The Founding Fathers and the Rowdy Beginnings of American Journalism.* New York: Public Affairs, 2006.

Byrne, R. W. and N. Corp. "Neocortex Size Predicts Deception Rate in Primates." *Proceedings of the Royal Society of London B* 271 (2004): 1693-1699.

Calkin, H. L. "Pamphlets and Public Opinion during the American Revolution." *Pennsylvania Magazine of History and Biography* 64, no. 1 (January 1940): 22-42.

Carlson, D. "Manuscripts after Printing." In *Prestige, Authority and Power in Late Medieval Manuscripts and Text (York Manuscripts Conference).* York: York Medieval Press, 2000.

Cartwright, K. *A Companion to Tudor Literature.* Oxford: Wiley-Blackwell, 2010.

Chartier, R. *Inscription and Erasure: Literature and Written Culture from the Eleventh to the Eighteenth Century.* Philadelphia: University of Pennsylvania Press, 2007.

Chisick, H. "Pamphlets and Journalism in the Early French Revolution: The Offices of the Ami du Roi of the Abbé Royou as a Center of Royalist Propaganda." *French Historical Studies* 15, no. 4 (Autumn 1988): 623-645.

Cicero, Marcus Tullius. *Letters to Atticus.* Edited and translated by D. R. Shackleton Bailey. Cambridge: Harvard University Press, 2001.

Clair, C. *A History of European Printing*. London: Academic Press, 1976.

Clark, W., J. Golinski, and S. Schaffer, eds. *The Sciences in Enlightened Europe*. Chicago: University of Chicago Press, 1999.

Clarke, B. *From Grub Street to Fleet Street: An Illustrated History of English Newspapers to 1899*. Aldershot: Ashgate, 2004.

Clegg, C. S. *Press Censorship in Jacobean England*. Cambridge: Cambridge University Press, 2001.

Cole, R. G. "Reformation Printers: Unsung Heroes." *Sixteenth Century Journal* 15, no. 3 (Autumn 1984): 327-339.

Condorcet, Jean-Antoine-Nicolas de Caritat. *Outlines of an Historical View of the Progress of the Human Mind*. London: J. Johnson, 1795.

Costolo, D. "The Power of Twitter as a Communication Tool," speech, Gerald R. Ford School of Public Policy, November 2012,
http://www.fordschool.umich.edu/video/newest/1975704207001/.

Cowan, B. "Mr. Spectator and the Coffeehouse Public Sphere." *Eighteenth-Century Studies* 37, no. 3 (2004): 345-366.

――――. "The Rise of the Coffeehouse Reconsidered." *Historical Journal* 47, no. 1 (March 2004): 21-46.

Crisell, A. *An Introductory History of British Broadcasting*. New York: Routledge, 1997.

Darnton, R. *The Devil in the Holy Water or the Art of Slander from Louis XIV to Napoleon*. Philadelphia: University of Pennsylvania Press, 2010.

――――. *Poetry and the Police: Communication Networks in Eighteenth-Century Paris*. Cambridge: Belknap Press of Harvard University Press, 2010. 한국어판은 김지혜 옮김, 『시인을 체포하라: 14인 사건을 통해 보는 18세기 파리의 의사소통망』(문학과지성사).

――――. "Mademoiselle Bonafon and the Private Life of Louis XV:
Communication Circuits in Eighteenth-Century France." *Representations* 87, no. 1 (Summer 2004): 102-124.

Dickens, A. G. *Martin Luther and the Reformation*. London: English Universities Press, 1967.

Doelman, J. "Circulation of the Late Elizabethan and Early Stuart Epigram." *Renaissance and Reformation* 29, no. 1 (2005): 59-73.

Dooley, B. M. and S. A. Baron. *The Politics of Information in Early Modern Europe*. New York: Routledge, 2001.

Druckenmiller, J. D. "Cicero's Letters and Roman Epistolary Etiquette." M.A. thesis, University of Oregon, December 2007.

Dunbar, R. I. M. "Coevolution of Neocortical Size, Group Size and Language in Humans." *Behavioral and Brain Sciences* 16, no. 4 (2003): 681-735.

_____. "Gossip in Evolutionary Perspective." *Review of General Psychology* 8, no. 2 (2004): 100-110.

_____. *Grooming, Gossip and the Evolution of Language*. Cambridge: Harvard University Press, 1997.

_____. "Neocortex Size as a Constraint on Group Size in Primates." *Journal of Human Evolution* 20 (1992): 469-493.

_____. "The Social Brain: Mind, Language, and Society in Evolutionary Perspective." *Annual Review of Anthropology* 32 (2003): 163-181.

_____. "Theory of Mind and the Evolution of Language," in *Approaches to the Evolution of Language*, eds. Hurford, J. R., M. Studdert-Kennedy, and C. Knight. Cambridge University Press, 1998.

Edwards, C. "Epistolography," in *A Companion to Latin Literature*, ed. Harrison, S. Oxford: Blackwell, 2005.

Edwards, M. U. *Printing, Propaganda, and Martin Luther*. Berkeley: University of California Press, 1994.

Eisenstein, E. L. *Divine Art, Infernal Machine: The Reception of Printing in the West from First Impressions to the Sense of an Ending*. Philadelphia: University of Pennsylvania Press, 2011.

_____. *The Printing Press as an Agent of Change: Communications and Cul-*

tural Transformations in Early-Modern Europe. Cambridge: Cambridge University Press, 1979.

Engberg, E. "Blogging as Typing, not Journalism." CBSnews.com, November 8, 2004, http://www.cbsnews.com/stories/2004/11/08/opinion/main654285.shtml.

Epstein, Gady. "A Giant Cage: A Special Report on China and the Internet." *Economist*, April 6, 2013.

Farrell, J. M. "New England's Cicero: John Adams and the Rhetoric of Conspiracy." *Proceedings of the Massachusetts Historical Society* 104 (1992): 55-72.

Febvre, L. and H.-J. Martin. *The Coming of the Book: The Impact of Printing 1450–1800.* London: Verso Books, 1976.

Finlayson, J. G. *Habermas: A Very Short Introduction.* Oxford: Oxford University Press, 2005.

Fleming, Juliet. *Graffiti and the Writing Arts of Early Modern England.* London: Reaktion Books, 2001.

Foster, E. K. "Research on Gossip: Taxonomy, Methods, and Future Directions." *Review of General Psychology* 8, no. 2 (2004): 78-99.

Gibson, T. "Epilogue to Plato: The Bias of Literacy." *Proceedings of the Media Ecology Association* 6 (2005).

Giffard, C. A. "Ancient Rome's Daily Gazette." *Journalism History* 2 (1975): 106-132.

Gladwell, M. "Small Change: Why the Revolution Will Not Be Tweeted." *New Yorker*, October 4, 2010.

Goebbels, J. "Der Rundfunk als achte Großmacht." *Signale der neuen Zeit. 25 ausgewählte Reden von Dr. Joseph Goebbels.* Munich: Zentralverlag der NSDAP, 1938.

Goodman, D. *The Republic of Letters: A Cultural History of the French Enlightenment.* Ithaca: Cornell University Press, 1994.

Gough, H. *The Newspaper Press in the French Revolution.* London: Routledge,

1988.

Habermas, J. *The Structural Transformation of the Public Sphere: An Inquiry into a Category of Bourgeois Society.* Cambridge: MIT Press, 1989. 한국어 판은 한승완 옮김, 『공론장의 구조 변동: 부르주아 사회의 한 범주에 관한 연구』 (나남).

Haines-Eitzen, K. *Guardians of Letters: Literacy, Power and the Transmitters of Early Christian Literature.* Oxford: Oxford University Press, 2000.

Hampton, K. N., L. F. Sessions, and E. J. Her. "Core Networks, Social Isolation, and New Media: How Internet and Mobile Phone Use is Related to Network Size and Diversity." *Information, Communication & Society* 14, no. 1 (2011).

Hanson, W. "The Original WWW: Web Lessons from the Early Days of Radio." *Journal of Interactive Marketing* 12, no. 3 (1998): 46-56.

Harris, W. V. *Ancient Literacy.* Cambridge: Harvard University Press, 1989.

Herman, P. C. *Rethinking the Henrician Era: Essays on Early Tudor Texts and Contexts.* Chicago: University of Illinois Press, 1994.

Hillerbrand, H. J. *Christendom Divided: The Protestant Reformation.* London: Hutchinson, 1971.

_____. *The Reformation in Its Own Words.* London: SCM Press, 1964.

Huntzicker, W. *The Popular Press, 1833–1865.* Westport: Greenwood Press, 1999.

Johns, A. "Miscellaneous Methods: Authors, Societies and Journals in Early Modern England." *British Journal for the History of Science* 33, no. 2 (June 2000): 159-186.

Jones, P. M. *Reform and Revolution in France: The Politics of Transition, 1774–1791.* Cambridge: Cambridge University Press, 1995.

Kaestle, C. F. "The History of Literacy and the History of Readers." *Review of Research in Education* 12 (1985): 11-53.

Kates, G. *The Cercle Social, the Girondins, and the French Revolution.* Princeton: Princeton University Press, 1985.

Kielbowicz, R. B. "News Gathering by Mail in the Age of the Telegraph: Adapting to a New Technology." *Technology and Culture* 28, no. 1 (January 1987): 26-41.

_____. "Newsgathering by Printers' Exchanges before the Telegraph." *Journalism History* 9, no. 2 (Summer 1982): 42-48.

Kilroy, G. *The Epigrams of Sir John Harington.* Farnham: Ashgate Publishing, 2009.

Klauck, H.-J. and D. Bailey. *Ancient Letters and the New Testament: A Guide to Context and Exegesis.* Waco: Baylor University Press, 2006.

Kochan, D. J. "The Blogosphere and the New Pamphleteers." *Nexus Law Journal* 11 (2006): 99-109.

Kronick, D. A. "The Commerce of Letters: Networks and 'Invisible Colleges' in Seventeenth- and Eighteenth-Century Europe." *Library Quarterly* 71, no. 1 (January 2001): 28-43.

Lee, A. J. *The Origins of the Popular Press in England, 1855-1914.* London: Croom Helm, 1976.

Lee, A. M. *The Daily Newspaper in America: The Evolution of a Social Instrument.* New York: Macmillan, 1937.

Lewis, S. *News and Society in the Greek Polis.* Chapel Hill: University of North Carolina Press, 1996.

Love, H. *Scribal Publication in Seventeenth-Century England.* Oxford: Clarendon Press, 1993.

Love, H. and A. Marotti. "Manuscript Transmission and Circulation," in *The Cambridge History of Early Modern English Literature*, eds. Loewenstein, D. and J. Mueller. Cambridge: Cambridge University Press, 2002.

Lux, D. S. and H. J. Cook. "Closed Circles or Open Networks? Communicating at a Distance during the Scientific Revolution." *History of Science* 36 (1998): 179-211.

MacDonald, J. F. *One Nation Under Television: The Rise and Decline of Network*

TV. New York: Pantheon Books, 1990.

MacKinnon, R. *Consent of the Networked: The Worldwide Struggle for Internet Freedom.* New York: Basic Books, 2012.

Markoff, J. "An Internet Pioneer Ponders the Next Revolution." *New York Times,* December 20, 1999, http://partners.nytimes.com/library/tech/99/12/biz-tech/articles/122099outlook-bobb.html.

Marotti, A. *Manuscript, Print, and the English Renaissance Lyric.* Ithaca: Cornell University Press, 1995.

McAndrew, Frank. "The Science of Gossip: Why We Can't Stop Ourselves." *Scientific American Mind,* October 2008.

McElligott, J. *Royalism, Print and Censorship in Revolutionary England.* Woodbridge, Suffolk: Boydell Press, 2007.

McIntyre, S. "'I Heare It So Variously Reported': News-Letters, Newspapers, and the Ministerial Network in New England, 1670-1730." *New England Quarterly* 71, no. 4 (December 1998): 593-614.

Merrick, J. "Sexual Politics and Public Order in Late Eighteenth-Century France: The Mémoires Secrets and the Correspondance Secrète." *Journal of the History of Sexuality* 1, no. 1 (July 1990): 68-84.

Mierow, C. C. "Julius Caesar as a Man of Letters." *Classical Journal* 41, no. 8 (May 1946): 353-357.

Mithen, S. *The Prehistory of the Mind: A Search for the Origins of Art, Religion and Science.* London: Thames & Hudson, 1996. 한국어판은 윤소영 옮김, 『마음의 역사: 인류의 마음은 어떻게 진화되었는가』(영림카디널).

Morehouse, I. M. *Areopagitica: Milton's Influence on Classical and Modern Political and Economic Thought.* Ludwig von Mises Institute, 2009, mises.org/daily/3738/. 한국어판은 임상원 옮김, 『아레오파지티카: 존 밀턴의 언론 출판 자유에 대한 선언』(나남출판).

Morozov, E. *The Net Delusion: The Dark Side of Internet Freedom.* New York: PublicAffairs, 2011.

Murphy, T. "Cicero's First Readers: Epistolary Evidence for the Dissemination of His Works." *Classical Quarterly* 48, no. 2 (1998): 492-505.

Myers, R. and M. Harris, eds. *Spreading the Word: The Distribution Networks of Print 1550–1850.* Winchester: St. Paul's Bibliographies, 1990.

National Humanities Center. "Becoming American: The British Atlantic Colonies, 1690-1793," http://nationalhumanitiescenter.org/pds/becomingamer/.

Nelson, C. "Thomas Paine and the Making of *Common Sense." New England Review* 27, no. 3 (2006): 228-250.

Ong, W. J. *Orality and Literacy: The Technologizing of the Word.* London: Methuen, 1982. 한국어판은 이기우—임명진 옮김, 『구술문화와 문자문화: 언어를 다루는 기술』(문예출판사).

Parks, L. and S. Kumar, eds. *Planet TV: A Global Television Reader.* New York: New York University Press, 2003.

Pauli, A. F. "Letters of Caesar and Cicero to Each Other." *Classical World* 51, no. 5 (February 1958): 128-132.

Peacey, J. *Politicians and Pamphleteers: Propaganda during the English Civil Wars and Interregnum.* Aldershot: Ashgate, 2004.

Pebworth, T.-L. "John Donne, Coterie Poetry, and the Text as Performance" *Studies in English Literature, 1500–1900* 29, no. 1 (Winter 1989): 61-75.

Pelli, D. G. and C. Bigelow. "A Writing Revolution." Seedmagazine.com, October 20, 2009, http://seedmagazine.com/content/article/a_writing_revolution/.

Pettegree, A. *The Book in the Renaissance.* New Haven: Yale University Press, 2010.

_____. *Reformation and the Culture of Persuasion.* Cambridge: Cambridge University Press, 2005.

Pettegree, A. and M. Hall. "The Reformation and the Book: A Reconsideration." *Historical Journal* 47, no. 4 (December 2004): 785-808.

Pincus, S. "'Coffee Politicians Does Create': Coffee houses and Restoration Political Culture." *Journal of Modern History* 67, no. 4 (December 1995):

807-834.

Ponder, B. *American Independence: From* Common Sense *to the Declaration.* Charleston: Estate Four Publishers, 2010.

Popkin, J. D. "Pamphlet Journalism at the End of the Old Regime." *Eighteenth-Century Studies* 22, no. 3 (Spring 1989): 351-367.

_____. "The Press and the French Revolution after Two Hundred Years." *French Historical Studies* 16, no. 3 (Spring 1990): 664-683.

_____. *Revolutionary News: The Press in France, 1789–1799.* Durham: Duke University Press, 1990.

Potter, S. "Webs, Networks and Systems: Globalization and the Mass Media in the Nineteenth- and Twentieth-Century British Empire." *Journal of British Studies* 46 (2007): 630.

Powers, W. *Hamlet's BlackBerry: A Practical Philosophy for Building a Good Life in the Digital Age.* New York: Harper Perennial, 2010. 한국어판은 임현경 옮김,『속도에서 깊이로: 철학자가 스마트폰을 버리고 월든 숲으로 간 이유』(북이십일).

Raymond, J. *News Networks in Seventeenth Century Britain and Europe.* London: Routledge, 2006.

_____. *Pamphlets and Pamphleteering in Early Modern Britain.* Cambridge: Cambridge University Press, 2003.

Raz, Guy. "'Lo' and Behold: A Communication Revolution." *All Things Considered*, NPR, October 29, 2009, http://www.npr.org/templates/story/story.php?storyId=114280698.

Richardson, L. M. "The Conferences of Théophraste Renaudot: An Episode in the Quarrel of the Ancients and Moderns." *Modern Language Notes* 48, no. 5 (May 1933): 312-316.

Root, R. K. "Publication before Printing." *PMLA* 28, no. 3 (1913): 417-431.

Schmandt-Besserat, D. *How Writing Came About.* Austin: University of Texas Press, 1996.

Schneider, G. *The Culture of Epistolarity: Vernacular Letters and Letter Writing in Early Modern England, 1500–1700.* Newark: University of Delaware Press, 2005.

Schudson, M. *Discovering the News: A Social History of American Newspapers.* New York: Basic Books, 1978.

Scribner, R. W. "Oral Culture and the Diffusion of Reformation Ideas," in *Popular Culture and Popular Movements in Reformation Germany.* London: Hambledon Press, 1987.

_____. *For the Sake of Simple Folk: Popular Propaganda for the German Reformation.* Cambridge: Cambridge University Press, 1981.

Shirky, C. *Here Comes Everybody: The Power of Organizing without Organizations.* New York: Penguin Press, 2008. 한국어판은 송연석 옮김, 『끌리고 쏠리고 들끓다: 새로운 사회와 대중의 탄생』(옹진씽크빅).

Shuger, D. K. *Censorship and Cultural Sensibility: The Regulation of Language in Tudor-Stuart England.* Philadelphia: University of Pennsylvania Press, 2006.

Shulman, N. *Graven with Diamonds: The Many Lives of Thomas Wyatt.* London: Short Books, 2011.

Siemens, R., J. Paquette, K. Armstrong, C. Leitch, B. D. Hirsch, E. Haswell, and G. Newton. "Drawing Networks in the Devonshire Manuscript (BL Add 17492): Toward Visualizing a Writing Community's Shared Apprenticeship, Social Valuation, and Self-Validation." *Digital Studies/Le champ numérique* 1, No 1 (2009).

Stacy, C. C. "Getting Started Computing at the AI Lab." Working Paper 235, Massachusetts Institute of Technology Artificial Intelligence Laboratory, September 7, 1982.

Standage, T. *A History of the World in 6 Glasses.* New York: Walker & Company, 2005. 한국어판은 차재호 옮김, 『역사 한잔 하실까요?: 여섯 가지 음료로 읽는 세계사 이야기』(세종서적).

_____. *The Victorian Internet: The Remarkable Story of the Telegraph and the Nineteenth Century's On-line Pioneers.* New York: Walker & Company, 1998. 한국어판은 조용철 옮김,『19세기 인터넷 텔레그래프 이야기』(한울).

Starr, P. *The Creation of the Media: Political Origins of Modern Communications.* New York: Basic Books, 2004.

Stephens, M. *A History of News.* New York: Oxford University Press, 2007.

Stewart, L. "Other Centres of Calculation, or, Where the Royal Society Didn't Count: Commerce, Coffee-Houses and Natural Philosophy in Early Modern London." *British Journal for the History of Science* 32, no. 2 (June 1999): 133-153.

Stimson, D. "Hartlib, Haak and Oldenburg: Intelligencers." *Isis* 31, no. 2 (April 1940): 309-326.

Stowers, S. K. *Letter Writing in Greco-Roman Antiquity.* Philadelphia: Westminster Press, 1989.

Stubbs, John. *Gaping Gulf: With Letters and Other Relevant Documents.* Edited by Lloyd E. Berry. Charlottesville: University Press of Virginia, 1968.

Suetonius. *The Twelve Caesars.* London: Penguin, 1989. 한국어판은 조윤정 옮김,『열두 명의 카이사르: 고대 로마 역사가가 쓴 황제 이야기』(다른세상).

The Devonshire MS Editorial Group. *A Social Edition of the Devonshire MS (BL Add 17492)*, http://en.wikibooks.org/wiki/The_Devonshire_Manuscript.

Thompson, M. B. "The Holy Internet: Communication between Churches in the First Christian Generation," in *The Gospels for All Christians: Rethinking the Gospel Audiences*, ed. Bauckham, R. Grand Rapids: Wm. B. Eerdmans Publishing Company, 1997.

Timperley, C. H. *A Dictionary of Printers and Printing.* London: H. Johnson, 1839.

Traister, D. "Reluctant Virgins: The Stigma of Print Revisited." *Colby Quarterly* 26, no. 2 (June 1990): 75-86.

Tufecki, Z. "Social Media's Small, Positive Role in Human Relationships." *Atlantic*, April 25, 2012. http://www.theatlantic.com/technology/ar-

chive/2012/04/social-medias-small-positive-role-in-human-relation-
ships/256346/.

Turkle, S. *Alone Together: Why We Expect More from Technology and Less from
Each Other.* New York: Basic Books, 2011. 한국어판은 이은주 옮김, 『외로워
지는 사람들: 테크놀로지가 인간관계를 조정한다』(청림출판).

Weaver, D. H. *The American Journalist: A Portrait of U.S. News People and
Their Work.* Bloomington: Indiana University Press, 1986.

Webster, C. "New Light on the Invisible College: The Social Relations of En-
glish Science in the Mid-Seventeenth Century." *Transactions of the Royal
Historical Society* 24 (1974): 19-42.

Wellman, B., A. Garofalo, and V. Garofalo. "The Internet, Technology and
Connectedness." *Transition* 39, no. 4 (Winter 2009): 5-7, http://homes.chass.
utoronto.ca/~wellman/publications/internet_tech_connectedness/Well-
man-Garofalos.English.pdf.

White, T. H. *United States Early Radio History.* http://earlyradiohistory.us/.

Wicks, J. "Roman Reactions to Luther: The First Year (1518)." *Catholic Historical
Review* 69, no. 4 (October 1983): 521-562.

Wilcox, J. "Informal Publication of Late Sixteenth-Century Verse Satire." *Hun-
tington Library Quarterly* 13, no. 2 (February 1950): 191-200.

Winsbury, R. *The Roman Book.* London: Duckworth Publishing, 2009.

Wollman, R. "The 'Press and the Fire': Print and Manuscript Culture in Donne'
s Circle." *Studies in English Literature, 1500–1900* 33, no. 1 (Winter 1993):
85-97.

Woudhuysen, H. R. *Sir Philip Sidney and the Circulation of Manuscripts,
1558–1640.* Oxford: Clarendon Press, 1996.

Wright, R. *The Evolution of God.* London: Little, Brown, 2009. 한국어판은 허수
진 옮김, 『신의 진화: 종교와 과학, 문명과 문명 간의 화해는 가능한가?』(동녘사이
언스).

Wu, T. *The Master Switch: The Rise and Fall of Information Empires.* New

York: Alfred A. Knopf, 2010. 한국어판은 백미란 옮김,『마스터 스위치: 정보 제국의 생성과 몰락으로 보는 21세기 패권』(한국물가정보).

Zaret, D. *Origins of Democratic Culture: Printing, Petitions, and the Public Sphere in Early-Modern England.* Princeton: Princeton University Press, 2000.

찾아보기

소셜 미디어의 역사가 2,000년 전으로 거슬러 올라간다니 처음에는
납득이 되지 않았다. 이른바 SNS는 트위터와 페이스북이 등장한 2000년
대 중엽에 시작되지 않았던가. 우리나라에서는 일찌감치 1999년에 싸이
월드 미니홈피가 탄생하여 선풍적인 인기를 끈 바 있다(비록 지금은 한물간
서비스가 되었지만). 그런데 저자는 한술 더 떠서 〈소셜〉의 기원을 영장류
의 사회적 뇌 진화, 언어 탄생, 문자 발명에서 찾는다. 영장류의 한 종인 인
간은 풍문을 주고받으며 유대를 강화하고 이를 과시하는데, 이는 영장류
의 털 고르기가 진화한 것이라고 한다. 문자가 발명되면서 이러한 수다 본
능이 시간과 공간의 제약을 뛰어넘어 사람과 사람을 연결하기 시작했다.

이 책은 이렇게 시작된 소셜 미디어가 각 시대마다 어떤 형태로 전개
되었는지 들여다본다. 매체는 다르지만 유대를 강화하고 사람과 사람을
연결하는 역할은 어느 시대나 마찬가지였다. 필경사와 전서인, 악타(일일
관보)로 대표되는 로마의 소셜 미디어는 정치인들이 수도의 상황을 파악

하는 중요한 통로였으며 벽에 끄적인 낙서는 평민들의 생활상을 생생히 보여 준다.

개인적으로 특히 흥미로웠던 점은 로마 시대에 책의 성격이 지금과 사뭇 달랐다는 것이다. 사람들은 책을 팔아서 수입을 얻을 의도가 전혀 없었다. 유력자에게 책을 헌정하고 그의 서재에 책이 꽂혀 자신의 영향력이 커지면 충분했다. 책이 무단 복제되어 널리 퍼질수록 명성이 커졌다. 하지만 자신이 쓰지도 않은 책에 자신의 이름이 붙어 돌아다니거나 자신의 책이 다른 사람의 책으로 둔갑하는 일은 골칫거리였다. 요즘 말로 하자면 저작 재산권에는 개의치 않았으나 저작 인격권에는 촉각을 곤두세운 셈이었다.

인쇄술이 발명되면서 소셜 미디어는 범위와 영향력이 부쩍 커졌다. 정치적, 종교적 의견을 담은 소책자는 정치인과 성직자의 전유물이던 논쟁을 일반인에게 개방했으며, 이는 거대한 역사적 변화를 낳았다. 소책자 논쟁은 상대방의 발언을 조목조목 인용하며 반박한다는 점에서 요즘의 블로그 논쟁과 비슷했다. 대중에게 다가가기 위해 라틴어를 버리고 토박이말을 쓰기 시작한 것도 소책자에서 비롯했다.

하지만 소셜 미디어의 정신을 가장 잘 표현한 것은 17세기에 유럽에 등장한 커피하우스였다. 커피하우스를 찾은 사람들은 신분을 따지지 않고 대등하게 대화를 나누었으며 관심 분야가 같으면 누구나 친구가 될 수 있었다. 혈연이나 지연이 아니라 이념과 관심사를 기반으로 한 공동체가 탄생한 것이다. 이 점에서는 페이스북보다는 트위터에 더 가깝다고 볼 수 있을 것이다. 당시에는 거리 번호 제도가 아직 도입되지 않아서 우편물을 집마다 배달하기 힘들었는데 커피하우스는 우편물을 보내고 받는 장소로 제격이었다. 사람들은 하루에 한두 번씩 단골 커피하우스에 들러 편지를 확인했다고 한다. 내가 작업실을 비웠을 때 택배가 오면 참 난감한데 단골 커피숍에서 택배를 받아주면 얼마나 좋을까! 과학자들은 학회가 끝나면 커피하우스에 모여 토론과 실험을 이어갔으며 기업인들은 커피하우스에서 동료와 고객을 상대했다. 커피하우스는 과학과 상업의 발전을 이끈 요람이었다.

정계 소식을 알리는 매체인 뉴스레터는 처음에는 소수의 구독자를 대상으로 자필로 써서 유통했지만, 인쇄기를 이용한 코란토가 등장하면서 차츰 현대의 신문으로 발전해갔다. 신문의 유통 규모가 커지고, 값을 내리는 대신 광고를 실으면서 신문은 쌍방향 소통의 매체에서 일방향 보도의 매체로 탈바꿈했다. 이후에 등장한 라디오와 텔레비전에서도 이런 추세가 이어져 대중 매체의 시대가 열렸다. 하지만 대중 매체는 2000년 소셜 미디어의 역사에서 예외적인 현상이었다. 컴퓨터와 스마트폰을 기반으로 현대의 디지털 미디어가 등장하면서 비로소 소셜 미디어는 원래의 정신을 되찾았다고 할 수 있다.

소셜 미디어는 표현의 자유가 확립되는 데 중요한 역할을 했으며 종교 개혁, 미국 독립 전쟁, 아랍의 봄 등의 혁명에서 결정적 요인이었다. 사상의 교류가 역사에서 큰 비중을 차지한다면, 소셜 미디어야말로 역사의 굵직한 줄기를 이루는 중요한 테마일 것이다. 거대한 흐름뿐 아니라 저잣거리의 대화, 궁중의 암투와 사랑놀음, 인터넷의 탄생 비화 등을 살펴보는 재미도 쏠쏠하다.

2015년 9월

노승영

옮긴이 **노승영** 서울대학교 영어영문학과를 졸업하고 서울대학교 대학원 인지과
학 협동과정을 수료했다. 컴퓨터 회사에서 번역 프로그램을 만들었으며 환경 단체
에서 일했다. 〈내가 깨끗해질수록 세상이 더러워진다〉라고 생각한다. 번역한 책으
로는 『새의 감각』, 『숲에서 우주를 보다』, 『통증연대기』, 『측정의 역사』, 『자연 모방』,
『만물의 공식』, 『다윈의 잃어버린 세계』, 『스토리텔링 애니멀』, 『동물과 인간이 공존
해야 하는 합당한 이유들』 등이 있다.

소셜 미디어 2,000년

발행일 2015년 11월 10일 초판 1쇄

지은이 톰 스탠디지
옮긴이 노승영
발행인 홍지웅
발행처 주식회사 열린책들

경기도 파주시 문발로 253 파주출판도시
전화 031-955-4000 팩스 031-955-4004
www.openbooks.co.kr